高等院校财会专业系列教材

新编税法

(第三版)

主　编　黄爱玲
副主编　余　丽　郭　彦　邱惠妮
参　编　王丽亮　詹荣花　卢仙华
　　　　洪淑芬　余爱萍　吴幼园
　　　　肖慧美　徐添天

扫码查看电子书

南京大学出版社

图书在版编目(CIP)数据

新编税法 / 黄爱玲主编. —3版. —南京：南京大学出版社，2022.8(2023.8重印)
ISBN 978-7-305-25965-4

Ⅰ.①新… Ⅱ.①黄… Ⅲ.①税法－中国－高等学校－教材 Ⅳ.①D922.22

中国版本图书馆 CIP 数据核字(2022)第 134677 号

出版发行	南京大学出版社
社　　址	南京市汉口路22号　　邮　编　210093
出版人	王文军
书　　名	新编税法
主　　编	黄爱玲
责任编辑	武　坦　　　　编辑热线　025-83592315
照　　排	南京开卷文化传媒有限公司
印　　刷	常州市武进第三印刷有限公司
开　　本	787×1092　1/16　印张 19　字数 486千
版　　次	2022年8月第3版　2023年8月第2次印刷
ISBN	978-7-305-25965-4
定　　价	49.90元
网　　址	http://www.njupco.com
官方微博	http://weibo.com/njupco
微信服务号	njuyuexue
销售咨询热线	(025)83594756

* 版权所有，侵权必究
* 凡购买南大版图书，如有印装质量问题，请与所购
　图书销售部门联系调换

前　言

随着市场经济的深入发展,税收与经济的关系更加密切,税收更加被社会所关注。本教材根据"二十大"召开后国家出台的税法及税收征管规定,以税法基础理论为指导,以最新(截止2023年6月)税收法律法规为依据,系统地阐明税法的基本原理和主要制度。编写的过程中,本书在充分吸收和借鉴传统的普通本科教材与高职高专类教材建设的优点和经验的基础上,以就业为导向,做到在理论上高于高职高专类教材、在动手能力的培养上高于传统的本科院校教材。尽量体现"新颖""全面""实用"的精神,做到深入浅出、通俗易懂,使读者在较短的时间内,对我国现行税法有一个比较全面的了解。

每章配备了"目标与要求""案例导入""案例导入解析""复习思考题""能力训练题"等有利于学生理解的助读材料,使本书风格与体例活泼清新。

本书是融教师讲义、学生练习以及题库为一体的综合性教材,具有以下特点:

(1) 内容全面,前沿性强。本书以2023年6月前颁布的现行税收法律法规为依据,结合有关条例编写,增加了城市维护建设税法、契税法、印花税法等实体法法律级次的内容,体现了我国税收法律法规的前沿动态。

(2) 重点突出,注重应用。本书在阐述税法基本理论的基础上,注重理论与实践的结合,侧重主要实务法规的应用和税收计算,体现应用型人才动手能力的培养。

(3) 体例新颖,针对性强。本书体系结构合理,通过案例导入、案例解析、复习思考题、能力训练题等,帮助读者理解并掌握相关知识,简明实用。

(4) 立德树人,融入课程思政。按照教育部《高等学校课程思政建设指导纲要》要求,每一章开头都设置了"思政目标要求",引导学生树立正确的人生观、世界观和价值观。

本书可以作为高等院校会计学、审计学、财务管理、财政学、税收学以及其他经济与管理类专业(如工商管理、国际经济与贸易、电子商务、金融学等)的教学,也可作为法律、经济、财会、税务工作者及企业管理人员了解税法,准备注册会计师、注册税务师、会计专业技术资格等相关考试的参考书。

参与本教材编写的人员,都是高等院校从事经济与管理类专业教学一线的专职教师。由长期从事税法教学的黄爱玲教授担任主编,并负责策划设计与全书总纂定稿及出版相关事宜。其他参编教师有詹荣花、洪淑芬、余爱萍、王丽亮、余丽、卢仙华、吴幼园、邱惠妮、郭彦、肖慧美、徐添天。

本书在编写过程中得到了闽南理工学院教务处、闽南理工学院财务与会计学院、长春工业大学人文信息学院、厦门工学院商学院以及石狮市税务局诸多教师和税务人员的帮助,并参考了许多相关论著、教材、期刊等,在此一并致以谢意。

由于我国税收制度正处在调整、改革之中,加之作者水平有限,时间紧迫,书中的疏漏与错误在所难免,敬请各位专家、学者和广大读者批评指正。

编 者
2023 年 7 月

目录

第一章　税法概述 …………………………………………………………… (1)
　　目标与要求 ……………………………………………………………… (1)
　　案例导入 ………………………………………………………………… (1)
　　第一节　税收与税法 …………………………………………………… (1)
　　第二节　税收分类与税法分类 ………………………………………… (6)
　　第三节　税收法律关系 ………………………………………………… (11)
　　第四节　税法的构成要素 ……………………………………………… (13)
　　第五节　我国税法的制定实施与税法体系 …………………………… (21)
　　"案例导入"解析 ……………………………………………………… (24)
　　复习思考题 ……………………………………………………………… (24)
　　能力训练题 ……………………………………………………………… (25)

第二章　增值税法 …………………………………………………………… (29)
　　目标与要求 ……………………………………………………………… (29)
　　案例导入 ………………………………………………………………… (29)
　　第一节　增值税概述 …………………………………………………… (30)
　　第二节　增值税的征税范围、纳税人和税率 ………………………… (33)
　　第三节　增值税应纳税额的计算 ……………………………………… (44)
　　第四节　增值税的税收优惠 …………………………………………… (59)
　　第五节　增值税的征收管理 …………………………………………… (62)
　　"案例导入"解析 ……………………………………………………… (64)
　　复习思考题 ……………………………………………………………… (64)
　　能力训练题 ……………………………………………………………… (64)

第三章 消费税法 (72)

目标与要求 (72)

案例导入 (72)

第一节 消费税概述 (73)

第二节 消费税的征收范围、纳税人、税目和税率 (74)

第三节 消费税应纳税额的计算 (80)

第四节 消费税的征收管理 (89)

"案例导入"解析 (91)

复习思考题 (91)

能力训练题 (91)

第四章 关税法 (99)

目标与要求 (99)

案例导入 (99)

第一节 关税概述 (99)

第二节 关税的征税对象、纳税人、税目和税率 (103)

第三节 关税应纳税额的计算 (105)

第四节 关税的税收优惠 (110)

第五节 关税的缴纳与征收 (111)

"案例导入"解析 (113)

复习思考题 (113)

能力训练题 (113)

第五章 其他流转税法及附加 (117)

目标与要求 (117)

案例导入 (117)

第一节 城市维护建设税 (117)

第二节 烟叶税 (120)

第三节 教育费附加和地方教育附加 (121)

"案例导入"解析 (122)

复习思考题 (123)

能力训练题 (123)

第六章 企业所得税法 (126)

目标与要求 (126)

案例导入 ··· (126)
第一节 企业所得税概述 ··· (127)
第二节 企业所得税的纳税人、征税对象和税率 ······································· (128)
第三节 企业所得税应纳税所得额的确定 ·· (130)
第四节 企业所得税的税收优惠 ··· (144)
第五节 企业所得税应纳税额的计算 ·· (151)
第六节 企业所得税的征收管理 ··· (155)
"案例导入"解析 ·· (156)
复习思考题 ·· (157)
能力训练题 ·· (157)

第七章 个人所得税法 ··· (165)

目标与要求 ·· (165)
案例导入 ··· (165)
第一节 个人所得税概述 ··· (166)
第二节 个人所得税的纳税人、征税对象和税率 ······································· (167)
第三节 个人所得税应纳税额的计算 ·· (172)
第四节 个人所得税的税收优惠 ··· (185)
第五节 个人所得税的征收管理 ··· (188)
"案例导入"解析 ·· (192)
复习思考题 ·· (192)
能力训练题 ·· (193)

第八章 资源税法 ·· (200)

第一节 资源税法 ·· (200)
目标与要求 ·· (200)
案例导入 ··· (200)
"案例导入"解析 ·· (208)
第二节 城镇土地使用税法 ·· (208)
目标与要求 ·· (208)
案例导入 ··· (209)
"案例导入"解析 ·· (213)
第三节 耕地占用税法 ··· (213)
目标与要求 ·· (213)
案例导入 ··· (214)

"案例导入"解析 (217)
第四节　土地增值税法 (217)
目标与要求 (217)
案例导入 (217)
"案例导入"解析 (227)
第五节　环境保护税法 (228)
目标与要求 (228)
案例导入 (228)
"案例导入"解析 (236)
复习思考题 (237)
能力训练题 (237)

第九章　财产税法 (241)
第一节　房产税法 (241)
目标与要求 (241)
案例导入 (241)
"案例导入"解析 (247)
第二节　契税法 (248)
目标与要求 (248)
案例导入 (248)
"案例导入"解析 (253)
第三节　车船税法 (254)
目标与要求 (254)
案例导入 (254)
"案例导入"解析 (259)
复习思考题 (259)
能力训练题 (259)

第十章　行为税法 (263)
第一节　车辆购置税法 (263)
目标与要求 (263)
案例导入 (263)
"案例导入"解析 (270)
第二节　印花税法 (270)
目标与要求 (270)

案例导入 …………………………………………………………………… (270)
　　"案例导入"解析 …………………………………………………………… (275)
　　复习思考题 ………………………………………………………………… (275)
　　能力训练题 ………………………………………………………………… (276)

第十一章　税收征管法 ……………………………………………………… (278)
　　目标与要求 ………………………………………………………………… (278)
　　案例导入 …………………………………………………………………… (278)
　　第一节　税收征管法概述 ………………………………………………… (278)
　　第二节　税务管理 ………………………………………………………… (280)
　　第三节　税款征收和税务检查 …………………………………………… (284)
　　第四节　税收法律责任 …………………………………………………… (287)
　　"案例导入"解析 …………………………………………………………… (290)
　　复习思考题 ………………………………………………………………… (291)
　　能力训练题 ………………………………………………………………… (291)

参考文献 …………………………………………………………………………… (293)

第一章　税法概述

目标与要求

知识目标与要求：理解税收与税法的基本概念、税收分类与税法分类、税收法律关系的构成要素、税法的构成要素以及我国税法的制定与实施。

能力目标与要求：掌握税收和税法的区别与联系，明确税收按照征税对象分类的具体内容，知晓税收法律关系的内容是税法体系的实质和核心，掌握税法的构成要素，以及我国税收法律体系构成的六个层次。

思政目标与要求：加强税收历史教育，重点加强现实国情教育和中国税收历史教育，激发强烈的爱国情怀和担当意识。通过学习相关税种的起源以及在我国的制度变迁历史，知其然并知其所以然，深化认识税种性质及设置目的、税制改革原因以及税制发展趋势等。通过对税收、税法概念的学习，正确认识税法知识，树立依法纳税的正确观念。同时更明白税收给我们生活带来的实惠，如安定的社会条件、便利的交通设施等，从而在未来工作生活中遵纪守法，完成纳税义务。

案例导入

有位中国记者在美国总统大选期间采访一位年近七十的老人。当问及她为何要投票选举自己信任的但又主张增税的候选人时，这位老妇人顿感惊诧。她指着负责投票站治安的警察道："如果政府没有税收，谁来为他们支付工资呢？"

思考：结合以上资料，谈谈你对税收的认识。

第一节　税收与税法

一、税法的概念

要学习和研究税法理论及相关问题，必须从税收入手。因为从某种意义上讲，现代国家已经成为名副其实的税收国家。税收制度不仅仅是一项基本的经济制度,而且已经成为一项基本的法律制度和政治制度。税收活动的存在与运行不仅对国家的政治、社会、经济、文化等各方面会产生重大影响,还会对公民以及其他社会组织的生存、发展、财产等产生重大影响。

(一)税收的含义

税收是国家为实现其职能,满足社会公共需要,凭借国家政治权力,运用法律手段,按照固定标准,强制地、无偿地参与国民收入分配,取得财政收入的一种手段。其含义主要包括以下几个方面。

1. 税收的目的

征税的目的是为了实现国家职能,满足社会公共需要。公共需要或公共物品与劳务,不能由市场机制形成与提供,必须由政府提供。政府提供公共物品与劳务要花费人力、物力、财力等,而政府本身不从事生产,不创造财富,所以它必须以某种形式取得一定的收入,这样就产生了税收。可以说,国家征税是为了实现国家职能,向社会提供公共物品与劳务,满足社会公共需要。

2. 税收的依据

国家取得任何一种财政收入,总是要凭借国家的某种权力。例如,国家土地收入、官产收入、国有企业利润收入,凭借的是国家对土地和其他生产资料的所有权;特权收入,凭借的是国家对山林、水流、矿藏等自然资源的所有权;向其统治的臣民或国家收取贡物,凭借的是统治者的权力等。诸如此类权力,归结起来可概括为财产权力和政治权力。因此,国家取得各种财政收入所凭借的也是这两种权力,但国家税收凭借的只是政治权力而不是财产权力,税收正是以国家政治权力为依托,借助于法律形式而进行的分配。在决定征税和实施征税活动时,国家政治权力体现在国家制定与颁布的税收法律、法规形式上,体现在强制地、无偿地征收上。国家凭借政治权力征税,不但可以不受生产资料所有权归属的限制,通过税收这种形式将分别属于不同所有者的一部分产品转变为国家所有,供国家满足其行使职能的公共支出资金需要,而且使税收分配具有与其他一般分配关系(如价格分配)相区别的特征。

3. 税收的特征

税收的特征,也称为税收的形式特征,简称为税收的"三性",是指税收区别于其他财政收入方式的基本标志,主要表现为无偿性、强制性和固定性。

(1) 无偿性是指国家向纳税人进行的无须偿还的征收,即国家征税以后,税款归国家所有而不再归还给纳税人,国家也不需支付任何报酬。

(2) 强制性是指税收凭借国家政治权力,通过法律形式对国民收入进行的强制课征。负有纳税义务的单位和个人必须依法定的标准和期限履行纳税义务,否则要受到法律制裁。

(3) 固定性是指国家征税通过法律形式预先规定了征税范围、计税标准及征收比例或数额,按预定办法征收。

税收的三个特征是统一的整体,是各种社会制度下的税收共性。只有同时具备这三个特征才是税收,否则就不是税收。

4. 税收的对象

税收分配的对象是社会总产品（$C+V+M$）中的国民收入部分（$V+M$），而且主要是其中的剩余产品部分（M）。这是因为在一定时期内物质生产部门生产出来的社会总产品中，首先要扣除补偿生产过程中已消耗掉的生产资料价值（即物质耗费的C），这部分扣除的补偿价值（C）是维持社会再生产所必需的，税收不能将这一部分也无偿地转变为国家所有，否则，社会再生产就难以继续正常进行。社会总产品在扣除了补偿生产资料消耗的价值后，剩下的是物质生产部门劳动者创造的新价值（$V+M$）即国民收入部分，才可以成为税收分配的对象。但须知，在国民收入中，V的价值部分属于劳动者的报酬，是补偿活劳动耗费的价值，是劳动者及其供养家庭生活费用的主要经济来源。税收可以对V的价值进行适当的分配和调节，但保证劳动者分配与占有V的必要部分同样是维持社会再生产所必需的条件，国家对这部分价值（V）也不能进行过度的无偿分配。由此可见，国家通过税收形式进行分配的一部分社会产品，主要是国民收入中的剩余产品（M）部分。

5. 税收的范畴

社会再生产过程包括生产、分配、交换、消费四个环节，税收属于其中的分配环节。因为分配的特点是对社会产品价值量的分割，并决定其归谁占有、占有多少，而国家征税的过程，实际上就是将一部分社会产品，从社会成员中转变为国家所有的分配过程。同时，由于税收分配凭借的是国家政治权力，因而税收分配所体现的分配关系是一种特定的分配关系。

6. 税收的形态

从历史演变来看，税收的形态有力役、实物和货币，其中力役是税收的特殊形态，实物和货币尤其是货币为税收的主要形态。在奴隶社会和封建社会，税收以实物和力役形态为主；在封建社会末期尤其是资本主义社会，税收形态从实物过渡到以货币形态为主，甚至全部采用货币征收。目前我国基本上采用货币形式。

（二）税法的含义

税收属于经济学概念，税法则属于法学范畴。税法的概念大多是由知名的税法研究者提出的，并形成了各种不同的表达方式和思想内容。选择有代表性者列举如下：

较早提出税法概念的是日本税法学家金子宏，他认为"税法，是关于税收的所有法律规范的总称"。[①]

《牛津法律大辞典》对税法概念的描述是：有关确定哪些收入、支付或交易应当纳税，以及按什么税率纳税的法律规范的总称。[②]

《不列颠百科全书》将税法解释为：是政府当局凭以要求纳税人将其收入或财产的一部分转移给政府的条例。[③]

上述各位学者因所处时代和国家以及研究领域不尽相同，对于税法概念的认识也不尽一致。但这些定义的着眼点还是在税法的范围与形式特征上，并没有触及税法的调整对象，而这恰恰是税法定义的本质。

[①] ［日］金子宏著，刘多田等译：《租税法》之中译本《日本税法原理》，中国财政经济出版社1989年版，第17页。
[②] ［英］戴维·M.沃克著，邓正来等译：《牛津法律大辞典》，光明日报出版社1988年版，第790页。
[③] 《不列颠百科全书》（第16卷），中国大百科出版社1999年版，第472页。

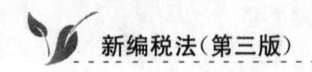

国内学者关于税法概念的定义主要有：

税法是调整国家通过税务机关与纳税人之间产生的，无偿征收一定货币或者实物的税收征纳关系的法律规范的总称。①

税法是指由国家最高权力机关或其授权的行政机关制定的有关调整国家在筹集财政资金方面所形成的税收关系的法律规范的总称。②

税法是国家权力机关及其授权的行政机关制定的调整税收关系的法律规范的总称。③

汲取各家定义的精华与合理因素，本书对税法做如下定义：

税法是指国家制定的用以调整国家与纳税人之间征纳活动的权利与义务关系的法律规范的总称。它是国家依法征税、纳税人依法纳税的行为规范。其目的是保障国家经济利益和纳税人的合法权益，维护税收秩序，保证国家的财政收入。

第一，税法是有权的国家机关制定的。所谓有权的国家机关，是指国家最高权力机关，在我国即是全国人民代表大会及其常务委员会。同时，在一定的法律框架之下，地方立法机关往往拥有一定的税法立法权，因此也是制定税法的主体。此外，国家最高权力机关还可以授权行政机关制定某些税法，获得授权的行政机关也是制定税法的主体。

第二，税法的调整对象是税收分配中形成的权利与义务关系。从经济角度讲，税收分配关系是国家参与社会剩余产品分配所形成的一种经济利益关系。这种经济利益关系是借助法的形式来规定的，即通过设定税收权利与义务来实现的。如果说实现税收分配是目标，从法律上设定税收权利与义务就是实现目标的手段。税法调整的是税收权利与义务关系，而不直接是税收分配关系。

第三，税法的范畴可以有广义和狭义之分。从广义上讲，一方面税法是各种税收法律规范的总和，即由税收基本法、税收实体法、税收程序法、税收处罚法等构成的法律体系。另一方面，从立法层次上划分，则包括由国家最高权力机关正式立法的税收法律，由国家最高行政机关和地方立法机关制定的税收法规，以及由国家税收行政主管部门和地方政府制定的税收规章等。从狭义上讲，税法指的只是经过国家最高权力机关正式立法的税收法律，如我国的企业所得税法、个人所得税法、税收征收管理法等。一般来说，所谓税法，还是取其广义，对于全国人民代表大会及其常务委员会制定的税法，我们通常直接称其为税收法律。

二、税收与税法的关系

税收与税法既有联系，又有区别。两者之间的联系表现在，税收活动必须严格依税法的有关规定进行，税法是税收的法律依据和法律保障；税收必须以税法为其依据和保障，而税法又必须以保障税收活动为其存在的理由和依据。两者之间的区别表现在，税收是一种经济活动，属于经济基础范畴；而税法则是一种法律制度，属于上层建筑范畴。国家和社会对税收收入与税收活动的客观需要，决定了与税收对应的税法的存在；而税法则对税收活动的有序进行和税收目的的有效实现发挥着极为重要的保障作用。两者的关系可以概括为："税收与税法之间的关系，是一种经济现象所体现出的内容与形式的关系。税收作为社会经济

---

① 金鑫、许毅：《新税务大辞海》，九洲图书出版社1995年版，第141页。
② 蔡秀云：《新税法教程》，中国法制出版社1995年版，第1页。
③ 徐孟洲：《税法》，中国人民大学出版社1999年版，第9～11页。

关系,是税法的实质内容,税法作为特殊的行为规范,是税收的法律形式"。①

法是税收的存在形式,税收之所以必须采用法的形式,是由税收和法的本质与特性决定的。

第一,从税收的本质来看,税收是国家与纳税人之间形成的以国家为主体的社会剩余产品分配关系。国家征税,是将一部分社会剩余产品或一部分既得利益从纳税人所有转变为国家所有。将征税仅仅视为一种经济利益的转移是不够的。而借助法律,通过规定税收权利与义务的方式可以提供一种行为模式。如果作为法律主体的国家或纳税人不履行法定义务或不适当地行使法定权力,法律将以强制手段予以追究,出现纠纷或争议也可以用诉讼这种规范的法律形式予以解决,从而保证法律调整机制的实现。因此,税收所反映的分配关系要通过法的形式才得以实现。

第二,从形式特征来看,税收具有强制性、无偿性、固定性的特点。其中,无偿性是其核心,强制性是其基本保障。原因在于税收是对财产私有权的侵犯,因此要求有很高的强制权力作为征税保障,这种权力只能是国家政治权力,法使这种政治权力得以体现和落实。

(1) 法依据的是国家强制力,与税收凭借的国家政治权力是一致的,这是最高的权力,其他权力必须服从;

(2) 构成法的一系列原则、规则、概念为人们提供了全面、具体、明确的行为模式,借助法可以使税收强制性的目标更为明确;

(3) 法有一整套完备、有效的实施保障系统,可以使税收强制性落到实处,得到长期、稳定的保证;

(4) 税收凭借的是政治权力,但税收权力并非是不受任何限制,可以随意行使的,能够对税收权力起到规范、制约作用的,只有法;

(5) 法所提供的行为规则必须具备规范、统一、稳定的特征,法律的制定、修改、废止必须经过一定的程序,这些都为实现税收的稳定性提供了必要条件。

第三,从税收职能来看,调节经济是其重要方面。这种调节不是盲目的,一方面调节目标必须明确,另一方面需要纳税人对税收调节有切实的感受,适当调整自身的经济行为。税收只有采用法的形式,才可以借助法律的评价作用,按照法律提供的行为标准,判定纳税人的经济行为是否符合税收调节经济要求,对违法者强制地改变其经济行为。借助法律的预测、指引作用,纳税人能预知自己在各种情况下的纳税义务、法律责任以及经济后果,从而对自己的经营活动做出最有利的选择。总之,税收只有采用法的形式,才能增加其调节的灵敏度,收到实效。监督管理是税收的另一重要职能。保证监督管理的公正性是税收得以顺利实现的基本前提,这就要有一套事先确定的标准作为税收监督管理的规则。法以其权威性、公正性、规范性成为体现纳税规则的最佳方式。

可见,税收与税法密不可分。税收是税法产生、存在和发展的基础,是决定税法性质和内容的重要因素。税收产生以来的历史表明,有税必有法,无法不成税。税收与税法之间的关系,是一种经济内容与法律形式内在结合的关系。税收作为产品分配形式,是税法的具体内容。税法作为特殊的行为规范,是税收的法律形式。

---

① 潘静成:《经济法学》,中央广播电视大学出版社1996年版。

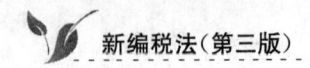

第二节　税收分类与税法分类

一、税收分类

税收分类是指按照一定的标准,将具有相近或相似特点的税种归并成若干类别。通过分类,可以从不同角度对各个税种进行对比研究,分析税收的发展演变过程,研究税源的分布和税收负担;通过分类,可以对比不同国家或同一国家不同时期的税收制度,以及各种税收在税制结构中的功能作用及其对社会经济运行的影响程度,从而为完善税收法律制度提供依据。

我国对税收的分类通常有以下几种主要方法。

(一) 按征税对象性质分类

按征税对象性质分类,可将税收分为商品和劳务税、所得税、资源税和环境保护税、财产税、行为税、特定目的税。这是我国常用的一种分类方法。

1. 商品和劳务税

商品和劳务税,是以商品流转额(销售额)和非商品流转额(营业额)作为征税对象征收的一类税。这类税收的经济前提是商品经济,只有在商品经济条件下,才能有商品和非商品流转额。这类税收的税额一般构成商品价格的组成部分(价外税除外),不受商品成本、费用高低的影响,能够及时、稳定地保证财政收入。主要税种有增值税、消费税、关税等。

商品和劳务税的特点是:① 以商品交换为前提,与商品生产和流通有密切关系。② 税额与价格密切相关,因此在税率既定的条件下,流转税额的大小直接依赖于商品劳务的价格高低和流转环节的多少,而与成本、费用水平无关。这对保证财政收入的稳定、及时取得,促进企业改善经营管理,加强经济核算及配合价格调节生产与消费等方面有重要作用。③ 税负可以通过价格转嫁,属于间接税。

2. 所得税

所得税又称收益税,是指以纳税人的所得额或收益额为征税对象征收的税。收益额是指纳税人在一定时期内从国民收入总额中,通过各种方式分配到的那部分份额。收益额有总收益额和纯收益额之分,纯收益额即为所得额。主要税种有企业所得税和个人所得税。

这类税收体现了以下特点:有所得者征,无所得者不征;所得多者多征,所得少者少征;量能负担,公平税负。但这类税收由于受企业成本和费用高低的影响,所以企业效益的高低及会计标准水平,会直接影响税收收入的稳定性。

所得税的特点是:① 税额的多少直接取决于有无收益和收益多少,而不决定于商品或劳务的流转额,即与收入、成本和费用均有关。② 税负不能转嫁。由于收益税的征税对象是纳税人的真实收入,不易进行转嫁,因此便于贯彻"区别对待、合理负担"的税收原则。收益税在调节纳税人收入方面具有特殊作用,在实行累进税率的情况下尤为如此。

3. 资源税和环境保护税

资源税是指以开发和利用自然资源为征税对象征收的税。环境保护税是直接以向环排放应税污染物为征税对象而征收的一种税。自然资源是自然界赐予人类的宝贵财富,为人类的生存和发展提供极为重要的生产和生活资料。因此,开征资源税,不但可以为国家增加财政收入,而且有利于调节级差收入,促进资源的合理开采和利用,鼓励企业开展公平竞争。主要税种有资源税、环境保护税、城镇土地使用税、耕地占用税和土地增值税。

资源税的特点有:① 调节纳税人因利用资源的外部条件不同而形成的级差收入,有利于保证公平竞争。② 一般实行从量定额征收。

4. 财产税

财产税是指以纳税人拥有或支配的各种财产为征税对象征收的税。

财产税是一个古老的税种,我国古代就有这种征税形式。财产可分为动产和不动产、有形财产和无形财产等。因此,若要对所有的财产征税是比较困难的,所以财产税一般以土地、房屋、遗产为征税对象。开征财产税,可以增加财政收入,是财政收入的补充来源;能调节财产所有者的收入,缩小贫富差距,促进收入公平分配;有利于促进对房屋、土地的合理使用。主要税种有房产税、契税、车船税。

5. 行为税

行为税是指以纳税人的某种特定行为作为征税对象征收的税,它也是目前世界各国普遍开征的一类税。开征行为税,除为国家取得一定财政收入外,更主要的目的是为了通过征税,规范或引导纳税人的某些行为,贯彻国家在一定时期所采取的某些政策。主要税种有印花税、车辆购置税。

财产、行为课税具有以下特点:① 政策目的性明显。国家对财产、行为课税,不但是为了开辟财源,而且主要是配合贯彻一定的社会经济政策。② 因时制宜。即这些税种的设置和废止,往往时间性很强。③ 因地制宜。即税源不广、范围有限,不具备作为主体税种的条件,只能作为辅助性税种。

6. 特定目的税

特定目的税是国家为达到某种特定目的而设立的税种,是为了达到特定的目的,对特定对象和行为发挥调节作用而征收的税种。主要税种有城市维护建设税、烟叶税、船舶吨税。

特定目的税具有以下特点:① 政策目的鲜明。② 政策目的超过财政目的。特定目的税的实施成效,不以收入多寡而论,是其不同于一般税种的一大特征。③ 灵活性较大。在税种设置、税率设计、减税免税等方面,根据贯彻国家政策的需要适时调整,不是固定不变的。

这种划分方法为世界各国所重视,因为上述各种税类之间的关系即构成一个国家的税制结构。税制结构,主要解决税种设置、主体税的选择、主体税与辅助税的关系。一个国家的税制结构并非由主观意志所决定,它是受该国一定时期生产力发展水平、宏观经济结构和规模等因素的限制。尽管税收体系在结构上一般包括商品、所得和财产三大税系,但在不同国家的税制结构中,三大税系所占的比重是不尽相同的。由于财产税在现代税制中仅处于辅助地位,因而各国一般仅在商品税和所得税之间选择其主体税种。

(二)按税收计征标准分类

1. 从价税

从价税即以征税对象价格或金额为标准计征的税。我国目前大部分税种均为从价税。

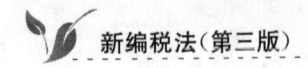

2. 从量税

从量税即以征税对象体积、面积、容积、数量、重量等实物量为标准计征的税，如土地使用税、车船税、耕地占用税等。

3. 复合税

复合税是指对征税对象采取从价与从量相结合的复合计税方法征收的一种税，如对卷烟、白酒征收的消费税。

从价税的税收额大小与价格有直接联系，即商品或劳务价格的变动，直接影响税收额的变动。从量税的税收额大小与价格没有直接联系，即商品或劳务价格的变动不会影响税收额的变动。

从价税是商品经济高度发展的产物，普遍征收从价税有利于促进商品经济的发展。征收机关面对千百万个不同类型的征税对象，利用价格统一衡量其价值量，既可方便征管工作，同时也有利于税款的同标准计算。当然价格有时也并不能准确反映计征对象的价值水平，如果出现通货膨胀，即使在税率不变的前提下，税负也会随征税对象价格的上升而加重，这对纳税人来说显然是不公平的。

（三）按税收负担是否转嫁分类

税收转嫁，是指纳税人通过某种方法或手段，将自己应该缴纳的税收转嫁给他人的一种行为。按税收负担是否转嫁分类，可将税收分为直接税和间接税。这是西方税收学对税收的一种惯用分类方法。

1. 直接税

直接税是指税款由纳税人缴纳，也由纳税人负担，不能转嫁给他人承担的一类税，如所得税。

2. 间接税

间接税是指税款由纳税人缴纳，但可以通过各种方式将税负转嫁给他人承担的一类税，如流转税。

这种分类方法最早由法国重农学派的代表人物魁奈提出，后由英国学者穆勒加以完善。这种分类对于研究税收归宿、税法实效等问题具有重要意义，在税种分类中占有重要地位。但税负转嫁是复杂的、有条件的，美国学者塞利格曼对此有专门研究，从而奠定了税负转嫁理论基础。

（四）按税收与价格的关系分类

1. 价内税

价内税是指税金构成商品价格因素的税种，如消费税、关税。

2. 价外税

价外税是指税金作为商品价格附加部分的税种，如增值税、车辆购置税。

价内税由于税金包含在商品价格之内，容易为人们所接受，税金随商品价格的实现而实现，有利于及时组织财政收入，计税简便，征收费用低，但这类税收会因税收的变动而影响商品价格和企业利润，容易发生商品价格与价值背离的情况。价外税，税收的变动不直接影响商品的价格和企业利润，税负透明度高，税收负担转嫁明显。

（五）按税收收入形态分类

1. 力役税

力役税是指纳税人以提供劳动力（劳务）充当税款缴纳的税，是在早期社会经济发展水平低下时期所采用的税收征收形式，如商代的"助"和后世的"力役之征"、唐代的"庸"和"调"等。

2. 实物税

实物税是指纳税人以各种实物充当税款缴纳的税，是在商品货币经济不发达的时代，主要是封建社会国家普遍采用的税收征收形式，如我国古代的"粟米之征"和"布缕之征"。

3. 货币税

货币税是指纳税人以货币形式缴纳的税，是商品经济发展的必然产物，是目前世界各国税收的主要征收形式。

力役税、实物税适应于自然经济条件，有利于国家控制和掌握一定数量的特定实物；货币税适用于商品经济条件，既有利于纳税人缴税，也有利于国家财政收支管理。因此，现在几乎所有国家的税收均为货币形式。

（六）按税收立法权分类

按税收立法权划分，可将税收分为中央税、地方税、中央地方共享税三类。我国目前中央税、中央与地方共享税以及全国统一实行的地方税的立法权集中在中央，以保证中央政令统一，维护全国统一市场和企业平等竞争。

1. 中央税

中央税是指维护国家权益、实施宏观调控所必需的税种，具体包括关税、消费税、车辆购置税等。

2. 地方税

地方税是指收入比较分散、零星、归地方政府支配的税种，具体包括资源税、城镇土地使用税、城市维护建设税、房产税、车船税、印花税、土地增值税等。

我国地域辽阔，地区之间经济发展水平很不平衡，经济资源包括税源存在着较大差异，这种状况给全国统一制定税收法律带来一定的难度。因此，随着分税制改革的进行，有前提地、适当地给地方下放一些税收立法权，使地方可以实事求是地根据自己特有的税源开征新的税种，促进地方经济的发展。这样，既有利于地方因地制宜地发挥当地的经济优势，同时也便于同国际税收惯例对接。

3. 中央地方共享税

中央地方共享税是指同经济发展直接相关的主要税种，具体包括增值税、企业所得税、个人所得税等。

二、税法分类

（一）按税法效力分类

按照税法效力的不同，可以将税法分为税收法律、税收法规和税收规章。

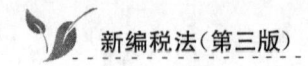

1. 税收法律

税收法律是指享有国家立法权的国家最高权力机关，依照法律程序制定的规范性税收文件。我国税收法律是由全国人民代表大会及其常务委员会制定的，其法律地位和法律效力仅次于宪法而高于税收法规、规章。截止到2021年年底，我国现行税法体系中，《中华人民共和国个人所得税法》《中华人民共和国企业所得税法》《中华人民共和国车船税法》《中华人民共和国环境保护税法》《中华人民共和国烟叶税法》《中华人民共和国船舶吨税法》《中华人民共和国车辆购置税法》《中华人民共和国耕地占用税法》《中华人民共和国资源税法》《中华人民共和国城市维护建设税法》《中华人民共和国契税法》《中华人民共和国印花税法》和《中华人民共和国税收征收管理法》属于税收法律。

2. 税收法规

税收法规是指国家最高行政机关、地方立法机关，根据其职权或国家最高权力机关的授权，依据宪法和税收法律，通过一定法律程序制定的规范性税收文件。税收法规的效力低于宪法、税收法律，而高于税收规章。我国目前税法体系的主要组成部分即是税收法规，由国务院制定的税收行政法规和地方立法机关制定的地方税收法规两部分构成，其具体形式主要是"条例"或"暂行条例"，如《中华人民共和国增值税暂行条例》《中华人民共和国消费税暂行条例》和《中华人民共和国土地增值税暂行条例》等。

3. 税收规章

税收规章是指国家税收管理职能部门、地方政府，根据其职权和国家最高行政机关的授权，依据有关法律、法规制定的规范性税收文件。在我国，具体指财政部、国家税务总局、海关总署以及地方政府在其权限内制定的有关税收的"办法""规则""规定"，如《税务行政复议规则》《税务代理试行办法》等。税收规章可以增强税法的灵活性和可操作性，是税法体系的必要组成部分，但其法律效力较低。一般情况下，税收规章不作为税收司法的直接依据，而只具有参考性的法律效力。

（二）按税法的职能作用分类

按照税法职能作用的不同，可以将税法分为税收实体法、税收程序法。

1. 税收实体法

税收实体法是规定税收法律关系主体的实体权利、义务的法律规范的总称。其主要内容包括纳税主体、征税客体、计税依据、税目、税率、减税免税等，是国家向纳税人行使征税权力和纳税人负担纳税义务的要件，只有具备这些要件时，纳税人才负有纳税义务，国家才能向纳税人征税。税收实体法直接影响到国家与纳税人之间权利义务的分配，是税法的核心部分；没有税收实体法，税法体系就不能成立。例如，《中华人民共和国企业所得税法》《中华人民共和国个人所得税法》就属于税收实体法。

2. 税收程序法

税收程序法是税收实体法的对称，指以国家税收活动中所发生的程序关系为调整对象的税法，是规定国家征税权行使程序和纳税人纳税义务履行程序的法律规范的总称。主要包括税收管理法、纳税程序法、发票管理法、税务机关组织法和税务争议处理法。税收程序法是关于如何具体实施税法的规定，是税法体系的基本组成部分。我国的《税收征收管理法》即属于税收程序法。

（三）按税法地位分类

按照具体税法在税法体系中法律地位的不同，可以将税法分为税收基本法和税收普通法。

1. 税收基本法

税收基本法也称税收通则，是税法体系的主体和核心，在税法体系中起着税收母法的作用。税收基本法对税法中的共同性问题加以规范，对具体税法具有约束力，在税法体系中具有最高法律地位和最高法律效力。我国目前还没有制定统一的税收基本法，随着我国税收法制建设的发展和完善，将研究制定税收基本法。

2. 税收普通法

税收普通法是根据税收基本法的原则，对税收基本法规定的事项分别立法实施的法律。例如，《中华人民共和国个人所得税法》《税收征收管理法》等。

（四）按税收管辖权分类

按照税收管辖权的不同，可以将税法分为国内税法和国际税法。

1. 国内税法

国内税法是指一国在其税收管辖权范围内调整税收分配过程中形成的权利义务关系的法律规范的总称，是由国家最高权力机关和经由其授权或依法律规定的国家行政机关制定的税收法律、法规、规章等规范性文件。

2. 国际税法

国际税法是指调整国家与国家之间税收权益分配的法律规范的总称。

第三节　税收法律关系

一、税收法律关系的概念

税收法律关系是指国家与纳税人之间在税收分配及其管理活动中，以国家强制力保证实施的，具有经济内容的权利与义务关系。

从性质上看，税收法律关系是一种国家意志关系，对什么征税、对谁征税、征多少税，都是国家以法律形式规定的，反映国家的意志而不是纳税人的意志；从经济内容上看，税收法律关系是一种财产所有权或支配权单向转移的关系，表现为社会财富从社会各阶级、阶层、单位或个人手中无偿地转移到国家手中。

二、税收法律关系的构成要素

税收法律关系在总体上与其他法律关系一样，也是由权利主体、客体和法律关系内容三个要素构成。这三个要素之间互相联系，形成统一的整体。

（一）税收法律关系的主体

税收法律关系的主体是指税收法律关系中享有权利和承担义务的当事人，即税收法律关系的参加者,它包括征税主体和纳税主体。

1. 征税主体

征税主体,是指税收法律关系中享有征税权利的一方当事人,即税务行政执法机关,它包括税务机关、海关等。

国家是真正的征税主体。国家是通过法律授权的方式赋予具体的国家职能机关来代其行使征税权力,因此,税务机关通过授权成为法律意义上的征税主体。我国现行法律明确规定了履行征税职能的行政机关,除此之外,没有法律明文授权,任何机关都不能成为征税主体。

2. 纳税主体

纳税主体即税收法律关系中负有税收缴纳义务的一方。纳税主体在一般情况下指的是纳税人,即税法规定负有纳税义务者。此外,扣缴义务人和纳税担保人也是纳税主体的组成部分。

对于纳税主体,有许多不同的划分方法。按照纳税人身份的不同,纳税主体可以分为法人和自然人两大类。按照承担纳税多少的差别,在直接税中纳税人可以分为无限纳税义务人和有限纳税义务人;在间接税中,纳税人可以分为正式纳税义务人和延伸纳税义务人。不同种类的纳税主体,在税收法律关系中享有的权利和承担的义务也不尽相同。

(二)税收法律关系的客体

税收法律关系的客体是指税收法律关系主体的权利和义务共同指向的对象,包括税收征纳活动中的物、货币和行为。

作为税收法律关系客体的"物",仅指与税收有关的应税货物(如增值税法中的应税货物、房产税法中的房屋等)和依法缴纳税款的货物;"货币"作为税收法律关系的客体具有普遍性,既包括纳税人的货物计价和货币结算等,又包括缴入国库的货币税款;"行为"作为客体在税收法律关系中更具有广泛的意义,如制定税法、税款征收及纳税人的税务登记、纳税申报、税款入库等行为均属此类。

(三)税收法律关系的内容

税收法律关系的内容是指税收法律关系主体双方在征纳活动中依法所享有的权利和承担的义务。它决定了税收法律关系的实质,是税法体系的实质和核心,也是税法的灵魂。它规定权利主体可以有什么行为,不可以有什么行为,若违反了这些规定须承担什么样的法律责任。税收权利与义务受法律保护和制约,任何单位和个人必须按税收法律规定严格行使权利,自觉履行纳税义务。

1. 征税主体的权利和义务

国家税务机关的权利主要包括税款征收权、税务管理权、税务稽查权、获取信息权、强制执行权、对违章者处罚权等。

税务机关的义务包括向纳税人宣传、咨询、辅导解读税法,及时把征收的税款解缴国库,依法受理纳税人对税收争议的申诉,保守秘密的义务和依法告知的义务。

2. 纳税主体的权利和义务

纳税义务人的权利主要包括多缴税款申请退还权、依法申请减免税权、延期纳税权、申请税务复议和提起诉讼权等。

纳税义务人的义务主要是按税法规定依法办理税务登记、进行纳税申报、接受税务检查、依法缴纳税款等。

3. 其他税务当事人的权利和义务

对于扣缴义务人、纳税担保人以及银行、工商、公安等,税法中也相应规定了其权利和义务。扣缴义务人有权向税务机关了解国家税收法律、行政法规的规定以及与纳税程序有关的情况;有权要求税务机关保守秘密;对税务机关做出的决定享有陈述权、申辩权;依法享有申请行政复议、提起行政诉讼、请求国家赔偿等权利。扣缴义务人的主要义务是必须依照法律、行政法规的规定缴纳税款、代扣代缴、代收代缴税款;如实向税务机关提供与纳税和代扣代缴、代收代缴税款有关的信息;接受税务机关依法进行的税务检查。

第四节 税法的构成要素

税法的构成要素,一般是指税收实体法的组成要素。从实际运用来看,主要包括纳税人、征税对象、税率、纳税环节、纳税期限、纳税地点、减税免税,以及总则、罚则、附则等要素,其中纳税人、征税对象和税率是基本要素。

一、总则

总则是规定立法目的、制定依据、适用原则、征收主体等内容的法律规范。

二、纳税义务人

(一)纳税人的含义

纳税人又称纳税主体,是税法规定的直接负有纳税义务的单位和个人。国家无论征收哪种税,总要由一定的单位或个人来缴纳,因此每种税都要规定其各自的纳税人。例如,增值税的纳税人是在中国境内发生应税销售行为以及进口货物的单位和个人;房产税的纳税人是房产的所有者。

(二)纳税人的相关概念

1. 法人与自然人

从法律角度划分,纳税人包括法人和自然人两种。法人是基于法律规定享有权利能力和行为能力,具有独立的财产和经费,依法独立承担民事责任的社会组织。我国的法人主要有四种:机关法人、事业法人、企业法人和社团法人。企业法人包括国有企业、集体企业、私营企业、中外合资经营企业和外资企业等。自然人是指在法律上可以独立地享受民事权利并承担民事义务的公民个人,如从事工商营利事业的个人以及有应税收入和应税财产的个人。

2. 纳税人与负税人

纳税人,又称纳税义务人、"课税主体",是税法上规定的直接负有纳税义务的单位和个人。国家无论课征什么税,都要由一定的纳税义务人来承担,否则就不成为税收。因此,纳税人是税收制度构成的基本要素之一。

负税人一般是指税收的实际负担者(最终承担税款的单位和个人)。在实际生活中,有的税收由纳税人自己负担,纳税人本身就是负税人,如所得税;有的税收虽然由纳税人缴纳,但实际上却是由别人负担,纳税人并不是负税人,这就是通常所说的税负转嫁,如增值税、消费税和关税等。

3. 扣缴义务人

与纳税人相关的另一个概念是扣缴人,它是扣缴义务人的简称,是指税法规定的,在向纳税人支付或收取款项时,依法履行代收(扣)代缴应纳税款的单位或个人。当纳税人发生应税行为直接缴税有困难时,为防止纳税人偷逃税款,保证税款及时足额入库,税法中须明确扣缴人扣缴税款的具体规定。例如,个人所得税法中规定,纳税人取得的各项应税所得有支付单位的,以支付单位为扣缴人。扣缴人必须履行扣缴义务,否则就应负法律责任。

4. 税务代理人

税务代理人是指经政府有关部门批准,依照税法规定,在一定的代理权限内,以纳税人、扣缴义务人的名义,代为办理各项税务事宜的单位或个人。税务代理是一种民事代理行为,理应享受我国《民法通则》所规定的关于代理人的各项权利,履行一定的义务,承担一定的法律责任。

5. 委托代征人

委托代征人是指按照税法规定,由税务机关指派、委托,代税务机关收缴税款的单位和个人。代征人一般要由税务机关发给代征税款委托证书。

三、征税对象

(一)征税对象的含义

征税对象又称课税对象、征税客体,是指按税法规定对什么征税,是征、纳双方权利与义务共同指向的客体或标的物,是区别一种税与另一种税的重要标志。例如,消费税的征税对象是消费税条例所列举的应税消费品,房产税的征税对象是房屋等。征税对象是税法最基本的要素,因为它体现着征税的最基本界限,决定着某一种税的基本征税范围;同时,征税对象也决定了各个不同税种的名称,如消费税、土地增值税、个人所得税等,这些税种因征税对象不同、性质不同,税名也就不同。征税对象按其性质的不同,通常可划分为流转额、所得额、财产、资源、行为和特定目的六大类,通常也因此将税收分为相应的六大类,即商品和劳务税、所得税、财产税、资源税、行为税和特定目的税。

(二)征税对象的相关概念

1. 征税范围

征税范围是指税法规定的应税内容的具体区间,可按货物、品种、所得、地区等进行划分。它与征税对象密切相关,是征税对象的进一步补充和划分。例如,我国现行城镇土地使用税的征税对象为土地,其征税范围为城市、县城、建制镇和工矿区。

2. 税目

税目又称征税品目,它规定征税对象的具体项目,是征税对象在应税内容上的具体化,体现着征税的广度。凡列入税目的即为应税项目,未列入税目的,则不属于应税项目。税目与征税对象一般是不一致的,如我国现行消费税的征税对象是企业生产的消费品,但其税目规定为烟、酒等15种消费品。

3. 计税依据

计税依据又称征税基础,是指征税对象在数量上的具体化,是计算每种税应纳税额的依据。它分为从价计征与从量计征两种:前者是按征税对象的价值计算;后者是按征税对象的重量、面积、体积等自然计量单位计算。它与征税对象的关系为:有的是一致的,如企业所得税的征税对象和计税依据均为所得额;有的是不一致的,如增值税的征税对象为增值额,其计税依据却是货物、劳务或行为的销售额。

4. 税源

税源是指每种税的经济来源。国家确定征税对象应充分考虑税源的状况。从总体上说,物质生产部门创造的国民收入是税收最终的经济源泉。税源与征税对象有的是一致的,如所得税的税源与征税对象都是纳税人的所得额;有的是不一致的,如房产税的征税对象是房产,但其税源却是房产所带来的收益。

四、税率

税率是应纳税额与征税对象(计税依据)之间的比例,是应纳税额计算的尺度。税率的高低直接关系到国家的财政收入和纳税人的税收负担,是税收制度的核心要素,也是设计税制的主要议题。

为了分析的需要,税率还可分为名义税率与实际税率、边际税率与平均税率等。

名义税率是指税法规定的税率;实际税率是实际税收负担率,是指因计税标准、减免税等因素而最终形成的实纳税额与实际收入之间的比例。一般情况下,名义税率要高于实际税率。

边际税率是指最后一个计税依据所适用的税率;而平均税率是全部应纳税额与收入之间的比率。边际税率与平均税率之间存在紧密的联系。在累进税制情况下,平均税率随边际税率的提高而提高,但平均税率低于边际税率;在比例税制情况下,边际税率就是平均税率。

在实际运用中主要包括比例税率、累进税率和定额税率三种类型。

(一) 比例税率

比例税率是指对同一征税对象,不论数额大小,均按相同比例征税的税率。采用这种税率,税额随征税对象的量等比增加,但征税比例始终不变。在同一税种中,由于征税对象存在质的差异性,比例税率可随税目的多少而规定多个。

比例税率在具体运用上可分为以下几种。

1. 单一比例税率

单一比例税率,即一种税只采用一种税率,如我国现行企业所得税法规定了25%的税率。

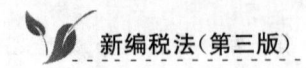

2. 差别比例税率

差别比例税率,即通过税目将征税对象分类,采取不同的税率,它包括以下几种:

(1) 行业差别比例税率,即按行业的不同规定不同的税率,同一行业采用同一税率,如营业税。

(2) 产品差别比例税率,即对不同产品规定不同税率,同一产品采用同一税率,如消费税、关税等,目的是为了适应不同产品的积累水平。

(3) 地区差别比例税率,即对不同地区实行不同税率,同一地区采用同一税率,如我国的城市维护建设税。

3. 幅度比例税率

幅度比例税率,即税法中规定一个幅度税率,各地可以根据本地区实际情况,在税法规定的幅度内确定一个比例税率。

4. 有起征点或免征额的比例税率

有起征点或免征额的比例税率,即对同一征税对象规定达到起征点后按全额征税,或扣除免征额后,按同一比例税率征税。

5. 分类分级比例税率

分类分级比例税率,即对同一征税对象分为几个类别或等级,每一类别或等级分别规定不同的比例税率,如消费税中对烟和酒的征税。

比例税率具有以下优点:① 同一征税对象的不同纳税人税收负担相同,具有鼓励先进、鞭策后进的作用,有利于在同等条件下开展竞争;② 计算简便,有利于税收的征收管理。其缺点是:比例税率的税收负担与负担能力不相适应,不能体现负担能力大者多征而负担能力小者少征的原则,税收负担程度不尽合理,调节收入有局限性。

(二) 累进税率

累进税率是指将征税对象按照一定标准划分为若干等级,每一等级规定逐级上升征税比例的税率。这里的"一定标准",可以是征税对象的金额;也可以是与征税对象紧密相关的指标,如销售利润率、资金利润率、收入增长率等;还可以是征税对象某一数额的倍数。依此三种标准制定的累进税率,分别称为金额累进税率(简称额累)、相对量累进税率(简称率累)、倍数累进税率(简称倍累)。

分级是累进税率的一个显著特点,全部征税对象分为几个级别,是根据国家调节不同收入层次纳税人和收入要求来确定的,一般以 3~10 级为宜。累进税率有两种累进方式,即全数累进和超数累进。依据这两种方式和划分级次的不同,可将累进税率分为全额累进税率与超额累进税率、全率累进税率与超率累进税率、全倍累进税率与超倍累进税率等,其中超额累进税率运用得最广泛。

1. 全额累进税率

全额累进税率即对征税对象全部数额按其适用的最高一级征税比例计税的一种累进税率。其特点是一个纳税人只适用一个征税比例,当征税对象数额提高到一个级次时,全部征税对象数额都按该级次的税率征税,税率变动同征税对象数额级次的变动相联系,实际相当于按征税对象数额分等级规定征税的比例税率,如表 1-1 所示。

运用全额累进税率的关键是查找每一纳税人应税收入在税率表中所属的级次,找到了收入级次,与其对应的税率便是该纳税人所适用的税率,全部税基乘以适用税率即可计算出应缴税额。例如,某纳税人某月应纳税所得额为 6 000 元,按表 1-1 所列税率,应适用第二级次,其应纳税额为 1 200 元(＝6 000×20%)。

表 1-1 某三级全额累进税率

级　数	全月应纳税所得额(元)	税率(%)
1	5 000 以下	10
2	5 000～20 000(含)	20
3	20 000(含)以上	30

全额累进税率的优点是计算简便,缺点是税负不合理。在级距的临界点附近,税负呈跳跃式上升,纳税人往往收入增加不多,但税负却成倍增加,会造成纳税人税收负担畸重畸轻,不能体现税收公平原则。所以在现实生活中,几乎没有国家采用全额累进税率。

2. 超额累进税率

超额累进税率即把征税对象按数额大小分成若干等级,每一等级规定一个税率,但每一个纳税人的征税对象则依所属等级同时适用几个税率分别计算,将计算结果相加后得出应纳税额。其特点是除第一级以外,一个纳税人往往会适用几个征税比例,当征税对象数额提高到另一个级次时,所属这一级次的部分征税对象数额才按提高一级的税率征收,税率变动同征税对象级次增加的部分相联系。表 1-2 为三级超额累进税率示例。

表 1-2 某三级超额累进税率

级　数	全月应纳税所得额(元)	税率(%)	速算扣除数
1	5 000 以下	10	0
2	5 000～20 000(含)	20	500
3	20 000(含)以上	30	2 500

如某人某月应纳税所得额为 6 000 元,用表 1-2 所列税率,其应纳税额可分步计算:

第一级的 5 000 元适用 10% 的税率,应纳税为 500 元(＝5 000×10%)。

第二级的 1 000 元(＝6 000－5 000)适用 20% 的税率,应纳税为 200 元(＝1 000×20%)。

某人该月应纳税额＝5 000×10%＋1 000×20%＝700(元)。

我国现行个人所得税法对工资薪金所得的征税,即属于这种税率。

超额累进税率的优点是税收负担合理,弥补了全额累进税率的不足。因此,目前实行累进税率的国家基本上采用超额累进税率。缺点是计算比较复杂。因此,在实际运用中多采用速算扣除数法。

速算法的原理是,基于全额累进计算的方法比较简单,可将超额累进计算的方法转化为全额累进计算的方法。对于同样的课税对象数量,按全额累进方法计算出的税额比按超额累进方法计算出的税额多,即有重复计算的部分,这个多征的常数称为速算扣除数。用公式表示为:

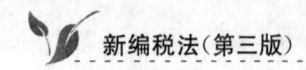

速算扣除数＝按全额累进方法计算的税额－按超额累进方法计算的税额

经移项,得:

按超额累进方法计算的税额＝按全额累进方法计算的税额－速算扣除数

接上例,某人某月应纳税所得额为 6 000 元,如果直接用 6 000 元乘以所对应级次的税率 20%,则对于第一级次的 5 000 元应纳税所得额就出现了重复计算的部分:5 000×(20%－10%)。因为这 5 000 元仅适用 10% 的税率,而现在全部用 20% 的税率来计算,故多算了 10%,这就是应该扣除的速算扣除数。如果用简化的计算,则:

某人某月应纳所得税＝6 000×20%－500＝700(元)

3. 超率累进税率

超率累进税率即以征税对象数额的相对率(如销售利润率等)划分若干级距,分别规定相应的差别税率,相对率每超过一个级距,对超过的部分就按高一级税率计算征税。目前,我国采用这种税率的是土地增值税法。

在实际工作中,适用超率累进税率计算应纳税额,可采用速算扣除率法。该方法与超额累进税率中的速算扣除数法基本原理相似。

(三) 定额税率

定额税率是指对征税对象确定的计税单位直接规定一个固定的征税数额的税率。它不采用百分比的形式而采用绝对数的形式。因其单位征税对象应征税额是固定不变的,所以又称为单位税额、固定税额。目前,我国采用定额税率的有城镇土地使用税、车船税等。在实际运用中又分为以下三种。

1. 地区差别税额

地区差别税额即为了照顾不同地区的自然资源、生产水平和盈利水平的差别,根据各地区经济发展的不同情况对各地区分别规定不同的税额。

2. 幅度税额

幅度税额即税法只规定一个税额幅度,由各地根据本地区实际情况,在税法规定的幅度内,确定一个执行税额。

3. 分类分级税额

分类分级税额即把征税对象划分为若干个类别和等级,对各类各级由低到高规定相应的税额,等级高的税额高,等级低的税额低。例如,我国现行车船税法对车船征税即采用这种税率。

定额税率的优点在于:一是从量计征,而不是从价计征,有利于鼓励企业提高产品质量和改进包装装潢;二是计算简便;三是税额不受征税对象价格变化的影响,负担相对稳定。

定额税率的缺点在于:一是收入弹性较差,由于税额一般不随征税对象价值的增长而增长,不能使国家财政收入随国民收入的增长而同步增长,在调节收入和适用范围上有局限性。二是税负不合理,由于税额不随征税对象价值的增加而增加,所以导致收入越高,税收负担越低,具有累退的特征。

五、纳税环节

纳税环节是税法规定的征税对象在从生产到消费的流转过程中应当缴纳税款的环节,

如流转税在生产和流通环节纳税,所得税在分配环节纳税等。纳税环节有广义和狭义之分。广义的纳税环节即指全部课税对象在再生产中的分布情况,如资源税分布在资源生产环节,商品税分布在生产或流通环节,所得税分布在分配环节等。狭义的纳税环节特指应税商品在流转过程中应纳税的环节。商品从生产到消费要经历诸多流转环节,各环节都存在销售额,都可能成为纳税环节。但考虑到税收对经济的影响、财政收入的需要以及税收征管的能力等因素,国家常常对在商品流转过程中所征税种规定不同的纳税环节。按照某种税征税环节的多少,可以将税种划分为一次课征制或多次课征制。合理选择纳税环节,对加强税收征管,有效控制税源,保证国家财政收入的及时、稳定、可靠,方便纳税人生产经营活动和财务核算,灵活机动地发挥税收调节经济的作用,具有十分重要的理论意义和实践意义。

六、纳税期限

纳税期限是指税法规定的关于税款缴纳时间方面的限定。它是税收的固定性、强制性在时间上的体现。从原则上讲,纳税人在取得应税收入或发生纳税义务后,应当立即向国家缴纳税款。但是,由于纳税人取得应税收入或发生纳税义务有其阶段性,不可能每取得一次应税收入或发生一次纳税义务就立即缴纳一次税。为了简化纳税手续,便于纳税人经营管理,同时有利于税款及时缴入国库,有必要根据各种税的不同特点以及纳税人的具体情况分别规定不同的纳税期限。

税法关于纳税期限的规定,有以下三个概念:

(1) 纳税义务发生时间,即应税行为发生的时间。例如,增值税条例规定,采取预收货款方式销售货物的,其纳税义务发生时间为货物发出的当天。

(2) 纳税期限,即每隔固定时间汇总一次纳税义务的时间。例如,增值税条例规定,增值税的具体纳税期限分别为1日、3日、5日、10日、15日、1个月或者1个季度。纳税人的具体纳税期限,由主管税务机关根据纳税人应纳税额的大小分别核定;不能按照固定期限纳税的,可以按次纳税。

(3) 缴库期限,即税法规定的纳税期满后,纳税人将应纳税款缴入国库的期限。例如,增值税条例规定,纳税人以1个月或者1个季度为1个纳税期的,自期满之日起15日内申报纳税;以1日、3日、5日、10日或者15日为1个纳税期的,自期满之日起5日内预缴税款,于次月1日起15日内申报纳税并结清上月应纳税款。

七、减税免税

规定减税、免税是减轻税负的措施。减税是根据税法的规定从应征税款中减征部分税款;免税是免征全部税款。减税、免税规定是为了解决按税制规定的税率征税时所不能解决的具体问题而采取的一种措施,是在一定时期内给予纳税人的一种税收优惠。正确制定并严格执行减免税规定,可以更好地贯彻国家的税收政策,发挥税收调节经济的作用。我国现行的税收减免权限集中于国务院,任何地区、部门不得规定减免税项目。减免税主要包括税基式减免、税率式减免和税额式减免。

(一) 税基式减免

税基式减免是指直接通过缩小计税依据的方式实现的减税、免税。具体包括起征点、免

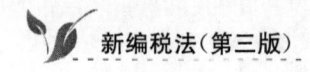

征额、项目扣除和跨期结转等。

起征点和免征额不属于一般的减免税问题,但可以起到减轻税负的作用。

1. 起征点

起征点是指根据税法的规定对征税对象确定的征税起点,是计税依据达到国家规定数额开始征税的界限。计税依据数额达到或超过起征点的,按征税对象的全部数额征税;未达到起征点的不征税。

2. 免征额

免征额是指根据税法的规定在征税对象中预先确定的免予征税的数额,是按照一定标准从计税依据总额中预先减除的数额。免征额部分不征税,只对超过免征额的部分才按规定的税率征税。

起征点和免征额同为征税与否的界限,对纳税人来说,在其收入没有达到起征点或没有超过免征额的情况下,都不征税,两者是一样的。但是两者又有明显的区别,主要在于:第一,当纳税人收入达到或超过起征点时,就其收入全额征税;而当纳税人收入超过免征额时,则只就超过的部分征税。第二,当纳税人收入恰好达到起征点时,就要按其收入全额征税;而当纳税人收入恰好与免征额相同时,则免予征税。两者相比,享受免征额的纳税人要比享受同额起征点的纳税人税负轻。此外,起征点只能照顾一部分纳税人,而免征额则可以照顾适用范围内的所有纳税人。

3. 项目扣除

项目扣除是指在课税对象中扣除一定项目的数额,以其余额作为依据计算税额。

4. 跨期结转

跨期结转是指将以前纳税年度的经营亏损等在本纳税年度经营利润中扣除,也等于直接缩小了税基。

(二)税率式减免

税率式减免是指通过直接降低税率的方式实行的减税、免税。具体包括重新确定税率、选用其他税率、零税率等形式。

(三)税额式减免

税额式减免是指通过直接减少应纳税额的方式实行的减税、免税。具体包括全部免征、减半征收、核定减免率等。

税收减免在税法规定中最为普遍。但无论是减轻纳税人的税负还是免除其税负,在税法规定上都应慎重。从公平税负的角度说,应防止不适当扩大减免税规模的情况。

八、罚则

罚则是对纳税人和扣缴义务人违反税法行为而采取的处罚措施。规定罚则可以更好地维护税法的尊严,保护合法经营,增强纳税意识和法制观念,保证国家财政收入。

九、附则

附则一般规定与该法紧密相关的内容,主要有该法的解释权、生效时间、适用范围及其他相关规定。

第五节 我国税法的制定实施与税法体系

一、税法的制定

根据《中华人民共和国宪法》《中华人民共和国全国人民代表大会组织法》《中华人民共和国国务院组织法》《中华人民共和国立法法》以及《中华人民共和国地方各级人民代表大会和地方各级人民政府组织法》的规定,我国的立法体制是:全国人民代表大会及其常务委员会行使立法权,制定法律;国务院及所属各部委,有权根据宪法和法律制定行政法规和规章;地方人民代表大会及其常务委员会,在不与宪法、法律、行政法规抵触的前提下,有权制定地方性法规,但要报全国人大常委会和国务院备案;民族自治地方的人大有权依照当地民族政治、经济和文化的特点,制定自治条例和单行条例。

各有权机关根据国家立法体制规定所制定的一系列税收法律、法规、规章和规范性文件,构成了我国的税收法律体系。由于制定税收法律、法规、规章的各级国家机关的税收立法权不同,因而所制定的税收法律、法规、规章的法律级次、效力也不尽相同。我国税收法律体系,基本上由以下六个层次构成。

(一) 全国人民代表大会和全国人大常委会制定的税收法律

《中华人民共和国宪法》第五十八条明确规定:"全国人民代表大会和全国人民代表大会常务委员会行使国家立法权。"这一规定明确了我国税收法律的立法权由全国人大及其常委会行使,其他任何机关都没有制定税收法律的权力。在国家税收法律方面,凡是基本的、全局性的问题,如税收法律关系中征纳双方权利与义务的确定,税种的设置,税目、税率的确定等,都需要由全国人大及其常委会以税收法律的形式制定实施,并在全国范围内普遍适用。除宪法外,税收法律具有最高的法律效力,是其他机关制定税收法规、规章的法律依据,其他各级机关制定的税收法规、规章,都不得与《宪法》和税收法律相抵触。

(二) 全国人大或人大常委会授权立法

授权立法是指全国人大及其常委会根据需要,授权国务院制定某些具有法律效力的暂行规定或条例。国务院经授权立法所制定的规定或条例等具有国家法律的性质和地位,其法律效力高于行政法规,但在立法程序上还需报全国人大常委会备案。例如,1984 年 9 月 1 日,全国人大常委会授权国务院改革工商税制和发布有关税收条例;1985 年全国人大授权国务院在经济体制改革和对外开放方面可以制定暂行的规定或条例。按照这两次授权立法,国务院从 1994 年 1 月 1 日起实施工商税制改革,制定实施了增值税、营业税、消费税、资源税、土地增值税、企业所得税 6 个暂行条例。

(三) 国务院制定的税收行政法规

我国《宪法》规定,国务院可"根据宪法和法律规定行政措施,制定行政法规,发布决定和命令"。行政法规作为一种法律形式,在中国法律形式中处于低于宪法、法律,高于地方法规、部门规章、地方规章的地位,也是在全国范围内普遍适用的。行政法规的立法目的在于保证宪法和法律的实施。国务院发布的《中华人民共和国企业所得税法实施条例》《税收征收管理法实施细则》等,都属于税收行政法规。

(四)地方人大及其常委会制定的税收地方性法规

根据《中华人民共和国地方各级人民代表大会和地方各级人民政府组织法》的规定,省、自治区、直辖市的人民代表大会和设区市人民代表大会有制定地方性法规的权力。由于我国在税收立法上坚持的是"统一税法"的原则,因而地方权力机关制定税收地方法规不是无限制的,而是要严格按照税收法律的授权行事。目前除了海南省、民族自治地区按照全国人大的授权立法规定,在遵循宪法、法律和行政法规的原则基础上,可以制定有关税收的地方性法规除外,其他省、市一般都无权自定地方性的税收法规。

(五)国务院税务主管部门制定的税收部门规章

《中华人民共和国宪法》第九十条规定:国务院"各部、各委员会根据法律和国务院的行政法规、决定、命令,在本部门的权限内,发布命令、指示和规章。"有权制定税收部门规章的税务主管机关是财政部和国家税务总局及海关总署。其制定规章的范围包括有关税收法律、法规的具体解释,税收征收管理的具体规定、办法等。税收部门规章在全国范围内具有普遍适用效力,但不得与税收法律、行政法规相抵触。例如,财政部、国家税务总局颁发的《中华人民共和国增值税暂行条例实施细则》、国家税务总局颁发的《税务代理试行办法》等都属于税务部门规章。

(六)地方政府制定的税收地方规章

《中华人民共和国地方各级人民代表大会和地方各级人民政府组织法》规定:"省、自治区、直辖市的人民政府可以根据法律、行政法规和本省、自治区、直辖市的地方性法规,制定规章,报国务院和本级人民代表大会常务委员会备案。设区市的人民政府可以根据法律、行政法规和本省、自治区的地方性法规,制定规章,报国务院和省、自治区的人民代表大会常务委员会、人民政府以及本级人民代表大会常务委员会备案。"按照"统一税法"的原则,上述地方政府制定税收规章,都必须在税收法律、法规明确授权的前提下进行,并且不得与税收法律、行政法规相抵触。没有税收法律、法规的授权,地方政府无权自定税收规章;凡越权自定的税收规章没有法律效力。例如,国务院发布实施的城市维护建设税、房产税等地方性税种暂行条例,都规定省、自治区、直辖市人民政府可根据条例制定实施细则。

二、税收立法程序

税收立法程序是指有权的机关,在制定、认可、修改、补充、废止等税收立法活动中,必须遵循的法定步骤和方法。

目前我国税收立法程序主要包括以下几个阶段。

(一)提议阶段

无论是税法的制定,还是税法修改、补充和废止,一般由国务院授权其税务主管部门(财政部、国家税务总局及海关总署)负责立法的调查研究等准备工作,并提出立法方案或税法草案,上报国务院。

(二)审议阶段

税收法规由国务院负责审议。税收法规在经国务院审议通过后,以议案的形式提交全国人民代表大会常务委员会的有关工作部门,在广泛征求意见并做修改后,提交全国人民代表大会或其常务委员会审议通过。

(三) 通过和公布阶段

税收行政法规,由国务院审议通过后,以国务院总理名义发布实施。税收法律,在全国人民代表大会或其常务委员会开会期间,先听取国务院关于制定税法议案的说明,然后经过讨论,以简单多数的方式通过后,以国家主席名义发布实施。

三、税法的实施

税法的实施,即税法的执行。它包括税收执法和守法两个方面:一方面要求税务机关和税务人员正确运用税收法律,并对违法者实施制裁;另一方面要求税务机关、税务人员、公民、法人、社会团体及其他组织严格遵守税收法律。

由于税法具有多层次的特点,因此在税收执法过程中,对其适用性或法律效力的判断,一般按以下原则掌握:一是层次高的法律优于层次低的法律;二是同一层次的法律中,特别法优于普通法;三是国际法优于国内法;四是实体法从旧,程序法从新。

所谓遵守税法,是指税务机关、税务人员都必须遵守税法的规定,严格依法办事;纳税人必须遵守税法的规定,严格履行纳税义务。遵守税法是保证税法得以顺利实施的必要条件。

四、我国现行税法体系

从法律角度来讲,一个国家在一定时期内、一定体制下,以法定形式规定的各种税收法律、法规的总和,称之为税法体系。

从税收工作的角度来讲,所谓税法体系,亦往往被称为税收制度。即如前所述,指在既定的财政管理体制下设置的税种以及与这些税种征收管理有关的,具有法律效力的各级成文法律、行政法规、部门规章等的总和。

一个国家的税法,一般来说,包括税法通则、各税税法(条例)、实施细则以及具体规章等内容。其中,"税法通则"规定一个国家的税种设置和每个税种的立法精神;"税法(条例)"分别规定每个税种的构成要素与征税办法;"实施细则"是对各税税法(条例)的详细说明和解释;"具体规章"则是根据不同地区、不同时期的具体情况制定的补充性税收法规。一个国家的税收体系,一般由税收实体法和税收征收管理程序法的法律制度组成。我国现行税法体系,一般认为由以下四个部分构成。

(一) 税收实体法

即指各税种法律、条例及其实施细则、解释、规定等,包括商品和劳务税法、所得税法、资源税法、财产税法、行为目的税法等。我国目前由18个税收法律、法规组成,它们按性质作用分为五类,如表1-3所示。

表1-3 我国目前税制结构表

主体税	商品和劳务税类 (间接税)	包括增值税、消费税、关税
	所得税类(直接税)	包括企业所得税、个人所得税

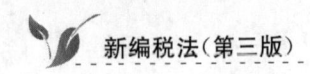

续 表

非主体税	财产和行为税类	包括房产税、车船税、印花税、契税
	资源税类	包括资源税、环境保护税、土地增值税、城镇土地使用税
	特定目的税类	包括城市维护建设税、车辆购置税、耕地占用税、烟叶税、船舶吨税

（二）税收征收管理法

包括《中华人民共和国税收征收管理法》及其实施细则、补充"办法""制度"规定。主要规范由税务机关负责征收税种的征收管理行为。

（三）税务行政执法规范

包括中华人民共和国《行政处罚法》《行政复议法》《行政诉讼法》《行政赔偿法》等及其补充"办法""措施"规定，主要是征纳双方必须共同遵守的行政性法规。

（四）海关征税的法律法规

包括中华人民共和国《中华人民共和国海关法》《中华人民共和国进出口关税条例》《进出口税则》及其补充"办法"、规定，主要规范由海关负责征收税种的征收管理行为。

"案例导入"解析

在经济发达国家流行着这样一句富有哲理的名言：人的一生中，有两件事是逃避不了的，那就是税收和死亡。计划经济时代，这句话在中国可能并不适用。但是，随着社会主义市场经济体制的建立和逐步完善，纳税也成了中国公民不可避免的事情。既然无法避免，为何不去积极了解并主动纳税呢？

税法是国家法律的重要组成部分，是征纳双方共同遵守的行为规范。一个人不仅要懂税法，还要努力降低纳税成本、追求税收利益。

通过本章的学习，想必同学们已经清楚什么是税法、国家征税的意义、税收法律关系、税法构成要素等税法基础知识，并能准确理解开篇案例导入中中国记者与那位国外老妇人的对话。

复习思考题

1. 如何理解税法的概念？
2. 如何看待税收与税法的关系？
3. 如何对税收进行分类？
4. 怎样看待税法体系？
5. 税收法律关系的权利主体、权利客体和核心内容是什么？
6. 税法的构成要素有哪些？
7. 我国税率有哪些形式？
8. 我国目前开征的税种有哪些？

能力训练题

一、单项选择题

1. 国家征税的依据是(　　)。
   A. 财产权力　　　B. 资产权力　　　C. 法制权力　　　D. 政治权力

2. (　　)是税收区别于其他财政收入形式的基本标志。
   A. 税收本质　　　B. 税收性质　　　C. 税收形式特征　　　D. 税收社会特征

3. 税收法律关系中的权利主体是指(　　)。
   A. 征税方　　　B. 纳税方　　　C. 征纳双方　　　D. 国家税务总局

4. 下列项目中,属于纳税主体权利的是(　　)。
   A. 依法办理税务登记　　　B. 税收保全权
   C. 税收减免申请权　　　D. 税款追缴权

5. 关于税法构成要素,下列说法中不正确的是(　　)。
   A. 纳税人是税法规定的直接负有纳税义务的单位和个人,是实际负担税款的单位和个人
   B. 征税对象是税法中规定的征税的目的物,是国家征税的依据
   C. 税率是应纳税额与征税对象之间的比例,是应纳税额的计算尺度
   D. 税目是课税对象的具体化,反映具体征税项目

6. 我国税收立法权规定地方政府有权制定的是(　　)。
   A. 税收法律　　　B. 地方性税收法规　　　C. 部门规章　　　D. 地方规章

7. 采用超额累进税率征收的税种是(　　)。
   A. 企业所得税　　　B. 个人所得税　　　C. 资源税　　　D. 土地增值税

8. 采用超率累进税率征收的税种是(　　)。
   A. 印花税　　　B. 城镇土地使用税
   C. 土地增值税　　　D. 个人所得税

9. 下列属于全国人民代表大会授权国务院立法的税种是(　　)。
   A. 个人所得税　　　B. 税收征收管理法
   C. 企业所得税　　　D. 增值税暂行条例

10. 构成我国程序税法体系主体的是(　　)。
    A. 行政处罚法　　　B. 税务行政复议规则
    C. 税收征收管理法　　　D. 危害税收征管罪

11. 下列各项税收法律法规中,属于部门规章的是(　　)。
    A.《中华人民共和国个人所得税法》
    B.《中华人民共和国消费税暂行条例》
    C.《中华人民共和国企业所得税法实施条例》
    D.《中华人民共和国增值税暂行条例实施细则》

12. 下列税种中,其收入全部作为中央政府固定收入的是(　　)。
    A. 耕地占用税　　　B. 个人所得税　　　C. 车辆购置税　　　D. 企业所得税

13. 下列选项中,不属于纳税人的权利的是( )。
A. 有权要求税务机关对企业的情况保密
B. 依法享有申请减税、免税、退税的权利
C. 依法享有申请行政复议、提起行政诉讼、请求国家赔偿等权利
D. 负责税收征收管理工作

14. 下列有关税法概念的表述正确的是( )。
A. 税法是国家制定的用来调整税务机关和纳税人之间权利与义务关系的法律规范的总称
B. 税法是国家制定的用来调整国家和纳税人之间权利与义务关系的法律规范的总称
C. 税法只具有义务性法规的特点
D. 税法的综合性特点是由税收的无偿性和强制性的特点决定的

15. 在税法的构成要素中,区分不同税种的主要标志的要素是( )。
A. 税率　　　　　B. 税目　　　　　C. 税基　　　　　D. 征税对象

二、多项选择题

1. 税收的( )是税收区别于其他财政收入方式的基本标志。
A. 强迫性　　　　B. 强制性　　　　C. 无偿性　　　　D. 固定性

2. 按征税对象性质分类,可将税收分为( ),这是我国常用的一种分类方法。
A. 商品和劳务税　B. 所得税　　　　C. 资源税　　　　D. 财产行为税

3. 我国税收法律关系由( )构成。
A. 权利主体　　　　　　　　　　　B. 权利客体
C. 征税机关　　　　　　　　　　　D. 征纳双方的权利和义务

4. 下列各项中,属于我国现行税法的有( )。
A. 税收基本法　　　　　　　　　　B. 企业所得税法
C. 进出口关税条例　　　　　　　　D. 中央与地方共享税条例

5. 下列属于税收实体法的是( )。
A. 个人所得税法　　　　　　　　　B. 发票管理办法
C. 企业所得税法　　　　　　　　　D. 税收征管法

6. 下列税种中,属于行为税的税种是( )。
A. 印花税　　　　B. 土地增值税　　C. 消费税　　　　D. 车辆购置税

7. 下列税种中,采用比例税率的有( )。
A. 契税　　　　　B. 企业所得税　　C. 环境保护税　　D. 土地增值税

8. 下列规定中,可以起到减轻税负作用的是( )。
A. 起征点　　　　B. 免征额　　　　C. 税收附加　　　D. 加成征收

9. 下列对于税收法律级次的理解中,正确的有( )。
A. 税收法律、法规、规章都要服从国家宪法
B. 财政部税务总局有权制定税收法律
C. 在没有税收法律、法规明确授权的前提下,地方政府无权自定税收规章
D. 各级地方人民代表大会及其常委会有权制定地方税收法规

10. 下列税种中,属于由海关负责征收管理的有( )。

A. 车辆购置税　　　　B. 关税　　　　　　C. 烟叶税　　　　　D. 进口增值税
11. 目前世界上的税收管辖权大致可以分为(　　　)。
A. 居民管辖权　　　　B. 地域管辖权　　　C. 公民管辖权　　　D. 法人管辖权
12. 下列各项中,属于税法适用原则的有(　　　)。
A. 国内法优于国际法
B. 在同一层次法律中,特别法优于普通法
C. 层次高的法律优于层次低的法律
D. 实体从旧,程序从新
13. 下列税种中,同时采用比例税率和定额税率进行征收的有(　　　)。
A. 土地增值税　　　　B. 消费税　　　　　C. 印花税　　　　　D. 个人所得税
14. 下列税种中,征税对象与计税依据不一致的有(　　　)。
A. 企业所得税　　　　B. 消费税　　　　　C. 车船税　　　　　D. 增值税
15. 下列税法要素各项中,表述正确的有(　　　)。
A. 对于累进税率,一般情况下,课税数额越大,适用税率越高
B. 比例税率是对同一征税对象,不分数额大小,规定相同的征收比例
C. 税目反映具体的征税范围
D. 纳税义务人或纳税人又叫纳税主体

三、判断题

1. 税收产生的前提条件是私有财产制的存在和发展。　　　　　　　　　　(　　)
2. 在税收法律关系中,征纳双方法律地位的平等主要体现为双方权利与义务的对等。
　　　　　　　　　　　　　　　　　　　　　　　　　　　　　　　　　(　　)
3. 在税收法律关系中,代表国家行使征税职权的税务机关是权利主体,履行纳税义务的法人、自然人是义务主体或称权利客体。　　　　　　　　　　　　　　(　　)
4. 狭义的税法仅指国家立法机关(全国人民代表大会及其常委会)制定的税收法律。
　　　　　　　　　　　　　　　　　　　　　　　　　　　　　　　　　(　　)
5. 我国税收法律关系权利主体中,纳税义务人的确定原则是属人原则。　　(　　)
6. 税收法律关系的内容是税法体系的核心,是指税务机关的权利和义务。(　　)
7. 税率体现国家征税广度,税目体现国家征税深度。　　　　　　　　　　(　　)
8. 零税率既不是不征税,也不是免税,而是征税后负担的税额为零。　　　(　　)
9. 我国现行的企业所得税法采用单一比例税率形式。　　　　　　　　　　(　　)
10. 税收基本法是税法体系的主体和核心,我国的税收基本法是《中华人民共和国税收征收管理法》。　　　　　　　　　　　　　　　　　　　　　　　　　　(　　)
11. 税务机关向纳税人解答有关税法的问题时,可向纳税人收取一定数额的咨询费。
　　　　　　　　　　　　　　　　　　　　　　　　　　　　　　　　　(　　)
12. 企业所得税、个人所得税等是对所得额课税的税法,其特点是可以直接调节纳税人的收入,发挥其公平税负、调整分配关系的作用。　　　　　　　　　　　(　　)
13. 国务院可根据宪法和法律,规定行政措施,制定行政法规,发布决定和命令。(　　)
14. 地方政府制定税收规章,都必须在税收法律、法规明确授权的前提下进行,并且不得与税收法律、行政法规相抵触。没有税收法律、法规的授权,地方政府无权自定税收

规章;凡越权自定的税收规章没有法律效力。　　　　　　　　　　　　　　（　）

15. 在税收立法中一定要体现公平原则,即对于统一纳税行为,不同纳税人的纳税额是一致的。　　　　　　　　　　　　　　　　　　　　　　　　　　　　　　（　）

四、案例分析题

1. 某税务局稽查分局税务人员杨某,在对鸿翔软件开发设计有限公司(以下简称鸿翔公司)进行税务检查时,调阅了该公司的有关纳税资料,检查后发现该公司的核心技术资料正是其朋友李某所在的诚信网络有限公司所急需的核心技术资料。于是,杨某擅自将鸿翔软件开发设计有限公司的核心技术资料复印一套给其朋友李某,导致鸿翔公司核心技术资料外泄,杨某的这一做法给鸿翔公司造成了无法估量的经济损失。鸿翔公司发现此事后,认为税务干部杨某的行为严重侵害了本企业的合法权益,决定通过法律途径来维护自身的权利。

请问:税务干部杨某的行为侵害了企业的什么权利?

2. 某国有企业一直由财务科为本企业职工代扣代缴个人所得税。随着职工收入的逐渐增加,每个人缴纳的个人所得税也随之增多,许多职工不理解,意见和怨言很大。于是,企业领导让财务科想办法替职工少缴纳个人所得税。2018 年,市税务局稽查分局开展个人所得税专项检查时,查出该企业 2017 年度少代扣代缴个人所得税 100 万元。因此,该市税务局稽查分局向该企业下达了一份《税务行政处罚决定书》,对该企业少扣的 100 万元个人所得税处以偷税款 1 倍的罚款。

该企业对此很不理解,企业认为税务局应当自己按月直接对该企业征收个人所得税,这样可以减轻企业财务部门的工作负担,为什么企业必须为市税务局代扣代缴个人所得税呢?

第二章　增值税法

目标与要求

知识目标与要求：了解增值税的发展，熟悉增值税的概念、征税范围、纳税人和税率，明确增值税的税收优惠，掌握增值税应纳税额的计算方法。

能力目标与要求：正确理解和掌握增值税的征税范围，学会增值税税收优惠政策在不同类型企业的具体运用，把握生产企业一般纳税人出口货物退（免）税的政策，熟练不同企业计算增值税的方法。

思政目标与要求：根据我国增值税税法改革，为企业减税降费，深入挖掘税收的"人民性"的内涵，在"为人民谋幸福""为民族谋复兴"的内涵基础上，有机地将税法教育与国内国际形势教育统一起来。

案例导入

位于某市市区的一家电视机生产企业（以下简称甲企业）和一家百货商场（以下简称乙商场）均为一般纳税人。2021年7月份发生如下业务：

（1）甲企业销售给乙商场一批电视机，不含税销售额为70万元，采用托收承付方式结算，货物已经发出，托收手续已经办妥，但尚未给乙商场开具增值税专用发票。甲企业支付运费4万元并取得专用发票。

（2）甲企业购进一台气缸容量为2.4升的小汽车，取得增值税专用发票，支付金额为20万元、增值税2.6万元。

（3）甲企业本月购进原材料取得增值税专用发票，支付金额18万元、增值税2.34万元。

（4）因甲企业管理不善，已抵扣进项税额1.3万元的原材料被盗40%。

（5）乙商场销售粮食、食用植物油、鲜奶取得含税销售额21.8万元，销售家用电器取得含税销售额56.5万元。

（6）乙商场采购商品取得增值税专用发票，注明的增值税额合计3.5万元。

（说明：有关票据在本月均通过主管税务机关认证并申报抵扣；增值税月初留抵税额为0）

思考：根据上述资料，计算下列问题，每问需计算出合计数。

(1) 计算甲企业 7 月份的增值税进项税额。
(2) 计算甲企业 7 月份应缴纳的增值税。
(3) 计算乙商场 7 月份的增值税销项税额。
(4) 计算乙商场 7 月份应缴纳的增值税。

第一节 增值税概述

一、增值税的概念

增值税是以商品和服务在流转过程中产生的增值额作为征税对象而征收的一种流转税。按照我国增值税暂行条例的规定,增值税是对在我国境内销售货物或者提供加工、修理修配劳务(以下简称"应税劳务"),销售服务、无形资产或者不动产(以下简称"应税行为")的单位和个人以及进口货物的单位和个人,就其货物销售或提供应税劳务、应税行为的增值额和货物进口金额为计税依据而课征的一种流转税。

对增值税概念的理解,关键是要理解增值额的含义。增值额是指企业或者其他经营者从事生产经营或提供应税劳务、应税行为,在购入的商品或者取得劳务、服务的价值基础上新增加的价值额。具体可以从以下四个方面理解:

(1) 从理论上讲,增值额是指生产经营者生产经营过程中新创造的价值额。增值额相当于商品价值 $C+V+M$ 中的 $V+M$ 部分。C 即商品生产过程中所消耗的生产资料转移价值;V 即工资,是劳动者为自己创造的价值;M 即剩余价值或盈利,是劳动者为社会创造的价值。增值额是劳动者新创造的价值,从内容上讲大体相当于净产值或国民收入。

(2) 就一个生产单位而言,增值额是这个单位商品销售收入额或经营收入额扣除非增值项目(相当于物化劳动,如外购的原材料、燃料、动力、包装物、低值易耗品等)价值后的余额。这个余额,大体相当于该单位活劳动创造的价值。

(3) 就一个商品的生产经营全过程来讲,不论其生产经营经过几个环节,它最后的销售总值应等于该商品从生产到流通的各个环节的增值额之和,即商品最后销售价格等于各环节增值额之和,如表 2-1 所示。

表 2-1 某商品最后销售价格与各生产流通环节增值额关系

生产流通环节	本环节销售额	本环节增值额
原材料生产环节	30	30①
产成品生产环节	60	30
批发环节	100	40
零售环节	120	20
合 计	310	120

注:① 假定本环节均为增值额,无购进项目。

(4) 从国民收入分配角度看,增值额 $V+M$ 在我国相当于净产值,包括工资、利润、利息、租金和其他属于增值性的收入。

二、增值税的发展与改革

我国的增值税是伴随改革开放政策的逐步实施和计划经济向市场经济转轨的进程,采取渐进方式分阶段确立起来的。它是既吸取国外增值税经验,又立足本国经济体制改革的实际,一步步向前推进的。增值税在我国大致经历了试点、确立、转型改革和扩围改革四个主要阶段。

第一阶段是增值税试点阶段。在1980年前后,我国开始在柳州、长沙、襄樊、上海等城市选择重复征税矛盾最为突出的机器机械和农业机具两个行业进行增值税试点。1982年,上述两个行业的产品以及电风扇、缝纫机、自行车3项产品在全国范围内试行增值税。1984年,工商税制全面改革,国务院正式颁布了《中华人民共和国增值税条例(草案)》,增值税正式成为我国税制体系中的一个独立税种,与产品税、营业税并列作为流转税三税之一,征税范围也扩大到12类产品,将计税方法统一为扣税法。1989年,又在扣税法基础上逐步统一实行了"价税分流购进扣税法",即规定企业在成本利润会计核算中不再包括增值税因素。

第二阶段是增值税确立阶段。1994年1月《中华人民共和国增值税暂行条例》开始实施,扩大了增值税的征税范围,凡在我国境内销售货物或提供加工、修理修配劳务以及进出口货物都需征收增值税。增值税的征税范围扩大到货物生产、加工和销售范畴,并在生产、批发、零售和进口各个环节分别征收。

第三阶段是增值税由生产型向消费型转变阶段。2004年7月1日起,东北三省开展了增值税转型改革试点,对东北地区从事以装备制造业、石油加工业、冶金业、船舶制造业、汽车制造业、农产品加工业为主的增值税一般纳税人,允许抵扣固定资产及相关进项税额,并采用增量抵扣的办法。自2009年1月1日起,全国范围内的所有增值税一般纳税人都可以抵扣其新购进设备所含进项税额,未抵扣完的进项税额可结转下期继续抵扣。

第四阶段是增值税的扩围改革阶段。为进一步深化税制改革,解决增值税和营业税并存导致的重复征税问题,自2012年1月1日起,上海开始实施交通运输业和部分现代服务业的增值税改革试点。至2014年6月1日,"营改增"在交通运输业、邮政业、电信业3个行业试点,覆盖"3+7"个行业,即交通运输业、邮政业、电信业3大类行业和研发技术、信息技术、文化创意、物流辅助、有形动产租赁、鉴证咨询、广播影视7个现代服务业。自2016年5月1日起,全面推开"营改增"试点,将建筑业、房地产业、金融业、生活服务业一次性纳入试点范围,由缴纳营业税改为缴纳增值税。2017年11月19日国务院发布了"关于废止《中华人民共和国营业税暂行条例》和修改《中华人民共和国增值税暂行条例》的决定"(国令第691号),正式结束了营业税的历史使命。

我国现行增值税的基本规范是2017年11月19日国务院令第691号公布的《中华人民共和国增值税暂行条例》和2016年3月财政部和国家税务总局发布的"营改增通知",2008年12月财政部和国家税务总局令第50号《中华人民共和国增值税暂行条例实施细则》及财政部、税务总局、海关总署公告2019年第39号《关于深化增值税改革有关政策的公告》。

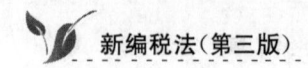

三、增值税的类型及特点

（一）增值税的类型

按增值税的内容、扣除项目的不同，增值税可以分为生产型增值税、收入型增值税和消费型增值税三种类型。

1. 生产型增值税

生产型增值税，是指在计算增值税额时，销售收入中只允许扣除购买的原材料等劳动对象的消耗部分，不允许扣除购进固定资产价款或其折旧，计税依据相当于工资、利息、租金、利润和折旧额之和。从整个社会来看，形成的增值税额大体相当于国内生产总值额（GDP），故称为生产型增值税。

2. 收入型增值税

收入型增值税，是指在计算应纳税额时，销售收入中既要扣除劳动对象的消耗部分，又要扣除固定资产投资价值的折旧部分，金额相当于工资、利息、租金和利润之和。从整个社会来看，形成的增值税相当于国民收入，故称为收入型增值税。

3. 消费型增值税

消费型增值税，是指在计算增值税时，销售收入中既要扣除劳动对象消耗部分，又要扣除本期购进的全部固定资产的金额。这种类型的增值税对所有外购项目，即非本企业新创造的价值都实行彻底的购进扣税法，因此，它最能体现增值税的计税原理，是最典型的增值税。从整个社会来看，作为计税依据的增值税相当于全部消费品的价值，不包括原材料、固定资产等投资品价值，故称为消费型增值税。

（二）增值税的特点

与其他流转税不同，增值税在税制要素设计方面具有自己的特点。

1. 按增值额课征，税不重征

增值税在生产和销售过程的各个环节分段征收，在中间的每一环节，仅就增值部分征税，最终实现对最终消费环节全额征税，可有效避免重复征税问题。

2. 普遍征收，环环相扣

增值税的特殊计税方法，使得在上一环节已经缴纳的税额可以在下一环节征税时扣除，使各个环节形成环环相扣的完整链条。

3. 体现税收中性

理想的增值税是对创造和实现增值税的各领域的一切商品和服务等普遍征收，且一般采用单一税率，因此，增值税的课征对经济活动和消费行为通常不发生影响。

4. 税负具有转嫁性

理想的增值税是对最终消费支出征税，对纳税人在生产经营的每一环节所征的税款都全部包含在消费者所支付的价格中，纳税人已缴纳的税款在每次销售时都将从消费者那里得到补偿，最终消费者才是增值税的实际负担者，这表明增值税具有明显的转嫁性。

第二节 增值税的征税范围、纳税人和税率

一、增值税的征税范围

增值税的征税范围包括在境内发生的应税销售行为(销售货物,提供应税劳务,销售服务、无形资产或不动产)以及进口货物。

(一)增值税征税范围的一般规定

增值税的征收范围,包括在中华人民共和国境内(以下简称"境内")销售或进口货物,提供应税劳务和应税行为。

1. 在境内销售或进口货物

货物是指有形动产,包括电力、热力、气体在内。销售货物是指有偿转让货物的所有权。有偿是指从购买方取得货币、货物或者其他经济利益。

在境内销售货物,是指销售货物的起运地或者所在地在中国境内。

对纳税人报关进口的货物,按照规定征收增值税。

2. 在境内提供应税劳务

应税劳务是指在境内有偿提供的加工、修理修配劳务。但是,不包括单位或个体经营者聘用员工为本单位或雇主提供的加工、修理修配劳务。

加工是指受托加工货物,即委托方提供原料及主要材料,受托方按照委托方的要求制造货物并收取加工费的业务;修理修配是指受托对损伤和丧失功能的货物进行修复,使其恢复原状和功能的业务。

在境内提供的加工、修理修配劳务,是指所提供的加工、修理修配劳务发生在中国境内。

有偿,是指从购买方取得货币、货物或者其他经济利益。

3. 在境内提供应税行为

应税行为是指销售服务、无形资产、不动产。

提供应税行为,是指有偿提供应税行为,但不包括非营业活动中提供的应税行为。有偿,是指从购买方取得货币、货物或者其他经济利益。非营业活动包括以下方面:

(1)非企业性单位按照法律和行政法规的规定,为履行国家行政管理和公共服务职能收取政府性基金或者行政事业性收费的活动。

(2)单位或者个体工商户聘用的员工为本单位或者雇主提供取得工资的服务。

(3)单位或者个体工商户为聘用的员工提供服务。

(4)财政部和国家税务总局规定的其他情形。

在境内提供应税行为,是指在境内销售服务、无形资产或者不动产,是指:① 服务(租赁不动产除外)或者无形资产(自然资源使用权除外)的销售方或者购买方在境内;② 所销售或者租赁的不动产在境内;③ 所销售自然资源使用权的自然资源在境内;④ 财政部和国家税务总局规定的其他情形。

下列情形不属于在境内销售服务或者无形资产：
(1) 境外单位或者个人向境内单位或者个人销售完全在境外发生的服务。
(2) 境外单位或者个人向境内单位或者个人销售完全在境外使用的无形资产。
(3) 境外单位或者个人向境内单位或者个人出租完全在境外使用的有形动产。
(4) 财政部和国家税务总局规定的其他情形。

（二）营改增的应税行为

根据财税〔2016〕36号文件《财政部国家税务总局关于全面推开营业税改征增值税试点的通知》，营改增应税行为的具体范围如下。

1. 销售服务

销售服务，是指提供交通运输服务、邮政服务、电信服务、建筑服务、金融服务、现代服务、生活服务。

(1) 交通运输服务。

交通运输服务，是指利用运输工具将货物或者旅客送达目的地，使其空间位置得到转移的业务活动，包括陆路运输服务、水路运输服务、航空运输服务和管道运输服务。

① 陆路运输服务。

陆路运输服务，是指通过陆路（地上或者地下）运送货物或者旅客的运输业务活动，包括铁路运输服务和其他陆路运输服务。

出租车公司向使用本公司自有出租车的出租车司机收取的管理费用，按照陆路运输服务缴纳增值税。

② 水路运输服务。

水路运输服务，是指通过江、河、湖、川等天然、人工水道或者海洋航道运送货物或者旅客的运输业务活动。

水路运输的程租、期租业务，属于水路运输服务。程租业务，是指运输企业为租船人完成某一特定航次的运输任务并收取租赁费的业务。期租业务，是指运输企业将配备有操作人员的船舶承租给他人使用一定期限，承租期内听候承租方调遣，不论是否经营，均按天向承租方收取租赁费，发生的固定费用均由船东负担的业务。

③ 航空运输服务。

航空运输服务，是指通过空中航线运送货物或者旅客的运输业务活动。

航空运输的湿租业务，属于航空运输服务。湿租业务，是指航空运输企业将配备有机组人员的飞机承租给他人使用一定期限，承租期内听候承租方调遣，不论是否经营，均按一定标准向承租方收取租赁费，发生的固定费用均由承租方承担的业务。

航天运输服务，按照航空运输服务缴纳增值税。航天运输服务，是指利用火箭等载体将卫星、空间探测器等空间飞行器发射到空间轨道的业务活动。

④ 管道运输服务。

管道运输服务，是指通过管道设施输送气体、液体、固体物质的运输业务活动。

无运输工具承运业务，按照交通运输服务缴纳增值税。无运输工具承运业务，是指经营者以承运人身份与托运人签订运输服务合同，收取运费并承担承运人责任，然后委托实际承运人完成运输服务的经营活动。

(2) 邮政服务。

邮政服务，是指中国邮政集团公司及其所属邮政企业提供邮件寄递、邮政汇兑和机要通信等邮政基本服务的业务活动，包括邮政普遍服务、邮政特殊服务和其他邮政服务。

① 邮政普遍服务。

邮政普遍服务，是指函件、包裹等邮件寄递，以及邮票发行、报刊发行和邮政汇兑等业务活动。

② 邮政特殊服务。

邮政特殊服务，是指义务兵平常信函、机要通信、盲人读物和革命烈士遗物的寄递等业务活动。

③ 其他邮政服务。

其他邮政服务，是指邮册等邮品销售、邮政代理等业务活动。

(3) 电信服务。

电信服务，是指利用有线、无线的电磁系统或者光电系统等各种通信网络资源，提供语音通话服务，传送、发射、接收或者应用图像、短信等电子数据和信息的业务活动，包括基础电信服务和增值电信服务。

① 基础电信服务。

基础电信服务，是指利用固网、移动网、卫星、互联网，提供语音通话服务的业务活动，以及出租或者出售带宽、波长等网络元素的业务活动。

② 增值电信服务。

增值电信服务，是指利用固网、移动网、卫星、互联网、有线电视网络，提供短信和彩信服务，电子数据和信息的传输及应用服务，互联网接入服务等业务活动。

卫星电视信号落地转接服务，按照增值电信服务缴纳增值税。

(4) 建筑服务。

建筑服务，是指各类建筑物、构筑物及其附属设施的建造、修缮、装饰，线路、管道、设备、设施等的安装以及其他工程作业的业务活动，包括工程服务、安装服务、修缮服务、装饰服务和其他建筑服务。

① 工程服务。

工程服务，是指新建、改建各种建筑物、构筑物的工程作业，包括与建筑物相连的各种设备或者支柱、操作平台的安装或者装设工程作业，以及各种窑炉和金属结构工程作业。

② 安装服务。

安装服务，是指生产设备、动力设备、起重设备、运输设备、传动设备、医疗实验设备以及其他各种设备、设施的装配、安置工程作业，包括与被安装设备相连的工作台、梯子、栏杆的装设工程作业，以及被安装设备的绝缘、防腐、保温、油漆等工程作业。

固定电话、有线电视、宽带、水、电、燃气、暖气等经营者向用户收取的安装费、初装费、开户费、扩容费以及类似收费，按照安装服务缴纳增值税。

③ 修缮服务。

修缮服务，是指对建筑物、构筑物进行修补、加固、养护、改善，使之恢复原来的使用价值或者延长其使用期限的工程作业。

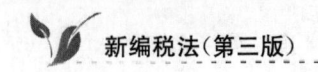

④ 装饰服务。

装饰服务,是指对建筑物、构筑物进行修饰装修,使之美观或者具有特定用途的工程作业。

⑤ 其他建筑服务。

其他建筑服务,是指上列工程作业之外的各种工程作业服务,如钻井(打井)、拆除建筑物或者构筑物、平整土地、园林绿化、疏浚(不包括航道疏浚)、建筑物平移、搭脚手架、爆破、矿山穿孔、表面附着物(包括岩层、土层、沙层等)剥离和清理等工程作业。

(5) 金融服务。

金融服务,是指经营金融保险的业务活动,包括贷款服务、直接收费金融服务、保险服务和金融商品转让。

① 贷款服务。

贷款,是指将资金贷与他人使用而取得利息收入的业务活动。

各种占用、拆借资金取得的收入,包括金融商品持有期间(含到期)利息(保本收益、报酬、资金占用费、补偿金等)收入、信用卡透支利息收入、买入返售金融商品利息收入、融资融券收取的利息收入,以及融资性售后回租、押汇、罚息、票据贴现、转贷等业务取得的利息及利息性质的收入,按照贷款服务缴纳增值税。

融资性售后回租,是指承租方以融资为目的,将资产出售给从事融资性售后回租业务的企业后,从事融资性售后回租业务的企业将该资产出租给承租方的业务活动。

以货币资金投资收取的固定利润或者保底利润,按照贷款服务缴纳增值税。

② 直接收费金融服务。

直接收费金融服务,是指为货币资金融通及其他金融业务提供相关服务并且收取费用的业务活动,包括提供货币兑换、账户管理、电子银行、信用卡、信用证、财务担保、资产管理、信托管理、基金管理、金融交易场所(平台)管理、资金结算、资金清算、金融支付等服务。

③ 保险服务。

保险服务,是指投保人根据合同约定,向保险人支付保险费,保险人对于合同约定的可能发生的事故因其发生所造成的财产损失承担赔偿保险金责任,或者当被保险人死亡、伤残、疾病或者达到合同约定的年龄、期限等条件时承担给付保险金责任的商业保险行为。包括人身保险服务和财产保险服务。

④ 金融商品转让。

金融商品转让,是指转让外汇、有价证券、非货物期货和其他金融商品所有权的业务活动。其他金融商品转让包括基金、信托、理财产品等各类资产管理产品和各种金融衍生品的转让。

(6) 现代服务。

现代服务,是指围绕制造业、文化产业、现代物流产业等提供技术性、知识性服务的业务活动,包括研发和技术服务、信息技术服务、文化创意服务、物流辅助服务、租赁服务、鉴证咨询服务、广播影视服务、商务辅助服务和其他现代服务。

① 研发和技术服务。

研发和技术服务,包括研发服务、合同能源管理服务、工程勘察勘探服务、专业技术服务。

② 信息技术服务。

信息技术服务,是指利用计算机、通信网络等技术对信息进行生产、收集、处理、加工、存储、运输、检索和利用,并提供信息服务的业务活动。包括软件服务、电路设计及测试服务、信息系统服务、业务流程管理服务和信息系统增值服务。

③ 文化创意服务。

文化创意服务,包括设计服务、知识产权服务、广告服务和会议展览服务。

④ 物流辅助服务。

物流辅助服务,包括航空服务、港口码头服务、货运客运场站服务、打捞救助服务、装卸搬运服务、仓储服务和收派服务。

⑤ 租赁服务。

租赁服务,包括融资租赁服务和经营租赁服务。

融资租赁服务,是指具有融资性质和所有权转移特点的租赁活动。即出租人根据承租人所要求的规格、型号、性能等条件购入有形动产或者不动产租赁给承租人,合同期内租赁物所有权属于出租人,承租人只拥有使用权,合同期满付清租金后,承租人有权按照残值购入租赁物,以拥有其所有权。不论出租人是否将租赁物销售给承租人,均属于融资租赁。融资性售后回租不按照本税目缴纳增值税。

经营租赁服务,是指在约定时间内将有形动产或者不动产转让他人使用且租赁物所有权不变更的业务活动。

将建筑物、构筑物等不动产或者飞机、车辆等有形动产的广告位出租给其他单位或者个人用于发布广告,按照经营租赁服务缴纳增值税。

车辆停放服务、道路通行服务(包括过路费、过桥费、过闸费等)等按照不动产经营租赁服务缴纳增值税。

水路运输的光租业务、航空运输的干租业务,属于经营租赁。

光租业务,是指运输企业将船舶在约定的时间内出租给他人使用,不配备操作人员,不承担运输过程中发生的各项费用,只收取固定租赁费的业务活动。

干租业务,是指航空运输企业将飞机在约定的时间内出租给他人使用,不配备机组人员,不承担运输过程中发生的各项费用,只收取固定租赁费的业务活动。

⑥ 鉴证咨询服务。

鉴证咨询服务,包括认证服务、鉴证服务和咨询服务。翻译服务和市场调查服务按照咨询服务缴纳增值税。

⑦ 广播影视服务。

广播影视服务,包括广播影视节目(作品)的制作服务、发行服务和播映服务。

⑧ 商务辅助服务。

商务辅助服务,包括企业管理服务、经纪代理服务、人力资源服务、安全保护服务。

⑨ 其他现代服务。

其他现代服务,是指除研发和技术服务、信息技术服务、文化创意服务、物流辅助服务、租赁服务、鉴证咨询服务、广播影视服务和商务辅助服务以外的现代服务。

(7) 生活服务。

生活服务,是指为满足城乡居民日常生活需求提供的各类服务活动,包括文化体育服

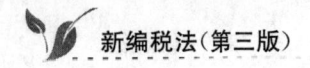

务、教育医疗服务、旅游娱乐服务、餐饮住宿服务、居民日常服务和其他生活服务。

① 文化体育服务。

文化体育服务,包括文化服务和体育服务。

文化服务,包括文艺创作、文艺表演、文化比赛,图书馆的图书和资料借阅,档案馆的档案管理,文物及非物质遗产保护,组织举办宗教活动、科技活动、文化活动,提供游览场所。

体育服务,是指组织举办体育比赛、体育表演、体育活动,以及提供体育训练、体育指导、体育管理的业务活动。

② 教育医疗服务。

教育医疗服务,包括教育服务和医疗服务。

③ 旅游娱乐服务。

旅游娱乐服务,包括旅游服务和娱乐服务。

旅游服务,是指根据旅游者的要求,组织安排交通、游览、住宿、餐饮、购物、文娱、商务等服务的业务活动。

娱乐服务,具体包括歌厅、舞厅、夜总会、酒吧、台球、高尔夫球、保龄球、游艺(包括射击、狩猎、跑马、游戏机、蹦极、卡丁车、热气球、动力伞、射箭、飞镖)。

④ 餐饮住宿服务。

餐饮住宿服务,包括餐饮服务和住宿服务。

⑤ 居民日常服务。

居民日常服务,是指主要为满足居民个人及其家庭日常生活需求提供的服务,包括市容市政管理、家政、婚庆、养老、殡葬、照料和护理、救助救济、美容美发、按摩、桑拿、氧吧、足疗、沐浴、洗染、摄影扩印等服务。

⑥ 其他生活服务。

其他生活服务,是指除文化体育服务、教育医疗服务、旅游娱乐服务、餐饮住宿服务和居民日常服务之外的生活服务。

2. 销售无形资产

销售无形资产,是指转让无形资产所有权或者使用权的业务活动。无形资产,是指不具实物形态,但能带来经济利益的资产,包括技术、商标、著作权、商誉、自然资源使用权和其他权益性无形资产。

技术,包括专利技术和非专利技术。自然资源使用权,包括土地使用权、海域使用权、探矿权、采矿权、取水权和其他自然资源使用权。其他权益性无形资产,包括基础设施资产经营权、公共事业特许权、配额、经营权(包括特许经营权、连锁经营权、其他经营权)、经销权、分销权、代理权、会员权、席位权、网络游戏虚拟道具、域名、名称权、肖像权、冠名权、转会费等。

3. 销售不动产

销售不动产,是指转让不动产所有权的业务活动。不动产,是指不能移动或者移动后会引起性质、形状改变的财产,包括建筑物、构筑物等。

建筑物,包括住宅、商业营业用房、办公楼等可供居住、工作或者进行其他活动的建造物。构筑物,包括道路、桥梁、隧道、水坝等建造物。转让建筑物有限产权或者永久使用权的,转让在建的建筑物或者构筑物所有权的,以及在转让建筑物或者构筑物时一并转让其所占土地的使用权的,按照销售不动产缴纳增值税。

(三) 增值税征税范围的特殊规定

除了上述一般规定以外,对特殊行为或项目做出具体确定。

1. 视同销售货物

单位或者个体工商户的下列行为,视同销售货物,按照规定计算缴纳增值税:

(1) 将货物交付其他单位或者个人代销。

(2) 销售代销货物。

(3) 设有两个以上机构并实行统一核算的纳税人,将货物从一个机构移送其他机构用于销售,但相关机构设在同一县(市)的除外;"用于销售",是指售货机构发生以下情形之一的经营行为:① 向购货方开具发票;② 向购货方收取货款。售货机构的货物移送行为有上述两项情形之一的,应当向所在地税务机关缴纳增值税;未发生上述两项情形的,则应由总机构统一缴纳增值税。

(4) 将自产或者委托加工的货物用于非增值税应税项目。

(5) 将自产、委托加工的货物用于集体福利或者个人消费。

(6) 将自产、委托加工或者购进的货物作为投资,提供给其他单位或者个体工商户。

(7) 将自产、委托加工或者购进的货物分配给股东或者投资者。

(8) 将自产、委托加工或者购进的货物无偿赠送其他单位或者个人。

(9) 单位或者个体工商户向其他单位或者个人无偿销售应税服务、无偿转让无形资产或者不动产,但用于公益事业或者以社会公众为对象的除外。

(10) 财政部和国家税务总局规定的其他情形。

2. 视同销售服务、无形资产或者不动产

下列情形视同销售服务、无形资产或者不动产:

(1) 单位或者个体工商户向其他单位或者个人无偿提供服务,但用于公益事业或者以社会公众为对象的除外。

(2) 单位或者个人向其他单位或者个人无偿转让无形资产或者不动产,但用于公益事业或者以社会公众为对象的除外。

(3) 财政部和国家税务总局规定的其他情形。

3. 混合销售

一项销售行为如果既涉及货物又涉及服务,为混合销售。从事货物的生产、批发或者零售的单位和个体工商户的混合销售行为,按照销售货物缴纳增值税;其他单位和个体工商户的混合销售行为,按照销售服务缴纳增值税。

上述从事货物的生产、批发或者零售的单位和个体工商户,包括以从事货物的生产、批发或者零售为主,并兼营销售服务的单位和个体工商户在内。

4. 兼营

纳税人销售货物,提供加工、修理修配劳务,销售服务、无形资产或者不动产,适用不同税率或者征收率的,应当分别核算适用不同税率或者征收率的销售额;未分别核算销售额

的,按照以下方法适用税率或者征收率:

(1) 兼有不同税率的销售货物,提供加工、修理修配劳务,销售服务、无形资产或者不动产,从高适用税率。

(2) 兼有不同征收率的销售货物,提供加工、修理修配劳务,销售服务、无形资产或者不动产,从高适用征收率。

(3) 兼有不同税率和征收率的销售货物,提供加工、修理修配劳务,销售服务、无形资产或者不动产,从高适用税率。

5. 不征收增值税项目

(1) 根据国家指令无偿提供的铁路运输服务、航空运输服务,属于《试点实施办法》第十四条规定的用于公益事业的服务。

(2) 存款利息。

(3) 被保险人获得的保险赔付。

(4) 房地产主管部门或者其指定机构、公积金管理中心、开发企业以及物业管理单位代收的住宅专项维修资金。

(5) 在资产重组过程中,通过合并、分立、出售、置换等方式,将全部或者部分实物资产以及与其相关联的债权、负债和劳动力一并转让给其他单位和个人,其中涉及的不动产、土地使用权转让行为。

二、增值税的纳税人

(一) 纳税义务人和扣缴义务人

1. 纳税义务人

在中华人民共和国境内(以下简称境内)销售货物、劳务、服务、无形资产、不动产的单位和个人,为增值税的纳税人。

单位,是指企业、行政单位、事业单位、军事单位、社会团体及其他单位。

个人,是指个体工商户和其他个人。

单位以承包、承租、挂靠方式经营的,承包人、承租人、挂靠人(以下统称承包人)以发包人、出租人、被挂靠人(以下统称发包人)名义对外经营并由发包人承担相关法律责任的,以该发包人为纳税人。否则,以承包人为纳税人。

2. 扣缴义务人

中华人民共和国境外(以下简称境外)的单位和个人在境内销售劳务,在境内未设有经营机构的,以其境内代理人为扣缴义务人;在境内没有代理人的,以购买方为扣缴义务人。

(二) 一般纳税人和小规模纳税人的认定标准

1. 一般纳税人

一般纳税人,是指年应征增值税销售额(包括货物、应税劳务、应税行为销售额)超过财政部和国家税务总局规定的小规模纳税人标准的企业或者企业性单位(以下简称"企业")。此外,年应税销售额未超过规定标准的纳税人,会计核算健全、能够提供准确税务资料的,可以向主管税务机关办理一般纳税人资格登记,成为一般纳税人。

年应税销售额，是指纳税人在连续不超过12个月或四个季度的经营期内累计应征增值税销售额，包括纳税申报销售额、稽查查补销售额、纳税评估调整销售额。[①]

销售服务、无形资产或者不动产（以下简称"应税行为"）有扣除项目的纳税人，其应税行为年应税销售额按未扣除之前的销售额计算。纳税人偶然发生的销售无形资产、转让不动产的销售额，不计入应税行为年应税销售额。

会计核算健全，是指能够按照国家统一的会计制度规定设置账簿，根据合法、有效凭证进行核算。

年应税销售额超过规定标准的其他个人不属于一般纳税人。年应税销售额超过规定标准但不经常发生应税行为的单位和个体工商户可选择按照小规模纳税人纳税。按照政策规定，选择按照小规模纳税人纳税的（应当向主管税务机关提交书面说明），不得办理一般纳税人登记。

纳税人登记为一般纳税人以后，不得转为小规模纳税人，国家税务总局另有规定的除外。

兼有销售货物、提供应税劳务以及应税行为的纳税人，应税货物及劳务销售额与应税行为销售额分别计算，分别适用增值税一般纳税人资格认定标准。

2. 小规模纳税人

小规模纳税人，是指年应税销售额在规定标准以下，并且会计核算不健全，不能按规定报送有关税务资料的增值税纳税人。所称会计核算不健全，是指不能正确核算增值税的销项税额、进项税额和应纳税额。小规模纳税人的标准为：

（1）从事货物生产或者提供应税劳务的纳税人，以及以从事货物生产或者提供应税劳务为主（年货物生产或提供应税劳务的销售额占年应税销售额的比重在50%以上），并兼营货物批发或者零售的纳税人，年应税销售额在500万元及以下的。[②]

（2）其他纳税人（不含发生销售服务、无形资产、不动产的纳税人），年应税销售额在500万元及以下的。

（3）销售服务、无形资产、不动产的年销售额标准为500万元，应税行为年销售额未超过500万元的纳税人为小规模纳税人。

（4）年应税销售额超过小规模纳税人标准的其他个人按小规模纳税人纳税。

（5）非企业性单位可以选择按小规模纳税人纳税。

（6）旅店业和饮食业纳税人销售非现场消费的食品，属于不经常发生增值税应税行为，可以选择按小规模纳税人缴纳增值税。

（7）兼有销售货物、提供加工、修理修配劳务以及应税行为，且不经常发生应税行为的单位和个体工商户可选择按小规模纳税人纳税。

三、增值税的税率和征收率

（一）增值税的税率

我国增值税采用比例税率，按照一定的比例征收。为了发挥增值税的中性作用，原则上

[①] 国家税务总局：《增值税一般纳税人登记管理办法》，国家税务总局令第43号，2018年2月1日。
[②] 国家税务总局：《关于统一增值税小规模纳税人标准的通知》，财税〔2018〕33号，2018年4月4日。

增值税的税率应该对不同行业、不同企业实行单一税率,称为基本税率。实践中为照顾一些特殊行业或产品也增设了一档低税率,对出口产品实行零税率。由于增值税纳税人分成了两类,对这两类不同的纳税人又采用了不同的税率。

根据财政部国家税务总局《关于调整增值税纳税申报有关事项的通知(财税〔2019〕39号)》文件,为完善增值税制度,调整增值税税率实行4级制(13%、9%、6%、0):

1. 基本税率

纳税人销售或者进口货物,提供应税劳务、有形动产租赁服务,除适用低税率和零税率适用范围外,税率一律为13%。

采用填埋、焚烧等方式进行专业化处理后产生货物,且货物归属委托方的,受托方属于提供"加工劳务",其收取的处理费用适用13%的税率。

2. 低税率

(1) 纳税人销售或者进口下列货物,适用9%的税率:

① 粮食等农产品、食用植物油。

② 自来水、暖气、冷气、热水、煤气、石油液化气、天然气、沼气、居民用煤炭制品。

③ 图书、报纸、杂志。

④ 饲料、化肥、农药、农机(不包括农机零件)、农膜。

⑤ 国务院规定的其他货物,如农产品、音像制品、电子出版物、二甲醚、食用盐、鲜奶等。

(2) 提供应税行为适用以下税率:

① 提供交通运输、邮政、基础电信、建筑服务,提供不动产租赁服务,销售不动产,转让土地使用权,税率为9%。

② 纳税人提供增值电信服务、金融服务、现代服务(不动产租赁除外)、生活服务,转让土地使用权以外的其他无形资产,税率为6%。

3. 零税率

零税率即税率为零,是退税的一种情况,是指对出口货物除了在出口环节不征增值税外,还要对该产品在出口前已经缴纳的增值税进行退税,使该出口产品在出口时完全不含增值税税款,从而以无税产品进入国际市场。出口货物办理退税后发生退货或退关的,纳税人应当依法补缴已退的税款。

具体包括以下几种情况:

(1) 纳税人出口货物,提供财政部、国家税务总局规定的应税行为,税率为零,国务院另有规定的除外。

(2) 境内的单位和个人销售的下列服务和无形资产,适用增值税零税率。

① 国际运输服务。包括以下方面:在境内载运旅客或者货物出境;在境外载运旅客或者货物入境;在境外载运旅客或者货物。

② 航天运输服务。

③ 境内单位和个人发生的跨境应税行为。具体范围由财政部和国家税务总局另行规定。

④ 向境外单位提供的完全在境外消费的服务。

⑤ 财政部和国家税务总局规定的其他服务。

(3) 境内单位和个人发生的与香港、澳门、台湾有关的应税行为,除另有规定外,参照上述规定执行。

(二) 增值税的征收率

1. 征收率 3%

(1) 小规模纳税人,适用 3% 的征收率。

(2) 一般纳税人销售自产的下列货物,可按照简易计税办法依照 3% 的征收率计税。

① 县级及县级以下小型水力发电单位生产的电力。② 建筑用和生产建筑材料所用的砂、土、石料。③ 以自己采掘的砂、土、石料或其他矿物连续生产的砖、瓦、石灰(不含黏土实心砖、瓦)。④ 用微生物、微生物代谢产物、动物毒素、人或动物的血液或组织制成的生物制品。⑤ 自来水。⑥ 商品混凝土(仅限于以水泥为原料生产的水泥混凝土)。

(3) 一般纳税人销售货物属于下列情形之一的,暂按简易办法,依照 3% 的征收率计算缴纳增值税。

① 寄售商店代销寄售物品(包括居民个人寄售的物品在内);② 典当业销售死当物品;③ 药品经营企业销售生物制品;④ 公共交通运输服务;⑤ 经认定的动漫企业为开发动漫产品提供的动漫脚本编撰、形象设计、背景设计、动画设计、分镜、动画制作、摄制、描线、上色、画面合成、配音、配乐、音效合成、剪辑、字幕制作、压缩转码(面向网络动漫、手机动漫格式适配)服务,以及在境内转让动漫版权(包括动漫品牌、形象或者内容的授权及再授权);⑥ 电影放映服务、仓储服务、装卸搬运服务、收派服务和文化体育服务;⑦ 以纳入营改增试点之日前取得的有形动产为标的物提供的经营租赁服务;⑧ 在纳入营改增试点之日前签订的尚未执行完毕的有形动产租赁合同;⑨ 以清包工方式提供的建筑服务、为甲供工程提供的建筑服务。

2. 征收率 5%

(1) 根据"营改增通知"的规定,下列情况使用 5% 的征收率:

① 小规模纳税人销售自建或者取得的不动产;② 一般纳税人选择简易计税方法计税的不动产销售;③ 房地产开发企业中的小规模纳税人,销售自行开发的房地产项目;④ 其他个人销售其取得(不含自建)的不动产(不含其购买的住房);⑤ 一般纳税人选择简易计税方法计税的不动产经营租赁;⑥ 小规模纳税人出租(经营租赁)其取得的不动产(不含个人出租住房);⑦ 其他个人出租(经营租赁)其取得的不动产(不含住房);⑧ 个人出租住房,应按照 5% 的征收率减按 1.5% 计算应纳税额;⑨ 一般纳税人和小规模纳税人提供劳务派遣服务选择差额纳税的;⑩ 一般纳税人 2016 年 4 月 30 日前签订的不动产融资租赁合同,或以 2016 年 4 月 30 日前取得的不动产提供的融资租赁服务,选择适用简易计税方法的。⑪ 一般纳税人提供人力资源外包服务,选择适用简易计税方法的;⑫ 纳税人转让 2016 年 4 月 30 日前取得的土地使用权,选择适用简易计税方法的。

(2) 除上述适用 5% 的征收率以外的纳税人选择简易计税方法发生的应税销售行为均适用 3% 的征收率。

纳税人兼营不同税率的货物或者劳务的,应当分别核算不同税率货物或者劳务的应税销售额;未分别核算销售额的,从高适用税率。

纳税人销售不同税率货物或者劳务,并兼营应属一并征收增值税的非应税劳务的,其非

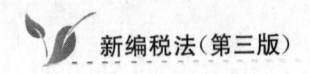

应税劳务应从高适用税率。

第三节　增值税应纳税额的计算

一、一般纳税人增值税应纳税额的计算

一般纳税人销售货物或者提供应税劳务和应税行为,实行购进扣税法,即先按当期销售额和适用税率计算出销项税额,然后对当期购进项目已经缴纳的税款(即增值税的进项税额)进行抵扣,从而间接计算出对当期增值额部分的应纳税额。应纳税额为当期销项税额抵扣当期进项税额后的余额。其计算公式为:

$$当期应纳税额＝当期销项税额－当期进项税额$$

当期销项税额小于当期进项税额不足抵扣时,其不足部分可以结转下期继续抵扣。

(一)当期销项税额的计算

销项税额是指一般纳税人销售货物或者应税劳务和应税行为,按照销售额或提供应税劳务和应税行为的收入(以下简称"销售额")与规定的税率计算并向购买方收取的增值税税额。销项税额的计算公式为:

$$销项税额＝销售额×适用税率$$

可见,销项税额的计算取决于销售额和适用税率两个因素,在适用税率既定的前提下,销项税额的大小主要取决于销售额的大小。因此,销项税额计算的关键是准确确定作为增值税计税依据的销售额。

1. 一般情况下销售额的确定

销售额是纳税人销售货物或者提供应税劳务和应税行为向购买方收取的全部价款和价外费用。特别需要强调的是,尽管销项税额也是销售方向购买方收取的,但是增值税采用价外计税方式,用不含税价作为计税依据,因而销售额中不包括向购买方收取的销项税额。

价外费用,是指在价外向购买方收取的费用,包括价外收取的手续费、补贴、基金、集资费、返还利润、奖励费、违约金、滞纳金、延期付款利息、赔偿金、代收款项、代垫款项、包装费、包装物租金、储备费、优质费、运输装卸费以及其他各种性质的价外收费。但是,下列项目不包括在价外费用内,不并入计税销售额:

(1)受托加工应征消费税的消费品所代收代缴的消费税。

(2)同时符合以下条件的代垫运输费用:① 承运部门的运输费用发票开具给购买方的;② 纳税人将该项发票转交给购买方的。

(3)同时符合以下条件代为收取的政府性基金或者行政事业性收费:① 由国务院或者财政部批准设立的政府性基金,由国务院或者省级人民政府及其财政、价格主管部门批准设立的行政事业性收费。② 收取时开具省级以上财政部门印制的财政票据。③ 所收款项全额上缴财政。

(4) 以委托方名义开具发票代委托方收取的款项。

(5) 销售货物的同时代办保险等而向购买方收取的保险费,以及向购买方收取的代购买方缴纳的车辆购置税、车辆牌照费。

除上述各项外,纳税人在价外向购买方收取的各项费用,均属于价外费用。凡价外费用,无论纳税人在会计上如何核算,均应并入销售额计算应纳税额。

需要注意的是,一般纳税人向购买方收取的价外费用和逾期包装物押金,应视为含税收入,在计税时应换算成不含税收入并入销售额计算增值税。一般纳税人销售货物或者应税劳务,采用价税合计方法的,计税时应将含税销售额换算为不含税销售额。

$$销售额 = 含税销售额 \div (1 + 税率)$$

销售额以人民币计算。纳税人以人民币以外的货币结算销售额的,应当折合成人民币计算。人民币折合率可以选择销售额发生当天或者当月1日的人民币汇率中间价。纳税人应事先确定采用何种折合率,确定后1年内不得变更。

【例 2-1】 日升食品厂为一般纳税人,当月销售一批食品给某批发商,开出增值税专用发票,注明的售价共计 30 000 元,同时收取附设非独立核算运输车队装卸费 517 元,包装物租金 500 元。请计算日升食品厂销项税额。

解析:本例中全部价款为 30 000 元;运输装卸费及包装物租金为价外费用,价外费用是含税的,应换算为不含税销售额。

销售额 = 30 000 + (517 + 500) ÷ (1 + 13%) = 30 900(元)

销项税额 = 30 900 × 13% = 4 017(元)

2. 特殊情况下销售额的确定

(1) 折扣方式销售货物。

折扣销售是指销货方在销售货物或应税劳务时,因购货方购货数量较大等原因而给予的价格优惠(例如,购买 5 件,销售价格折扣 10%;购买 10 件,折扣 20% 等)。对于折扣方式销售,如果销售额和折扣额是在同一张发票"金额"栏上分别注明的,可按折扣后的销售额征收增值税;否则,全额征税。

① 折扣销售不同于销售折扣。销售折扣是指销货方在销售货物或提供应税劳务和应税行为后,为了鼓励购货方及早偿还货款而协议许诺给予购货方的一种折扣优待(例如,10 天内付款,货款折扣 20%;20 天内付款,折扣 10%;30 天内全价付款)。销售折扣发生在销货之后,是一种融资性质的理财费用,因此,销售折扣不得从销售额中减除。

② 销售折扣不同于销售折让。销售折让是指销货方在销售货物或提供应税劳务和应税行为后,由于其品种、质量等原因购货方未予退货,但销货方需给予购货方的一种价格折让。销售折让与销售折扣相比较,虽然都是在货物销售后发生的,但因为销售折让是由于货物的品种和质量引起销售额的减少,因此,对销售折让可以折让后的货款为销售额。

③ 折扣销售仅限于货物价格的折扣,如果销货者将自产、委托加工和购买的货物用于实物折扣的,则该实物款额不能从货物销售额中减除,且该实物应按增值税条例"视同销售货物"中的"赠送他人"计算征收增值税。

【例 2-2】 A 生产企业(一般纳税人)销售一批货物,不含税销售额 300 000 元,适用税率为 13%。结算时,该企业按含税销售额给予购买方 5% 的现金折扣,开具红字发票入账。

计算销项税额。

解析：该企业给予购买方的现金折扣，实际上是一笔理财费用，应作为财务费用处理，不得从销售额中减除。

销项税额＝300 000×13％＝39 000(元)

(2) 采取以旧换新方式销售。

以旧换新是指纳税人在销售自己的货物时，有偿收回旧货物的行为。根据税法规定，采取以旧换新方式销售货物的，应按新货物的同期销售价格确定销售额，不得扣减旧货物的收购价格。这样规定是为了防止纳税人利用这种方式减少销售额从而少纳税。但对金银首饰的以旧换新，可以按扣除旧货收购价格后的不含增值税销售额计算销项税额。

【例 2-3】 某电器商场为增值税一般纳税人，当月采取以旧换新方式销售空调，消费者用一个旧空调折价 825 元，再补 3 130 元就可换取一个新的空调。请计算销项税额。

解析：本例为以旧换新方式销售，面向最终消费者，售价为 3 955 元，并且为含税售价，不能扣除旧空调折价款。

销项税额＝3 955÷(1＋13％)×13％＝455(元)

(3) 采取还本方式销售。

还本销售是指纳税人在销售货物后，到一定期限由销售方一次或分次退还给购货方全部或部分价款。这种方式实际上是一种筹资，是以货物换取资金的使用价值，到期还本不付息的方法。税法规定，采取还本销售方式销售货物，其销售额就是货物的销售价格，不得从销售额中减除还本支出。

(4) 采取以物易物方式销售。

以物易物是一种较为特殊的购销活动，是指购销双方不是以货币结算，而是以同等价款的货物相互结算，实现货物购销的一种方式。税法规定以物易物双方都应做购销处理，以各自发出的应税销售行为核算销售额并计算销项税额，以各自收到的货物按规定计算购货额并计算进项税额。应注意，在以物易物活动中，应分别开具合法的票据，如收到的货物、劳务、服务、无形资产、不动产不能取得相应的增值税专用发票或其他合法票据的，不能抵扣进项税额。

(5) 包装物押金的计税问题。

包装物是指纳税人包装本单位货物的各种物品。纳税人销售货物时另外收取包装物押金，目的是促使购货方及早退回包装物以便周转使用。根据税法规定，纳税人为销售货物而出租出借包装物收取的押金，单独记账核算的，时间在 1 年以内且未过期的，不并入销售额征税，但对因逾期未收回包装物不再退还的押金，应按所包装货物的适用税率计算销项税额。

上述规定中，"逾期"是指按合同约定实际逾期或以 1 年为期限，对收取 1 年以上的押金，无论是否退还均并入销售额征税。在将包装物押金并入销售额征税时，需要先将该押金换算为不含税价，再并入销售额征税。

但是，对销售除啤酒、黄酒外的其他酒类产品而收取的包装物押金，无论是否返还以及会计上如何核算，均应并入当期销售额征税。对销售啤酒、黄酒所收取的押金，按上述一般押金的规定处理。

【例 2-4】 A 涂料厂(一般纳税人)于 2021 年 11 月份向某建材公司销售 A 种涂料 200

桶,出厂价格80元/桶。同时,收取包装物押金4 520元,已单独设账核算。同年12月份,因上年销售涂料时出借的包装物无法收回,故没收上年收取的包装物押金2 260元。计算销项税额。

解析:2021年11月份销售涂料所收取的包装物押金4 520元,因单独设账核算又没逾期不予征税,仅就销售涂料取得的销售额计税。

销项税额=80×200×13%=2 080(元)

2021年12月份没收上年收取的包装物押金2 260元,应按规定计税。

销项税额=2 260÷(1+13%)×13%=260(元)

【例2-5】 某酒厂为一般纳税人,本月向一小规模纳税人销售白酒,并开具普通发票上注明金额904 00元;同时收取单独核算的包装物押金2 260元(尚未逾期)。计算此业务酒厂应确认的销项税额。

解析:销项税额=(90 400+2 260)÷(1+13%)×13%=10 660(元)

(6)销售已使用过的固定资产的销售额的确定。

① 一般纳税人销售自己使用过的属于《增值税暂行条例》第十条规定不得抵扣且未抵扣进项税额的固定资产,按简易办法依3%征收率减按2%征收增值税。

自2009年1月1日起,纳税人销售自己使用过的固定资产,应区分不同情形征收增值税:第一,销售自己使用过的2009年1月1日以后购进或者自制的固定资产,按照适用税率征收增值税。第二,销售自己使用过的2008年12月31日以前购进或者自制的固定资产,依照3%征收率减按2%征收增值税。

【例2-6】 某生产企业为增值税一般纳税人,2019年10月把资产盘点过程中不需要用的部分资产进行处理:销售已使用多年的设备(未抵扣过进项税额),取得收入9 200元;销售2019年5月购入的设备一台(已抵扣进项税额),开具普通发票价款为101 700元。计算应纳增值税税额。

解析:销售未抵扣过进项税额的固定资产,按照简易办法征收增值税:

应纳增值税=9 200÷(1+3%)×2%=178.64(元)

销售2009年以后购进已抵扣进项税额的固定资产,按照适用税率征收增值税:

应纳增值税=10 1700÷(1+13%)×13%=11 700(元)

② 小规模纳税人(除其他个人外,下同)销售自己使用过的固定资产,减按2%征收率征收增值税。

值得注意的是,纳税人发生固定资产视同销售行为,对已使用过的固定资产无法确定销售额的,以固定资产净值为销售额。固定资产净值,是指纳税人按照财务会计制度计提折旧后计算的固定资产净值。

(7)贷款服务,以提供贷款服务取得的全部利息及利息性质的收入为销售额。

(8)直接收费金融服务,以提供直接收费金融服务收取的手续费、佣金、酬金、管理费、服务费、经手费、开户费、过户费、结算费、转托管费等各类费用为销售额。

(9)金融商品转让,按照卖出价扣除买入价后的余额为销售额。转让金融商品出现的正负差,按盈亏相抵后的余额为销售额。若相抵后出现负差,可结转下一纳税期与下期转让金融商品销售额相抵,但年末时仍出现负差的,不得转入下一个会计年度。金融商品的买入价,可以选择按照加权平均法或者移动加权平均法进行核算,选择后36个月内不得变更。

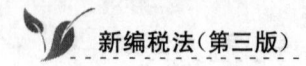

金融商品转让,不得开具增值税专用发票。

(10) 经纪代理服务,以取得的全部价款和价外费用,扣除向委托方收取并代为支付的政府性基金或者行政事业性收费后的余额为销售额。向委托方收取的政府性基金或者行政事业性收费,不得开具增值税专用发票。

(11) 试点纳税人中的一般纳税人(以下称一般纳税人)提供客运场站服务,以其取得的全部价款和价外费用,扣除支付给承运方运费后的余额为销售额。

(12) 试点纳税人提供旅游服务,可以选择以取得的全部价款和价外费用,扣除向旅游服务购买方收取并支付给其他单位或者个人的住宿费、餐饮费、交通费、签证费、门票费和支付给其他接团旅游企业的旅游费用后的余额为销售额。

(13) 试点纳税人提供建筑服务适用简易计税方法的,以取得的全部价款和价外费用扣除支付的分包款后的余额为销售额。

(14) 房地产开发企业中的一般纳税人销售其开发的房地产项目(选择简易计税方法的房地产老项目除外),以取得的全部价款和价外费用,扣除受让土地时向政府部门支付的土地价款后的余额为销售额。

(15) 对视同销售货物行为的销售额的确定。对单位和个体工商户 10 种视同销售货物行为,其销售额按下列顺序确定:① 按纳税人最近时期同类货物的平均销售价格确定;② 按其他纳税人最近时期同类货物的平均销售价格确定;③ 按组成计税价格确定。

组成计税价格的公式为:

$$组成计税价格 = 成本 \times (1 + 成本利润率)$$

增值税应税货物,同时又征收消费税的,其组成计税价格中应加上消费税税额。其组成计税价格公式为:

$$组成计税价格 = 成本 \times (1 + 成本利润率) + 消费税税额$$

或

$$组成计税价格 = 成本 \times (1 + 成本利润率) \div (1 - 消费税税率)$$

公式中的成本有两种情况:销售自产货物的为实际生产成本,销售外购货物的为实际采购成本。成本利润率,是指由国家税务总局确定的成本利润率(10%)。属于应征消费税的货物,其成本利润率为消费税制度中规定的成本利润率。

【例 2-7】 通达电器公司将本公司生产的空调 1 台用于本公司职工食堂,生产成本为每台 2 600 元,当月该型号空调的市场平均不含税售价为每台 3 400 元。另外,将本公司试生产的新型空调用于职工娱乐场所,该新型空调刚问世,本公司及其他公司尚未向市场投放该种产品,已知新型空调生产成本为每台 3 600 元,成本利润率为 10%。请计算销项税额。

解析:本例涉及视同销售中将自产货物用于集体福利,按照上述核定销售额的原则,对已有市场售价的空调按市场售价处理,对新型空调则用组成计税价格计算销售额。

组成计税价格 = 3 600 × (1 + 10%) = 3 960(元)

销售额 = 3 960 + 3 400 = 7 360(元)

销项税额 = 7 360 × 13% = 956.8(元)

(二)当期进项税额的计算

进项税额,是指纳税人购进货物、劳务、服务、无形资产或者不动产,支付或者负担的增值税额。进项税额与销项税额是个对应的概念,一笔购销业务中,销售方为销项税额,购货方则为进项税额。纳税人支付给销售方的增值税税额并不是所有(全部)的都可以作为进项税额抵扣,因此进项税额可分为准予抵扣和不予抵扣两种。

1. 准予从销项税额中抵扣的进项税额

根据《增值税暂行条例》和"营改增"的规定,准予从销项税额中抵扣的进项税额,限于下列增值税扣税凭证上注明的增值税税额和按规定的扣除率计算的进项税额:

(1)从销售方取得的增值税专用发票(含税控机动车销售统一发票,下同)上注明的增值税额。

(2)从海关取得的海关进口增值税专用缴款书上注明的增值税额。

纳税人进口货物,凡已缴纳了进口环节增值税的,不论其是否已经支付货款,其取得的海关进口增值税专用缴款书均可作为增值税进项税额抵扣凭证。

(3)根据财政部国家税务总局《关于调整增值税纳税申报有关事项的通知(财税〔2019〕39号)》文件规定,纳税人购进农产品,除取得增值税专用发票或者海关进口增值税专用缴款书外,按照农产品收购发票或者销售发票上注明的农产品买价和9%的扣除率计算的进项税额。进项税额的计算公式为:

$$进项税额 = 买价 \times 扣除率$$

① 买价,是指纳税人购进农产品在农产品收购发票或者销售发票上注明的价款和按照规定缴纳的烟叶税。

② 购进农产品,按照《农产品增值税进项税额核定扣除试点实施办法》抵扣进项税额的除外。

③ 对于烟叶税纳税人按规定缴纳的烟叶税,准予并入烟叶产品的买价计算增值税的进项税额,并在计算缴纳增值税时予以抵扣。即购进烟叶准予抵扣的增值税进项税额,按烟叶收购价款和烟叶税及法定扣除率计算。烟叶收购金额包括纳税人支付给烟叶销售者的烟叶收购价款和价外补贴,价外补贴统一暂按烟叶收购价款的10%计算。计算公式如下:

$$烟叶收购价款总额 = 烟叶收购价款 \times (1+10\%)$$

$$烟叶税应纳税额 = 烟叶收购价款总额 \times 税率(20\%)$$

$$准予抵扣的进项税额 = (烟叶收购价款总额 + 烟叶税应纳税额) \times 扣除率$$

【例2-8】某食品厂2021年11月从农业生产者手中购进免税农产品,收购凭证上注明是50 000元;支付运费,取得运输企业增值税专用发票上注明运费2 000元。计算当期进项税额。

解析:进项税额 = 50 000×9% + 2 000×9% = 4 680(元)

采购成本 = 50 000×91% + 2 000 = 47 500(元)

【例2-9】某收购公司(一般纳税人)向农业生产者收购烟叶120吨并给予补贴,收购发票上注明每吨收购价款20 000元,共计支付收购价款2 400 000元。计算可以抵扣的进项税。

解析：进项税额=120×20 000×(1+10%)×(1+20%)×9%=285 120(元)

④ 从境外单位或者个人购进服务、无形资产或者不动产,自税务机关或者扣缴义务人取得的解缴税款的完税凭证上注明的增值税额。

⑤ 增值税一般纳税人在资产重组过程中,将全部资产、负债和劳动力一并转让给其他增值税一般纳税人,并按程序办理注销税务登记的,其在办理注销登记前尚未抵扣的进项税额可结转至新纳税人处继续抵扣。

⑥ 原增值税一般纳税人自用的应征消费税的摩托车、汽车、游艇,其进项税额准予从销项税额中抵扣。

⑦ 原增值税一般纳税人接受境外单位或者个人提供的应税行为,按照规定应当扣缴增值税的,准予从销项税额中抵扣的进项税额为从税务机关或者代理人取得的解缴税款的完税凭证上注明的增值税税额。

⑧ 自 2019 年 4 月 1 日至 2021 年 12 月 31 日,允许生产、生活性服务业纳税人(指提供邮政服务、电信服务、现代服务、生活服务取得的销售额占全部销售额的比重超过 50%的纳税人)按照当期可抵扣进项税额加计 10%,抵减应纳税额。

2. 不得从销项税额中抵扣的进项税额

(1) 纳税人取得的增值税扣税凭证不符合法律、行政法规或者国家税务总局有关规定的,其进项税额不得从销项税额中抵扣。

增值税扣税凭证,是指增值税专用发票、海关进口增值税专用缴款书、农产品收购发票、农产品销售发票和完税凭证。纳税人凭完税凭证抵扣进项税额的,应当具备书面合同、付款证明和境外单位的对账单或者发票。资料不全的,其进项税额不得从销项税额中抵扣。

(2) 用于简易计税方法计税项目、免征增值税项目、集体福利或者个人消费的购进货物、加工修理修配劳务、服务、无形资产和不动产。其中涉及的固定资产、无形资产、不动产,仅指专用于上述项目的固定资产、无形资产(不包括其他权益性无形资产)、不动产。但发生兼用于上述不允许抵扣项目情况的,该进项税额准予全部抵扣。

(3) 非正常损失的购进货物,以及相关的加工修理修配劳务和交通运输服务。非正常损失,是指因管理不善造成货物被盗、丢失、霉烂变质,以及因违反法律法规造成货物或者不动产被依法没收、销毁、拆除的情形。这些非正常损失是由纳税人自身原因导致征税对象实体的灭失,为保证税负公平,损失不应由国家承担,因而纳税人无权要求抵扣进项税额。

(4) 非正常损失的在产品、产成品所耗用的购进货物(不包括固定资产)、加工修理修配劳务和交通运输服务。

(5) 非正常损失的不动产,以及该不动产所耗用的购进货物、设计服务和建筑服务。

(6) 非正常损失的不动产在建工程所耗用的购进货物、设计服务和建筑服务。纳税人新建、改建、扩建、修缮、装饰不动产,均属于不动产在建工程。

(7) 购进的贷款服务、餐饮服务、居民日常服务和娱乐服务。[①]

(8) 财政部和国家税务总局规定的其他情形。

---

① 财政部 税务总局 海关总署公告 2019 年 39 号《关于增值税改革有关政策的公告》：纳税人购进国内旅客运输服务,其进项税额允许从销项税额中抵扣。

(9) 适用一般计税方法的纳税人,兼营简易计税方法计税项目、免征增值税项目而无法划分不得抵扣的进项税额,按照下列公式计算不得抵扣的进项税额:

$$\begin{matrix} 不得抵扣的 \\ 进项税额 \end{matrix} = \begin{matrix} 当期无法划分的 \\ 全部进项税额 \end{matrix} \times \left(\begin{matrix} 当期简易计税方法 \\ 计税项目销售额 \end{matrix} + \begin{matrix} 免征增值税 \\ 项目销售额 \end{matrix} \right) \div \begin{matrix} 当期全部 \\ 销售额 \end{matrix}$$

主管税务机关可以按照上述公式依据年度数据对不得抵扣的进项税额进行清算。

(10) 已抵扣进项税额的购进货物(不含固定资产)、劳务、服务,发生上述不得从销项税额中抵扣情形(简易计税方法计税项目、免征增值税项目除外)的,应当将该进项税额从当期进项税额中扣减;无法确定该进项税额的,按照当期实际成本计算应扣减的进项税额。

(11) 已抵扣进项税额的固定资产、无形资产或者不动产,发生上述不得从销项税额中抵扣情形的,按照下列公式计算不得抵扣的进项税额:

$$不得抵扣的进项税额 = 已抵扣的进项税额 \times 不动产净值率$$
$$不动产净值率 = (不动产净值 \div 不动产原值) \times 100\%$$

固定资产、无形资产或者不动产净值,是指纳税人根据财务会计制度计提折旧或摊销后的余额。

(12) 纳税人适用一般计税方法计税的,因销售折让、中止或者退回而退还给购买方的增值税额,应当从当期的销项税额中扣减;因销售折让、中止或者退回而收回的增值税额,应当从当期的进项税额中扣减。

(三) 应纳税额的计算

1. 计算应纳税额的时间限定

(1) 计算销项税额的时间限定。详见本章第五节"增值税的纳税义务发生时间"。

(2) 增值税扣税凭证抵扣期限的规定。

自 2017 年 7 月 1 日起,增值税一般纳税人取得 2017 年 7 月 1 日及以后开具的增值税专用发票、海关进口增值税专用缴款书、机动车销售统一发票、收费公路通行费增值税电子普通发票,取消认证确认、稽核比对、申报抵扣的期限。纳税人在进行增值税纳税申报时,应当通过本省(自治区、直辖市和计划单列市)增值税发票综合服务平台对上述扣税凭证信息进行用途确认。

增值税一般纳税人,取得的增值税扣税凭证稽核比对结果相符但未按规定期限申报抵扣,属于发生真实交易且符合客观原因的,经主管税务机关审核,允许纳税人继续申报抵扣其进项税额。增值税一般纳税人除客观原因以外的其他原因造成增值税扣税凭证未按期申报抵扣的,仍按照现行增值税抵扣凭证申报抵扣有关规定执行。

2. 进项税额转出的处理

对于已抵扣进项税额的购进货物或应税劳务和应税行为,如果事后改变用途,发生用于非增值税应税项目、用于免征增值税项目、用于集体福利或者个人消费、购进货物发生非正常损失、在产品或产成品发生非正常损失等,应当将该项购进货物或者应税劳务和应税行为的进项税额从当期的进项税额中扣减;无法确定该项进项税额的,按当期实际成本计算应扣减的进项税额。如果是国内购进的货物,主要包括进价和运费两大部分。

【例 2-10】 某纳税人本月取得增值税税控发票,认证的进项税款为 10 000 元。其中,

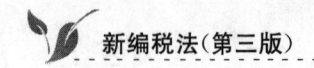

当月毁损以往月份购入的存货账面价值为3 000元;将以往月份购入用于生产的材料改变用途用于职工福利,账面价值为4 000元。计算本月可抵扣的进项税额。

解析:本月发生的进项税额为10 000元,由于存货毁损和改变材料用途事项,应计算进项税额转出额。

本月进项税额转出额=(3 000+4 000)×13%=910(元)

本月进项税额=10 000-910=9 090(元)

3. 销货退回或折让涉及销项税额和进项税额的税务处理

一般纳税人销售货物或者提供应税劳务和应税行为,开具增值税专用发票后,发生销售货物退回或者折让、开票有误等情形,应按国家税务总局的规定开具红字增值税专用发票。未按规定开具红字增值税专用发票的,增值税税额不得从销项税额中扣减。

增值税一般纳税人因销售货物退回或者折让而退还给购买方的增值税税额,应从发生销售货物退回或者折让当期的销项税额中扣减;因购进货物退出或者折让而收回的增值税税额,应从发生购进货物退出或者折让当期的进项税额中扣减。

对于一些企业在发生购进货物、劳务、服务、无形资产、不动产退回或折让并收回价款和增值税额时,没有相应减少当期进项税额,造成进项税额虚增,减少纳税的现象,这是税法所不允许的,都将被认定为是逃避缴纳税款行为,并按逃避缴纳税款予以处罚。

二、小规模纳税人增值税应纳税额的计算

增值税小规模纳税人销售货物或者提供应税劳务和应税服务,采用简易计税方法计算应纳税额。即按照销售额和增值税征收率计算的增值税额,不得抵扣进项税额。应纳税额计算公式为:

$$应纳税额=销售额×征收率$$

简易计税方法的销售额为不含税销售额,纳税人采用销售额和应纳税额合并定价方法的,按照下列公式计算销售额:

$$销售额=含税销售额÷(1+征收率)$$

小规模纳税人销售自己使用过的固定资产和旧货,按下列公式确定销售额和应纳税额:

$$销售额=含税销售额÷(1+3\%)$$

$$应纳税额=销售额×2\%$$

小规模纳税人因销售货物发生销售退回或销售折让,退还给购买方的销售额,应从发生销售货物退回或折让的当期销售额中扣减。

【例2-11】 某商场是增值税小规模纳税人,2019年11月,该商场取得零售收入总额185 400元,还销售了自己使用过的固定资产一批,开具增值税普通发票,取得含税销售额46 000元,原值40 000元。计算该商场当月应纳增值税税额。

解析:(1)零售收入应纳增值税税额=185 400÷(1+3%)×3%=5 400(元)

(2)销售自己使用过的固定资产应纳增值税税额=46 000÷(1+3%)×2%=893.20(元)

(3)当月应纳增值税税额=5 400+893.20=6 293.20(万元)

三、进口货物应纳增值税的计算

无论是一般纳税人还是小规模纳税人进口货物都应该由海关代征增值税,不得抵扣任何进项税额。纳税人进口货物的,按照组成计税价格和适用税率计算进口环节应纳增值税税额。计算公式为:

$$应纳税额 = 组成计税价格 \times 税率$$

$$组成计税价格 = 关税完税价格 + 关税 + 消费税$$

$$= [关税完税价格 \times (1+关税税率)] \div (1-消费税税率)$$

注意以下几个问题:

(1) 进口货物增值税的组成计税价格中包括已纳关税税额,如果进口货物属于消费税应税消费品,其组成计税价格中还要包括进口环节已纳消费税税额。

(2) 在计算进口环节的应纳增值税税额时不得抵扣发生在我国境外的各种税金。由于货物出口时出口国并没有征收过流转税,因此在进口时计算增值税就不用进行进项税额抵扣。

(3) 按照《海关法》和《进出口关税条例》的规定,一般贸易下进口货物的关税完税价格以海关审定的成交价格为基础的到岸价格作为完税价格。所谓成交价格,是指一般贸易项下进口货物的买方为购买该项货物向卖方实际支付或应当支付的价格;到岸价格,包括货价,加上货物运抵我国关境内输入地点起卸前的包装费、运费、保险费和其他劳务费等费用构成的一种价格。

(4) 税法规定,纳税人进口货物,从海关取得的海关进口增值税专用缴款书上注明的增值税额可以在计算本月应纳税额时作为进项税额抵扣。

【例2-12】 某进出口公司为一般纳税人,2021年11月进口办公设备500台,每台进口完税价格1万元,委托运输公司将进口办公设备从海关运回本单位,支付运输公司不含税运输费用9万元,取得了运输公司开具的增值税专用发票。当月以每台1.8万元的含税价格售出400台,向甲公司捐赠2台,对外投资20台,留下4台自用。另支付销货运输费1.3万元,取得了运输公司开具的增值税专用发票。

计算该企业当月应纳增值税。(假设进口关税税率为15%)

解析: (1) 进口货物进口环节应纳增值税 = 1 × 500 × (1+15%) × 13% = 74.75(万元)

(2) 销项税额 = (400+2+20) × 1.8 ÷ (1+13%) × 13% = 87.39(万元)

(3) 可以抵扣的进项税额 = 74.75 + 9 × 9% + 1.3 × 9% = 75.68(万元)

(4) 应纳增值税 = 87.39 − 75.68 = 11.71(万元)

四、出口货物和服务退(免)增值税的计算

(一) 出口货物退免税概述

出口货物退免税是国际贸易中通常采用的一种退还或免征间接税(在我国,主要包括增值税和消费税)的税收措施,旨在鼓励各国出口的货物平等地参与国际竞争。因此,它为世界各国普遍接受,成为一项国际贸易通行惯例。通过退(免)税,出口货物不受税收因素影响,有利于各国出口货物公平竞争。我国对出口货物,在遵循"征多少、退多少""未征不退和

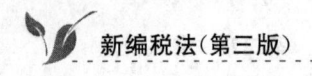

彻底退税"基本原则的基础上,实行免税和退税相结合的政策。

除不予退免税的出口货物和服务外,都属于出口退免税的范围,但出口货物和服务同时具备以下四个条件的才真正算作"出口货物":一是货物必须属于增值税、消费税征税范围;二是货物必须是报关离境出口;三是货物在财务上作为外销处理;四是货物出口收汇已核销。这样规定是为了避免纳税人利用税法漏洞制造假出口,从而骗取出口退税,造成国家税款流失。

(二) 我国的出口退免税政策及其适用范围

1. 出口免税并退税

出口免税,是指对出口货物、劳务及跨境应税行为在出口环节免征增值税、消费税。出口退税,是指对出口货物在出口前实际承担的税款,按规定的退税率计算后退还给出口企业。

其适用范围主要有:① 生产企业自营出口或委托外贸企业代理出口的自产货物。这是指生产企业的一般纳税人。② 有进出口经营权的外贸企业收购货物后直接出口或委托其他外贸企业代理出口的货物。③ 出口企业对外提供加工修理修配劳务。④ 融资租赁物出口退税。

2. 出口免税但不退税

对某些出口货物,免征出口环节的增值税,但不退税。适用这一政策的,一般是因为货物在出口前的诸环节是免税的,所以,在出口环节无须退税。另外,国家出于某种政策考虑,规定某些出口货物适用免税但不退税的政策。其适用范围主要有:① 属于生产企业的小规模纳税人自营出口或委托外贸企业代理出口的自产货物。② 外贸企业直接购进国家规定的免税货物出口销售或外贸企业从小规模纳税人购进并持普通发票的货物出口。③ 来料加工复出口货物。这是因为来料进口时不征进口环节增值税,复出口时自然就无须退税。

3. 出口不免税也不退税

对某些出口货物,按照内销货物的征收办法照章征税,不免税也不退税。适用这一政策的主要是税法列举限制或禁止出口的货物等,如天然牛黄、麝香、铜及铜基合金、白金、国家计划外出口的原油等。

上述三种出口货物退免税政策中,第一种政策会涉及退税额的计算,其他政策不涉及退税额的计算。

4. 出口应税服务退(免)税的范围

单位和个人提供适用零税率的应税服务,如果属于适用增值税一般计税方法的,实行免抵退税办法,不得开具增值税专用发票;如果属于适用简易计税方法的,实行免征增值税办法。

(1) 应税行为零税率的范围。

① 境内的单位和个人提供的国际运输服务,向境外单位提供的研发服务和设计服务,适用增值税零税率。

国际运输服务,是指在境内载运旅客或货物出境,在境外载运旅客或货物入境,在境外载运旅客或货物。航天运输服务参照国际运输服务,适用增值税零税率。向境外单位提供设计服务,不包括对境内不动产提供的设计服务。

② 境内的单位和个人提供的往返香港、澳门、台湾地区的交通运输服务以及在香港、澳门、台湾地区提供的交通运输服务,适用增值税零税率。

③ 自2013年8月1日起,境内的单位或个人提供程租服务,如果租赁的交通工具用于国际运输服务和港澳台运输服务,由出租方按规定申请适用增值税零税率。

(2) 应税服务零税率的范围。

① 根据财税〔2016〕36号文件规定,自2016年5月1日起,跨境应税行为适用增值税零税率。跨境应税行为是指中华人民共和国境内的单位和个人销售的规定服务和无形资产。

② 增值税零税率应税服务提供者,是指提供适用增值税零税率应税服务,且认定为增值税一般纳税人,实行增值税一般计税方法的境内单位和个人。属于汇总缴纳增值税的,为经财政部和国家税务总局批准的汇总缴纳增值税的总机构。增值税零税率应税服务适用范围按财政部、国家税务总局的规定执行。

③ 起点或终点在境外的运单、提单或客票所对应的各航段或路段的运输服务,属于国际运输服务。起点或终点在港澳台的运单、提单或客票所对应的各航段或路段的运输服务,属于港澳台运输服务。

④ 从境内载运旅客或货物至国内海关特殊监管区域及场所、从国内海关特殊监管区域及场所载运旅客或货物至国内其他地区或者国内海关特殊监管区域及场所,以及向国内海关特殊监管区域及场所内单位提供的研发服务、设计服务,不属于增值税零税率应税服务适用范围。

⑤ 增值税零税率应税服务退(免)税办法包括免、抵、退税办法和免退税办法,具体办法及计算公式按有关出口货物劳务退(免)税的规定执行。

⑥ 实行免抵退税办法的增值税零税率应税服务提供者如果同时出口货物劳务且未分别核算的,应一并计算免抵退税。税务机关在审批时,应按照增值税零税率应税服务、出口货物劳务免抵退税额的比例划分其退税额和免抵税额。

(三) 增值税退(免)税办法

适用增值税退(免)税政策的出口货物、劳务及服务,按照下列规定实行增值税"免、抵、退"税或免退税办法。

1. "免、抵、退"税办法

生产企业出口自产货物和视同自产货物及对外提供加工、修理修配劳务,以及列名的74家生产企业出口非自产货物,免征增值税,相应的进项税额抵减应纳增值税税额(不包括适用增值税即征即退、先征后退政策的应纳增值税税额),未抵减完的部分予以退还。

零税率应税行为提供者提供零税率应税行为,如果属于适用增值税一般计税方法的,免征增值税,相应的进项税额抵减应纳增值税税额(不包括适用增值税即征即退、先征后退政策的应纳增值税税额),未抵减完的部分予以退还。

2. 免退税办法

不具有生产能力的出口企业(以下称"外贸企业")或其他单位出口货物劳务,免征增值税,相应的进项税额予以退还。

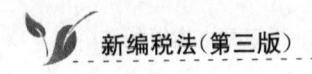

(四) 增值税出口退税率

(1) 一般规定。

除财政部和国家税务总局根据国务院决定而明确的增值税出口退税率外,出口货物的退税率为其适用税率。

(2) 出口应税服务的退税率。

根据财政部国家税务总局《关于调整增值税纳税申报有关事项的通知(财税〔2019〕39号)》文件规定(2019年6月30日前,纳税人出口税率调整所涉货物劳务、发生通知中所涉跨境应税行为,适用增值税免退税办法的,购进时已按调整前税率征收增值税的,执行调整前的出口退税率,购进时已按调整后税率征收增值税的,执行调整后的出口退税率;适用增值税免抵退税办法的,执行调整前的出口退税率,在计算免抵退税时,适用税率低于出口退税率的,适用税率与出口退税率之差视为零,参与免抵退税计算),应税服务退税率为应税服务适用的增值税税率,即有形动产租赁服务退税率为13%;交通运输服务、邮政服务退税率为9%;现代服务(有形动产租赁服务除外)退税率为6%。

调整出口货物退税率的执行时间及出口货物的时间,以出口货物报关单上注明的出口日期为准,调整跨境应税行为退税率的执行时间及销售跨境应税行为的时间,以出口发票的开具日期为准。

(3) 特殊规定。

① 外贸企业购进按简易办法征税的出口货物、从小规模纳税人购进的出口货物,其退税率分别为简易办法实际执行的征收率、小规模纳税人征收率。上述出口货物取得增值税专用发票的,退税率按照增值税专用发票上的税率和出口货物退税率孰低的原则确定。

② 出口企业委托加工修理修配货物,其加工修理修配费用的退税率,为出口货物的退税率。

③ 中标机电产品、出口企业向海关报关进入特殊区域销售给特殊区域内生产企业生产耗用的列名原材料、输入特殊区域的水电气,其退税率为适用税率。

如果国家调整列名原材料的退税率,列明原材料应当自调整之日起按照调整后的退税率执行。

(4) 适用不同退税率的货物、劳务及跨境应税行为,应分开报关、核算并申报退(免)税,未分开报关、核算或划分不清的,从低适用退税率。

(五) 增值税"免、抵、退"税和免退税的计算

1. 生产企业出口货物、劳务、服务和无形资产增值税"免、抵、退"税的计算

(1) 计算当期免抵退税不得免征和抵扣税额。

在出口货物征税率与退税率不一致的情况下,计算不予退税和不予抵扣的税额。

$$\text{免抵退税不得免征和抵扣税额} = \text{当期出口货物离岸价} \times \text{外汇人民币折合率} \times (\text{出口货物适用税率} - \text{出口货物退税率}) - \text{当期免抵退税不得免征和抵扣税额抵减额}$$

其中:

$$\text{当期免抵退税不得免征和抵扣税额抵减额} = \text{当期免税购进原材料价格} \times (\text{出口货物适用税率} - \text{出口货物退税率})$$

当期免税购进原材料价格包括当期从国内购进无进项税额且不计提进项税额的免税原材料的价格和当期进料加工保税进口料件的价格,其中进料加工保税进口料件的价格为进料加工出口货物的保税进口料件金额。其计算公式为:

$$\text{进料加工出口货物的保税进口料件金额} = \text{进料加工出口货物人民币离岸价} \times \text{进料加工计划分配率}$$

$$\text{计划分配率} = \text{计划进口总值} \div \text{计划出口总值} \times 100\%$$

计算不得免征和抵扣税额时,应按当期全部出口货物的销售额扣除当期全部进料加工出口货物耗用的保税进口料件金额后的余额乘以征退税率之差计算。

进料加工出口货物收齐有关凭证申报"免、抵、退"税时,以收齐凭证的进料加工出口货物人民币离岸价扣除其耗用的保税进口料件金额后的余额计算免抵退税额。

如果当期没有免税购进原材料,前述公式中的"当期免抵退税不得免征和抵扣税额抵减额"不用计算。

(2) 计算当期应纳税额。

$$\text{当期应纳税额} = \text{当期内销货物的销项税额} - (\text{当期进项税额} - \text{当期免抵退税不得免征和抵扣税额}) - \text{上期留抵税额}$$

若上述计算结果为正数,说明内销货物销项税额与所有进项税额相抵后仍有余额,该余额则为企业当期的增值税税额,无须退税;若计算结果为负数,则为内销货物销项税额与所有进项税额相抵后,尚未抵扣完的进项税额。也就是说,内销货物应纳税额与出口货物退税额抵顶后,尚未抵顶完的进项税额,企业可申请退税。

(3) 计算免抵退税额。

免抵退税额,是指按出口货物离岸价计算的应退税额。

$$\text{免抵退税额} = \text{出口货物离岸价} \times \text{外汇人民币折合率} \times \text{出口货物适用税率} - \text{免抵退税额抵减额}$$

其中:

$$\text{免抵退税额抵减额} = \text{免税购进原材料价格} \times \text{出口货物退税率}$$

值得注意的是:出口货物离岸价(FOB)以出口发票计算的离岸价为准。出口发票不能如实反映实际离岸价的,由主管税务机关核定。

如果当期没有免税购进原材料,则"免抵退税额抵减额"不用计算。

(4) 计算当期应退税额和当期免抵税额。

① 如"当期应纳税额"为正数,则为当期应纳税额;当期退税额=0,则免抵税额等于当期免抵退税额。

② 如"当期应纳税额"为负数,则为内销货物销项税额尚未抵扣完的进项税额,即退税前的期末留抵税额。此时,应分别以下两种情况确定退税额和免抵税额:

第一种,退税前的期末留抵税额小于或等于当期免抵退税额。

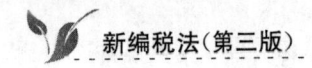

当期应退税额＝当期退税前的期末留抵税额

当期免抵税额＝当期免抵退税额－当期应退税额

【例 2－13】 某自营出口的生产企业为增值税一般纳税人，出口货物的征税税率为 13％，退税税率为 11％。2021 年 11 月的有关经营业务为：购进原材料一批，取得的增值税专用发票注明的价款 200 万元，外购货物准予抵扣的进项税额 26 万元通过认证。上月末留抵税款 3 万元，本月内销货物不含税销售额 100 万元，收款 113 万元存入银行，本月出口货物的销售额折合人民币 200 万元。

试计算该企业当期的免抵退税额。

解析：（1）免抵退税不得免征和抵扣税额＝200×(13％－11％)＝4(万元)。

（2）当期应纳税额＝100×13％－(26－4)－3＝13－22－3＝－12(万元)。

（3）出口货物免抵退税额＝200×11％＝22(万元)。

（4）因退税前的期末留抵税额 12 万元小于当期免抵退税额 22 万元，故当期实际应退税额为 12 万元。

（5）当期免抵税额＝当期免抵退税额－当期应退税额＝22－12＝10(万元)。

第二种，退税前的期末留抵税额大于当期免抵退税额(购进量大、出口量小)。

当期退税额＝当期免抵退税额

当期免抵税额＝0

留待下期抵扣税额＝退税前的期末留抵税额－当期退税额

【例 2－14】 A 生产企业(有进出口经营权)本期有关资料如下：报关离境出口货物离岸价折合人民币 420 万元。国内销售货物取得不含税销售额 250 万元人民币。购进生产经营用货物和应税劳务，按扣税凭证确定的进项税额为 128 万元；上期留抵税额 10 万元。

该企业各类货物适用的增值税税率均为 13％，且无免税购进货物；出口退税率为 11％；该企业采用"免、抵、退"办法办理出口货物退(免)税。计算免抵退税额。

解析：（1）免抵退税不得免征和抵扣税额＝420×(13％－11％)＝8.4(万元)。

（2）当期应纳税额＝250×13％－(128－8.4)－10＝－97.1(万元)。

（3）当期免抵退税额＝420×11％＝46.20(万元)。

（4）因退税前的期末留抵税额 97.1 万元大于当期免抵退税额 46.20 万元，故当期实际应退税额为 46.20 万元。

当期免抵税额＝0。

留待下期抵扣税额＝97.1－46.20＝50.9(万元)。

（5）零税率应税行为增值税退(免)税的计算。

零税率应税行为增值税免抵退税，依下列公式计算：

$$\text{当期零税率应税行为免抵退税额} = \text{当期零税率应税行为实际收入} \times \text{外汇人民币折合率} \times \text{零税率应税行为增值税退税率}$$

① 退税前的期末留抵税额小于或等于当期免抵退税额。

当期退税额＝退税前的期末留抵税额

当期免抵税额＝当期免抵退税额－当期退税额

② 退税前的期末留抵税额大于当期免抵退税额。

$$当期退税额＝当期免抵退税额$$
$$当期免抵税额＝0$$
$$留待下期抵扣税额＝退税前的期末留抵税额－当期退税额$$

【例 2-15】 国内某大型航空公司主要经营国内和经批准的境外航空客、货、邮、行李运输业务及延伸服务,注册地点在上海浦东,2018 年年底被上海市国税局认定为增值税一般纳税人,2021 年 11 月份经营情况如下:国内运输收入 24 000 万元,国际运输业务收入 15 000 万元,航空地面服务收入 9 000 万元;油料支出飞机维修等可抵扣的进项税额为 4 000 万元。

请计算该航空公司 11 月份应退增值税额。

解析: (1) 当期应纳税额＝24 000×9％＋9 000×6％－4 000＝－1 300(万元);
即期末留抵税额＝1 300(万元)。
(2) 免抵退税额＝15 000×9％＝1 350(万元)。
(3) 当期应退税额＝1 300(万元)。
(4) 当期免抵税额＝1 350－1 300＝50(万元)。

2. 外贸企业出口货物劳务增值税免退税的计算

(1) 外贸企业出口委托加工、修理修配货物以外的货物。

$$增值税应退税额＝增值税退(免)税计税依据×出口货物退税率$$

【例 2-16】 鸿达机电外贸公司本月从鑫鑫公司(一般纳税人)购入一批机电产品,进货增值税专用发票列明单价 60 000 元/台,共计 3 台,计税金额 180 000 元。出口至美国,取得增值税专用发票注明税款为 288 800 元,出口退税率为 13％。请计算应退税额。

解析: 应退增值税税额＝180 000×13％＝23 400(元)

(2) 外贸企业出口委托加工、修理修配货物。

$$\frac{出口委托加工、修理修配}{货物的增值税税额}＝\frac{委托加工、修理修配的}{增值税退(免)税计税依据}×\frac{出口货物}{退税率}$$

【例 2-17】 A 进出口公司 2021 年 11 月购进牛仔布委托加工成服装出口,取得牛仔布增值税发票一张,注明计税金额 10 000 元;取得服装加工费计税金额 2 000 元,受托方将原材料成本并入加工修理修配费用并开具了增值税专用发票。假设增值税出口退税率为 13％。计算当期应退增值税税额。

解析: 应退增值税税额＝(10 000＋2 000)×13％＝1 560(元)

第四节 增值税的税收优惠

一、增值税的起征点规定

为降低个人的税收负担,节约税收成本,增值税暂行条例规定了起征点。起征点是指开始征税的起点。销售额未达到起征点的免税;销售额达到起征点的,全额计算纳税。增值税起征点仅适用于个人,包括个体工商户和其他个人,但不适用于认定为一般纳税人的个体工商户。即增值税起征点仅适用于按照小规模纳税人纳税的个体工商户和其他个人。

"营改增通知"规定,个人发生应税行为的销售额未达到增值税起征点的,免征增值税;达到起征点的,全额计算缴纳增值税。

增值税起征点的幅度规定如下:

(1) 按期纳税的,为月销售额 5 000~20 000 元(含本数)。

(2) 按次纳税的,为每次(日)销售额 300~500 元(含本数)。

起征点的调整由财政部和国家税务总局规定。省、自治区、直辖市财政厅(局)和国家税务局在规定的幅度内,根据本地区实际情况确定,并报财政部、国家税务总局备案。

2019 年 1 月 1 日起,对月销售额 10 万元(含本数)的增值税小规模纳税人,按照规定免征增值税。其中以 1 个季度为纳税期限的增值税小规模纳税人,季度销售额不超过 30 万元的,免征增值税[①]。

二、增值税的减免税规定

(一) 法定免税项目

根据《增值税暂行条例》规定,下列项目免征增值税。

(1) 农业生产者销售的自产农产品。

农业,是指种植业、养殖业、林业、牧业、水产业。农业生产者,包括从事农业生产的单位和个人。农业生产者销售的自产农产品,是指直接从事植物的种植、收割和动物的饲养、捕捞的单位和个人销售的自产农产品,具体范围由财政部、国家税务总局确定;对上述单位和个人销售的外购农产品,以及单位和个人外购农产品生产、加工后销售的仍然属于规定范围的农业产品,不属于免税的范围,应当按照规定的税率征收增值税。纳税人采取"公司+农户"经营模式从事畜禽饲养,纳税人回收再销售畜禽,属于农业生产者销售自产农产品,应根据《增值税暂行条例》的有关规定免征增值税。

人工合成牛胚胎的生产过程属于农业生产,纳税人销售自产人工合成牛胚胎应免征增值税。

(2) 避孕药品和用具。

(3) 古旧图书。古旧图书,是指向社会收购的古书和旧书。

(4) 直接用于科学研究、科学试验和教学的进口仪器、设备。

(5) 外国政府、国际组织无偿援助的进口物资和设备。

(6) 由残疾人的组织直接进口供残疾人专用的物品。

(7) 销售的自己使用过的物品。自己使用过的物品,是指其他个人自己使用过的物品。

(二) 财政部、国家税务总局规定的其他征免税项目

(1) 对资源综合利用、再生资源、鼓励节能减排等方面的主要规定。

纳税人销售自产综合利用产品和资源综合利用劳务,可享受增值税即征即退政策。退税比例包括 30%、50%、70%和 100%四个档次。

---

① 按照《财政部 国家税务总局关于实施小微企业普惠性税收减免政策的通知》(财税〔2019〕13 号)规定。

综合利用的资源名称、综合利用的产品和劳务名称、技术标准和相关条件、退税比例等按照《资源综合利用产品和劳务增值税优惠目录（2022年版）》的相关规定执行。

（2）免征蔬菜流通环节增值税。

（3）除豆粕以外的其他粕类饲料产品，均免征增值税。

（4）按债转股企业与金融资产管理公司签订的债转股协议，债转股原企业将货物资产作为投资提供给债转股新公司的，免征增值税。

（5）纳税人销售货物或者提供应税劳务和应税行为适用免税规定的，可以放弃免税，依照《增值税暂行条件》和"营改增"规定缴纳增值税。放弃免税后，36个月内不得再申请免税。

（三）营业税改征增值税试点政策的规定免征增值税的项目

1. 下列项目免征增值税

（1）托儿所、幼儿园提供的保育和教育服务。

（2）养老机构提供的养老服务。

（3）残疾人福利机构提供的育养服务。

（4）婚姻介绍服务。

（5）殡葬服务。

（6）残疾人员本人为社会提供的服务。

（7）医疗机构提供的医疗服务。

（8）从事学历教育的学校提供的教育服务。

（9）学生勤工俭学提供的服务。

（10）农业机耕、排灌、病虫害防治、植物保护、农牧保险以及相关技术培训业务，家禽、牲畜、水生动物的配种和疾病防治。

（11）纪念馆、博物馆、文化馆、文物保护单位管理机构、美术馆、展览馆、书画院、图书馆在自己的场所提供文化体育服务取得的第一道门票收入。

（12）寺院、宫观、清真寺和教堂举办文化、宗教活动的门票收入。

（13）行政单位之外的其他单位收取的符合规定条件的政府性基金和行政事业性收费。

（14）个人转让著作权。

（15）个人销售自建自用住房。

（16）2018年12月31日前，公共租赁住房经营管理单位出租公共租赁住房。

（17）台湾航运公司、航空公司从事海峡两岸海上直航、空中直航业务在大陆取得的运输收入。

（18）纳税人提供的直接或者间接国际货物运输代理服务。

（19）部分利息收入。

（20）纳税人提供技术转让、技术开发和与之相关的技术咨询、技术服务。

（21）政府举办的从事学历教育的高等、中等和初等学校（不含下属单位），举办进修班、培训班取得的全部归该学校所有的收入。

（22）政府举办的职业学校设立的主要为在校学生提供实习场所，并由学校出资自办，由学校负责经营管理且经营收入归学校所有的企业，从事"现代服务"（不含融资租赁服务、广告服务和其他现代服务）、"生活服务"（不含文化体育服务、其他生活服务和桑拿、氧吧）业务活动取得的收入。

(23) 家政服务企业由员工制家政服务员提供家政服务取得的收入。

(24) 福利彩票、体育彩票的发行收入。

(25) 将土地使用权转让给农业生产者用于农业生产。

(26) 其他按规定免征增值税项目。

2. 增值税即征即退

(1) 安置残疾人的单位,实行由税务机关按照单位实际安置残疾人的人数,限额即征即退增值税的办法。

(2) 一般纳税人销售其自行开发生产的软件产品,按13％税率征收增值税后,实际税负超过3％的部分实行即征即退。

(3) 一般纳税人提供管道运输服务,对其增值税实际税负超过3％的部分实行增值税即征即退政策。

(4) 经人民银行、银监会或者商务部批准从事融资租赁业务的试点纳税人中的一般纳税人,提供有形动产融资租赁服务和有形动产融资性售后回租服务,对其增值税实际税负超过3％的部分实行增值税即征即退政策。

(四) 纳税人兼营项目

(1) 纳税人兼营免税、减税项目的,应当分别核算免税、减税项目的销售额;未分别核算销售额的,不得免税、减税。

(2) 纳税人提供应税服务同时适用免税和零税率规定的,可以选择适用免税或者零税率。

第五节 增值税的征收管理

一、增值税的纳税义务发生时间

纳税义务发生时间,是纳税人发生应税行为应当承担纳税义务的起始时间。销售货物或者提供应税劳务的纳税义务发生时间可以分为一般规定和具体规定。

(一) 一般规定

(1) 纳税人销售货物或者提供应税劳务和应税行为,其纳税义务发生时间为收讫销售款项或者取得索取销售款项凭据的当天;先开具发票的,为开具发票的当天。

(2) 纳税人进口货物,其纳税义务发生时间为报关进口的当天。

(3) 增值税扣缴义务发生时间为纳税人增值税纳税义务发生的当天。

(二) 具体规定

纳税人收讫销售款项或者取得索取销售款项凭据的当天,按销售结算方式的不同,具体分为:

(1) 采取直接收款方式销售货物,不论货物是否发出,均为收到销售款或者取得索取销售款凭据的当天。

(2) 采取托收承付和委托银行收款方式销售货物,为发出货物并办妥托收手续的当天。

(3) 采取赊销和分期收款方式销售货物,为书面合同约定的收款日期的当天,无书面合同的或者书面合同没有约定收款日期的,为货物发出的当天。

(4) 采取预收货款方式销售货物,为货物发出的当天,但生产销售生产工期超过12个月的大型机械设备、船舶、飞机等货物,为收到预收款或者书面合同约定的收款日期的当天。纳税人提供建筑服务、租赁服务采取预收款方式的,其纳税义务发生时间为收到预收款的当天。

(5) 委托其他纳税人代销货物,为收到代销单位的代销清单或者收到全部或者部分货款的当天。未收到代销清单及货款的,为发出代销货物满180日的当天。

(6) 纳税人发生应税行为并收讫销售款项或者取得索取销售款项凭据的当天;先开具发票的,为开具发票的当天。

(7) 纳税人发生视同销售货物行为,为货物移送的当天。视同销售服务、无形资产或者不动产,其纳税义务发生时间为服务、无形资产转让完成的当天或者不动产权属变更的当天。

(8) 纳税人从事金融商品转让的,为金融商品所有权转移的当天。

(9) 增值税扣缴义务发生时间为纳税人增值税纳税义务发生的当天。

二、增值税的纳税期限

根据《增值税暂行条例》的规定,增值税的纳税期限分别为1日、3日、5日、10日、15日、1个月或者1个季度。

纳税人的具体纳税期限,由主管税务机关根据纳税人应纳税额的大小分别核定。以1个季度为纳税期限的规定适用于小规模纳税人、银行、财务公司、信托投资公司、信用社,以及财政部和国家税务总局规定的其他纳税人。不能按照固定期限纳税的,可以按次纳税。

纳税人以1个月或者1个季度为1个纳税期的,自期满之日起15日内申报纳税;以1日、3日、5日、10日或者15日为1个纳税期的,自期满之日起5日内预缴税款,于次月1日起15日内申报纳税并结清上月应纳税款。

按固定期限纳税的小规模纳税人可以选择以1个月或1个季度为纳税期限,一经选择,1个会计年度内不得变更。

扣缴义务人解缴税款的期限,按照前两款规定执行。

纳税人进口货物,应当自海关填发进口增值税专用缴纳书之日起15日内缴纳税款。

纳税人出口货物适用退(免)税规定的,应当向海关办理出口手续,凭出口报关单等有关凭证,在规定的出口退(免)税申报期内按月向主管税务机关申报办理。具体办法由国务院财政、税务主管部门制定。

出口货物办理退税后发生退货或者退关的,纳税人应当依法补缴已退的税款。

三、增值税的纳税地点

(1) 固定业户应当向其机构所在地的主管税务机关申报纳税。总机构和分支机构不在同一县(市)的,应当分别向各自所在地的主管税务机关申报纳税;经国务院财政、税务主管部门或者其授权的财政、税务机关批准,可以由总机构汇总向总机构所在地的主管税务机关申报纳税。

(2) 固定业户到外县(市)销售货物或者提供应税劳务,应当向其机构所在地的主管税务机关申请开具外出经营活动税收管理证明,并向其机构所在地的主管税务机关申报纳税;未开具证明的,应当向销售地或者劳务发生地的主管税务机关申报纳税;未向销售地或者劳务发生地的主管税务机关申报纳税的,由其机构所在地的主管税务机关补征税款。

(3) 非固定业户销售货物或者提供应税劳务,应当向销售地或者劳务发生地的主管税务机关申报纳税;未向销售地或者劳务发生地的主管税务机关申报纳税的,由其机构所在地或者居住地的主管税务机关补征税款。

其他个人提供建筑服务,销售或者租赁不动产,转让自然资源使用权,应向建筑服务发生地、不动产所在地、自然资源所在地主管税务机关申报纳税。

(4) 进口货物,应当向报关地海关申报纳税。

(5) 扣缴义务人应当向其机构所在地或者居住地的主管税务机关申报缴纳其扣缴的税款。

"案例导入"解析

(1) 甲企业 7 月份的增值税进项税额 $=4\times9\%+2.6+2.34-1.3\times40\%=5.3-0.52=4.78$(万元)

(2) 甲企业 7 月份应缴纳的增值税 $=70\times13\%-4.78=9.1-4.78=4.32$(万元)

(3) 乙商场 7 月份发生的增值税销项税额 $=21.8\div(1+9\%)\times9\%+56.5\div(1+13\%)\times13\%=1.8+6.5=8.3$(万元)

(4) 乙商场 7 月份应缴纳的增值税 $=8.3-3.5=4.8$(万元)

复习思考题

1. 简述我国现行增值税的概念和特点。
2. 我国目前采取何种类型的增值税?
3. 增值税征税范围的具体规定有哪些?
4. 增值税的一般纳税人和小规模纳税人如何划分?
5. 如何区分含税销售额和不含税销售额?
6. 如何区分准予抵扣和不准予抵扣的进项税额?
7. 进项税额转出的情形有哪几种?
8. 一般纳税人在什么情况下不得领购使用增值税专用发票?

能力训练题

一、单项选择题

1. 我国自 2009 年 1 月 1 日开始实行的增值税属于( )。
   A. 生产型增值税　　　　　　B. 消费型增值税
   C. 收入型增值税　　　　　　D. 实耗型增值税

2. 下列属于提供增值税应税服务的是( )。
A. 某动漫设计公司为其他单位提供动漫设计服务
B. 某广告公司聘用广告制作人才为本公司设计广告
C. 某事业单位收取的政府性基金
D. 某单位聘用的员工为本单位负责人提供专车驾驶服务

3. 根据我国现行增值税的规定,纳税人提供下列劳务中的( ),免征增值税。
A. 新建厂房　　　B. 桥梁的修理　　　C. 轮胎的翻新　　　D. 房屋的装潢

4. 下列行为中,属于视同销售征收增值税的是( )。
A. 企业将购进的酒发给职工作为福利
B. 企业将上月购进用于生产的钢材现用于职工宿舍楼的建设
C. 企业将委托加工的卷烟赠送给客户
D. 企业将自产的产品用于抵偿债务

5. 下列关于固定资产处理的说法,正确的是( )。
A. 纳税人发生的固定资产视同销售行为,对已使用过的固定资产无法确定销售额的,以固定资产净值为销售额
B. 小规模纳税人销售自己使用过的除固定资产以外的物品,应减按2%的征收率征收增值税
C. 纳税人购进固定资产时为小规模纳税人,认定为一般纳税人后销售该固定资产的,按照13%税率计算增值税
D. 增值税一般纳税人销售自己使用过的2009年1月1日以后购进的固定资产,按照4%的征收率减半征收增值税

6. 某制药厂(增值税一般纳税人)11月份销售抗生素药品取得含税收入90.4万元,销售免税药品40万元(不含税),当月购入生产用原材料一批,取得增值税专用发票上注明税款5.6万元,抗生素药品与免税药品无法划分耗料情况,则该制药厂当月应纳增值税为( )万元。
A. 8.20　　　　B. 6.67　　　　C. 10.47　　　　D. 15.86

7. 下列行为中,涉及的进项税额不得从销项税额中抵扣的是( )。
A. 将外购的货物用于交换生产所需材料
B. 将上年委托加工收回的材料用于偿还债务
C. 将购进的一批货物用于职工福利
D. 外购货物用于捐赠雪灾灾区

8. 某企业为增值税小规模纳税人,本月销售商品取得收入10 300元,则应缴纳的增值税为( )元。
A. 300　　　　B. 309　　　　C. 1 497　　　　D. 1 751

9. 下列说法中,不正确的是( )。
A. 古旧图书销售应当免征增值税
B. 金银首饰以旧换新销售业务,以其价格差额作为计税销售额
C. 黄金冶炼企业生产销售的黄金免征增值税
D. 残疾人组织进口供残疾人专用的物品免征增值税

10. 下列选项中,不符合增值税免税政策规定的有( )。
A. 个人转让著作权
B. 残疾人个人提供应税行为
C. 一般纳税人提供管道运输服务
D. 纳税人提供技术转让、技术开发和与之相关的技术咨询、技术服务

11. 根据税法规定,纳税人提供植物养护服务,按照( )缴纳增值税。
A. 其他现代服务 B. 其他生活服务
C. 居民日常服务 D. 物流辅助服务

12. 根据我国现行增值税的规定,纳税人下列行为不应当缴纳增值税的有( )。
A. 销售电力产品 B. 加工服装
C. 修理机器设备 D. 机动车号牌工本费

13. 一般纳税人发生的下列应税行为中,不可以选择适用简易计税方法计税的是( )。
A. 以清包工方式提供的建筑服务 B. 为甲供工程提供的建筑服务
C. 销售2016年4月30日前取得的不动产 D. 提供的餐饮服务

14. 自2019年5月1日起,下列选项中,属于适用9%低税率的产品是( )。
A. 原油 B. 石油液化气 C. 肉桂油 D. 调制乳

15. 某商场为增值税一般纳税人。2019年11月举办促销活动,全部商品8折销售。实际取得含税收入361 600元,销售额和折扣额均在同一张发票上分别注明。上月销售商品本月发生退货,向消费者退款678元,该商场当月销项税额是( )元。
A. 55 114.87 B. 53 833.91 C. 41 522.00 D. 41 600.00

二、多项选择题

1. 下列属于增值税现代服务业征税范围的有( )。
A. 出租车公司收取司机管理费用业务 B. 航空运输干租的业务
C. 房地产评估业务 D. 广告代理业务

2. 企业收取的下列款项中,应作为价外费用并入销售额计算增值税销项税额的有( )。
A. 商业企业向供货方收取的返还收入
B. 生产企业销售货物时收取的包装物租金
C. 供电企业收取的逾期未退的电费保证金
D. 燃油电厂从政府财政专户取得的发电补贴

3. 下列关于增值税的纳税义务发生时间的陈述,正确的有( )。
A. 纳税人发生视同销售货物行为,为收讫销售款或者取得索取销售款的凭据的当天
B. 采取预收货款方式销售货物,为收到货款的当天
C. 采取直接收款方式销售货物,不论货物是否发出,均为收到销售额或取得索取销售额的凭据的当天
D. 采取托收承付和委托银行收款方式销售货物,为发出货物并办妥托收手续的当天

4. 下列符合增值税应税服务规定的有( )。
A. 装卸搬运服务属于物流辅助服务
B. 代理报关服务属于鉴证咨询服务
C. 代理记账按照经纪代理服务征收增值税

D. 光租和湿租业务,均属于有形动产租赁服务
5. 将购买的货物用于(　　)时,其进项税额不得抵扣。
A. 免税项目　　　B. 无偿赠送　　　C. 个人消费　　　D. 劳动保护
6. 根据现行增值税规定,下列业务中免征增值税的有(　　)。
A. 非营利性医疗机构自产自用制剂　　　B. 提供飞机维修劳务
C. 污泥处理劳务　　　D. 血站供应医疗机构临床用血
7. 根据现行增值税的规定,下列项目中,其进项税额不得从销项税额中抵扣的有(　　)。
A. 因自然灾害毁损的库存外购商品
B. 因管理不善被盗的产成品所耗用的外购原材料
C. 职工宿舍楼耗用的外购原材料
D. 生产免税产品接受的劳务
8. 下列各项中,应当征收增值税的有(　　)。
A. 医院提供治疗并销售药品
B. 邮局提供邮政服务并销售集邮商品
C. 政府培训机构从事培训服务并提供资料
D. 汽车修理厂修车并销售汽车零配件
9. 某食品加工厂为增值税一般纳税人,混业经营适用增值税不同税率,下列说法正确的是(　　)。
A. 销售加工的粮油取得含税销售额500万元,适用低税率9%
B. 取得单独核算的含税货运收入70万元,适用交通运输税率9%
C. 出租冷藏设备取得含税收入20万元,出租设备适用6%的税率
D. 转让商标使用取得含税收入300万元,适用现代服务业6%的税率
10. 关于出租出借包装物押金的处理错误的有(　　)。
A. 个别包装物周转使用期限较长的,报经税务机关批准后,可适当放宽逾期期限
B. 纳税人为销售货物而出租出借包装物收取的押金,单独记账核算的,一律不并入销售额征税
C. 对销售酒类产品收取的包装物押金,无论是否返还及会计上如何核算,均应并入当期销售额征税
D. 对逾期(以一年为期限)包装物押金,无论是否退还都要并入销售额征税
11. 某生产企业下列项目中,可以抵扣进项税的有(　　)。
A. 外购大型生产设备　　　B. 购进生产设备修理用零备件
C. 购进职工食堂改造用建筑材料　　　D. 外购生产用水、电、气
12. 关于以旧换新方式销售货物的增值税处理,正确的有(　　)。
A. 以旧换新方式销售货物(金银首饰除外),应按新货物的同期销售价格确定销售额,不得扣减货物的收购价格
B. 以旧换新方式销售货物(金银首饰除外),应以实际收取的不含增值税的全部价款征收增值税
C. 以旧换新方式销售金银首饰,以新首饰的不含税售价为计税依据计算缴纳增值税

D. 以旧换新方式销售金银首饰,以实际收取的不含增值税价款为计税依据计算缴纳增值税

13. 下列各项中适用零税率的国际运输服务有( )。
A. 我国某船运公司将货物自广东运往英国
B. 我国某船运公司将货物自英国运往广东
C. 我国某船运公司将货物自英国运往美国
D. 英国某船运公司将货物自美国运往我国

14. 纳税人在资产重组过程中,通过合并、分离、出售、置换等方式,将全部或部分实物资产以及与其相关联的债权、负债和劳动力一并转让给其他单位和个人,并按程序办理注销税务登记的,其增值处理的表述中,正确的有( )。
A. 涉及的货物转让,不征收增值税
B. 涉及的货物转让,照常纳税
C. 尚未抵扣的进项税额不得由新纳税人抵扣
D. 尚未抵扣的进项税额可结转至新纳税人处继续抵扣

15. 根据我国现行增值税的规定,纳税人下列行为应当缴纳增值税的有( )。
A. 有线电视网络服务
B. 快递派送服务
C. 著作权转让服务
D. 无偿提供的救灾物资的运输服务

三、判断题

1. 小规模纳税人提供应税服务,不得给接受劳务方开具增值税专用发票,也不可以向主管税务机关申请代开。( )
2. 一般纳税人提供财政部和国家税务总局规定的特定应税服务,可以选择适用简易计税方法计税,但一经选择,36个月内不得变更。( )
3. 基础电信服务和增值电信业务分别适用13%和9%的增值税税率。( )
4. 增值税的一般纳税人,购买货物时支付的运费可以计算抵扣进项税额;销售货物时支付的运费不可以计算抵扣进项税额。( )
5. 个人提供应税服务的销售额未达到增值税起征点的,免征增值税;达到起征点的,全额计算缴纳增值税。( )
6. 提供应税服务必须是有偿的,其中有偿是指取得货币、货物或者其他经济利益。( )
7. 免征增值税项目经申请后可以抵扣进项税额。( )
8. 财政部、国家税务总局将小规模纳税人标准暂定为应税行为年销售额500万元(含本数)以下。纳税人提供应税行为销售额超过小规模纳税人标准的,应申请登记为增值税一般纳税人。( )
9. 纳税人将自产、委托加工或购买的货物用于实物折扣,属于折扣销售的一种形式,折扣的实物款额不管有没有与销售额同开在一张发票上,都可以从销售额中扣除。( )
10. 医院提供的医疗服务取得的收入应该计算缴纳增值税。( )
11. 个体工商户出租住房,按照5%的征收率减按1.5%计算应纳税额。( )
12. 有形动产租赁按照租赁服务,适用6%增值税率计税。( )

13. 销售无形资产都应按照 6% 计算增值税销项税额。 (   )
14. 一般纳税人提供的餐饮服务,不可以选择适用简易计税方法计算增值税。 (   )
15. 个人销售自己使用过的物品可以适用简易计税方法计算增值税。 (   )

四、计算题

1. 某实行出口免抵退税的机械厂 2019 年 6 月末留抵税额 3 000 元,7 月发生下列业务:

(1) 购入生产用 A 材料 10 吨,取得增值税专用发票,价税合计 339 000 元。

(2) 购入生产用 B 材料 10 吨,取得增值税普通发票,价税合计 11 300 元。

(3) 支付 A 材料运费 2 000 元(不含税),取得增值税专用发票。

(4) 销售自产产品甲机器 4 台,开具增值税普通发票,含税价款 160 000 元;支付甲机器运输费 2 000 元(不含税),取得运输业增值税专用发票。

(5) 购买生产设备 1 台,取得增值税专用发票,价款 40 000 元,税款 5 200 元。

(6) 购买小轿车一辆自用,取得增值税专用发票,价款 200 000 元,税款 26 000 元。

(7) 该企业将自产的 3 台甲机器出口,离岸价格合计 14 600 美元,美元与人民币比价为 6.5∶1。

(8) 当期发现因保管不当毁损以前(2019 年 5 月)购入的包装物一批,账面成本 20 000 元(含运费 1 860 元)。

增值税退税率为 10%,需要认证的发票都已通过认证。

要求:

(1) 计算当期发生的增值税进项额;

(2) 计算当期进项税转出的合计数;

(3) 计算当期增值税销项税额;

(4) 计算当期免抵退税额;

(5) 计算当期该企业申请的出口退税额;

(6) 计算当期该企业的留抵税额。

2. 某商业企业是增值税一般纳税人,2021 年 12 月初留抵税额 2 000 元,12 月发生下列业务:

(1) 购入商品一批取得认证税控发票,价款 10 000 元,税款 1 300 元。

(2) 5 个月前从农民手中收购的一批粮食毁损,账面成本 5 460 元。

(3) 从农民手中收购大豆 1 吨,税务机关规定的收购凭证上注明价款 15 000 元。

(4) 从小规模纳税人处购买商品一批,取得税务机关代开的增值税专用发票,不含税价款 30 000 元,增值税款 900 元,款已付,发票已认证。

(5) 购买建材一批用于修缮仓库,价款 20 000 元,税款 2 600 元,未取得增值税专用发票。

(6) 零售日用商品,取得含税收入 150 000 元。

(7) 将一批外购的库存布料捐赠受灾地区,账面成本 20 000 元,同类不含税销售价格 30 000 元。

(8) 将自用过 8 年的一辆小轿车转让,取得支票注明价款 83 200 元(未抵扣过进项税)。

相关可抵扣进项税的发票均经过认证。

根据上述资料,按序号计算下列各项:

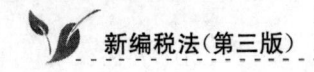

(1) 计算当期可以抵扣的增值税进项税额(考虑转出的进项税);
(2) 计算当期销售货物的增值税销项税额;
(3) 计算当期转让使用过的旧轿车应纳的增值税额;
(4) 计算当月合计应纳增值税额。

3. 通达商贸公司为增值税一般纳税人,适用增值税税率13%,上月留抵税额为6 000元,2021年11月份发生有关经济业务如下:

(1) 购入空调200台,每台不含税售价3 500元,取得增值税专用发票。

(2) 以10台空调向某货车经销商交换一辆同等价值的小货车,每台空调不含税售价为5 800元,双方均开具增值税专用发票。

(3) 从农民手中购进免税农产品,收购凭证上注明购货款100 000元,支付运输公司的运输费8 000元,取得运输费用专用发票。入库后,将收购的农产品40%作为职工福利消费。

(4) 为促销,对购货数量达到100件的消费者,给予10%的价格优惠,本月销售空调等货物不含税销售额共计280 000元,其中达不到折扣条件的为70 000元,满足折扣条件的为210 000元,打完折后为189 000元,折扣额和销售额同在一张发票"金额"栏上注明。

(5) 向某公司销售大型电子显示屏,开具了普通发票,售价92 800元、调试费收入20 200元。

(6) 销售电脑500台,每台不含税售价为4 600元,开具增值税专用发票;同时商贸公司专属车队为客户送货发生的运输费收入5 450元,开具增值税普通发票。

假如增值税扣税凭证均通过认证,请计算通达商贸公司本月销项税额、进项税额和应纳增值税税额。

4. 某一运输公司(增值税一般纳税人),于2021年12月取得省内交通运输收入545万元(含税),发生省外运货,开具运输业增值税专用发票注明收入55万元;当月外购汽油100万元(不含税金额,取得增值税专用发票上注明的增值税额为13万元),购入运输车辆80万元(不含税金额,取得机动车销售统一发票上注明的增值税额为10.4万元),发生的联运支出50万元(不含税金额,取得增值税专用发票上注明的增值税额为4.5万元)。

计算该纳税人12月份的应纳增值税税额。

5. 某商贸公司2021年11月份进口货物一批。该批货物在国外的买价为40万元,另该批货物运抵我国海关前发生的包装费、运输费、保险费等共计20万元。货物报关后,商场按规定缴纳了进口环节的增值税并取得了海关开具的完税凭证。假定该批进口货物在国内全部销售,取得不含税销售额80万元。

已知货物进口关税税率15%,增值税税率13%。

要求:
(1) 计算关税的组成计税价格;
(2) 计算进口环节应纳的进口关税;
(3) 计算进口环节应纳增值税的组成计税价格;
(4) 计算进口环节应缴纳的增值税税额;
(5) 计算国内销售环节的销项税额;
(6) 计算国内销售环节应缴纳的增值税税额。

6. 某摩托车生产企业(位于城市)为增值税一般纳税人(有自营出口经营权),2021年11月生产经营情况如下:

(1) 外购原材料,支付价款480万元、增值税62.4万元,取得增值税专用发票;支付运输企业运输费,取得运输单位开具的专票上注明的运输费共计8万元。

(2) 向国外销售摩托车800辆,折合人民币400万元;在国内销售摩托车300辆,取得不含税销售额150万元。

(3) 因管理不善,损失上月外购的不含增值税的原材料金额32万元(其中含运费金额2万元),均已在上月抵扣增值税,本月内取得责任人的赔偿金额2万元。

(已知:增值税税率为13%,退税率为10%;消费税税率为10%。)

根据上述资料,按照下列顺序计算回答问题,如有计算需计算出合计数。

(1) 计算业务(1)的进项税额。
(2) 计算业务(3)的进项税额转出金额。
(3) 计算业务(2)出口业务产生的当期不得免征和抵扣税额。
(4) 计算11月份准予抵扣的进项税额总和。
(5) 计算业务(2)的国内销售业务产生的销项税额。
(6) 计算11月份应纳增值税税额。
(7) 计算11月份应退增值税税额。

7. 某自营出口生产企业是增值税一般纳税人。2021年9月有关经营业务为:购原材料一批,取得的增值税专用发票注明的价款200万元,外购货物准予抵扣进项税额26万元。当月进料加工出口货物耗用的保税进口料件金额100万元。上期期末留抵税款6万元。本月内销货物不含税销售额100万元。收款113万元存入银行。本月出口货物销售额折合人民币200万元。

已知货物进口关税税率为13%,退税率10%,增值税税率为10%。

要求:

(1) 计算当期"免、抵、退"税不得免征和抵扣税额抵减额;
(2) 计算当期"免、抵、退"税不得免征和抵扣税额;
(3) 计算当期应纳税额;
(4) 计算当期"免、抵、退"税额抵减额;
(5) 计算当期出口货物"免、抵、退"税额;
(6) 计算当期企业应退税额;
(7) 计算当期免抵税额;
(8) 9月期末留抵结转下期继续抵扣税额。

第三章 消费税法

目标与要求

知识目标与要求：了解消费税的征税范围、纳税人、税目与税率，掌握消费税应纳税额的计算方法。

能力目标与要求：正确理解和掌握消费税的纳税环节和计税依据，学会不同情形下消费税应纳税额的计算。

思政目标与要求：

通过学习，了解我国消费税是平衡贫富差距的工具，实现共同富裕的手段。知道白酒、卷烟复合计税的原因，是以全民健康为出发点；提倡低碳生活、绿色生活，为了保护绿水青山，少用一次性木筷子。掌握及时足额地缴纳消费税，是企业履行社会责任的体现。

案例导入

甲企业为高尔夫球及球具生产厂家，是增值税一般纳税人，2021年10月发生以下业务：

(1) 购进一批PU材料，增值税专用发票注明价款10万元、增值税税款1.3万元，委托乙企业(市区)将其加工成100个高尔夫球包，支付加工费2万元、增值税税款0.26万元；乙企业当月销售同类球包200个，不含税销售价格为0.25万元/个。

(2) 将委托加工收回的球包批发给代理商，收到不含税价款28万元。

(3) 购进一批碳素材料、钛合金，增值税专用发票注明价款150万元、增值税税款19.5万元，委托丙企业将其加工成高尔夫球杆，支付加工费用30万元、增值税税款3.9万元。

(4) 委托加工收回的高尔夫球杆的80%当月已经销售，收到不含税款300万元，尚有20%留存仓库。

(5) 主管税务机关在11月底对甲企业进行税务检查时发现，乙企业已经履行了代收代缴消费税义务，丙企业未履行代收代缴消费税义务。

(其他相关资料：高尔夫球及球具消费税税率为10%，当年10月1日以后取得的增值税专用发票均已通过主管税务机关认证。)

思考：综上所述，请分析并回答下列问题。

(1) 根据资料(1),乙企业应缴纳的增值税是多少?
(2) 乙企业应代收代缴的消费税是多少?
(3) 根据资料(2),甲企业加价出售的高尔夫球包应该缴纳的消费税是多少?
(4) 根据资料(4),甲企业对外销售收回的80%高尔夫球杆应该缴纳的消费税是多少?
(5) 对于丙企业未代收代缴20%留存仓库的高尔夫球杆的消费税,应该由谁来缴税?缴纳多少消费税?
(6) 根据上述业务,计算甲企业应缴纳的增值税税额;
(7) 根据资料(5),主管税务机关对丙企业未代收代缴消费税的行为应如何处理?

第一节 消费税概述

消费税法是指国家制定的用以调整消费税征收与缴纳之间权利及义务关系的法律规范。现行消费税法的基本规范,是2008年11月5日经国务院第34次常务会议修订通过并颁布,自2009年1月1日起施行的《中华人民共和国消费税暂行条例》,以及2008年12月15日财政部、国家税务总局第51号令颁布的《中华人民共和国消费税暂行条例实施细则》。

一、消费税的概念

消费税是指对消费品和特定的消费行为按消费流转额征收的一种商品税。消费税可分为一般消费税和特别消费税,前者主要是指对所有消费品包括必需品和日用品普遍课税,后者主要是指对特定消费品或特定消费行为如奢侈品等课税。消费税以消费品为课税对象,在此情况下,税收随价格转嫁给消费者负担,消费者是间接纳税人、实际负税人。消费税的征收具有较强的选择性,是国家贯彻消费政策、引导消费结构从而引导产业结构的重要手段,因而在保证国家财政收入、体现国家经济政策等方面具有十分重要的意义。

我国现行消费税是对在我国境内从事生产、委托加工和进口应税消费品(个别消费品在批发或零售环节征收,本章第二节对此有详细说明)的单位和个人就其应税消费品征收的一种税。它选择部分消费品征税,因而属于特别消费税。

二、消费税的特点

(一) 征税对象范围具有选择性

我国仅选择部分消费品征收消费税,而不是对所有消费品都征收消费税,主要是针对一些特殊消费品、奢侈品、高能耗消费品和不可再生的稀缺资源消费品征税。目前共设置15个税目,征收的具体品目采用正列举,征税界限清晰,征税范围有限。只有消费税税目税率表上列举的应税消费品才征收消费税,没有列举的则不应征收消费税。

(二) 征税调节作用具有特殊性

消费税是国家运用税收杠杆对某些特殊消费品或消费行为的特殊调节,以限制其生产和消费。比如烟对人的身体有害,高价格销售使生产商获得超额利润,国家通过高税率可以限制其利润,从一定程度上限制了其生产的积极性;并通过高价格限制消费者消费,达到了税收调节收入分配的一种功能。

(三)征税环节具有单一性

消费税的最终负担人是消费者,但是,为了加强源泉控制、防止税款流失,消费税的纳税环节主要确定在产制环节或进口环节。也就是说,应税消费品在生产环节或进口环节征税之后,除个别消费品的纳税环节为零售环节外,再继续转销该消费品不再征收消费税。但无论在哪个环节征税,都实行单环节征收。以零售环节为纳税环节的应税消费品,在零售环节以前的诸环节都不征收消费税。这样,既可以减少纳税人的数量、降低税款征收费用和税源流失的风险,又可以防止重复征税。

征税环节具有单一性是我国消费税的传统特点。不过,经国务院批准,财政部、国家税务总局对烟产品消费税政策做了调整,自 2009 年 5 月 1 日起,卷烟批发环节加征一道从价税;自 2016 年 12 月 1 日起对超豪华小汽车在零售环节加征一道从价税。从这两项政策来说,消费税征税环节具有单一性的特点已经被打破。但这只是极个别情况,为了有利于大家理解消费税,目前这个提法本书还保留。

(四)征收办法具有多样性

消费税在征收方法上,既可以采用对消费品制定单位税额,依消费品的数量实行从量定额的征收方法;也可以采用对消费品制定比例税率,依消费品的价格实行从价定率的征收方法。目前,对卷烟和白酒两类消费品既采用从价征收,又采用从量征收,即复合征收。

(五)税负具有转嫁性

消费税是对应税消费品的课税。因此,税负归宿应为消费者。但为了简化征收管理,我国消费税直接以应税消费品的生产经营者为纳税人,于产制销售环节、批发环节、进口环节或零售环节缴纳税款,并成为商品价格的一个组成部分向购买者收取,消费者为税负的最终负担者。

(六)消费税是一种价内税

消费税是一种价内税,这是与增值税所不同的。其税金包含在销售价格中,计算简便,易于征收。

第二节 消费税的征收范围、纳税人、税目和税率

一、消费税的征收范围和征税环节

(一)生产应税消费品在生产销售环节征税

生产应税消费品的销售是消费税征收的主要环节。因消费税具有单一环节征税的特点,在生产销售环节征税以后,货物在流通环节无论再转销多少次,都不用再缴税。

另外,工业企业以外的单位和个人的下列行为视为应税消费品的生产行为,按规定征收消费税:

(1) 将外购的消费税非应税产品以消费税应税产品对外销售的;
(2) 将外购的消费税低税率应税产品以高税率应税产品对外销售的。

(二) 委托加工应税消费品在委托加工环节征税

委托加工应税消费品是指委托方提供原料和主要材料,受托方只收取加工费和代垫部分辅助材料加工的应税消费品。由受托方提供原材料或其他情形的,一律不能视同加工应税消费品。委托加工的应税消费品收回后,再继续用于生产应税消费品销售的,其加工环节缴纳的消费税款可以扣除。

(三) 进口应税消费品在进口环节征税

单位和个人进口货物属于消费税征税范围的,在进口环节也要缴纳消费税。为了减少征税成本,进口环节缴纳的消费税由海关代征。

(四) 批发卷烟在卷烟批发环节征税

自 2015 年 5 月 10 日起,在中华人民共和国境内从事卷烟批发业务的单位和个人,批发销售的所有牌号规格的卷烟,都要按批发卷烟的销售额(不含增值税)乘以 11% 的税率,并按 250 元/箱加征从量税缴纳批发环节的消费税。① 这意味着卷烟除了在生产销售环节征收消费税外,在批发环节还要加征一道消费税。纳税人兼营卷烟批发和零售业务的,应当分别核算批发和零售环节的销售额、销售数量;未分别核算批发和零售环节销售额、销售数量的,按照全部销售额、销售数量计征批发环节消费税。

(五) 对移送使用应税消费品在移送使用环节征税

如果企业在生产经营的过程中,将应税消费品移送用于加工非应税消费品,则应对移送部分征税。

(六) 对零售特定应税消费品在零售环节征税

经国务院批准,自 1995 年 1 月 1 日起,金银首饰消费税由生产销售环节征收改为零售环节征收。改在零售环节征收消费税的金银首饰仅限于金基、银基合金首饰以及金、银和金基、银基合金的镶嵌首饰,进口环节暂不征税,零售环节适用税率为 5%,在纳税人销售金银首饰、钻石及钻石饰品时征收。其计税依据是不含增值税的销售额。

经国务院批准,自 2016 年 12 月 1 日起,将超豪华小汽车销售给消费者的单位和个人,每辆零售价格 130 万元(不含增值税)及以上的乘用车和中轻型商用客车,税率为 10%。这意味着对超豪华小汽车,在生产(进口)环节按现行税率征收消费税的基础上,在零售环节加征消费税。

超豪华小汽车零售环节消费税应纳税额的计算公式为:

$$应纳税额 = 零售环节销售额(不含增值税,下同) \times 零售环节税率$$

国内汽车生产企业直接销售给消费者的超豪华小汽车,消费税税率按照生产环节税率和零售环节税率加总计算。消费税应纳税额的计算公式为:

$$应纳税额 = 销售额 \times (生产环节税率 + 零售环节税率)$$

---

① 财政部、税务总局:《关于调整卷烟消费税的通知》,财税〔2015〕60 号,2015 年 5 月 7 日。

二、消费税的纳税人

在中华人民共和国境内生产、委托加工和进口应税消费品的单位和个人,以及国务院确定的销售应税消费品的其他单位和个人,为消费税纳税人。这里所说的"单位",是指国有企业、集体企业、私有企业、股份制企业、外商投资企业和外国企业、其他企业和行政单位、事业单位、军事单位、社会团体及其他单位。"个人",是指个体经营者及其他个人。"中华人民共和国境内",是指生产、委托加工和进口应税消费品的起运地或所在地在中华人民共和国境内。

具体来说,消费税纳税人有:生产应税消费品的单位和个人;进口应税消费品的单位和个人;委托加工应税消费品的单位和个人。其中,金银首饰、钻石及钻石饰品消费税以零售者为纳税人。将超豪华小汽车销售给消费者的单位和个人为超豪华小汽车零售环节的纳税人。① 卷烟消费税以在我国境内生产、委托加工和进口卷烟的单位和个人,以及从事卷烟批发业务的单位和个人为纳税人。但是,卷烟批发者之间销售卷烟不缴纳消费税。②

委托加工的应税消费品的消费税由受托方于委托方提货时代扣代缴(受托方为个体经营者除外);自产自用的应税消费品,由自产自用单位和个人在移送使用时缴纳消费税。进口的应税消费品,尽管其产制地不在我国境内,但在我国境内销售或消费,为了平衡进口应税消费品与本国应税消费品的税负,必须由从事进口应税消费品的进口人或其代理人按照规定缴纳消费税。个人携带或者邮寄入境的应税消费品的消费税,连同关税一并计征,由携带者、入境者或者收件人缴纳。

三、消费税的税目和税率

(一) 税目

消费税有 15 个税目,有的税目还进一步划分为若干子目。

1. 烟

凡是以烟叶为原料加工生产的产品,不论使用何种辅料,均属于本税目的征收范围,包括卷烟(进口卷烟、白包卷烟、手工卷烟和未经国务院批准纳入计划的企业及个人生产的卷烟)、雪茄烟和烟丝。在"卷烟"子目下又分为"甲类卷烟"和"乙类卷烟"。其中,甲类卷烟是指每标准条(200 支,下同)调拨价在 70 元(不含增值税)以上(含 70 元)的卷烟;乙类卷烟是指每标准条调拨价在 70 元(不含增值税)以下的卷烟。

2. 酒

酒是酒精度在 1 度以上的各种酒类饮料。酒精又名乙醇,是指用蒸馏或合成方法生产的酒精度在 95 度以上的无色透明液体。酒类包括粮食白酒、薯类白酒、黄酒、啤酒、果啤和其他酒。

啤酒每吨出厂价格(含包装物及包装物押金)3 000 元(含 3 000 元,不含增值税)以上的是甲类啤酒,每吨出厂价格(含包装物及包装物押金)在 3 000 元(不含增值税)以下的是乙类啤酒。包装物押金不包括重复使用的塑料周转箱的押金。对饮食业、商业、娱乐业举办的

---

① 财政部、税务总局:《关于对超豪华小汽车加征消费税有关事项的通知》,财税〔2016〕129 号,2016 年 11 月 30 日。
② 财政部、税务总局:《关于调整烟产品消费税政策的通知》,财税〔2009〕84 号,2009 年 5 月 26 日。

啤酒屋(啤酒坊)利用啤酒生产设备生产的啤酒,应当征收消费税。果啤属于啤酒,按啤酒征收消费税。

3. 高档化妆品①

自 2016 年 10 月 1 日起,取消对普通美容、修饰类化妆品征收消费税。本税目征收范围包括高档美容、修饰类化妆品,高档护肤类化妆品和成套化妆品。

高档美容、高档修饰类化妆品和高档护肤类化妆品是指生产(进口)环节销售(完税)价格(不含增值税)在 10 元/毫升(克)或 15 元/片(张)及以上的美容、修饰类化妆品和护肤类化妆品。

美容、修饰类化妆品是指香水、香水精、香粉、口红、指甲油、胭脂、眉笔、唇笔、蓝眼油,以及成套化妆品。

舞台、戏剧、影视演员化妆用的上妆油、卸装油、油彩不属于本税目的征收范围。

4. 贵重首饰及珠宝玉石

贵重首饰及珠宝玉石包括凡以金、银、白金、宝石、珍珠、钻石、翡翠、珊瑚、玛瑙等高贵稀有物质以及其他金属、人造宝石等制作的各种纯金银首饰及镶嵌首饰,以及经采掘、打磨、加工的各种珠宝玉石。对出国人员免税商店销售的金银首饰征收消费税。

5. 鞭炮、焰火

各种鞭炮、焰火。体育上用的发令纸、鞭炮药引线,不按本税目征收。

6. 成品油

本税目包括汽油、柴油、石脑油、溶剂油、航空煤油、润滑油、燃料油 7 个子目。航空煤油暂缓征收。变压器油、导热类油等绝缘油类产品不征收消费税。

7. 小汽车

汽车是指由动力驱动,具有四个或四个以上车轮的非轨道承载的车辆。

本税目征收范围包括含驾驶员座位在内最多不超过 9 个座位(含)的,在设计和技术特性上用于载运乘客和货物的各类乘用车,以及含驾驶员座位在内的座位数在 10～23 座之间(含 23 座)的,在设计和技术特性上用于载运乘客和货物的各类中轻型商用客车。

用排气量小于 1.5 升(含)的乘用车底盘(车架)改装、改制的车辆属于乘用车征收范围。用排气量大于 1.5 升的乘用车底盘(车架)或用中轻型商用客车底盘(车架)改装、改制的车辆属于中轻型商用客车征收范围。

电动汽车不属于本税目征收范围。车身长度大于 7 米(含),并且座位在 10～23 座(含)以下的商用客车,不属于中轻型商用客车征税范围,不征收消费税。沙滩车、雪地车、卡丁车、高尔夫车不属于消费税征收范围,不征收消费税。

8. 摩托车

本税目摩托车包括轻便摩托车和摩托车两种。气缸容量 250 毫升(不含)以下的小排量摩托车不征收消费税。

9. 高尔夫球及球具

高尔夫球及球具是指从事高尔夫球运动所需的各种专用装备,包括高尔夫球、高尔夫球

---

① 财政部、税务总局:《关于调整化妆品消费税政策的通知》,财税〔2016〕103 号,2016 年 9 月 30 日。

杆及高尔夫球包(袋)等。

本税目征收范围包括高尔夫球、高尔夫球杆、高尔夫球包(袋)。高尔夫球杆的杆头、杆身和握把属于本税目的征收范围。

10. 高档手表

高档手表是指销售价格(不含增值税)每只在10 000元(含)以上的各类手表。

本税目征收范围包括符合以上标准的各类手表。

11. 游艇

游艇是指长度大于8米、小于90米,船体由玻璃钢、钢、铝合金、塑料等多种材料制作而成,可以在水上移动的水上浮载体。

本税目征收范围包括艇身长度大于8米(含)、小于90米(含),内置发动机,可以在水上移动,一般为私人或团体购置,主要是指用于水上运动和休闲娱乐等非牟利活动的各类机动艇。

12. 木制一次性筷子

木制一次性筷子,又称卫生筷子,是指以木材为原料,经过锯段、浸泡、旋切、刨切、烘干、筛选、打磨、倒角、包装等环节加工而成的各类一次性使用的筷子。

本税目征收范围包括各种规格的木制一次性筷子。未经打磨、倒角的木制一次性筷子属于本税目征税范围。

13. 实木地板

实木地板是指以木材为原料,经锯割、干燥、刨光、截断、开榫、涂漆等工序加工而成的块状或条状的地面装饰材料。

本税目征收范围包括各类规格的实木地板、实木指接地板、实木复合地板以及用于装饰墙壁、天棚的侧端面为榫、槽的实木装饰板。未经涂饰的素板也属于本税目征税范围。

14. 电池[①]

电池是一种将化学能、光能等直接转换为电能的装置,一般由电极、电解质、容器、极端,通常还有隔离层组成的基本功能单元,以及用一个或多个基本功能单元装配成的电池组。范围包括原电池、蓄电池、燃料电池、太阳能电池和其他电池。

自2015年2月1日起对电池征收消费税。对无汞原电池、金属氢化物镍蓄电池(又称"氢镍蓄电池"或"镍氢蓄电池")、锂原电池、锂离子蓄电池、太阳能电池、燃料电池和全钒液流电池免征消费税。

15. 涂料

涂料是指涂于物体表面能形成具有保护、装饰或特殊性能的固态涂膜的一类液体或固体材料之总称。自2015年2月1日起对涂料征收消费税。对施工状态下挥发性有机物(Volatile Organic Compounds,VOC)含量低于420克/升(含)的涂料免征消费税。

(二)税率

消费税采用比例税率和定额税率两种形式,以适应不同应税消费品的实际情况,详见表3-1。

[①] 财政部、税务总局:《关于对电池 涂料征收消费税的通知》,财税〔2015〕16号,2015年1月26日。

表 3-1 消费税税目税率表

税　目	计税单位	税率(税额)
一、烟		
1. 卷烟		
(1) 甲类卷烟(生产或进口环节)	标准箱(5万支)	56％；150元
(2) 乙类卷烟(生产或进口环节)	标准箱(5万支)	36％；150元
(3) 批发环节	标准箱(5万支)	11％；250元
2. 雪茄烟		36％
3. 烟丝		30％
二、酒		
1. 白酒	斤或者500克(或者500毫升)	20％；0.50元
2. 黄酒	吨	240元
3. 啤酒		
(1) 甲类啤酒	吨	250元
(2) 乙类啤酒	吨	220元
(3) 娱乐业和饮食业自制的	吨	250元
4. 其他酒		10％
三、高档化妆品		15％
四、贵重首饰和珠宝玉石		
1. 金、银、铂金首饰和钻石、钻石饰品		5％
2. 其他贵重首饰和珠宝玉石		10％
五、鞭炮、焰火		15％
六、成品油①		
1. 汽油	升	1.52元
2. 石脑油	升	1.52元
3. 溶剂油	升	1.52元
4. 润滑油	升	1.52元
5. 柴油	升	1.2元
6. 航空煤油	升	1.2元
7. 燃料油	升	1.2元
七、小汽车		
1. 乘用车		
(1) 气缸容量(排气量,下同)在1.0升(含1.0升)以下的		1％
(2) 气缸容量在1.0升以上至1.5升(含1.5升)的		3％
(3) 气缸容量在1.5升以上至2.0升(含2.0升)的		5％
(4) 气缸容量在2.0升以上至2.5升(含2.5升)的		9％
(5) 气缸容量在2.5升以上至3.0升(含3.0升)的		12％
(6) 气缸容量在3.0升以上至4.0升(含4.0升)的		25％
(7) 气缸容量在4.0升以上的		40％
2. 中轻型商用客车		5％
3. 超豪华小汽车(零售环节)		10％
八、摩托车		
1. 气缸容量在250毫升的		3％
2. 气缸容量在250毫升以上的		10％

---

① 财政部、税务总局:《关于继续提高成品油消费税的通知》,财税〔2015〕11号,2015年1月12日。

续 表

税 目	计税单位	税率(税额)
九、高尔夫球及球具		10%
十、高档手表		20%
十一、游艇		10%
十二、木制一次性筷子		5%
十三、实木地板		5%
十四、电池		4%
十五、涂料		4%

第三节 消费税应纳税额的计算

一、消费税的计税依据

消费税应纳税额的计算，实行从价定率、从量定额，或者从价定率和从量定额复合计税（以下简称复合计税）三种方法。

（一）从价定率计算的计税依据

实行该种方法，应纳税额等于应税消费品的销售额乘以适用税率，计税依据为应税消费品的销售额。

1. 销售额的确定

销售额为纳税人销售应税消费品向购买方收取的全部价款和价外费用。所谓"价外费用"是指价外收取的基金、集资款、返还利润、补贴、违约金（延期付款利息）和手续费、包装费、储备费、优质费、运输装卸费、品牌使用费、代收款项、代垫款项以及其他各种性质的价外收费。但下列款项不属于价外费用：一是承运部门开具给购货方的运费发票；二是纳税人将该项发票转交给购货方的。除此之外，其他价外费用，无论是否属于纳税人的收入，均应并入销售额计算纳税。

由于消费税和增值税实行交叉征收，消费税实行价内税，增值税实行价外税。这种情况决定了实行从价定率征收的消费品，其消费税税基和增值税税基是一致的，即都是以含消费税而不含增值税的销售额作为计税基础。所以上述"销售额"，不包括应向购货方收取的增值税税款。如果纳税人应税消费品的销售额中未扣除增值税税款或者因不得开具增值税专用发票而发生价款和增值税税款合并收取的，在计算消费税时应换算为不含增值税税款的销售额。其换算公式为：

$$应税消费品的销售额 = 含增值税的销售额 \div (1 + 增值税税率或者征收率)$$

【例3-1】某实木地板生产企业为增值税一般纳税人，2021年10月生产经营业务如下：

(1) 生产实木地板 50 万平方米,销售给消费者个人 40 万平方米,开具普通发票,取得含税销售额 6 400 万元,收取包装费 320 万元。

(2) 生产实木复合地板 70 万平方米,销售给单位 22 万平方米,开具普通发票。取得含税销售额 1 540 万元、送货收入 76 万元(运输业务不单独核算)。

分别计算应缴纳的消费税(消费税税率为 5%)。

解析:销售实木地板应缴纳的消费税税额 = (6 400 + 320) ÷ (1 + 13%) × 5% = 297.35(万元)

销售实木复合地板应缴纳的消费税税额 = (1 540 + 76) ÷ (1 + 13%) × 5% = 71.50(万元)

2. 包装物押金的处理

① 应税消费品连同包装物销售的,无论包装物是否单独计价以及在会计上如何核算,均应并入应税消费品的销售额中缴纳消费税。② 如果包装物不作价随同产品销售,而是收取押金,此项押金则不并入应税消费品的销售额中征税。但对因逾期未收回的包装物不再退还的或者已收取的时间超过 12 个月的押金,应并入应税消费品的销售额,按照应税消费品的适用税率缴纳消费税。③ 对既作价随同应税消费品销售,又另外收取押金的包装物的押金,凡纳税人在规定的期限内没有退还的,均应并入应税消费品的销售额,按照应税消费品的适用税率缴纳消费税。④ 对酒类产品生产企业销售酒类产品而收取的包装物押金,无论押金是否返还及会计上如何核算,均应并入酒类产品销售额中征收消费税。

另外,白酒生产企业向商业销售单位收取的"品牌使用费"是随着应税白酒的销售而向购货方收取的,属于应税白酒价款的组成部分,因此,不论企业采取何种方式以何种名义收取价款,均应并入白酒的销售额中缴纳消费税。

【例 3-2】 某酒厂为增值税一般纳税人,主要生产粮食白酒和啤酒。2021 年 6 月:

(1) 销售粮食白酒 60 000 斤,取得不含销售额 405 000 元;另外,收取粮食白酒品牌使用费 7 345 元;本月销售粮食白酒收取包装物押金 10 170 元。

(2) 销售啤酒 150 吨,每吨不含税售价 2 400 元。销售啤酒收取包装物押金 5 085 元。

计算该酒厂本月应纳消费税税额(啤酒单位税额 220 元/吨)。

解析:粮食白酒应纳消费税税额 = 60 000 × 0.5 + 405 000 × 20% + (7 345 + 10 170) ÷ 1.13 × 20% = 114 100(元)

啤酒应纳消费税税额 = 150 × 220 = 33 000(元)

该酒厂应纳消费税税额 = 114 100 + 33 000 = 147 100(元)

(二) 从量定额计算的计税依据

实行该种方法,应纳税额等于应税消费品的销售数量乘以定额税率(单位税额),计税依据为应税消费品的销售数量。

1. 销售数量的确定

销售数量是应税消费品的数量。具体为:

(1) 销售应税消费品的,为应税消费品的销售数量。

(2) 自产自用应税消费品的,为应税消费品的移送使用数量。

(3) 委托加工应税消费品的,为纳税人收回的应税消费品数量。

(4) 进口应税消费品的,为海关核定的应税消费品进口征税数量。

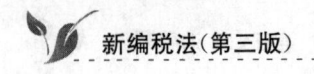

2. 计量单位的换算标准

在实行从量定额办法计算应纳消费税税额情况下,常常要换算计量单位。例如,按规定,黄酒、啤酒是以吨为税额单位,成品油是以升为税额单位。但在实际的销售过程中,一些纳税人会把吨或升两个计量单位混用。为了准确计算应纳税额,现将吨与升两个计量单位的换算标准列示如下:

黄酒 1 吨＝962 升　　啤酒 1 吨＝988 升　　汽油 1 吨＝1 388 升
柴油 1 吨＝1 176 升　　航空煤油 1 吨＝1 246 升　　石脑油 1 吨＝1 385 升
溶剂油 1 吨＝1 282 升　　润滑油 1 吨＝1 126 升　　燃料油 1 吨＝1 015 升

(三) 从价定率和从量定额复合计算的计税依据

计税依据既有应税消费品的销售额,又有应税消费品的销售数量。在现行消费税的征收范围中,只有卷烟、白酒采用从价定率和从量定额复合计征的方法。应纳税额等于应税消费品销售额乘以比例税率,再加上应税消费品销售数量乘以定额税率。

(四) 计税依据的特殊规定

这里所称"特殊"是相对产品(商品)一般或者通常销售活动而言的。

(1) 纳税人兼营不同税率的应税消费品,应当分别核算不同税率消费品的销售额、销售数量,作为计税依据;未分别核算销售额、销售数量,或者将消费品与非应税消费品以及使用不同税率的应税消费品组成成套消费品销售的,从高适用税率计税。

(2) 纳税人通过自设非独立核算门市部销售的自产应税消费品,应当按照门市部对外销售额或销售数量征收消费税,不能按照移送给非独立核算门市部的价格计算征收消费税。

(3) 纳税人用于换取生产资料和生活资料、投资入股和抵偿债务等方面的自产应税消费品,应当以纳税人同类应税消费品的最高销售价格为依据计算消费税,而不是按同类消费品的最低价格或加权平均价格计算征收消费税。

(4) 金银首饰销售额的确定。对既销售金银首饰又销售非金银首饰的生产、经营单位,应将两类商品划分清楚,分别核算销售额。凡划分不清楚或不能分别核算的并在生产环节销售的,一律从高适用税率征收消费税;在零售环节销售的,一律按金银首饰征收消费税。金银首饰与其他产品组成成套消费品销售的,应按销售额全额征收消费税。

金银首饰连同包装物销售的,无论包装物是否单独计价,也无论会计上如何核算,均应并入金银首饰的销售额,计征消费税。

带料加工的金银首饰,应按受托方销售同类金银首饰的销售价格确定计税依据征收消费税。没有同类金银首饰销售价格的,按照组成计税价格计算纳税。

纳税人采用以旧换新(含翻新改制)方式销售的金银首饰,应按实际收取的不含增值税的全部价款确定计税依据征收消费税。

(5) 纳税人应税消费品的计税价格明显偏低并无正当理由的,由主管税务机关核定其计税价格计税。

【例 3-3】 某礼花厂 2021 年 6 月发生以下业务:

(1) 当月生产甲鞭炮 120 箱,销售给 A 商贸公司 100 箱,每箱不含税销售价格为 800元;其余 20 箱通过该企业自设非独立核算门市部销售,每箱不含税销售价格为 850 元。

(2) 当月生产乙鞭炮 500 箱,销售给 B 商贸公司 250 箱,每箱销售价格为 1 100 元;将

200 箱换取火药厂的火药,其余待售。

根据上述资料,按照下列序号计算回答问题:

解析:(1)销售给 A 商贸公司鞭炮应缴纳的消费税税额=800×100×15%=80 000×15%=12 000(元)

(2)门市部销售鞭炮应缴纳的消费税税额=850×20×15%=17 000×15%=2 550(元)

(3)销售给 B 商贸公司鞭炮应缴纳的消费税税额=1 100×250×15%=275 000×15%=41 250(元)

(4)用鞭炮换取原材料应缴纳的消费税税额=1 100×200×15%=220 000×15%=33 000(元)

二、销售应税消费品应纳税额的一般计算方法

如上所述,销售应税消费品的消费税,实行从价定率、从量定额,或者实行从价定率和从量定额复合计税的办法计算应纳税额。应纳税额的计算公式为:

实行从价定率办法计算的应纳税额=销售额×比例税率

实行从量定额办法计算的应纳税额=销售数量×定额税率

实行复合计税办法计算的应纳税额=销售额×比例税率+销售数量×定额税率

【例3-4】 某白酒生产企业 2021 年 6 月销售情况如下:① 销售粮食白酒 60 吨给某专卖店,每吨销售价格 26 000 元,共计应收含税销售额 1 825 200 元;由于专卖店提前支付价款,企业给予专卖店 3%的销售折扣,实际收款 1 770 444 元。② 销售同品牌粮食白酒 50 吨给独立核算的全资子公司(销售公司),每吨售价 20 000 元。③ 直接零售给消费者个人薯类白酒 25 吨,共计取得含税销售额 904 000 元。

根据上述资料,计算该酒厂 2021 年 6 月应缴纳消费税合计数。

应缴纳的消费税税额=[1 825 200÷(1+13%)+50×26 000+904 000÷(1+13%)]×20%+(60+50+25)×2 000×0.5=743 044.25+135 000=878 044.25(元)

三、自产自用应税消费品应纳税额的计算

所谓自产自用,就是纳税人生产应税消费品后,不是用于直接对外销售,而是用于自己连续生产应税消费品或用于其他方面。这种自产自用应税消费品形式,在实际经济活动中是常见的,但也是在是否纳税或如何纳税上最容易出现问题的。例如,有的企业把自己生产的应税消费品,以福利或奖励等形式发给本厂职工,以为不是对外销售,不必计入销售额,无须纳税,这样就出现了漏缴税款的现象。因此,很有必要认真理解税法对自产自用应税消费品的有关规定。

(一)用于连续生产应税消费品

纳税人自产自用的应税消费品,用于连续生产应税消费品的,不纳税。对连续生产出来的应税消费品销售时,再计算缴纳消费税。例如,卷烟厂用烟叶加工成烟丝,再用烟丝连续加工成卷烟。烟丝在中间移送使用时不纳税,只对最终产品卷烟征税。

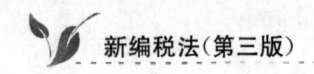

(二) 用于其他方面的应税消费品

纳税人自产自用的应税消费品,除用于连续生产应税消费品外,凡用于其他方面的,于移送使用时纳税。所谓"用于其他方面的",是指纳税人用于生产非应税消费品和在建工程、管理部门、非生产机构、提供劳务,以及用于馈赠、赞助、集资、广告、样品、职工福利、奖励等方面的应税消费品。例如,汽车制造厂把生产的小汽车提供给上级主管部门使用;化妆品生产公司把化妆品作为年终福利发放给员工等,就属于上述用于其他方面的情形。

纳税人自产自用的应税消费品,凡用于其他方面,应当纳税的,按照纳税人生产的同类消费品的销售价格计算纳税。其应纳税额的计算公式为:

$$应纳消费税 = 同类消费品销售单价 \times 自产自用数量 \times 适用税率$$

没有同类消费品销售价格的,按照组成计税价格计算纳税。

(1) 实行从价定率办法计算纳税的组成计税价格。计算公式为:

$$组成计税价格 = (成本 + 利润) \div (1 - 比例税率)$$

或

$$= 成本 \times (1 + 成本利润率) \div (1 - 比例税率)$$

(2) 实行复合计税办法计算纳税的组成计税价格。计算公式为:

$$组成计税价格 = (成本 + 利润 + 自产自用数量 \times 定额税率) \div (1 - 比例税率)$$

或

$$= [成本 \times (1 + 成本利润率) + 自产自用数量 \times 定额税率] \div (1 - 比例税率)$$

上述公式中的"成本",是指应税消费品的产品生产成本。"利润"是指根据应税消费品的全国平均成本利润率计算的利润。应税消费品全国平均成本利润率由国家税务总局确定。平均成本利润率现列示如下:

(1) 甲类卷烟 10% (2) 乙类卷烟 5% (3) 雪茄烟 5% (4) 烟丝 5%
(5) 粮食白酒 10% (6) 薯类白酒 5% (7) 其他酒 5% (8) 化妆品 5%
(9) 鞭炮、焰火 5% (10) 贵重首饰及珠宝玉石 6%
(11) 摩托车 6% (12) 高尔夫球及球具 10%
(13) 高档手表 20% (14) 游艇 10% (15) 木制一次性筷子 5%
(16) 实木地板 5% (17) 乘用车 8% (18) 中轻型商用客车 5%

【例 3-5】 某酒厂以自产特制粮食白酒 2 000 斤于春节前夕发放给职工,每斤白酒成本 12 元,无同类产品售价。

计算应纳消费税和增值税税额。(白酒消费税成本利润率为 10%)

解析:(1) 应纳消费税税额:

从量征收的消费税税额 = $2\,000 \times 0.5 = 1\,000$(元)

从价征收的消费税税额 = $[12 \times 2\,000 \times (1 + 10\%) + 1\,000] \div (1 - 20\%) \times 20\% = 6\,850$(元)

应纳消费税税额 = $1\,000 + 6\,850 = 7\,850$(元)

(2) 应纳增值税税额 = $[12 \times 2\,000 \times (1 + 10\%) + 1\,000] \div (1 - 20\%) \times 13\% = 4\,452.5$(元)

四、委托加工应税消费品应纳税额的计算

(一) 代收代缴税款的规定

委托方提供原料和主要材料,受托方只收取加工费和代垫部分辅助材料加工的应税消

费品,应由受托方在向委托方交货时代收代缴消费税。这样,受托方就是法定的代收代缴义务人。如果受托方对委托加工的应税消费品没有代收代缴或少代收代缴消费税,就要按照税收征收管理法的规定,承担代收代缴的法律责任。

为了加强对受托方代收代缴税款的管理,税法规定对纳税人委托个体经营者加工应税消费品,一律于委托方收回后在委托方所在地缴纳消费税。[①]

自2012年9月1日起,委托加工的应税消费品,受托方在交货时已代收代缴消费税,委托方将收回的应税消费品,以不高于受托方的计税价格出售的,为直接出售,不再缴纳消费税;委托方以高于受托方的计税价格出售的,不属于直接出售,需按照规定申报缴纳消费税,在计税时准予扣除受托方已代收代缴的消费税。

对于受托方没有按规定代收代缴税款的,并不能因此免除委托方补缴税款的责任。在对委托方进行税务检查中,如果发现其委托加工的应税消费品受托方没有代收代缴税款,委托方要补缴税款(对受托方不再重复补税,但要按税收征收管理法的规定,处以应代收代缴税款50%以上3倍以下的罚款)。

对委托方补征税款的计税依据是:如果在检查时,收回的应税消费品已经直接销售的,按销售额计税;收回的应税消费品尚未销售或不能直接销售的(如收回后用于连续生产等),按组成计税价格计税。组成计税价格的计算公式与下文中组成计税价格的计算公式相同。

委托加工的应税消费品,受托方在交货时已代收代缴消费税,委托方收回后直接销售的,不再征收消费税。

(二) 组成计税价格及应纳税额的计算

委托加工的应税消费品,按照受托方的同类消费品的销售价格计算纳税,同类消费品的销售价格是指受托方(即代收代缴义务人)当月销售的同类消费品的销售价格,如果当月同类消费品各期销售价格高低不同,应按销售数量加权平均计算。但销售的应税消费品有下列情况之一的,不得列入加权平均计算:

(1) 销售价格明显偏低又无正当理由的;
(2) 无销售价格的。

如果当月无销售或者当月未完结,应按照同类消费品上月或最近月份的销售价格计算纳税。没有同类消费品销售价格的,按照组成计税价格计算纳税。组成计税价格的计算公式有两种。

一是实行从价定率办法计算纳税的组成计税价格计算公式:

$$组成计税价格=(材料成本+加工费)÷(1-比例税率)$$

二是实行复合计税办法计算纳税的组成计税价格计算公式:

$$组成计税价格=(材料成本+加工费+委托加工数量×定额税率)÷(1-比例税率)$$

上述公式中的"材料成本"是指委托方所提供加工材料的实际成本。

委托加工应税消费品的纳税人,必须在委托加工合同上如实注明(或以其他方式提供)

[①] 财政部、税务总局:《消费税暂行条例实施细则》,第51号令,2008年12月15日。

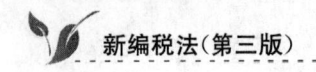

材料成本,凡未提供材料成本的,受托方所在地主管税务机关有权核定其材料成本。

上述公式中的"加工费"是指受托方加工应税消费品向委托方所收取的全部费用(包括代垫辅助材料的实际成本,不包括增值税税金)。

【例 3-6】 甲卷烟厂委托乙加工厂加工一批卷烟,双方签订的委托加工合同中注明卷烟厂提供的烟叶价值为 80 000 元,不含增值税的加工费 15 000 元,加工厂代垫辅助材料价值 5 000 元(不含),烟丝加工完毕,加工厂向卷烟厂交货时代收代缴消费税,受托方无同类产品的销售价格。卷烟厂将委托加工收回的烟丝 50% 直接对外销售(没加价),开具的普通发票上注明的销售额为 83 000 元;其余 50% 全部用于生产卷烟,当月销售卷烟 100 标准箱,开具增值税专用发票上注明销售额 120 000 元。烟丝的消费税税率为 30%,卷烟的消费税定额税率为 150 元/箱,比例税率为 36%。

计算加工厂代收代缴的消费税税额和甲卷烟厂应缴纳的消费税税额。

解析: (1) 加工厂代收代缴的消费税税额:
组成计税价格=(80 000+15 000+5 000)÷(1-30%)=142 857.14(元)
应代收代缴的消费税税额=142 857.14×30%=42 857.14(元)
(2) 甲卷烟厂应缴纳的消费税税额:
当期准予扣除烟丝已纳的消费税税款=42 857.14×50%=21 428.57(元)
甲卷烟厂销售卷烟应纳消费税税额=100×150+120 000×36%=58 200(元)
甲卷烟厂实际应纳消费税税额=58 200-21 428.57=36 771.43(元)

五、批发环节应纳税额的计算

自 2009 年 5 月 1 日起,卷烟在批发环节加征一道从价税 5%。自 2015 年 5 月 10 日起,卷烟批发环节从价税提高到 11%,并按 250 元/箱加征从量税。其中批发环节的征收是指纳税人销售给纳税人以外的单位和个人的卷烟于销售时纳税;纳税人之间销售的卷烟不缴纳消费税。卷烟批发企业的机构所在地,总机构与分支机构不在同一地区的,由总机构申报纳税。卷烟消费税在生产和批发两个环节征收后,批发企业在计算纳税时不得扣除已含的生产环节的消费税税款。

【例 3-7】 某烟酒批发公司为增值税一般纳税人,2021 年 10 月向批发企业甲销售 A 牌卷烟 20 箱(5 000 条),开具的增值税发票上注明销售额 250 万元;向烟酒专卖店乙批发 B 牌卷烟 8 箱(2 000 条),开具的普通发票上注明销售额 113 万元。计算烟酒批发公司当月应缴纳的消费税税额。

解析: 烟酒批发公司当月应缴纳的消费税税额=113÷(1+13%)×11%+8×250÷10 000=11.2(万元)

六、进口应税消费品应纳税额的计算

进口应税消费品,于报关进口时纳税。进口应税消费品,按照组成计税价格计算纳税。
(1) 实行从价定率办法计算纳税的组成计税价格。
计算公式为:

组成计税价格=(关税完税价格+关税)÷(1-消费税比率税率)

(2) 实行复合计税办法计算纳税的组成计税价格。

计算公式为：

$$\begin{matrix}\text{组成计税}\\\text{价格}\end{matrix}=\left(\begin{matrix}\text{关税完税}\\\text{价格}\end{matrix}+\text{关税}+\begin{matrix}\text{进口}\\\text{数量}\end{matrix}\times\begin{matrix}\text{消费税}\\\text{定额税率}\end{matrix}\right)\div\left(1-\begin{matrix}\text{消费税}\\\text{比率税率}\end{matrix}\right)$$

公式中的"关税完税价格"，是指海关核定的关税计税价格。

【例3-8】 海天商贸公司从国外进口一批应税消费品，已知该批应税消费品的关税完税价格为90万元，按规定应缴纳关税18万元，假定进口的应税消费品的消费税税率为10%。请计算该批消费品应缴纳的消费税税额。

解析： 组成计税价格＝(90＋18)÷(1－10%)＝120(万元)
应纳税额＝120×10%＝12(万元)

七、出口应税消费品退税的计算

纳税人出口应税消费品与已纳增值税出口货物一样，国家都给予退(免)税优惠。出口应税消费品退(免)税，在政策上分以下三种情况。

(一) 出口免税并退税

适用于有出口经营权的外贸企业购进应税消费品直接出口，以及外贸企业受其他外贸企业委托代理出口应税消费品。

(二) 出口免税但不退税

适用于有出口经营权的生产性企业，自营出口或生产企业委托外贸企业代理出口自产的应税消费品，依据其实际出口数量免征消费税，不予办理退还消费税。

(三) 出口不免税也不退税

适用于除生产企业、外贸企业以外的其他企业，具体是指一般商贸企业，这类企业委托外贸企业代理出口应税消费品一律不予退(免)税。

外贸企业从生产企业购进货物直接出口或受其他外贸企业委托代理出口应税消费品的应退消费税税款，分两种情况处理：

(1) 属于从价定率计征消费税的应税消费品，应依照外贸企业从工厂购进货物时征收消费税的价格计算应退消费税税款。其计算公式为：

$$\text{应退消费税税款}=\text{出口货物的工厂销售额}\times\text{比例税率}$$

上述公式中的"出口货物的工厂销售额"不包含增值税。公式中"比例税率"按该应税消费品所适用的消费税税率计算。

企业出口不同消费税税率的应税消费品应分开核算和申报；凡划分不清适用税率的，一律从低计算应退消费税税额。

(2) 属于从量定额计征消费税的应税消费品，应以货物购进和报关出口的数量计算应退消费税税款。其计算公式为：

$$\text{应退消费税税款}=\text{出口数量}\times\text{定额税率}$$

八、准予扣除消费税的计算

为了避免重复征税,现行消费税规定,将外购应税消费品和委托加工收回的应税消费品继续生产应税消费品销售的,可以将外购应税消费品和委托加工收回应税消费品已缴纳的消费税给予扣除。

(一) 外购应税消费品已纳税款的扣除

由于某些应税消费品是用外购已缴纳消费税的应税消费品连续生产出来的,在对这些连续生产出来的应税消费品计算征税时,税法规定应按当期生产领用数量计算准予扣除外购的应税消费品已纳的消费税税款。

在消费税 15 个税目中,除酒(葡萄酒例外)、小汽车、高档手表、游艇、摩托车、电池、涂料外,其余 8 个税目有扣税规定:

(1) 外购已税烟丝生产的卷烟;
(2) 外购已税高档化妆品生产的高档化妆品;
(3) 外购已税珠宝玉石生产的贵重首饰及珠宝玉石;
(4) 外购已税鞭炮焰火生产的鞭炮焰火;
(5) 外购已税杆头、杆身和握把为原料生产的高尔夫球杆;
(6) 外购已税木制一次性筷子为原料生产的木制一次性筷子;
(7) 外购已税实木地板为原料生产的实木地板;
(8) 外购汽油、柴油、石脑油、燃料油、润滑油用于连续生产应税成品油。

根据《葡萄酒消费税管理办法(试行)》的规定,自 2015 年 5 月 1 日起,从葡萄酒生产企业购进、进口葡萄酒连续生产应税葡萄酒的,准予从葡萄酒消费税应纳税额中扣除所耗用应税葡萄酒已纳消费税税款。如本期消费税应纳税额不足抵扣的,余额留待下期抵扣。

上述当期准予扣除外购应税消费品已纳消费税税款的计算公式为:

$$\text{当期准予扣除的外购应税消费品已纳税款} = \text{当期准予扣除的外购应税消费品买价} \times \text{外购应税消费品适用税率}$$

$$\text{当期准予扣除的外购应税消费品买价} = \text{期初库存的外购应税消费品的买价} + \text{当期购进的应税消费品的买价} - \text{期末库存的外购应税消费品的买价(买价均不含增值税)}$$

需要说明的是,纳税人用外购的已税珠宝、玉石生产的改在零售环节征收消费税的金银首饰(镶嵌首饰),在计税时一律不得扣除外购珠宝、玉石的已纳税款。

对自己不生产应税消费品,而只是购进后再销售应税消费品的工业企业,其销售的高档化妆品、鞭炮、焰火和珠宝、玉石,凡不能构成最终消费品直接进入消费品市场,而需进一步生产加工的(如需进一步深加工、包装、贴标、组合的珠宝、玉石,高档化妆品,酒,鞭炮焰火等),应当征收消费税,同时允许扣除上述外购应税消费品的已纳税款。

【例 3-9】 2021 年 8 月某首饰厂从某商贸企业购进一批珠宝玉石,增值税发票注明价款 500 000 元,增值税税款 85 000 元,打磨后再将其销售给首饰商城,收到不含税价款 1 000 000 元。已知珠宝玉石消费税税率为 10%,计算该首饰厂以上业务应缴纳消费税税额。

解析：应纳消费税税额＝1 000 000×10％－500 000×10％＝50 000(元)

(二) 委托加工收回的应税消费品已纳税款的扣除

委托加工的应税消费品因为已由受托方代收代缴消费税，因此，委托方收回货物后用于连续生产应税消费品的，其已纳税款准予按照规定从连续生产的应税消费品应纳消费税税额中抵扣。按照国家税务总局的规定，下列连续生产的应税消费品准予从应纳消费税税额中按当期生产领用数量计算扣除委托加工收回的应税消费品已纳消费税税款：

(1) 以委托加工收回的已税烟丝为原料生产的卷烟；
(2) 以委托加工收回的已税高档化妆品为原料生产的高档化妆品；
(3) 以委托加工收回的已税珠宝、玉石为原料生产的贵重首饰及珠宝、玉石；
(4) 以委托加工收回的已税鞭炮、焰火为原料生产的鞭炮、焰火；
(5) 以委托加工收回的已税杆头、杆身和握把为原料生产的高尔夫球杆；
(6) 以委托加工收回的已税木制一次性筷子为原料生产的木制一次性筷子；
(7) 以委托加工收回的已税实木地板为原料生产的实木地板；
(8) 以委托加工收回的汽油、柴油、石脑油、燃料油、润滑油为原料生产的应税成品油。

上述当期准予扣除委托加工收回的应税消费品已纳消费税税款的计算公式是：

$$\text{当期准予扣除的委托加工应税消费品已纳税款} = \text{期初库存的委托加工应税消费品已纳税款} + \text{当期收回的委托加工应税消费品已纳税款} - \text{期末库存的委托加工应税消费品已纳税款}$$

需要说明的是，纳税人用委托加工收回的已税珠宝、玉石生产的改在零售环节征收消费税的金银首饰，在计税时一律不得扣除委托加工收回的珠宝、玉石原料的已纳消费税税款。

【例 3-10】 某地板加工厂月初结存委托加工的素板(实木地板的一种)4 万平方米；本月收回委托加工的素板 20 万平方米。期末库存委托加工的素板 8 万平方米(每平方米受托方同类价 80 元)。当月领用委托加工的素板全部用于生产实木地板。计算当月准予扣除的委托加工收回素板已纳的消费税税额。

解析：(1) 实木地板消费税税率为 5％，每平方米消费税＝80×5％＝4(元)
(2) 当月准予扣除的委托加工收回素板已纳的消费税税额＝40 000×4＋200 000×4－80 000×4＝640 000(元)

第四节 消费税的征收管理

一、消费税的纳税义务发生时间

消费税纳税义务发生时间，根据消费税暂行条例规定如下：

(1) 纳税人销售应税消费品的，其纳税义务发生时间按不同销售结算方式确定，分别为：

① 采取赊销和分期收款结算方式的，为书面销售合同约定的收款日期的当天；书面合

同没有约定收款日期或者无书面合同的,为发出应税消费品的当天。

②采取预收货款结算方式的,为发出应税消费品的当天。

③采取托收承付和委托银行收款方式的,为发出应税消费品并办妥托收手续的当天。

④纳税人采取其他结算方式的,为收讫销售款或者索取销售款的凭据的当天。

(2)纳税人自产自用应税消费品的,为移送使用的当天。

(3)纳税人委托加工应税消费品的,为纳税人提货的当天。

(4)纳税人进口应税消费品的,为报关进口的当天。

二、消费税的纳税地点

(1)纳税人销售的应税消费品,以及自产自用的应税消费品,除国务院财政、税务主管部门另有规定外,应当向纳税人机构所在地或者居住地的主管税务机关申报纳税。

(2)纳税人到外县(市)销售或者委托外县(市)代销自产应税消费品的,于应税消费品销售后,向机构所在地或者居住地主管税务机关申报纳税。

(3)纳税人的总机构与分支机构不在同一县(市)的,但在同一省(自治区、直辖市)范围内,经省(自治区、直辖市)财政厅(局)、税务局审批同意,可以由总机构汇总向总机构所在地的主管税务机关申报纳税。

(4)纳税人批发销售卷烟,其消费税纳税地点为卷烟批发企业的机构所在地;总机构与分支机构不在同一地区的,由总机构申报纳税。①

(5)纳税人委托加工的应税消费品,除受托方为个人外,由受托方向机构所在地或者居住地的主管税务机关解缴消费税税款。委托个人加工的应税消费品,由委托方向其机构所在地或者居住地主管税务机关申报纳税。

(6)进口的应税消费品,由进口人或者其代理人向报关地海关申报纳税。

(7)纳税人直接出口的应税消费品办理免税后,发生退关或者国外退货,复进口时已予以免税的,可暂不办理退税,待其转为国内销售的当月申报缴纳消费税。

三、消费税的纳税期限

消费税的纳税期限分别为1日、3日、5日、10日、15日、1个月或者1个季度。纳税人的具体纳税期限,由主管税务机关根据纳税人应纳税额的大小分别核定;不能按照固定期限纳税的,可以按次纳税。

纳税人以1个月或者1个季度为1个纳税期的,自期满之日起15日内申报纳税;以1日、3日、5日、10日或者15日为1个纳税期的,自期满之日起5日内预缴税款,于次月1日起至15日内申报纳税并结清上月应纳税款。

纳税人进口应税消费品,应当自海关填发进口消费税专用缴款书之日起15日内缴纳税款。

---

① 财政部、税务总局:《关于调整烟产品消费税政策的通知》,财税〔2009〕84号,2009年5月26日。

"案例导入"解析

(1) 乙企业应缴纳的增值税税额=2×13%+200×0.25×13%=6.76(万元)

(2) 乙企业应代收代缴的消费税税额=0.25×100×10%=2.5(万元)

(3) 甲企业加价销售委托加工收回的高尔夫球包应缴纳的消费税税额=28×10%-2.5=0.3(万元)

(4) 甲企业销售高尔夫球杆应缴纳的消费税税额=300×10%=30(万元)

(5) 甲企业留存仓库的20%的高尔夫球杆应该由甲企业缴纳消费税,应补缴的消费税税额=(150+30)/(1-10%)×10%×20%=4(万元)

(6) 甲企业进项税额=1.3+0.26+19.5+3.9=24.96(万元)

甲企业销项税额=28×13%+300×13%=42.64(万元)

甲企业应纳增值税税额=42.64-24.96=17.68(万元)

(7) 丙企业未代收代缴消费税,主管税务机关应处以丙企业应代收代缴消费税的50%以上3倍以下的罚款。

复习思考题

1. 消费税的概念和特点是什么?
2. 消费税的征税对象有哪些? 消费税在哪些环节征税?
3. 消费税的计税办法有哪几种? 各自适用于哪些消费品?
4. 如何确定出厂销售应税消费品的计税依据?
5. 自产自用应税消费品的计税规定有哪些?
6. 委托加工应税消费品的计税规定有哪些?
7. 以外购的已税消费品生产应税消费品的计税规定有哪些?
8. 以委托加工收回的已税消费品生产应税消费品的计税规定有哪些?

能力训练题

一、单项选择题

1. 下列项目中,属于消费税征收范围的是( )。
   A. 电动汽车   B. 体育用发令纸
   C. 9 900元的高档手表   D. 溶剂油

2. 下列各项中,应同时征收增值税和消费税的是( )。
   A. 零售环节销售的卷烟   B. 零售环节销售的鞭炮
   C. 生产环节销售的普通护肤护发品 D. 进口环节购进的小汽车

3. 下列项目中,应视同销售,需要缴纳消费税的是( )。
   A. 用外购已税烟丝继续加工成卷烟
   B. 用自制的烟丝继续加工成卷烟

C. 某汽车厂将自制的小汽车作为试驾车辆供客户试用

D. 委托加工收回的烟丝继续加工成卷烟

4. 2021年5月,某白酒企业(一般纳税人)从农业生产者手中购进大米,农产品收购凭证注明价款120万元,委托某加工企业(小规模纳税人)加工成粮食白酒50吨,取得税务机关代开的专用发票,发票上注明加工费78万元,加工企业没有同类白酒的销售价格,受托方应代收代缴的消费税为( )万元。

  A. 53.05   B. 48.05   C. 8.94   D. 8.9

5. 税务机关在税务检查中发现,张某委托本地个体户李某加工实木地板。张某已将实木地板收回并销售,但未入账,也不能出示消费税完税证明。下列关于税务机关征管行为的表述中,正确的是( )。

  A. 要求李某补缴税款

  B. 要求张某补缴税款

  C. 应对张某处以未缴消费税额0.5~3倍的罚款

  D. 应对李某处以未代收代缴消费税额0.5~3倍的罚款

6. 下列行为涉及的货物,属于消费税征税范围的是( )。

  A. 批发商批发销售的雪茄烟   B. 汽车修理厂修车时更换的轮胎

  C. 鞭炮加工厂销售田径比赛用发令纸   D. 出国人员免税商店销售的金银首饰

7. 某化妆品厂(增值税一般纳税人)下设一非独立核算门市部,该厂本月将一批高档化妆品交门市部销售,计价60万元。门市部零售取得含增值税的销售收入77.22万元。高档化妆品的消费税税率为15%。该企业应纳消费税为( )万元。

  A. 18   B. 23.2   C. 10.25   D. 77.2

8. 某酒厂2021年12月销售粮食白酒12 000斤,不含税售价为5元/斤,随同销售的包装物价格9 040元;本月销售礼品盒6 000套,不含税售价为300元/套,每套包括粮食白酒2斤、单价80元,干红葡萄酒2斤、单价70元。该企业12月应纳消费税为( )元。

  A. 199 240   B. 379 240   C. 391 600   D. 484 550

9. 下列各项中,符合消费税纳税义务发生时间规定的是( )。

  A. 进口的应税消费品,为取得进口货物的当天

  B. 自产自用的应税消费品,为移送使用的当天

  C. 委托加工的应税消费品,为支付加工费的当天

  D. 采取预收货款结算方式的,为收到预收款的当天

10. 下列关于消费税的计税依据的规定中,不正确的是( )。

  A. 纳税人通过自设非独立核算门市部销售的自产应税消费品,应当按照门市部对外销售额或销售数量征收消费税

  B. 对酒类产品生产企业销售酒类产品(黄酒、啤酒除外)而收取的包装物押金,无论押金是否返还与会计上如何核算,均需并入酒类产品销售额中,依酒类产品的适用税率征收消费税

  C. 纳税人将自产的应税消费品与外购或自产的非应税消费品组成套装销售的,以套装产品的销售额(不含增值税)为计税依据

  D. 用于抵债的应税消费品应做销售处理,发出货物的一方按应税消费品的最高售价计

征增值税、消费税

11. 某进出口公司 2021 年 11 月从澳大利亚进口 2 艘游艇,关税完税价折合人民币合计 1 100 万元,关税税率假设为 30%,游艇消费税税率为 10%,该进出口公司应纳消费税( )万元。

A. 122.22　　　　B. 158.89　　　　C. 143　　　　D. 185.59

12. 以下关于消费税税率的叙述中,错误的是( )。

A. 金银首饰在零售环节征收消费税,税率为 10%

B. 卷烟在批发环节加征一道复合税,税率为 11%加 0.005 元/支

C. 消费税根据不同的税目或子目确定相应的税率或单位税额

D. 消费税采用比例税率和定额税率两种形式,以适应不同应税消费品的实际情况

13. 某汽车厂为增值税一般纳税人,本月销售自产小客车 576 辆,每辆不含税出厂价为 6.8 万元。又将本厂生产的 10 辆小客车赠送给非营利性组织。该企业应纳消费税为( )万元。(消费税税率为 5%)

A. 192.44　　　　B. 195.84　　　　C. 199.24　　　　D. 677.42

14. 某卷烟批发企业 2019 年 12 月从卷烟生产企业购进卷烟 400 箱后批发销售给零售商,开具的普通发票注明价款 90.4 万元。销售时缴纳的增值税和消费税为( )万元。

A. 18.8　　　　B. 29.20　　　　C. 32.4　　　　D. 22.4

15. 下列关于金银首饰零售环节征税的陈述,不正确的是( )。

A. 金银首饰与其他产品组成成套消费品销售的,应按销售额全额征收消费税

B. 零售环节适用税率为 3%,在纳税人销售金银首饰、钻石及钻石饰品时征收

C. 改在零售环节征收消费税的金银首饰仅限于金基、银基合金首饰以及金、银和金基、银基合金的镶嵌首饰

D. 金银首饰连同包装物销售的,无论包装是否单独计价,也无论会计上如何核算,均应并入金银首饰的销售额,计征消费税

二、多项选择题

1. 下列各项中,应当征收消费税的有( )。

A. 高档化妆品厂作为样品赠送给客户的香水

B. 用于产品质量检验耗费的高尔夫球杆

C. 白酒生产企业向百货公司销售的试制药酒

D. 卷烟厂移送非独立核算门市部待销售的卷烟

2. 根据现行税法,下列消费品的生产经营环节,既征收增值税又征收消费税的有( )。

A. 批发环节销售的卷烟　　　　B. 零售环节销售的金基合金首饰

C. 批发环节销售的白酒　　　　D. 申报进口的高尔夫球具

3. 下列单位中属于消费税纳税人的有( )。

A. 小汽车生产企业　　　　B. 委托加工烟丝的卷烟厂

C. 进口红酒的外贸公司　　　　D. 受托加工白酒的加工厂

4. 某白酒生产企业为增值税一般纳税人,2021 年 2 月将自产粮食白酒与某生产企业进行交换,用 10 吨粮食白酒换取生产材料一批,并取得对方开具的增值税专用发票,已知同期

白酒的最高售价是每吨4万元,平均售价是每吨3.8万元(以上售价均为不含税价,白酒适用比例税率20%,定额税率每斤0.5元)。则下列说法中,正确的有(　　)。
　　A. 该企业可以做进项抵扣　　　　　　B. 该企业增值税的计税销售额是40万元
　　C. 该企业就上述业务应缴纳消费税9万元　　D. 不需要缴纳消费税

5. 下列各项中,外购应税消费品已纳消费税款准予扣除的有(　　)。
　　A. 外购已税烟丝生产的卷烟
　　B. 外购已税汽车轮胎生产的小轿车
　　C. 外购已税珠宝原料生产的金银镶嵌首饰
　　D. 外购已税石脑油为原料生产的应税消费品

6. 下列各项关于从量计征消费税计税依据确定方法的表述中,正确的有(　　)。
　　A. 销售应税消费品的,为应税消费品的销售数量
　　B. 进口应消费品的为海关核定的应税消费品数量
　　C. 以应税消费品投资入股的,为应税消费品移送使用数量
　　D. 委托加工应税消费品的,为加工完成的应税消费品数量

7. 企业生产销售白酒取得的下列款项中,应并入销售额计征消费税的有(　　)。
　　A. 优质费　　　　B. 包装物租金　　　　C. 品牌使用费　　　　D. 包装物押金

8. 目前属于消费税征税范围的有(　　)。
　　A. 铅蓄电池　　　　B. 高尔夫车　　　　C. 翡翠首饰　　　　D. 变压器油

9. 下列各项中,不符合消费税纳税地点规定的有(　　)。
　　A. 委托加工的应税消费品,由委托方向所在地税务机关申报缴纳
　　B. 进口的应税消费品,由进口人或其代理人向报关地海关申报缴纳
　　C. 纳税人的总机构与分支机构在省内但不在同一县(市)的,分支机构可以在所在地申报缴纳
　　D. 纳税人到外县(市)销售自产应税消费品的,应向机构所在地或居住地主管税务机关申报缴纳

10. 下列关于消费税的有关规定中,表述不正确的有(　　)。
　　A. 外贸企业出口应税消费品后发生退关或退货,必须及时补交已退消费税
　　B. 自产自用的应税消费品,一律于移送使用时缴纳消费税
　　C. 酒类生产企业向商业销售单位收取的"品牌使用费"不需缴纳消费税
　　D. 纳税人委托加工应税消费品一般回委托方所在地缴纳消费税

11. 某企业生产的某系列高档化妆品,用于下列用途时应征收消费税的有(　　)。
　　A. 促销活动中的赠送品　　　　　　B. 本企业职工运动会奖品
　　C. 加工生产其他系列高档化妆品　　D. 电视广告的样品

12. 下列应征收消费税的有(　　)。
　　A. 溶剂油　　　　B. 高档化妆品　　　　C. 电动汽车　　　　D. 未经涂饰的素板

13. 出口货物退(免)税的税种包括(　　)。
　　A. 关税　　　　B. 城市维护建设税　　　　C. 增值税　　　　D. 消费税

14. 甲企业从境外进口一批高档化妆品,下列关于该业务缴纳消费税表述中正确的有(　　)。

A. 甲企业应向报关地海关申报缴纳消费税
B. 甲企业应当自海关填发进口消费税专用缴款书之日起15日内缴纳税款
C. 海关代征的消费税应分别入中央库和地方库
D. 甲企业使用该进口已税化妆品生产化妆品准许扣除进口环节缴纳的消费税

15. 下列应税消费品中,属于消费税出口免税并退税范围的有(　　　)。
A. 化妆品生产企业委托外贸企业代理出口自产的高档化妆品
B. 有出口经营权的外贸企业购进摩托车直接出口
C. 有出口经营权的外贸企业受其他外贸企业委托代理出口高档化妆品
D. 有出口经营权的生产企业自营出口自产的高尔夫球

三、判断题

1. 生产销售摩托车、委托加工摩托车、进口摩托车都应缴纳消费税。　　　　(　　)
2. 鞭炮厂销售鞭炮应征收消费税,不征增值税。　　　　　　　　　　　　(　　)
3. 应税消费品征收增值税的,其计税依据中应含有消费税;应税消费品征收消费税的,其计税依据中不应含有增值税。　　　　　　　　　　　　　　　　(　　)
4. 在应税消费品15个应税项目中,只有烟和酒采用复合计算方法计算征收消费税。
　　　　　　　　　　　　　　　　　　　　　　　　　　　　　　　　(　　)
5. 卷烟消费税在生产和批发两个环节征收后,批发企业在计算纳税时可以扣除已含的生产环节的消费税税款。　　　　　　　　　　　　　　　　　　　(　　)
6. 零售环节征收消费税的金银首饰不能扣除外购、委托加工收回的珠宝玉石已纳的消费税税款。　　　　　　　　　　　　　　　　　　　　　　　　(　　)
7. 生产企业从其他工商企业购进的已税消费品,用于继续生产应税消费品销售的,在计征消费税时,生产耗用的外购应税消费品的已纳消费税税款准予扣除。(　　)
8. 各类酒类生产企业生产销售酒而收取的包装物押金,无论是否逾期以及会计上如何核算,押金均应并入销售额,缴纳增值税和消费税。　　　　　　　(　　)
9. 纳税人自产自用的应税消费品用于连续生产应税消费品的,不纳税;用于生产非应税消费品的,于移送使用时纳税。　　　　　　　　　　　　　　(　　)
10. 委托加工应税消费品的组价公式中,加工费包括加工费和辅料费等向委托方收取的全部费用,但不含增值税税金。　　　　　　　　　　　　　　　(　　)
11. 外贸公司进口的啤酒既征增值税又征消费税。　　　　　　　　　　　(　　)
12. 珠宝批发公司批发外购的金银镶嵌首饰应该征收消费税和增值税。　　(　　)
13. 一般情况下,包装物不作价随同产品销售而是收取押金的,押金应于逾期时并入销售额计征消费税。　　　　　　　　　　　　　　　　　　　　(　　)
14. 纳税人采用以旧换新方式销售金银首饰的,以新首饰的售价作为计税依据征收消费税,旧首饰的作价不得扣除。　　　　　　　　　　　　　　　(　　)
15. 消费税税法规定,有出口经营权的汽车厂自营出口自产的超豪华小汽车免税并退税。
　　　　　　　　　　　　　　　　　　　　　　　　　　　　　　　　(　　)

四、计算题

1. 某首饰制造企业(增值税一般纳税人),主要生产加工并零售金银首饰、钻石饰品和其他非金银首饰,2021年9月发生以下业务:

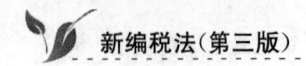

(1) 销售玉石首饰取得不含税收入 129.8 万元,销售镀金首饰取得不含税收入 28 万元。

(2) 采取"以旧换新"方式向消费者销售金项链一批,旧项链抵顶 12 万元,该批项链取得差价款(含税)合计 58.5 万元。

(3) 为某企业定制特定款式的工艺玛瑙首饰和部分金银首饰(共 10 条)作为礼品赠送使用,取得含税收入 113 万元(未能分别核算金银首饰的销售额)。

(4) 用若干金项链和某工业企业抵偿债务,该批项链账面成本为 39 万元,零售价为 70.2 万元。

(5) 外购黄金一批,取得的增值税专用发票上注明的价款 58 万元;外购玉石(原矿)一批,取得增值税专用发票,注明价款 50 万元、增值税 6.5 万元。

(其他相关资料:金银首饰、铂金饰品和钻石及钻石饰品消费税税率为 5%,其他贵重首饰和珠宝玉石的消费税税率为 10%。)

根据上述资料,计算以下各项,每项需计算出合计数:

(1) 销售玉石首饰和镀金首饰应缴纳的消费税;

(2) "以旧换新"销售金项链应缴纳的消费税;

(3) 定制特定款式首饰应缴纳的消费税;

(4) 用金项链抵偿债务应缴纳的消费税;

(5) 该企业 9 月份应缴纳的增值税。

2. 某化妆品生产企业(增值税一般纳税人)2021 年 12 月生产高档香水精 50 千克,成本 40 万元,将 7 千克移送投入车间连续生产护手霜;30 千克移送车间用于连续生产调制高档香水;10 千克对外销售,取得不含税收入 14 万元。企业当期销售护手霜取得不含税收入 120 万元,销售高档香水取得不含税收入 200 万元,当期发生可抵扣增值税进项税 16 万元,已知高档化妆品适用的消费税税率为 15%。

要求:

(1) 计算该企业当期应纳增值税税额;

(2) 计算该企业当期应纳消费税税额;

(3) 计算该企业当期应纳增值税和消费税合计数。

3. 位于某市一化妆品公司为增值税一般纳税人,2021 年 7 月发生以下各项业务:

(1) 用生产成本为 70 000 元的 350 盒 A 系列高档化妆品换取原材料,约定按 A 高档化妆品当月销售平均不含税价格 250 元/盒进行结算,双方互开专用发票。

(2) 将 A 高档化妆品 6 000 盒与外购的丝绸中国结组成成套化妆品 6 000 套,销售给某商场,每套不含税价 360 元,丝绸中国结的成本为 35 元/只。

(3) 从国外进口一批高档化妆品香粉,关税完税价格为 60 000 元;取得海关完税凭证当月已向税务机关申请并通过认证。当月将其中的 80%用于连续生产高档化妆品。

(4) 本月附带为一个影视制作公司生产上妆油 5 000 盒,不含税售价为 60 元/盒。

(5) 本期购进酒精 1 吨,取得专用发票,注明不含税售价为 70 000 元。

(6) 本期自某药材基地购进一批中药材根茎,收购凭证注明价款 150 000 元,支付运费 18 000 元(不含税),取得增值税专用发票。

(7) 本期取得电费和水费专用发票,注明税额分别为 25 800 元和 19 800 元。本期职工食堂和浴室耗用水、电各自占本期购进比例 15%。

(高档化妆品的利润率为5%,关税税率为6%,本期专用发票均通过认证,A高档化妆品当期最高不含税价格为295元/盒。)

根据上述资料,计算以下各项,每项需计算出合计数:
(1) 当期进口高档化妆品的关税税额;
(2) 当期进口高档化妆品的进口环节的增值税税额;
(3) 当期进口高档化妆品的进口环节的消费税税额;
(4) 本期增值税税额;
(5) 本期实际应向税务机关缴纳的消费税税额。

4. 某生产企业(一般纳税人)生产的货物为应税消费品,2021年12月份发生以下业务:(1) 销售自产消费品取得含税收入1 200万元;收取运费(含税)2万元,装卸费0.34(含税)万元;(2) 接受委托加工应税消费品,收取的加工费和税金分别为18万元、2.34万元;委托方提供的原材料价税合计为565万元;(3) 进口一批应税消费品,海关核定的完税价格为170万元,进口后又将其售出,取得不含税价款280万元。应税消费品税率为15%,关税税率为6%。

要求:
(1) 计算生产企业内销应纳消费税税额。
(2) 计算委托加工环节代收代缴消费税税额。
(3) 计算进口环节海关代征消费税税额。

5. 某卷烟厂(地处市区)为增值税一般纳税人,2021年9月发生下列经济业务:
(1) 从农民手中收购一批烟叶,收购价款100 000元,收购凭证符合规定。
(2) 购进A种烟丝一批,取得的防伪税控增值税专用发票注明的价款为100 000元,增值税13 000元,供货方代垫运费1 000元,款项已付,材料已验收入库,发票当月已经税务机关认证通过。A种烟丝本月有50%被生产甲、乙两种卷烟所耗用。
(3) 购进B种烟丝一批,取得的防伪税控增值税专用发票注明的价款为40 000元,增值税5 200元,发票当月未去认证。款项已付,材料尚未入库。
(4) 接受某公司投资转入材料一批,取得的防伪税控增值税专用发票注明的价款为100 000元,增值税13 000元,材料已验收入库,发票当月认证通过。
(5) 上月购入的A种烟丝发霉损失30 000元,等待处理。
(6) 销售甲种卷烟12箱,价款300 000元,增值税税款39 000元。
(7) 以自产乙种卷烟2箱10 000元(成本价)赠送客户。

已知:甲种卷烟比例税率为56%,定额税率为150元/大箱,成本利润率为10%;乙种卷烟比例税率为36%,定额税率为150元/大箱,成本利润率为5%;烟丝税率为30%。

要求:
(1) 计算外购烟叶可以抵扣的进项税额;
(2) 计算卷烟厂烟丝发霉损失应转出的进项税额;
(3) 计算卷烟厂当期准予抵扣的增值税进项税额合计数;
(4) 计算卷烟厂当期的增值税销项税额;
(5) 计算卷烟厂当期应缴纳的增值税税额;
(6) 计算卷烟厂当期应缴纳的消费税税额。

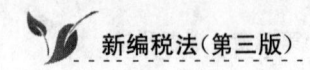

6. 某涂料生产公司甲为增值税一般纳税人,2021年11月发生如下业务:

(1) 5日以直接收款方式销售涂料取得不含税销售额350万元;以预收货款方式销售涂料取得不含税销售额200万元,本月已发出销售涂料的80%。

(2) 12日赠送给某医院20桶涂料用于装修,将100桶涂料用于换取其他厂家的原材料。当月不含税平均销售价500元/桶,最高不含税销售价540元/桶。

(3) 15日委托乙涂料厂加工涂料,双方约定由甲公司提供原材料,材料成本80万元,乙厂开具的增值税专用发票上注明加工费10万元(含代垫辅助材料费用1万元)、增值税1.3万元。乙厂无同类产品对外销售价格。

(4) 28日收回委托乙厂加工的涂料并于本月售出80%,取得不含税销售额85万元。

(其他相关资料:涂料消费税税率为4%。)

根据上述资料,按照下列序号回答问题,如有计算需计算出合计数:

(1) 计算业务(1)甲公司应缴纳的消费税税额。
(2) 计算业务(2)甲公司应缴纳的消费税税额。
(3) 计算业务(3)由乙厂代收代缴的消费税税额。
(4) 说明业务(4)甲公司是否应缴纳消费税。如应缴纳,计算消费税应纳税额。

7. 某市卷烟生产企业为增值税一般纳税人,2021年10月发生以下业务:

(1) 收购烟叶一批,向农民支付的价款是1 000万元,并按规定支付了100万元价外补贴及缴纳了烟叶税,烟叶当期验收入库。

(2) 将收购的烟叶委托乙加工厂加工烟丝,支付不含税加工费20.6万元,取得增值税专用发票,收回后,40%用于当期继续加工卷烟;60%直接对外销售,取得不含税收入1 200万元。

(3) 从国内某工业企业购进已税烟丝一批,取得增值税专用发票,发票上注明不含税买价260万元,款未付,支付运费10万元(不含税),取得增值税专用发票。

(4) 将外购的烟丝委托乙加工厂加工A牌卷烟,支付不含税加工费50.2万元,取得增值税专用发票,收回加工卷烟700箱,乙加工厂无同类卷烟。

(5) 自产B牌卷烟销售350箱,取得不含税收入650万元。

(6) 上月增值税留抵税额为10.07万元。

已知烟丝的消费税税率为30%,卷烟的消费税税率为36%,定额税率为0.003元/支。

要求:

(1) 计算收购烟叶可抵扣的增值税进项税额;
(2) 计算烟叶的实际成本;
(3) 计算乙代收代缴的烟丝的消费税税额;
(4) 计算乙代收代缴的卷烟的消费税税额;
(5) 计算该企业当期应缴纳的消费税税额;
(6) 计算该企业当期应缴纳的增值税税额。

第四章　关税法

目标与要求

知识目标与要求：理解关税的概念和特点，熟悉关税的分类、关税的征收对象、纳税人、税目与税率，了解关税的税收优惠与征收管理。

能力目标与要求：正确区分关税的纳税义务人、征税范围和适用税率，掌握进出口货物关税的完税价格的确定，掌握关税的应纳税额的计算方法。

思政目标与要求：通过关税法的学习，明白这是我国同世界上其他国家进行公平贸易的税收制度，进而产生保护我国民族工业的责任感，坚定中国特色社会主义道路自信、理论自信、制度自信、文化自信的"四个自信"；培养诚信为本、坚持准则、不做假账、勤勉尽责的专业品质。

案例导入

2021年8月1日，雅尔商贸公司通过海运进口一批化妆品，成交价格60万元，关税税率40%，从起运地至输入地起卸前的运费6万元，装卸费0.6万元，国外采购代理人的佣金1.6万元，国外经纪费1.2万元，进口货物的保险费无法确定，从海关监管区至公司仓库的运费1.2万元。海关于2021年8月5日填发税款缴款书，该公司于2021年8月18日缴纳关税税款。

思考：计算该商贸公司就该批化妆品进口应缴纳的关税税额。

第一节　关税概述

一、关税的概念

关税，是指由政府所设置的海关对进出国境或者关境的货物和物品（以下简称货物）征收的一种税。通常，一国的关境与国境是一致的，包括国家全部的领土、领海、领空，但是当

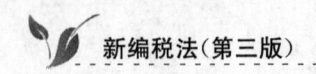

某一国家在国境内设立了自由港、自由贸易区等,这些区域就进出口关税而言处在关境之外,这时,该国的关境小于国境,比如《中华人民共和国海关法》只适用中国大陆,香港、澳门保持自由港地位,为我国单独的关境地区,所以我国的关境小于国境;也有关境大于国境的,比如欧盟海关联盟,关境是整个欧盟地区,国境是欧盟的每个国家。

进口关税对进口商品课征,目前是各国最主要的关税。出口关税对出口商品课征,但为了鼓励本国商品出口,许多国家已不再课征出口关税。

二、关税的特点

(一)纳税的统一性和一次性

纳税的统一性和一次性是指在征收关税时按照国家统一的进出口关税条例和税则执行,且在征收一次性关税后,货物就可在该国的整个关境内自由流通,不需再另行征收关税。

(二)征收的过"关"性

征收的过"关"性是指征收关税与否,以货物是否通过关境为标准。凡是进出关境的货物均要征收关税;凡未进出关境的货物则不属于关税的征税对象。

(三)税率的复式性

同一进口货物设有最惠国税率、协定税率、特定税率、普通税率、关税配额税率等税率,我国目前实施的进口关税税率有最惠国税率、协定税率、特定税率和普通税率4种。最惠国税率适用原产于与我国共同适用最惠国待遇条款的WTO成员或地区进口货物,或原产于与我国签订有相互给予最惠国待遇条款的双边贸易协定的国家或地区进口的货物,以及原产于我国境内的进口货物;协定税率适用原产于我国参加的含有关税优惠条款的区域性贸易协定有关缔约方的进口货物;特惠国税率适用原产于与我国签订有特殊优惠关税协定的国家或地区的进口货物;普通税率适用原产于上述国家或地区以外的其他国家或地区的进口货物。

(四)征管的权威性

关税是通过设在关境上的国家行政管理机构——国家海关执行的。海关是贯彻执行本国有关进出口政策、法令和规章的重要工具。其任务是根据有关政策、法令和规章,征收关税、查禁走私货物、临时保管通关货物和统计进出口商品等,其征管具有高权威性。

(五)对进出口贸易的调节性

对进出口贸易的调节性指许多国家都通过制定和调整关税税率,来调节进出口贸易。例如,在出口方面,通过抵税、免税和退税来鼓励商品出口;在进口方面,通过税率的高低、减免来调节商品的进口。调节作用主要表现在:对于国内能大量生产或者暂时不能大量生产但将来可能发展的产品,规定较高的进口关税,以削弱进口商品的竞争能力;对于本国不能生产或生产不足的物资,规定较低税率或免税,以鼓励进口,满足国内需求;对于非必需品或奢侈品的进口,规定更高关税,以达到限制甚至禁止进口的目的。

三、关税的分类

(一)按进出口货物流向分类

根据关税征税对象(货物)的不同流向,关税可分为进口关税、出口关税和过境关税。

1. 进口关税

进口关税是指对从国外输入本国的货物和物品征收的一种关税,通常可简称为进口税。进口税是关税中最重要的一种,在许多废除了出口税和过境税的国家,进口税是唯一的关税。自 2023 年 1 月 1 日起对 1 020 项商品(不含关税配额商品)实施进口暂定税率,其中自 2023 年 4 月 1 日起,取消 7 项煤炭产品的进口暂定税率;自 2023 年 7 月 1 日起,取消 1 项信息技术产品进口暂定税率。2023 年我国进出口税则根据国内需要,对部分税则税目等进行调整,主要调整包括:一是增列白茶、蔬菜种子、手术机器人、激光雷达等商品税目;二是优化石房蛤毒素、螯虾等税目结构或表述。调整后,2023 年税则共包括 8 位税目 8 948 个,较 2022 年净增 18 个。①

2. 出口关税

出口关税是指对由本国输出境外的货物和物品征收的一种关税,通常也可简称为出口税。目前,世界上大多数国家都不征收出口税。统筹考虑产业发展和出口情况变化,自 2023 年 1 月 1 日起继续对铬铁等 106 项商品征收出口关税,提高铝和铝合金出口关税。②

3. 过境关税

过境关税是指对外国经过本国国境(关境)运往另一国的货物所征收的一种关税,通常可简称为过境税。目前,世界上大多数国家都不征收过境税,我国也不征收过境税。

(二) 按征收关税的标准分类

根据征收关税计征标准和方法的不同,可以将关税分为从价关税、从量关税、复合关税、选择关税、滑准关税和季节关税等。

1. 从价关税

从价关税是一种最常用的关税计税标准。它是以货物在进出境时的应税价格或者价值为征税标准,以应征税额占货物价格或者价值的百分比为税率而征收的关税。货物进口时,以此税率和海关审定的实际进口货物完税价格相乘,计算应征税额。从价税的特点是,相对进口商品价格的高低,其税额也相应高低。目前我国海关计征关税标准,主要是从价税。

2. 从量关税

从量关税是以货物进出境时的应税实物数量、重量、体积、容积、长度等计量单位为计税标准,以每计量单位货物的应征税额为税率,计税时以货物的计量单位乘以每单位应纳税金额即可得出该货物的关税税额。从量税的特点是,每一种货物的单位应税额固定,不受该货物价格的影响。我国目前对原油、啤酒和胶卷等进口商品征收从量税。

3. 复合关税

复合关税又称混合税,即订立从价、从量两种税率,随着完税价格和进口数量而变化,征收时两种税率合并计征,是对某种进口货物混合使用从价税和从量税的一种关税计征标准。例如,对某种货物同时征收一定数额的从价税和从量税;或对低于某一价格进口的货物只按从价税计征关税,高于这一价格,则混合使用从价税和从量税。我国目前对录像机、放像机、

---

① 《2023 年关税调整方案》,自 2023 年 1 月 1 日起实施。
② 同上引。

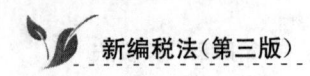

摄像机、数字照相机和摄录一体机等进口商品征收复税。

4. 选择关税

选择关税是指对同一种货物在税则中规定有从价和从量两种关税税率,在计征税时根据需要(如根据一定的政策目标可从高计征或从低计征)选择其中一种标准而计算征收的关税。例如,当政策目标是从高计征时,当按从价标准计算的税额大于按定额税率计算的税额时,则按从价标准计征关税;反之,则按从量标准计征关税。

5. 滑准关税

滑准关税是指关税税率随进口货物价格由高至低,而由低至高设置计征关税。也就是说进口货物的价格越高,其进口关税税率越低,进口商品的价格越低,其进口关税税率越高。我国继续对配额外进口的一定数量棉花实施滑准税,税率不变。

6. 季节关税

季节关税是指对税则规定的同一货物,按其不同进口时间制定不同的税率而征收的关税。通常情况下,在销售旺季对货物按较高税率计征关税,而在销售淡季按较低税率计征关税。其目的在于根据货物季节性生产周期,调整货物进出口数量。

(三) 按征税性质分类

按征税性质不同,关税可分为普通关税、优惠关税和差别关税三种。主要适用于进口关税。

1. 普通关税

它又称一般关税,是对与本国没有签署贸易或经济互惠等友好协定的国家原产的货物征收的非优惠性关税。普通关税与优惠关税的税率差别一般较大。

2. 优惠关税

它是一种互惠关税,即优惠协定的双方互相给对方优惠关税待遇。但也有单向优惠关税,即只对受惠国给予优惠待遇,而没有反向优惠。优惠关税一般有特定优惠关税、普遍优惠关税和最惠国待遇三种:

(1) 特定优惠关税(特惠税),是指某一国家对另一国家或某些国家对另外一些国家的某些方面予以特定优惠关税待遇,而他国不得享受的一种关税制度。特惠关税的优惠对象不受最惠国待遇原则制约,其他国家不得根据最惠国待遇原则要求享受这种优惠待遇。

(2) 普遍优惠制(普惠制),是指发达国家对从发展中国家或地区输入的产品,特别是制成品和半制成品普遍给予优惠关税待遇的一种制度。普惠关税具有普遍性、非歧视性和非互惠性三项基本原则。

(3) 最惠国待遇,是国际贸易协定中的一项重要内容,它规定缔约国双方相互间现在和将来所给予任何第三国的优惠待遇,同样适用于对方。最惠国待遇往往不是最优惠的关税待遇,它只是一种非歧视性的关税待遇,在最惠国待遇之外,还有更低的税率。

3. 差别关税

它是为保护一国产业所采取的特别手段,主要分为加重关税、反补贴关税、报复关税、反倾销关税。

(1) 加重关税,是指出于某种原因或为达到某种目的,而对某国货物或某种货物的输入加重征收的关税。

（2）反补贴关税，又称为抵消关税，是指对接受任何津贴或补贴的外国进口货物所附加征收的一种关税，是差别关税的重要形式之一。

（3）报复关税，是指他国政府以不公正、不平等、不友好的态度对待本国输出的货物时，为维护本国利益，报复该国对本国输出货物的不公正、不平等、不友好，对该国输入本国的货物加重征收的关税。

（4）反倾销关税，是指对外国的倾销商品，在征收正常进口关税的同时附加征收的一种关税。

第二节　关税的征税对象、纳税人、税目和税率

一、关税的征税对象

关税的征税对象，是指国家准许进出境的货物和物品。货物，是指贸易性商品。物品，是指入境旅客随身携带的行李物品、个人邮递物品、各种运输工具上的服务人员携带进口的自用物品、馈赠物品以及其他方式进境的个人物品。

二、关税的纳税人

关税的纳税人，包括进口货物的收货人、出口货物的发货人和进出境物品的所有人。进出口货物的收发货人，是指依法取得对外贸易经营权，并进口或者出口货物的法人和其他组织，即具有进出口经营权的单位，包括外贸公司、信托投资公司、外商投资企业和免税品公司等。进出境物品的所有人包括该物品的所有人和推定为所有人的人。通常情况下，对于携带进境的物品，推定其携带人为所有人；对分离运输的行李，推定相应的进出境旅客为所有人；对以邮递方式进境的物品，推定其收件人为所有人；以邮递或其他运输方式出境的物品，推定其寄件人或托运人为所有人。

三、适用税率

（一）税率设置及适用对象

1. 进口关税税率

我国加入WTO之后，为履行我国在加入WTO关税减让谈判中承诺的有关义务，享有WTO成员应有的权利，自2002年1月1日起，我国进出口税则规定有最惠国税率、协定税率、特惠税率、普通税率等进口税率，分别适用不同的国家和地区；出口税则为一栏税率，即出口税率。2018年9月30日，国务院关税税则委员会发布公告，自2018年11月1日起，将降低1 585个税目的进口关税。至此，我国关税总水平将由上年的9.8%降至7.5%。2023年关税调整方案继续对小麦、玉米、稻谷和大米、糖、羊毛、毛条、棉花、化肥等8类商品实施关税配额管理，税率不变。其中，对尿素、复合肥、磷酸氢铵3种化肥的配额税率继续实施进口暂定税率，税率不变。继续对配额外进口的一定数量棉花实施滑准税，税率不变。[①]

---

① 《2023年关税调整方案》，自2023年1月1日起实施。

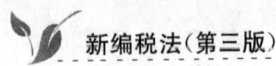

(1) 最惠国税率。适用于原产于与我国共同适用最惠国待遇条款的 WTO 成员国或地区的进口货物，或原产于与我国签订有相互给予最惠国待遇条款的双边贸易协定的国家或地区进口的货物，以及原产于我国境内的进口货物。根据税则转版和税目调整情况，相应调整最惠国税率及普通税率。自 2022 年 1 月 1 日起对 954 项商品（不含关税配额商品）实施进口暂定税率；自 2022 年 7 月 1 日起，取消 7 项信息技术协定扩围产品进口暂定税率；对原产于塞舌尔共和国、圣多美和普林西比民主共和国的进口货物适用最惠国税率。自 2022 年 7 月 1 日起，对《中华人民共和国加入世界贸易组织关税减让表修正案》附表所列信息技术产品最惠国税率实施第七步降税。[①]

(2) 协定税率。适用于原产于我国参加的含有关税优惠条款的区域性贸易协定有关缔约方的进口货物。根据我国与有关国家或地区已签署并生效的自贸协定和优惠贸易安排，对 19 个协定项下、原产于 29 个国家或地区的部分进口货物实施协定税率：一是中国与新西兰、秘鲁、哥斯达黎加、瑞士、冰岛、韩国、澳大利亚、巴基斯坦、格鲁吉亚、毛里求斯自贸协定进一步降税；中国—瑞士自贸协定按照有关规定自 2023 年 7 月 1 日起针对部分信息技术协定扩围产品降低协定税率。二是中国与东盟、智利、新加坡自贸协定，以及内地与香港、澳门《关于建立更紧密经贸关系的安排》(CEPA) 和《海峡两岸经济合作框架协议》(ECFA) 已完成降税，继续实施协定税率。三是亚太贸易协定继续实施，自 2023 年 7 月 1 日起针对部分信息技术协定扩围产品降低协定税率。根据《区域全面经济伙伴关系协定》(RCEP)，对原产于日本、新西兰、澳大利亚、文莱、柬埔寨、老挝、新加坡、泰国、越南等 9 个已生效缔约方的部分进口货物实施协定第一年税率；后续生效缔约方实施时间由国务院关税税则委员会另行公布。按照协定"关税差异"等条款规定，根据进口货物的 RCEP 原产国来适用我国在 RCEP 项下对其他已生效缔约方相应的协定税率。同时允许进口商申请适用我国在 RCEP 项下对其他已生效缔约方的最高协定税率；或者在进口商能够提供有关证明的情况下，允许其申请适用我国对与该货物生产相关的其他已生效缔约方的最高协定税率。

2023 年我国将实施 19 个自由贸易协定和优惠贸易安排。其中，根据《区域全面经济伙伴关系协定》(RCEP) 有关规定以及协定对印度尼西亚生效情况，自 2023 年 1 月 2 日起，将对原产于印度尼西亚的部分商品实施 RCEP 协定税率。当最惠国税率低于或等于协定税率时，协定有规定的，按相关协定的规定执行；协定无规定的，二者从低适用。

(3) 特惠税率。适用于原产于与我国签订有特殊优惠关税协定的国家或地区的进口货物。据亚太贸易协定规定，对亚太贸易协定项下的特惠税率进一步降低。2023 年继续给予 44 个与我建交并完成换文手续的最不发达国家零关税待遇，实施特惠税率，适用商品范围和税率维持不变。

(4) 普通税率。适用于原产于上述国家或地区以外的其他国家或地区的进口货物。按照普通税率征税的进口货物，经国务院关税税则委员会特别批准，也可以适用最惠国税率。适用最惠国税率、协定税率、特惠税率的国家或者地区名单，由国务院关税税则委员会决定。

2. 出口关税税率

出口关税税率是对出口货物征收关税而规定的税率。我国仅对少数资源性产品及易于竞相杀价，需要规范出口秩序的半制成品征收出口关税。与进口关税税率一样，出口关税税

[①] 《2022 年关税调整方案》，自 2022 年 7 月 1 日起实施。

率也规定有暂定税率,出口暂定税率优先适用于出口税则中规定的出口关税税率。未订有出口关税税率的货物,不征出口关税。自 2023 年 1 月 1 日起继续对铬铁等 106 项商品征收出口关税,提高铝和铝合金出口关税。

(二)税率的运用

根据《进出口关税条例》规定:

(1) 进出口货物应当依照税则规定的归类原则划入合适的税号,并按照适用的税率征税。

(2) 进出口货物,应当按照收发货人或者他们的代理人申报进口或者出口之日实施的税率征税。

(3) 进口货物到达前,经海关核准先行申报的,应当按照装载此项货物的运输工具申报进境之日实施的税率征税。

(4) 进出口货物的补税和退税,适用该进出口货物原申报进口或者出口之日所实施的税率,下列情形除外:

① 按照特定减免税办法批准予以减免税的进口货物,后因情况改变经海关批准转让或出售或移作他用需予补税的,适用海关接受纳税人再次填写报送单申报办理纳税及有关手续之日实施的税率征税。

② 加工贸易进口料、件等属于保税性质的进口货物,如经批准转为内销,应按向海关申报转为内销之日实施的税率征税;如未经批准擅自转为内销的,则按海关查获日期所施行的税率征税。

③ 暂时进口货物转为正式进口需予补税时,应按其申报正式进口之日实施的税率征税。

④ 分期支付租金的租赁进口货物,分期付税时,适用海关接受纳税人再次填写报送单申报办理纳税及有关手续之日实施的税率征税。

⑤ 溢卸、误卸货物事后确定需征税,应按其原运输工具申报进口日期所实施的税率征税。如原进口日期无法查明的,可按确定补税当天实施的税率征税。

⑥ 对由于税则归类的改变、完税价格的审定或其他工作差错而需补税的,应按原征税日期实施的税率征税。

⑦ 对经批准缓税进口的货物以后缴税时,不论是分期或一次交清税款,都应按货物原进口之日实施的税率征税。

⑧ 查获的走私进口货物需补税时,应按查获日期实施的税率征税。

第三节 关税应纳税额的计算

一、关税的计税依据

我国对进出口货物征收关税,主要采取从价计征的办法,以货物的完税价格为计税依据征收关税。货物的完税价格,指经海关审查的价格,即海关价格。关税税率确定之后,货物完税价格的高低直接影响课征关税税额的多少,从而影响纳税人的利润高低。

(一)进口货物的完税价格

1. 一般进口货物的完税价格

《海关法》规定,进口货物的完税价格由海关以进口应税货物的成交价格以及该货物运抵我国境内输入地点起卸前的运输及其相关费用、保险费为基础审查确定。成交价格不能确定时，完税价格由海关依法估定。进口应税货物的成交价格，是指卖方向中国境内销售该货物时，买方为进口该货物向卖方实付、应付的并按《完税价格办法》有关规定调整后的价款总额。下列费用应包括在进口货物的完税价格中：

（1）由买方负担的除购货佣金以外的佣金和经纪费。购货佣金是指买方为购买进口货物向自己的采购代理人支付的劳务费用；经纪费是指买方为购买进口货物向代表买卖双方利益的经纪人支付的劳务费用。

（2）由买方负担的与该货物视为一体的容器费用。

（3）由买方负担的包装材料费用和包装劳务费用。

（4）与该货物的生产和向我国境内销售有关的，由买方以免费或者以低于成本的方式提供，并可以按适当比例分摊的材料、部件、工具、模具、消耗性材料及类似货物的价款以及在境外研发、设计等相关服务的费用。

（5）作为卖方向我国境内销售该货物的一项条件，应当由买方直接或间接支付的与该货物有关的特许权使用费。特许权使用费，是指买方为获得与进口货物相关的受著作权保护的作品、专利、商标、专有技术和其他权利的使用许可而支付的费用。但是，在估定完税价格时，进口货物在境内的复制权费不得计入该货物的实付或应付价格之中。

（6）卖方直接或间接从买方获得的该货物进口后转售处置或者使用的收益。

另外，下列费用如进口时在货物的价款中已列明，不计入该货物的完税价格：

（1）厂房、机械、设备等货物进口后发生的建设、安装、装配、维修和技术服务费用，不包括保修费用。

（2）进口货物运抵境内输入地点起卸后发生的运输及其相关费用、保险费。

（3）进口关税、进口环节海关代征税及其他国内税收。

（4）为在境内复制进口货物而支付的费用。

（5）境内外技术培训及境外考察费用。

2. 特殊进口货物的完税价格

对于几种特殊形式进口货物完税价格的确认，如运往境外加工等进口的货物，在进口时没有成交价格可作依据，确定其完税价格的方法主要有：

（1）运往境外加工的货物，出境时已向海关报明，并在海关规定期限内复运进境的，应当以加工后的货物进境时的CIF（离岸价）价格与原出境货物或者相同的、类似的货物在进境时的CIF价格之间的差额作为完税价格。如上述原出境货物在进境时的CIF价格无法得到，可用原出境货物申报出境时的FOB（到岸价）价格替代。如上述两种方法的CIF价格都无法得到时，可用原出境货物在境外加工时支付的工缴费加运抵中国关境输入地点起卸前的包装费、运费、保险费和其他劳务费等一切费用作为完税价格。

（2）运往境外修理的机械器具、运输工具或者其他货物的完税价格。出境时已向海关报明，并在海关规定的期限内复运进境的，应以海关审定的境外修理费和料件费，以及该货物复运进境的运输及相关费用、保险费确定完税价格。

（3）租赁方式进口货物的完税价格。租赁方式进境的货物以海关审查确定的该货物的租金作为完税价格；如租赁进口货物是一次性支付租金的，也可以海关审定的该项进口货物的成交价格作为完税价格;留购的租赁物,以海关审定的留购价作为完税价格。

(4) 寄售进口货物完税价格的确认,有两种方法:一种是作为保税货物处理,即将货物存入保税仓库,按实际出库销售的价格作为完税价格;另一种是进口后即投入市场销售,则以海关审核的货主开出的发票价格作为该项货物的完税价格。

3. 进口货物海关估价方法

进口货物的价格如果不符合成交价格条件或者成交价格不能确定的,应该由海关对其进行估价,顺序依次采用的估价方法有:

(1) 相同或类似货物成交价格方法,即以与被估的进口货物同时或大约同时(在海关接受申报进口之日的前后各45日以内)进口的相同或类似货物的成交价格为基础,估定完税价格。以该方法估定完税价格时,应当首先使用同一生产商生产的相同或类似货物的成交价格,仅在没有这一成交价格的情况下,才可以使用同一生产国或地区生产的相同或类似货物的成交价格。若是有多个相同或类似货物的成交价格,应当以最低的成交价格为基础,估定进口货物的完税价格。

(2) 倒扣价格法,即以与被估的进口货物相同或类似进口货物在境内的价格为基础估定完税价格。采用此方法时,应当扣除:该货物的同等级或同种类货物,在境内销售时的利润和一般费用及通常支付的佣金;货物运抵境内输入地点后的运费、保险费、装卸费及其他相关费用;进口关税、进口环节税和其他与进口或销售上述货物有关的国内税。此外,还需同时符合以下五个条件:在被估货物进口时或大约同时销售;按照进口时的状态销售;在境内第一环节销售;合计的货物销售总量最大;向境内无特殊关系方销售。

(3) 计算价格法,按下列各项的总和计算出的价格估定完税价格:生产该货物所使用的原材料价值和进行装配或其他加工的费用;与向境内出口销售同等级或同种类货物的利润、一般费用相符的利润和一般费用;货物运抵境内输入地点起卸前的运输及相关费用、保险费。

(4) 其他合理的方法,应当依据《完税价格办法》规定的估价原则,以在境内获得的数据资料为基础估定完税价格。但不得使用境内生产的货物在境内销售的价格、可供选择的价格中较高的价格、货物在出口地市场的销售价格、以计算价格方法规定的有关各项之外的价值或费用计算的价格、出口到第三国或地区的货物的价格和最低限价或武断、虚构的价格。

4. 进口货物相关费用的核定

(1) 进口货物的运费,按实际支付的费用计算。如运费无法确定,应由海关按该货物的实际运输成本或者该货物进口时同期运输行业公布的运费率(额)确定。

(2) 进口货物的保险费,按实际支付的费用计算。如无法确定或未实际发生,海关应当按照"货价加运费"两者总额的3‰计算确定。其计算公式为:

$$保险费 = (货价 + 运费) \times 3‰$$

(3) 邮运进口的货物,应当以邮费作为运输及其相关费用、保险费。以境外边境口岸价格条件成交的铁路或公路运输进口货物,海关应当按照货价的1%计算运输及其相关费用、保险费。作为进口货物的自驾进口的运输工具,海关在审定完税价格时,可以不另行计入运费。

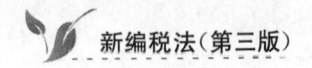

（二）出口货物的完税价格

出口货物的完税价格，由海关以出口货物的成交价格以及该货物运至中国境内输出地装载前的运输及其相关费用、保险费为基础审查确定。出口关税不计入完税价格。出口货物的成交价格，是指该货物出口时卖方为出口该货物应当向买方直接收取和间接收取的价款总额，包括在货物价款中单独列明的货物运至中国境内输出地装卸后的运输及其相关费用、保险费，但不包括出口关税和在货物价款中单独列明由卖方承担的佣金。出口货物的销售价格如果包括离境口岸至境外口岸之间的运输、保险费的，该运费、保险费应当扣除。

出口货物的成交价格不能确定的，海关经了解有关情况，并与纳税义务人进行价格磋商后，依次以下列价格审查确定该货物的完税价格：

(1) 同时或者大约同时向同一国家或地区出口的相同货物的成交价格。

(2) 同时或者大约同时向同一国家或地区出口的类似货物的成交价格。

(3) 根据境内生产相同或者类似货物的成本、利润和一般费用（包括直接费用和间接费用）、境内发生的运输及相关费用、保险费计算所得的价格。

(4) 按照合理方法估定的价格。

二、关税应纳税额的计算

（一）从价关税的计算方法

从价关税应纳关税税额的计算公式为：

$$应纳税额 = 应税进（出）口货物数量 \times 单位完税价格 \times 适用税率$$

进口货物成交价格因有不同的成交条件而有不同的价格形式，常用的反映价格条款的术语有 FOB、CFR、CIF 三种：FOB 价是指"船上交货"价格，即卖方在合同规定的装运港把货物装上买方指定的船上，并负责货物装上船为止的一切费用和风险，又称"离岸价格"；CFR 价是指"成本加运费"价格，即卖方负责将合同规定的货物装上买方指定运往目的港的船上，负责货物装上船为止的一切费用和风险，并支付运费，又称"离岸加运费价格"；CIF 价是指"成本加运费、保险费"价格，即卖方负责将合同规定的货物装上买方指定运往目的港的船上，办理保险手续，并负责支付运费和保险费，又称"到岸价格"。以 FOB 和 CFR 条件成交的进口货物，在计算税款时应先把进口货物的申报价格折算成 CIF 价，然后再计算关税税额。

$$CIF 价 = (FOB 价 + 运费) \times (1 + 保险费率) = CFR 价 \times (1 + 保险费率)$$

（二）从量关税的计算方法

从量关税应纳关税税额的计算公式为：

$$应纳税额 = 应税进（出）口货物数量 \times 关税单位税额$$

（三）复合关税的计算方法

复合关税应纳关税税额的计算公式为：

$$应纳税额 = 应税进（出）口货物数量 \times 关税单位税额 + 应税进（出）口货物数量 \times 单位完税价格 \times 适用税率$$

(四)滑准关税的计算方法

滑准关税应纳关税税额的计算公式为:

$$应纳税额＝应税进(出)口货物数量×单位完税价格×滑准税税率$$

【例4-1】 2021年10月国内企业A公司从国外进口一批中厚钢板共计30万公斤,成交价格为FOB伦敦3.7英镑/公斤,已知单位运费为0.7英镑,保险费率为0.3%。请计算应纳关税税额。(当日外汇买卖中间价:1英镑＝8.299 3人民币元,进口关税税率为10%)

解析:CIF价＝(FOB价＋运费)×(1＋保险费率)×当日汇率

关税完税价格＝(3.7＋0.7)×(1＋0.3%)×8.299 3＝36.63(人民币元)

应纳关税税额＝36.63×300 000×10%＝1 098 900(人民币元)

【例4-2】 红日进出口公司为增值税一般纳税人,2021年11月份从国外进口一批机器设备共20台,每台货价15万元人民币,其中包括运抵我国黄骅港起卸前的包装、运输、保险和其他劳务费用共计9万元;另外,销售商单独向该进出口公司收取设备包装材料费20万元。假设该类设备进口关税税率为40%,境内运费已经取得合法的货物运输企业的发票。计算公司应缴纳关税多少万元。

解析:税法规定:由买方负担的包装材料费用和包装劳务费用应包括在关税的完税价格中。

关税完税价格(进口设备到岸价格)＝20×15＋20＝320(万元)

应纳进口关税税额＝320×40%＝128(万元)。

【例4-3】 我国A公司2021年9月从国内甲港口出口一批锌锭到国外,货物成交价格340万元(不含出口关税),其中包括货物运抵甲港口装载前的运输费20万元、单独列明支付给境外的佣金24万元。甲港口到国外目的港口之间的运输保险费40万元。锌锭出口关税税率为20%。计算该公司出口锌锭应缴纳的出口关税。

解析:出口货物的完税价格,由海关以该货物向境外销售的成交价格为基础审查确定,并应包括货物运至我国境内输出地点装载前的运输及其相关费用、保险费,但其中包含的出口关税税额,应当扣除。出口货物的成交价格中含有支付给境外的佣金的,如果单独列明,应当扣除。

该公司出口锌锭应缴纳的出口关税税额＝(340－24)×20%＝63.2(万元)

【例4-4】 H商贸公司为增值税一般纳税人,并具有进出口经营权。2021年9月将生产中使用的价值为110万元的设备运往国外修理,出境时已向海关报明,支付给境外的修理费8万元、料件费18万元,该设备复运进境支付的运输费、保险费及相关费用共计4万元,并在海关规定的期限内收回了设备,进口关税税率为15%。请计算该公司应纳关税税额。

解析:运往境外修理的机械器具、运输工具或者其他货物,出境时已向海关报明,并在海关规定的期限内复运进境的,应以海关审定的境外修理费和料件费,以及该货物复运进境的运输及相关费用、保险费确定完税价格。

运往境外修理的设备应纳关税税额＝(8＋18＋4)×15%＝4.5(万元)

该公司2021年9月应纳关税税额为4.5万元。

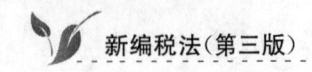

第四节 关税的税收优惠

我国关税的税收优惠政策,由法定减免、特定减免和临时减免三部分组成,根据我国《海关法》规定,除法定减免税以外的其他减免税,均由国务院决定。

减征关税在我国加入世界贸易组织之前以税则规定税率为基准,加入世界贸易组织之后以最惠国税率或者普通税率为基准。

一、关税的法定减免

关税的法定减免,是税法中明确列出的减免税的项目。属于法定减免税的货物进出口时,纳税人无须提出申请,海关可按规定直接予以减免税。对下列货物、物品,根据《海关法》和《关税条例》的明确规定,可以减免关税:

(1) 关税税额在人民币 50 元以下的一票货物,可免征关税。

(2) 无商业价值的广告品和货样,可免征关税。

(3) 外国政府、国际组织无偿赠送的物资,可免征关税。

(4) 在海关放行前损失的货物,可免征关税。

(5) 进出境运输工具装载的途中必需的燃料、物料和饮食用品,可免关税。

(6) 对暂准进出口物品可以免税。暂准进出口物品,经海关核准,并在 6 个月内(海关可酌情延长)复运出境或复运进境的货样、展览品、供安装用的仪器和工具、电视或电影摄制器械、盛装货物的容器、剧团服装道具,在物品收发货人向海关缴纳相当于税款的保证金或提供担保后,准予暂时免纳关税。

(7) 为境外厂商加工、装配成品和为制造外销产品而进口的原材料、辅料、零件、部件、配套件和包装物料,海关按照实际加工出口的成品数量免征进口关税;或者对进口料、件先征进口关税,再按照实际加工出口的成品数量予以退税。

(8) 因故退还的中国出口货物,经海关审查属实,可予免征进口关税,但已征收的出口关税不予退还。

(9) 因故退还的境外进口货物,经海关审查属实,可予免征出口关税,但已征收的进口关税不予退还。

(10) 法律规定减征、免征的其他货物。

二、关税的特定减免

关税的特定减免(也称政策性减免),是在法定减免税之外,国家按照国际通行规则和我国实际情况,制定发布的有关进出口货物减免关税的政策。特定减免关税涉及的货物一般有地区、企业和用途的限制,海关需要进行后续管理,也需要减免税统计。主要有以下项目:

(1) 科教用品。对科研机构和学校,不以营利为目的,在合理数量范围内进口国内不能生产的科学研究和教学用品,直接用于科学研究和教学的,免征进口关税和进口环节增值税、消费税。

(2) 残疾人专用品。为支持残疾人的康复工作,对规定的残疾人个人专用品,免征进关税和进口环节增值税、消费税；对康健、福利机构、假肢厂和荣誉军人康复医院进口的法规规定的国内不能生产的残疾个人专用品，免征进口关税和进口环节增值税、消费税。

（3）扶贫、慈善性捐赠物资。对境外自然人、法人或者其他组织等境外捐赠人，无偿向经国务院主管部门依法批准成立的，以人道救助和发展扶贫、慈善事业为宗旨的社会团体以及国务院有关部门和各省、自治区、直辖市人民政府捐赠的，直接用于扶贫、慈善事业的物资，免征进口关税和进口环节增值税。

三、关税的临时减免

关税的临时减免，是指以上法定减免税和特定减免税以外的其他减免税，主要是国家根据国内生产和国际市场行情变化，确定对某个单位、某类商品、某个项目或某批进出口货物，在一定时限内临时降低或取消关税，一案一批，专文下达的减免税。一般有单位、品种、期限、金额或数量等限制，不能比照执行。

第五节 关税的缴纳与征收

一、关税的缴纳

根据《中华人民共和国海关进出口货物征税管理办法》规定，进口货物自运输工具申报进境之日起 14 日内，出口货物在货物运抵海关监管区后装货的 24 小时以前，应由进出口货物的纳税义务人向货物进出境地海关申报，海关根据税则归类和完税价格计算应缴纳的关税和进口环节代征税，并填发税款缴款书。

关税纳税义务人应当自海关填发税款缴款书之日起 15 日内，向指定的银行缴纳税款。如关税缴纳期限的最后 1 天是周末或者法定节假日，则关税缴纳期限顺延至周末或者法定节假日后的第 1 个工作日。为了方便纳税义务人，经申请且海关同意，进（出）口货物的纳税义务人可以在设有海关的指运地办理海关申报、纳税手续。关税纳税义务人因不可抗力或者在国家税收政策调整的情形下，不能按期缴纳税款的，经海关总署批准，可以延期缴纳税款，但最长不得超过 6 个月。

为简化海关申报、纳税手续，提高通关效率，海关总署实施跨关区"属地申报，口岸验放"通关模式，让符合规定条件的企业进出口货物时，可自主选择向属地任一海关单位申报，在货物实际进出口关境地的口岸办理货物验放手续。

二、关税的强制执行

关税纳税义务人未在关税缴纳期限内缴纳税款，即构成关税滞纳。为了保证国家关税的收入及时入库，海关在关税征收和缴纳过程中可以依法采取一定的强制措施，按《海关法》规定，强制措施主要有征收滞纳金和强制征收两类。

（1）纳税义务人如不能按海关法规定的期限缴清税款，则需缴纳罚款——滞纳金。滞纳金自关税缴纳期限届满之日起至缴清税款之日止，按日以加收欠缴税款万分之五的比例征收，周末或法定节假日不予扣除。滞纳金的收入、随同税款同一科目一并缴入中央金库。

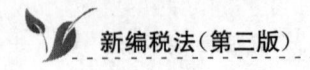

具体计算公式：

$$关税滞纳金金额＝滞纳关税税额×滞纳金征收比例×滞纳天数$$

（2）纳税义务人自海关填发缴款书之日起三个月仍未缴纳的，经直属海关关长或者其授权的隶属海关关长批准，海关可以采取下列强制措施：

① 书面通知其开户银行或者其他金融机构，强制从其存款中扣缴税款。

② 将应税货物依法变卖，以变卖所得抵缴税款。

③ 扣留并依法变卖其价值相当于应纳税款的货物或者其他财产，以变卖所得抵缴税款。

三、关税的退还

关税退还，是指关税纳税义务人按海关核定的税额缴纳关税后，因某种原因的出现，海关将实际征收多于应当征收的税额（称为溢征关税）退还给原纳税义务人的一种行政行为。根据《海关法》规定，海关多征的税款，海关发现后应当立即退还。

具体规定是：海关发现多征税款的，应当立即通知纳税义务人办理退税手续。纳税义务人应当自收到海关通知之日起 3 个月内办理有关退税手续。按规定有下列情形之一的，进出口货物的纳税义务人可以自缴纳税款之日起 1 年内，书面声明理由，连同原纳税收据向海关申请退税，逾期不予受理。

（1）因海关误征，多纳税款的；

（2）海关核准免验进口的货物，在完税后，发现有短卸情形，经海关审查认可的；

（3）已征出口关税的货物，因故未装运出口申报退关，经海关查验属实的。

对已征出口关税的出口货物和已征进口关税的进口货物，因货物品种或规格原因（非其他原因）原状复运进境或出境的，经海关查验属实的，也应退还已征关税。海关应当自受理退税申请之日起 30 日内，做出书面答复并通知退税申请人。本规定强调的是，"因货物品种或规格原因，原状复运进境或出境的"。如果属于其他原因且不能以原状复运进境或出境，则不能退税。

四、关税的补征、追征

关税的补征和追征，是指在关税纳税义务人按海关核定的税额缴纳关税后，发现实际征收税额少于应当征收税额（称短征关税）情况时，责令纳税义务人补缴所差税款的一种行政行为。但由于少缴关税的原因不同，海关可能对纳税义务人采取以下两种行为。

（一）补征

补征是指在进出口货物、进出境物品放行后，海关发现少征或者漏征税款，应当自缴纳税款或者货物、物品放行之日起一年内，向纳税义务人补征。补征是并非因纳税人违返海关规定造成短征关税的。

（二）追征

追征是指因纳税义务人违反规定而造成的少征或者漏征税款，海关可以在三年内进行追征，并从缴纳税款之日起按日加收少征或者漏征税款万分之五的滞纳金。追征是由于纳税人违返海关规定造成短征关税的。

"案例导入"解析

　　导入的案例是进口关税的计算问题。计算进口关税的关键是进口货物完税价格的计算。进口货物的完税价格由海关以进口应税货物的成交价格以及该货物运抵我国境内输入地点起卸前的运输及其相关费用、保险费为基础审查确定。已知,货物的成交价格为60万元,从起运地至输入地起卸前的运费6万元,装卸费0.6万元,进口货物的保险费=(60+6)×3‰=0.198(万元),国外经纪费1.2万元,所以该批口红的完税价格=60+6+0.6+0.198+1.2=67.998(万元)。因此,该商贸公司就该批口红进口应缴纳的关税税额=67.998×40%=27.199(万元)。依据如下:

　　(1)税法规定,由买方负担的购货佣金以外的佣金和经纪费应计入完税价格,所以国外经纪费1.2万元要计入完税价格,但是国外采购代理人的佣金1.6万元是买方自己的采购代理人佣金(即采购佣金),所以不能计入完税价格。

　　(2)税法规定,进口货物运抵境内输入地点起卸后的运输及相关费用、保险费不能计入货物完税价格的费用,所以从海关监管区至公司仓库的运费1.2万元不应计入完税价格内。

　　(3)税法规定,进口货物的保险费,按实际支付的费用计算。如无法确定或未实际发生,海关应当按照"货价加运费"两者总额的3‰计算确定,所以进口货物的保险费=(60+6)×3‰=0.198(万元)。

复习思考题

1. 简述关税的特点和分类。
2. 简述我国当前进出口税则中有哪几种税率。
3. 简述如果进口货物的价格不符合成交价格条件或者成交价格不能确定的,海关对进口货物的估价方法有哪些。
4. 简述关税应纳税额的计算方法。
5. 简述关税的税收优惠目的和分类。

能力训练题

一、单项选择题

1. 下列不属于关税纳税义务人的是(　　)。
   A. 进口货物的收货人　　　　　　　　B. 进出境物品的寄件人
   C. 邮递出口物品的寄件人　　　　　　D. 出口货物的发货人
2. 下列各项关于关税适用税率的表述中,正确的是(　　)。
   A. 出口货物,按货物实际出口离境之日实施的税率征税
   B. 进口货物,按纳税义务人申报进口之日实施的税率征税
   C. 当暂时进口货物转为正式进口需予以补税时,按其申报暂时进口之日实施的税率征税

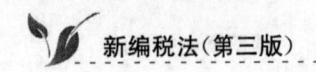

D. 查获的走私进口货物需补税时,按海关确认的其实际走私进口日期实施的税率征税

3. 下列各项中不应计入关税完税价格的是( )。

A. 为进口货物而支付的包装劳务费

B. 为进口货物而支付的商标权费用

C. 为进口货物而发生的境外考察费

D. 为进口货物而支付的境外开发、设计等相关费用

4. 运往境外加工的货物,出境时已向海关报明并在海关规定的期限内复运进境的,应当以( )审查确定完税价格。

A. 境外加工费和料件费

B. 修理费和料件费

C. 境外加工费和料件费以及复运进境的运输及其相关费用和保险费

D. 修理费和料件费以及复运进境的运输及其相关费用和保险费

5. 境外边境口岸价格条件成交的铁路或公路运输进口货物,海关应当按照货价的( )计算运输及其相关费用、保险费。

A. 3‰   B. 3%   C. 1%   D. 10%

6. 因纳税人违反规定而造成的少征或者漏征的税款,自纳税人应缴纳税款之日起( )年以内可以追征。

A. 3   B. 2   C. 5   D. 4

7. 进出口公司 A 为增值税一般纳税人,5月份从国外进口一批机器设备共10台,每台货价15万元人民币,其中包括运抵我国黄骅港起卸前的包装、运输、保险和其他劳务费用共计8万元;另外,销售商单独向该进出口公司收取设备包装材料费10万元。假设该类设备进口关税税率为40%,境内运费已经取得合法的货物运输企业的发票。该公司应缴纳的关税是( )万元。

A. 54   B. 64   C. 68   D. 72

8. L公司进口一批货物,货价100万元,途中发生境外运费10万元,境外发生的保险费无法确定。货物运抵企业发生境内运费5万元。关税税率为20%,该批进口货物应缴纳的关税是( )万元。

A. 22.07   B. 22   C. 23   D. 23.5

二、多项选择题

1. 下列各项中,不应计入出口完税价格的有( )。

A. 单独列明的支付给境外的佣金

B. 出口关税税额

C. 货物在我国境内输出地点装载后的运输费用

D. 货物运至我国境内输出地点装载前的保险费

2. 下列关于关税征税对象的说法正确的有( )。

A. 关税的征税对象是准许进出境的货物,但是不包括物品

B. 香港虽是我国的单独关境区,但是其完全适用我国海关法律、法规等

C. 飞机上的乘务人员携带进口的自用物品属于关税的征税对象

D. 个人邮寄的物品属于关税的征税对象

第四章 关税法

3. 以倒扣价格法估定关税完税价格时，下列应当扣除的项目有（　　）。
   A. 进口关税
   B. 境内同类或相似货物的利润和一般费用
   C. 在境外生产时的原材料成本
   D. 货物运抵输入地之后的境内运费

4. 进口货物的关税税率形式有（　　）。
   A. 最惠国税率　　B. 协定税率　　C. 特惠税率　　D. 普通税率

5. 下列进口货物中，经海关审查属实，可酌情减免进口关税的有（　　）。
   A. 在境外运输途中损失的货物
   B. 在口岸起卸时遭受损坏的货物
   C. 在起卸后海关放行前因不可抗力损失的货物
   D. 非因保管不慎原因在海关查验时已经损坏的货物

6. 某公司通过海运进口一批货物，成交价格为50万元，关税税率为40%，消费税税率为30%，从起运地至输入地起卸前的运费5万元，进口货物的保险费无法确定，从海关监管区至公司仓库的运费1万元。下列说法正确的有（　　）。
   A. 该批化妆品的关税完税价格为55.17万元
   B. 该公司应缴纳关税22万元
   C. 该公司应缴纳进口环节税金合计79.93万元
   D. 该公司应按照11天计算缴纳进口环节税款的滞纳金

7. 下列属于关税延期纳税规定的有（　　）。
   A. 不可抗力或者国家税收政策调整造成无法按期纳税
   B. 经海关总署批准
   C. 最长不得超过3个月
   D. 以上全部符合

8. 对于未在关税缴纳期限内缴纳税款的纳税人，海关有权进行强制征收，下列有关强制征收的说法正确的有（　　）。
   A. 滞纳金自关税缴纳期限届满之日起，至纳税义务人缴清税款之日止，按日以加收欠缴税款万分之五的比例征收
   B. 纳税义务人自海关填发缴款书之日起1个月仍未缴纳税款，经海关关长批准，海关可以采取强制扣缴、变价抵缴等强制措施
   C. 滞纳金自关税缴纳期限届满之日起，至纳税义务人缴清税款之日止，按日以加收欠缴税款万分之三的比例征收
   D. 纳税义务人自海关填发缴款书之日起3个月仍未缴纳税款，经海关关长批准，海关可以采取强制扣缴、变价抵缴等强制措施

三、判断题

1. 购货佣金指买方为购买进口货物向自己的采购代理人支付的劳务费用。（　　）
2. 暂时进口货物转为正式进口需予补税时，应按申报正式进口之日实施的税率征税。（　　）
3. 卖方直接或间接从买方对该货物进口后转售、处置或使用所得中获得的收益，不应计入关税完税价格。（　　）
4. 海关在征收进口货物、物品关税的同时，还代征进口增值税和消费税。（　　）

5. 滑准税是一种关税税率随进口商品价格由高到低而由高到低设置计征关税的方法。
（　　）

6. 差别关税包括报复性关税、反倾销关税与反补贴关税、保障性关税和协定关税。
（　　）

7. 关税税额在人民币500元以下的一票货物，可免征关税。（　　）

8. 某公司进口一批货物，海关于2021年6月1日填发税款缴款书，但公司迟至6月27日才缴纳500万元的关税。海关应征收关税滞纳金3万元。（　　）

四、计算题

1. 风瑞商贸公司从境外进口小轿车40辆，每辆小轿车货价15万元，运抵我国海关前发生的运输费用、保险费用无法确定，经海关查实其他运输公司相同业务的运输费用占货价的比例为2%。关税税率为60%。

要求：计算该商贸公司进口环节缴纳的进口关税税额。

2. 2021年10月份高尔公司委托尤龙进出口贸易公司代理进口设备一批，该批设备实际支付离岸价为310 000美元，海外运输费、包装费、保险费共计15 800美元（支付日、报关日市场汇价均为1∶6.335），进口关税税率为25%。

要求：计算该公司进口关税税额。

3. 太空外贸进出口公司代理LY公司出口商品一批，该商品的离岸价为770 000元（含出口关税），出口关税税率为10%，协议代理手续费为31 800元。

要求：计算该外贸公司的出口关税税额。

第五章 其他流转税法及附加

目标与要求

知识目标与要求：了解城市维护建设税、烟叶税、教育费附加和地方教育附加的征税范围；了解城市维护建设税的纳税人和税率；了解烟叶税的纳税人和税率；了解教育费附加和地方教育附加的缴纳人和征收率。

能力目标与要求：掌握城市维护建设税的计税依据和应纳税额的计算；掌握烟叶税的计税依据和应纳税额的计算，以及烟叶可抵扣进项税额的计算；掌握教育费附加和地方教育附加的计税依据。

思政目标与要求：理解开征城市维护建设税目的是我国为了加强城市的维护建设，扩大和稳定城市维护建设资金的来源。它是提升人民幸福感和获得感的源泉。

案例导入

位于某市的甲地板厂为外商投资企业，2021年8月份进购一批木材，取得增值税专用发票注明不含税价格800 000元，当月委托位于县城的乙工厂加工成实木地板，支付不含税加工费150 000元。乙工厂11月份交付50%实木地板，12月份完工交付剩余部分。

已知实木地板消费税税率为5%。

思考：该外方投资企业是否要缴纳城市维护建设税？该外方投资企业应如何缴纳城市维护建设税，税率是多少？乙工厂代收代缴城市维护建设税税额是多少？乙工厂代收代缴教育费附加和地方教育附加是多少？

第一节 城市维护建设税

一、城市维护建设税的概念和特点

城市维护建设税（简称城建税），是国家对缴纳增值税、消费税（简称"两税"）的单位和个

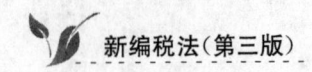

人就其实际缴纳的"两税"税额为计税依据而征收的一种税。现行城市维护建设税的基本法律规范,是2020年8月11日,第十三届全国人大常委会第二十一次会议表决通过,并于2021年9月1日施行的《城市维护建设税法》。城建税属于特定目的税,是国家为加强城市的建设维护,扩大和稳定城市维护建设资金的来源而采取的一种税收措施。

1985年2月8日国务院正式颁布了《中华人民共和国城市维护建设税暂行条例》,并于1985年1月1日在全国范围内施行。为了加快税收立法进程、进一步贯彻落实税收法定原则,2020年8月11日,第十三届全国人大常委会第二十一次会议表决通过《城市维护建设税法》,并于2021年9月1日施行,1985年2月8日国务院发布的《中华人民共和国城市维护建设税暂行条例》同时废止。

城建税具有如下特点:税款专款专用,具有受益税性质;属于附加税,没有独立的征税对象或税基,而是以纳税人实际缴纳的增值税、消费税税额为计税依据,并随"两税"同时征收,其征管方法也完全比照"两税"的有关规定办理,本质上属于一种附加税;征收范围较广,征税范围基本上包括了我国境内所有经营行为的单位和个人,只要纳税人缴纳了增值税、消费税,都要缴纳城建税,因此,它的征税范围比其他任何税种的征税范围都要广。

二、城市维护建设税纳税人、征税范围和税率

(一)城市维护建设税纳税人

城市维护建设税的纳税人,是指负有缴纳"两税"义务的单位和个人,包括国有企业、集体企业、私营企业、股份制企业、其他企业和行政单位、事业单位、军事单位、社会团体、其他单位,以及个体工商户及其他个人。即只要缴纳了"两税"就必须缴纳城建税。

(二)城市维护建设税征税范围

城市维护建设税的征税范围较广,具体包括市区、县城、建制镇,以及税法规定的其他地区。对进口货物或者境外单位和个人向境内销售劳务、服务、无形资产缴纳的增值税、消费税税额,不征收城市维护建设税。

(三)城市维护建设税税率

城建税采用地区差别比例税率,共分三档(见表5-1)。

表5-1 城市维护建设税税率表

档 次	纳税人所在地	税 率
1	市区	7%
2	县城、镇	5%
3	不在市、县城、镇	1%

上述所称"纳税人所在地",是指纳税人住所地或者与纳税人生产经营活动相关的其他地点,具体地点由省、自治区、直辖市确定。

三、城市维护建设税应纳税额的计算

(一)城市维护建设税的计税依据

城建税的计税依据,是指纳税人实际缴纳的增值税、消费税税额之和。

特别说明：

（1）纳税人违反"两税"有关规定，被查补"两税"和被处以罚款时，也要对其未缴的城建税进行补税和罚款。

（2）纳税人违反"两税"有关规定而加收的滞纳金和罚款，不作为城建税的计税依据。

（3）城市维护建设税以"两税"为计税依据并同时征收，如果要免征或者减征"两税"，也要同时免征或者减征城市维护建设税。

（4）对出口产品退还"两税"的，不退还已缴纳的城市维护建设税。

城市维护建设税计税依据的具体确定办法，由国务院依据有关税收法律、行政法规规定，报全国人民代表大会常务委员会备案。

（二）城市维护建设税应纳税额的计算

城建税应纳税额计算公式为：

$$应纳税额＝（纳税人实际缴纳的增值税税额＋消费税税额）\times 适用税率$$

【例5-1】 石狮市区一家外资汽车公司2021年3月份实际缴纳增值税300 000元，缴纳消费税400 000元。计算该企业应纳的城建税税额。

解析：应纳城建税税额＝（300 000＋400 000）×7％＝49 000（元）

【例5-2】 位于县城的甲企业2021年7月销售产品缴纳增值税和消费税共计500 000元，被税务机关查补增值税150 000元并处罚款50 000元。请计算本月应缴纳城市维护建设税税额。

解析：罚款不作为城建税的计税依据，应缴纳城市维护建设税税额＝（500 000＋150 000）×5％＝45 500（元）。

（三）城市维护建设税的税收优惠

根据国民经济和社会发展的需要，国务院对重大公共基础设施建设、特殊产业和群体以及重大突发事件应对等情形可以规定减征或者免征城市维护建设税，报全国人民代表大会常务委员会备案。

四、城市维护建设税的缴纳和征收

（一）纳税环节

城建税的纳税环节，实际就是纳税人缴纳增值税、消费税的环节。纳税人只要发生"两税"的纳税义务，就要在同样的环节，分别计算缴纳城建税。

（二）纳税地点

城市维护建设税以纳税人实际缴纳的增值税、消费税税额为计税依据，分别与增值税、消费税同时缴纳。所以，一般而言，纳税人缴纳增值税、消费税的地点，就是该纳税人缴纳城市维护建设税的地点。

（三）纳税期限

城建税是由纳税人在缴纳"两税"时同时缴纳的，所以其纳税期限分别与"两税"的纳税期限一致。

第二节 烟叶税

烟叶税,是对在中华人民共和国境内收购烟叶的单位,就其收购金额和法定的税率计算征收的一种流转税。它是目前中国特有的一种地方性税收,原为已经取消的农业特产税的一个税目。2006年4月28日,国务院公布《中华人民共和国烟草税暂行条例》并即日起施行。开征烟叶税的目的,是为了保证烟叶产区的地方政府稳定地取得财政收入,保持烟草税制的完整,加强地方税制建设。2017年12月27日,十二届全国人大会常委会第三十一次会议表决通过了《中华人民共和国烟叶税法》,自2018年7月1日起施行,2006年4月28日国务院公布的《中华人民共和国烟草税暂行条例》同时废止。

一、烟叶税的纳税人和税率

(一)烟叶税的纳税人

在中华人民共和国境内收购烟叶的单位,为烟叶税的纳税人。收购烟叶的单位,是指依照《烟草专卖法》的规定有权收购烟叶的烟草公司或者受其委托收购烟叶的单位。依照《烟草专卖法》查处没收的违法收购的烟叶,由收购罚没烟叶的单位按照购买金额计算缴纳烟叶税。

(二)烟叶税的税率

烟叶税的计税依据为纳税人收购烟叶的收购金额。烟叶税实行比例税率,税率为20%。烟叶税税率的调整,由国务院决定。

二、烟叶税应纳税额的计算

烟叶税应纳税额的计算为:

$$烟叶税应纳税额 = 烟叶收购金额 \times 税率(20\%)$$

烟叶税收购金额包括纳税人支付给烟叶销售者的烟叶收购价款和价外补贴。其中价外补贴统一暂按烟叶收购价款的10%计算。

计算公式为:

$$烟叶收购金额 = 烟叶收购价款 \times (1+10\%)$$

烟叶税准予并入烟叶产品买价计算增值税的进项税额,在计算缴纳增值税时予以抵扣。

计算公式为:

$$\begin{aligned}准予抵扣的增值税进项税额 &= (烟叶收购金额 + 烟叶税应纳税额) \times 扣除率(9\%) \\ &= 烟叶收购价款 \times (1+10\%) \times (1+20\%) \times 9\% \\ &= 烟叶收购价款 \times 1.1 \times 1.2 \times 9\%\end{aligned}$$

【例5-3】 某纳税人收购烟叶支付给烟叶销售者收购价款和价外补贴,并缴纳了烟叶税。已知该收购人支付的收购价款为 10 000 元。请计算其准予扣除的增值税进项税额。

解析：烟叶收购金额＝10 000×(1＋10％)＝11 000(元)

烟叶税应纳税额＝11 000×20％＝2 200(元)

准予抵扣的增值税进项税额＝(11 000＋2 200)×9％＝1 188(元)

三、烟叶税的缴纳与征收

(一)纳税义务发生时间及纳税期限

烟叶税的纳税义务发生时间为纳税人收购烟叶的当天,即指纳税人向烟叶销售者付讫收购烟叶款项或者开具收购烟叶凭据的当天。

烟叶税纳税期限,纳税人应当自纳税义务发生之日起 30 日内申报纳税。具体纳税期限由主管税务机关核定。

(二)纳税地点及纳税申报

纳税人收购烟叶,应当向烟叶收购地的主管税务机关申报纳税。烟叶税由地方税务机关征收。

第三节　教育费附加和地方教育附加

一、教育费附加和地方教育附加的概念

教育费附加和地方教育附加,是对缴纳增值税、消费税的单位和个人,就其实际缴纳的税额为计税依据征收的一种附加费。教育费附加是为加快地方教育事业、扩大地方教育经费的资金而征收的一项专用基金。为充分调动企、事业单位和其他各种社会力量办学的积极性,开辟多种渠道筹措经费,国务院于 1986 年 4 月 28 日颁布了《征收教育费附加的暂行规定》,决定从同年 7 月 1 日起开始在全国范围内征收教育费附加。2010 年财政部下发了《关于统一地方教育附加政策有关问题的通知》对各省、市、自治区的地方教育附加进行了统一。

二、教育费附加和地方教育附加的缴纳人、计税依据和征收比率

(一)教育费附加和地方教育附加的缴纳人

教育费附加和地方教育附加的缴纳人是缴纳增值税、消费税的单位和个人,即上述单位和个人在缴纳"两税"的同时计算缴纳教育费附加和地方教育附加。自 2010 年 12 月 1 日起,对外商投资企业、外国企业及外籍个人征收教育费附加。

(二)教育费附加和地方教育附加的计税依据

教育费附加和地方教育附加以纳税人实际缴纳的增值税、消费税税额为计征依据。纳税人违反"两税"有关规定而加收的滞纳金和罚款,不作为教育费附加和地方教育附加的计征依据,但纳税人在被查补"两税"和被处以罚款时,应同时对其偷漏的教育费附加和地方教育附加进行补税、征收滞纳金和罚款。

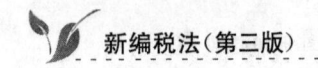

（三）教育费附加和地方教育附加的征收比率

教育费附加征收比率为3%，地方教育附加征收率从2010年起统一为2%。

三、教育费附加和地方教育附加的计算

（一）计算公式

$$\genfrac{}{}{0pt}{}{\text{应纳教育费附加或}}{\text{地方教育附加}} = \genfrac{}{}{0pt}{}{\text{纳税人实际缴纳的增值税}}{\text{和消费税税额}} \times \genfrac{}{}{0pt}{}{\text{征收比率}}{(3\%或2\%)}$$

式中，教育费附加征收比率为3%；地方教育附加征收比率为2%。

【例5-4】 某市一企业2021年5月实际缴纳增值税50 000元、消费税20 000元、所得税30 000元。请计算该企业应缴纳教育费附加和地方教育附加。

解析：应纳教育费附加=(50 000+20 000)×3%=2 100(元)

应纳地方教育费附加=(50 000+20 000)×2%=1 400(元)

（二）教育费附加和地方教育附加的减免规定

(1) 海关对进口产品代征的增值税、消费税，不征收教育费附加。

(2) 对由于减免增值税和消费税而发生退税的，可同时退还已征收的教育费附加。但对出口产品退还增值税、消费税的，不退还已征收的教育费附加。

(3) 对国家重大水利工程建设基金免征教育费附加。

(4) 自2016年2月1日起，按月纳税的销售额或营业额不超过10万元(按季度纳税的季度销售额或营业额不超过30万元)的缴纳义务人，免征教育费附加、地方教育附加。

四、教育费附加和地方教育附加的缴纳与征收

因教育费附加和地方教育附加是随增值税和消费税税额附征的附加费，根据国务院关于《征收教育费附加的暂行规定》规定，教育费附加和地方教育附加的征收管理，按照增值税、消费税的有关规定办理。

"案例导入"解析

(1) 该外商投资企业缴纳了消费税，也要缴纳城市维护建设税。

(2) 按税法规定受托方是消费税代收代缴的义务人，同时也是城市维护建设税代收代缴的义务人，按受托方所在地适用税率计算代收代缴城建税。因为受托方乙工厂所在地在县城，所以适用5%的税率。

(3) 乙工厂应代收代缴城市维护建设税=(800 000+150 000)÷(1-5%)×5%×50%×5%=1 250(元)

(4) 乙工厂应代收代缴教育费附加和地方教育附加=(800 000+150 000)÷(1-5%)×5%×50%×(3%+2%)=1 250(元)

复习思考题

1. 城市维护建设税的纳税人有哪些?计税依据是什么?
2. 在计算烟叶税时,如何确定烟叶的收购金额?如何计算烟叶税税额?
3. 教育费附加的纳税人与征税范围是什么?

能力训练题

一、单项选择题

1. 下列不属于城建税特点的是( )。
   A. 专款专用   B. 纳税人所在地统一累进税率
   C. 属于一种附加税   D. 征收范围广
2. 下列对城市维护建设税的表述不正确的是( )。
   A. 城市维护建设税是一种附加税
   B. 城市维护建设税税款专门用于城市的公用事业和公共设施的维护建设
   C. 目前外商投资企业和外国企业也是城市维护建设税的纳税人
   D. 纳税人所在地为县城、镇的,税率为7%
3. 下列纳税人中,应缴纳城市维护建设税的有( )。
   A. 印花税的纳税人   B. 车船税的纳税人
   C. 个人所得税的纳税人   D. 消费税的纳税人
4. 位于市区的某内资生产企业为增值税一般纳税人,4月份实际缴纳增值税40万元,消费税5万元。另外,进口货物缴纳增值税17万元、消费税30万元。该企业4月份应缴纳的城市维护建设税为( )万元。
   A. 2.8   B. 3.15
   C. 4.6   D. 6.09
5. 目前我国城建税的税率实行的是( )的方法。
   A. 纳税人所属行业差别比例税率   B. 纳税人所在地差别比例税率
   C. 纳税人所属行业累进税率   D. 纳税人所在地统一累进税率
6. 下列项目中,可以作为城建税计税依据的是( )。
   A. 增值税税金   B. 消费税滞纳金
   C. 房产税罚款   D. 补纳的企业所得税税金
7. 某县城一运输公司为增值税一般纳税人,2021年9月份取得不含税运输收入120万元、不含税装卸收入20万元,分别核算,该公司9月应缴纳的城市维护建设税为( )万元。
   A. 0.18   B. 0.6   C. 0.25   D. 0.21
8. 某卷烟厂2021年12月收购烟叶生产卷烟,收购凭证上注明价款50万元,并向烟叶生产者支付了价外补贴。该卷烟厂12月份收购烟叶可抵扣的进项税额为( )万元。
   A. 5.94   B. 7.26   C. 8.58   D. 8.86

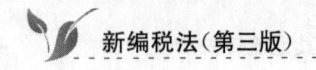

二、多项选择题

1. 下列不属于城市维护建设税纳税义务人的有（　　）。
   A. 缴纳增值税的事业单位　　　　　　B. 缴纳消费税的国有企业
   C. 缴纳印花税的外商投资企业　　　　D. 只缴纳个人所得税的公司职员

2. 城市维护建设税适用的税率有（　　）。
   A. 7%　　　　B. 5%　　　　C. 3%　　　　D. 1%

3. 城建税和教育费附加基数不包括（　　）。
   A. 纳税人违反"两税"而加收的罚款
   B. 查补的"两税"
   C. 享受税收优惠而减免的"两税"
   D. 纳税人违反"两税"而加收的滞纳金

4. 下列关于城建税按纳税人所在地差别比例税率的表述中，正确的有（　　）。
   A. 纳税人所在地为市区的，税率为7%
   B. 纳税人所在地为县城、镇的，税率为5%
   C. 纳税人所在地为县城、镇的，税率为3%
   D. 纳税人所在地不在市区、县城或者镇的，税率为1%

5. 下列说法正确的是（　　）。
   A. 教育费附加不是税
   B. 教育费附加是对缴纳增值税、消费税的单位和个人，就其实际缴纳的税额为计税依据征收的一种附加费
   C. 现行教育费附加征收比率为3%
   D. 对出口产品退还增值税、消费税的，不退还已征收的教育费附加

6. 下列不属于烟叶税税率的是（　　）。
   A. 3%　　　　B. 5%　　　　C. 7%　　　　D. 10%

7. 烟叶税的征税范围包括（　　）。
   A. 采摘烟叶　　B. 晾晒烟叶　　C. 烤烟叶　　D. 烟丝

8. 下列关于教育费附加的表述中，正确的有（　　）。
   A. 外商投资企业不需计算缴纳教育费附加
   B. 国家重大水利工程建设基金免征教育费附加
   C. 对海关进口的产品征收增值税，同时征收教育费附加
   D. 对出口产品退还增值税、消费税的，不退还已征的教育费附加

三、判断题

1. 城市维护建设税的征税范围也包括农村。（　　）
2. 一切负有缴纳"两税"义务的单位和个人都是城市维护建设税的纳税义务人。（　　）
3. 进口环节代征增值税也要代征教育费附加。（　　）
4. 出口货物，退还增值税也应同时退还城市维护建设税。（　　）
5. 城市维护建设税的计税依据为纳税人实际缴纳的增值税、消费税税额和查补增值税、消费税税额，以及对纳税人违反增值税、消费税法规而加收的滞纳金和罚款。（　　）

四、计算题

1. 某镇的卷烟厂,2021年3月缴纳消费税40 000元,增值税30 000元,被查补消费税10 000元、增值税5 000元,处以罚款8 000元,加收滞纳金600元。要求:计算该厂应纳的城市维护建设税、教育费附加及地方教育附加。

2. 2021年12月,某卷烟厂向农场收购烟叶,支付款项合计50 000元,其中包含按照专卖局规定支付的收购价款40 000元;烟厂按照规定缴纳了烟叶税,另外向运输公司支付该批烟叶的收购运输费200元,取得运费专用发票。要求:计算烟厂收购烟叶可抵扣的全部进项税额。

第六章　企业所得税法

目标与要求

知识目标与要求：了解企业所得税的纳税人、征税对象和税率，明确企业所得税的税收优惠，熟悉企业所得税应纳税所得额的确定，掌握应纳税额的计算方法。

能力目标与要求：知晓企业所得税的税收优惠，熟练掌握企业所得税应纳税所得额的确定范围和标准，掌握及时足额缴纳企业所得税的重要性，做具有责任担当的社会主义价值观践行者。

思政目标与要求：通过学习，了解政府对高新技术企业、集成电路设计企业和软件生产企业采取各种减税降负的措施，有利于提高企业的投资能力和自主创新能力。通过国家对小微企业所得税的优惠措施可以知道国家是让这些企业轻装上阵，提升企业自身的竞争力。了解企业公益性捐赠支出的所得税处理，明确企业享受所得税税收优惠政策的同时，还需要进行公益性捐赠，承担社会责任，传播"一方有难、八方支援"和谐社会的正能量，从而有效激发爱国热情和社会责任感。

案例导入

通达纺织制造公司，2021年实现税前收入总额2 000万元（其中包括产品销售收入1 800万元、购买国库券利息收入100万元），发生各项成本费用共计1 000万元，其中包括合理的工资、薪金总额200万元、业务招待费100万元、职工福利费50万元、职工教育经费2万元、工会经费10万元（已拨缴）、税收滞纳金10万元。另外，企业当年购置环境保护专用设备（符合《环境保护专用设备企业所得税优惠目录》），取得增值税专用发票注明金额500万元、增值税进项税额65万元，该设备当月投入使用。

思考：该企业当年的会计利润是多少？应纳税所得额是多少？购置的环境保护专用设备是否有税收优惠？应纳企业所得税额是多少？

第一节　企业所得税概述

一、企业所得税的概念

企业所得税,是对我国境内企业和其他取得收入的组织,就其生产经营所得和其他所得征收的一种税。其作用主要有:① 促进企业改善经营管理活动,提升企业的盈利能力;② 调节产业结构,促进经济发展;③ 为国家建设筹集财政资金。企业所得税是一种直接税,是仅次于增值税的第二大税种,是规范和处理国家与企业分配关系的重要形式。

我国企业所得税历经了漫长的演变发展与改革过程。新中国成立后,在1958年实行工商税制改革,所得税从工商业税中分离出来,定名为工商所得税,这是所得税成为一个独立税种的标志,为以后的所得税制建立打下了基础。

20世纪50年代至80年代,工商所得税在我国所得税发展史上一直占据着十分重要的地位。1983年后,我国先后开征了国营企业所得税、集体企业所得税、私营企业所得税、城乡个体工商业户所得税等多种企业所得税,形成多种企业所得税并存的局面。

为适应中国建立社会主义市场经济体制的新形势,进一步扩大改革开放,努力把国有企业推向市场,按照统一税法、简化税制、公平税负、促进竞争的原则,国家先后完成了外资企业所得税的统一和内资企业所得税的统一。1993年12月13日国务院发布了《中华人民共和国企业所得税暂行条例》,规定除外商投资企业和外国企业外,在我国境内的其他各类企业均应依法缴纳企业所得税,从而实现了内资企业所得税制的合并与统一,并自1994年1月1日起施行。但是,内、外资企业所得税制并存也带来许多问题,已经不能适应新形势的要求。一是内、外资企业所得税法规定差异较大,尤其是外资企业的超国民待遇,造成企业的税负不公,要求统一税收优惠、公平竞争的呼声越来越高。二是内、外资企业所得税法关于税收优惠的规定存在许多漏洞,造成了国家税收收入的流失等。

为进一步完善我国社会主义市场经济体制,促进经济增长方式转变和产业结构升级,促进区域经济的协调发展,减轻和平衡各类企业的税收负担,为各类企业创造一个公平竞争的市场环境,加大企业所得税的征管力度,提高我国利用外资的质量和水平,第十届全国人民代表大会第五次会议于2007年3月16日审议通过了《中华人民共和国企业所得税法》(简称《企业所得税法》),这是国家制定的用以调整企业所得税征收与缴纳之间权利及义务关系的法律规范。2007年11月28日国务院第197次常务会议通过了《中华人民共和国企业所得税法实施条例》(简称《实施条例》),并于2008年1月1日起开始施行。新的企业所得税法统一适用于内、外资企业;统一并适当降低企业所得税税率;统一和规范税前扣除办法和标准;统一税收优惠政策,实行"产业优惠为主、区域优惠为辅"的新税收优惠体系;同时增加了有关反避税措施。

二、企业所得税的特点

与其他税种相比,我国现行的企业所得税具有以下特点。

(一)征税范围广

在我国境内,企业或其他取得收入的组织都是企业所得税的纳税人,都要依法缴纳企业所得税。企业所得税的征税对象是生产经营所得和其他所得。因此,企业所得税具有征收上的广泛性。

(二)计税依据为应纳税所得额

应纳税所得额是指企业每一纳税年度的收入总额减除不征税收入、免税收入、各项扣除以及允许弥补以前年度亏损后的余额。它既不等于企业的会计利润,也不是企业的销售额或营业额。因此,它与对商品或劳务课税的税种完全不同。

(三)体现税负公平原则

企业所得税以所得额为课税对象,所得税的负担轻重与纳税人所得的多少有着内在联系,所得多的,多纳税;所得少的,少纳税;无所得的,不纳税。这充分体现了税收的公平原则。

(四)计算比较复杂

由于企业所得税的计税依据为应纳税所得额,应纳税所得额的计算离不开企业会计利润的计算,即收入减去费用、成本、税金和损失等,并且税法中的收入、成本、费用、损失与会计上的计算口径又有所不同。此外,计算企业所得税时还涉及了其他一些价内税的计算,这些税种的计算正确与否,直接关系到企业所得税的计算结果。因此,企业所得税的计算比较复杂。

(五)实行按年计征、分期预缴的征管办法

企业所得税以全年的应纳税所得额作为计税依据,按纳税年度计算,分月或分季预缴,年终汇算清缴,结清应缴应退税款,并与企业的会计核算年度保持一致,有利于税收的征收管理。

第二节 企业所得税的纳税人、征税对象和税率

一、企业所得税的纳税人

企业所得税的纳税人,是中华人民共和国境内的企业和取得收入的其他组织(以下统称企业),包括依法成立的企业、事业单位、社会团体和其他组织,但不包括个人独资企业和合伙企业。个人独资企业和合伙企业适用于个人所得税。

我国采用了"登记注册地标准"和"实际管理机构地标准"相结合的办法,将企业分为居民企业和非居民企业。不同企业在向中国政府缴纳所得税时,纳税义务不同。这种分类标准是为了更好地保障我国税收管辖权的有效行使。税收管辖权是一国政府在征税方面的主权,是国家主权的重要组成部分。根据国际上的通行做法,我国选择了地域管辖权和居民管辖权的双重管辖权标准,最大限度地维护我国的税收利益。

(一)居民企业

居民企业,是指依法在中国境内成立,或者依照外国(或地区)法律成立但实际管理机构

在中国境内的企业。这里的企业包括国有企业、集体企业、私营企业、联营企业、股份制企业、外商投资企业、外国企业以及有生产、经营所得和其他所得的其他组织。所谓的"实际管理机构"是指对企业的生产经营、人员、账务、财产等实施实质性安全管理和控制的机构,如有效的管理中心、控制管理中心、董事会场所等。其中,有生产、经营所得和其他所得的其他组织,指的是经国家有关部门批准,依法注册、登记的事业单位、社会团体等组织。由于我国的一些社会团体组织、事业单位在完成国家事业计划的过程中,开展多种经营和有偿服务活动,取得除财政部门各项拨款、财政部和国家物价部门批准的各项规费收入以外的经营收入,具有经营的特点,应当视同企业纳入征税范围。

(二)非居民企业

非居民企业,是指依照外国(或地区)法律成立且实际管理机构不在中国境内,但在中国境内设立机构、场所的,或者在中国境内未设立机构、场所,但有来源于中国境内所得的企业。例如,在美国注册的企业设在北京的办事处。

上述所称机构、场所,是指在中国境内从事生产经营活动的机构、场所。

(1)管理机构、营业机构、办事机构。

(2)工厂、农场、开采自然资源的场所。

(3)提供劳务的场所。

(4)从事建筑、安装、装配、修理、勘探等工程作业的场所。

(5)营业代理人。

(6)其他从事生产经营活动的机构、场所。

上述的营业代理人是指在中国境内受非居民企业委托,从事生产经营活动的,包括经常代理委托人签订合同,或者经常储存属于委托人的产品或者商品,代表委托人交付产品或者商品等的单位或个人。该营业代理人视为非居民企业在中国境内设立的机构、场所。

二、企业所得税的征税对象

企业所得税的征税对象为企业的生产经营所得、其他所得和清算所得,包括销售货物所得、提供劳务所得、转让财产所得、股息红利等权益性投资所得、利息所得、租金所得、特许权使用费所得、接受捐赠所得和其他所得。

(一)居民企业的征税对象

居民企业应当就其来源于中国境内、境外的所得缴纳企业所得税,称为无限纳税人。

(二)非居民企业的征税对象

非居民企业在中国境内设立机构、场所的,应当就其所设机构、场所取得的来源于中国境内的所得,以及发生在中国境外但与其所设机构、场所有实际联系的所得,缴纳企业所得税。非居民企业在中国境内未设立机构、场所的,或者虽设立机构、场所但取得的所得与其所设机构、场所没有实际联系的,应当就其来源于中国境内的所得缴纳企业所得税,因此称为有限纳税人。

上述所称"实际联系",指的是非居民企业在中国境内设立的机构、场所拥有的据以取得所得的股权、债权,以及拥有、管理、控制据以取得所得的财产。

比如,某跨国公司在中国设立代表处,这个代表处不仅为国外公司在中国境内服务,而且为它在境外的机构做一些辅助工作,也获取所得,这部分所得称为有实际联系的所得,虽然是在境外取得的,但是与境内设立的机构有实际联系,这部分境外所得也作为企业所得税的征收范围。

(三) 所得来源的确定

所得来源地与支付地并不是一个概念,上述所称来源于中国境内、境外的所得,按照以下原则确定:

(1) 销售货物所得。按照交易活动发生地确定,即销售货物行为发生的场所。

(2) 提供劳务所得。按照劳务发生地确定。

(3) 转让财产所得。不动产转让所得按照不动产所在地确定;动产转让所得按照转让动产的企业或者机构、场所所在地确定;权益性投资资产转让所得按照被投资企业所在地确定。

(4) 股息、红利等权益性投资所得。按照分配所得的企业所在地确定。

(5) 利息所得、租金所得、特许权使用费所得。按照负担、支付所得的企业或者机构、场所所在地确定,或者按照负担、支付所得的个人的住所地确定。

(6) 其他所得。由国务院财政、税务主管部门确定。

三、企业所得税的税率

企业所得税税率是企业应纳所得税额与计税基数之间的数量关系或者比率,也是衡量一个国家企业所得税税负高低的重要指标,是企业所得税法的核心。

企业所得税实行比例税率。比例税率简便易行,透明度高,不会因征税而改变企业间收入分配比例,有利于促进效率的提高。现行规定是:

(1) 基本税率为25%。适用于居民企业的境内、外所得;非居民企业在中国境内设立机构、场所的,其来源于中国境内的所得,以及在中国境外取得,但与其所设机构、场所有实际联系的所得。

(2) 低税率为20%。适用于在中国境内未设立机构、场所,或虽设立机构、场所但取得的所得与机构、场所没有实际联系的非居民企业,其来源于中国境内的所得。但实际征税时适用10%的税率。

此外,对符合规定条件的企业还适用15%、10%等优惠税率(详见本章第四节)。

第三节 企业所得税应纳税所得额的确定

企业所得税的计税依据,是企业应纳税所得额。企业所得税应纳税额,等于应纳税所得额乘以适用的所得税税率。按照《企业所得税法》的规定,应纳税所得额,是指企业每一个纳税年度的收入总额,减除不征税收入、免税收入、各项扣除以及允许弥补的以前年度亏损后的余额。基本公式为:

$$应纳税所得额 = \left(收入总额 - 不征税收入 - 免税收入\right) - 各项扣除 - 允许弥补的以前年度亏损$$

确定企业的应纳税所得额,应以权责发生制为基础,属于当期的收入和费用,不论款项是否收付,均作为当期的收入和费用;不属于当期的收入和费用,即使款项已经在当期收付,均不作为当期的收入和费用。应纳税所得额的准确计算与国家税收收入有着直接的关系,并且同企业的税收负担、各项成本费用的核算密切相关。因此,企业所得税法对应纳税所得额的计算做了明确规定。

虽然,应纳税所得额与会计利润从形式上看十分相似,但应纳税所得额与会计利润又是两个不同的概念,两者既有联系又有区别。应纳税所得额是一个税收概念,是按照税法的规定计算得到的纳税人在一定时期的计税所得,也就是企业所得税的计税依据。会计利润则是按照会计准则的规定计算得到的纳税人在一定时期的账面利润,反映的是企业一定时期的经营成果。会计利润不是企业所得税的计税依据,但它是确定应纳税所得额的基础。一般须把会计利润按照税法规定作相应的调整后,才能作为企业的应纳税所得额。

一、企业纳税年度收入总额的确定

企业以货币形式和非货币形式从各种来源取得的收入,为收入总额。这里的货币形式主要有现金、存款、应收账款、应收票据、准备持有至到期的债券投资以及债务的豁免等;而非货币形式主要有固定资产、生物资产、无形资产、股权投资、存货、不准备持有至到期的债券投资、劳务以及有关权益等,而且应当按照公允价值(按市场价格确定的价值)来确定收入额。企业的收入总额,一般来源于以下几种情况。

(一)一般收入的确认

1. 销售货物收入

销售货物收入指企业销售商品、产品、原材料、包装物、低值易耗品以及其他存货等各种有形货物取得的收入。

2. 提供劳务收入

提供劳务收入指企业从事建筑安装、修理修配、交通运输、仓储租赁、金融保险、邮电通信、咨询经纪、文化体育、科学研究、技术服务、教育培训、餐饮住宿、中介代理、卫生保健、社区服务、旅游、娱乐、加工以及其他劳务服务活动等所取得的收入。

3. 转让财产收入

转让财产收入指企业转让固定资产、生物资产、无形资产、股权、债权等财产取得的收入。

转让股权收入应当于转让协议生效且完成股权变更手续时,确认收入的实现。股权转让所得指的是转让股权收入扣除为取得该股权所发生的成本的差额,不得扣除被投资企业未分配利润等股东留存收益中按该项股权所可能分配的金额。

4. 股息、红利等权益性投资收益

股息、红利等权益性投资收益指企业因权益性投资从被投资方取得的收入。除国务院财政、税务主管部门另有规定外,其收入的实现按照被投资方做出利润分配决定的日期来确定。

5. 利息收入

利息收入指企业将资金提供他人使用但不构成权益性投资,或者因他人占用本企业资金取得的收入,包括存款利息、贷款利息、债券利息、欠款利息等收入。该收入的实现按照合同约定的债务人应付利息的日期来确认。

6. 租金收入

租金收入指企业提供固定资产、包装物或者其他有形资产的使用权取得的收入。该收入的实现是按照合同约定的承租人应付租金的日期来确认。如果交易合同或协议中规定租赁期限跨年度,且租金提前一次性支付的,应根据《实施条例》第 9 条规定的收入与费用配比原则,出租人可对上述已确认的收入,在租赁期内分期均匀计入相关年度收入。

7. 特许权使用费收入

特许权使用费收入指企业提供专利权、非专利技术、商标权、著作权以及其他特许权的使用权取得的收入。该收入的实现是按照合同约定的特许权使用人应付特许权使用费的日期来确认。

8. 接受捐赠收入

接受捐赠收入指企业接受的来自其他企业、组织或者个人无偿给予的货币性资产和非货币性资产。该收入的实现是按照实际收到捐赠资产的日期来确认。

企业接受捐赠的非货币性资产,按接受捐赠时资产的入账价值确认捐赠收入,并入当期应纳税所得。受赠非货币资产计入应纳税所得额的内容包括受赠资产价值和由捐赠企业代为支付的增值税,不包括由受赠企业另外支付或应付的相关税费。如果企业接受的捐赠是存货、固定资产、无形资产和投资等,在经营中使用或将来销售处置时,可按税法规定结转存货销售成本、投资转让成本或扣除固定资产折旧、无形资产摊销额。

9. 其他收入

其他收入包括企业资产盘盈或溢余收入、逾期未退包装物押金收入、确实无法偿付的应付款项、已作坏账损失处理后又收回的应收款项、债务重组收入、补贴收入、违约金收入和汇兑收益等。

(二)特殊收入的确认

除以上确认收入的基本规定外,对于分期收款、受托加工、产品分成、非货币交易等特殊收入的确认,还须按以下原则处理:

(1) 以分期收款方式销售货物的,按照合同约定的收款日期确认收入的实现;

(2) 企业受托加工制造大型机械设备、船舶、飞机等,以及从事建筑、安装、装配工程业务或者提供劳务等,持续时间超过 12 个月的,按照纳税年度内完工进度或者完成的工作量确认收入的实现;

(3) 采取产品分成方式取得收入的,按照企业分得产品的时间确认收入的实现,其收入总额按照产品的公允价值确定;

(4) 企业发生非货币性资产交换,以及将货物、财产、劳务用于捐赠、偿债、赞助、集资、广告、样品、职工福利或者利润分配等用途,应当视同销售货物、转让财产或者提供劳务,但国务院财政、税务主管部门另有规定的除外。

(三)处置资产收入的确认

(1) 企业发生下列情形的处置资产,除将资产转移至境外的,由于资产所有权属在形式

和实质上均不发生改变,可作为内部处置资产,不视同销售确认收入,相关资产的计税基础延续计算:

① 将资产用于生产、制造、加工另一产品。

② 改变资产形状、结构或性能。

③ 改变资产用途(如自建商品房转为自用或经营)。

④ 将资产在总机构及其分支机构之间转移。

⑤ 上述两种或两种以上情形的混合。

⑥ 其他不改变资产所有权属的用途。

(2) 企业将资产移送他人的下列情形,因资产所有权属已发生改变而不属于内部处置资产,应按规定视同销售确认收入。

① 用于市场推广或销售。

② 用于交际应酬。

③ 用于职工奖励或福利。

④ 用于股息分配。

⑤ 用于对外捐赠。

⑥ 其他改变资产所有权属的用途。

(3) 企业发生上述第(2)项规定情形时,除另有规定外,应按照被移送资产的公允价值确定销售收入。①

二、企业收入总额中的不征税收入项目

(一) 财政拨款

财政拨款是指各级人民政府对纳入预算管理的事业单位、社会团体等组织拨付的财政资金。企业收入总额中的财政拨款属于不征税收入项目,但国务院以及国务院财政、税务主管部门另有规定的除外。

(二) 依法收取并纳入财政管理的行政事业性收费、政府性基金

行政事业性收费,是指依照法律法规等有关规定,按照国务院规定程序批准,在实施社会公共管理,以及在向公民、法人或者其他组织提供特定公共服务过程中,向特定对象收取并纳入财政管理的费用;政府性基金,是指企业依照法律、行政法规等有关规定,代政府收取的具有专项用途的财政资金。具体规定如下:

(1) 企业按照规定缴纳的、由国务院或财政部批准设立的政府性基金,以及由国务院和省、自治区、直辖市人民政府及其财政、价格主管部门批准设立的行政事业性收费,准予在计算应纳税所得额时扣除。不符合上述条件的基金、收费,则不得扣除。

(2) 企业收取的各种基金、收费,应计入企业当年收入总额。

(3) 对企业依照法律、法规及国务院有关规定收取并上缴财政的政府性基金及行政事业性收费,符合不征税条件的收入,于上缴财政的当年在计算应纳税所得额时从收入总额中扣除;未上缴部分,则不得扣除。

---

① 国家税务总局:《关于企业所得税有关问题的公告》,2016年第80号。

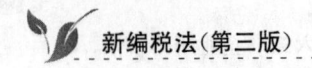

（三）国务院规定的其他不征税收入

国务院规定的其他不征税收入是指企业取得的，国务院财政、税务主管部门规定专项用途并经国务院批准的财政性资金。

财政性资金，是指企业取得的来源于政府及其有关部门的财政补助、补贴、贷款贴息，以及其他各类财政专项资金，包括直接减免的增值税和即征即退、先征后退、先征后返的各种税收，但不包括企业按规定取得的出口退税款。

三、企业收入总额中的免税收入项目

（一）国债利息收入

国债利息收入是指企业持有国务院财政部发行的国债取得的利息收入。

（二）权益性投资收益

（1）居民企业直接投资于其他居民企业取得的股息、红利等权益性投资收益；

（2）在中国境内设立机构、场所的非居民企业从居民企业取得与该机构、场所有实际联系的股息、红利等权益性投资收益。

上述所称权益性投资收益，不包括连续持有居民企业公开发行并上市流通的股票不足12个月取得的投资收益。

（三）符合条件的非营利组织的收入

（1）符合条件的非营利组织，是指同时符合下列条件的组织：

① 依法履行非营利组织登记手续。

② 从事公益性或非营利性活动。

③ 取得的收入除用于与该组织有关的、合理的支出外，全部用于登记核定或者章程规定的公益性或非营利性事业。

④ 财产及其孳息不用于分配。

⑤ 按照登记核定或章程规定，该组织注销后的剩余财产用于公益性或非营利性目的，或由登记管理机关转赠给同该组织性质、宗旨相同的组织，并向社会公告。

⑥ 投入人对投入该组织的财产不保留或享有任何财产权利。

⑦ 工作人员工资福利开支控制在规定的比例内，不变相分配该组织的财产。

⑧ 国务院财政部、税务主管部门规定的其他条件。

（2）非营利组织企业所得税免税收入范围具体如下：

① 接受其他单位或者个人捐赠的收入。

② 除《企业所得税法》第7条规定的财政拨款以外的其他政府补助收入，但不包括因政府购买服务取得的收入。

③ 按照省级以上民政、财政部门规定收取的会费。

④ 不征税收入和免税收入孳生的银行存款利息收入。

⑤ 财政部、国家税务总局规定的其他收入。

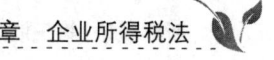

四、税前扣除项目的原则和准予税前扣除的项目

(一) 税前扣除项目的原则

1. 权责发生制原则

要求纳税人发生的费用应在发生的所属期扣除,而不是在实际支付时确认扣除。

2. 配比原则

要求纳税人发生的费用应当与收入配比扣除,除特殊规定外,纳税人申报的年度可扣除费用不得提前或滞后申报扣除。

3. 相关性原则

纳税人可扣除的费用从性质和根源上必须与取得应税收入直接相关。

4. 确定性原则

纳税人可扣除的费用不论何时支付,其金额必须是确定的。

5. 合理性原则

纳税人可扣除费用的计算和分配方法应符合生产经营活动常规。

纳税人经营活动中发生的支出应确保其真实性、合法性和合理性。

(二) 准予税前扣除的项目

在计算应税所得额时,准予从收入额中扣除的项目是指纳税人每一纳税年度发生的、与纳税人取得的收入有关的合理支出,包括成本、费用、税金、损失和其他支出。所谓的合理支出是指符合生产经营活动常规,应当计入当期损益或者有关资产成本的必要和正常的支出。企业发生的支出应当区分收益性支出和资本性支出,收益性支出在发生当期直接扣除,资本性支出应当分期扣除或者计入有关资产成本,不得在发生当期直接扣除。

1. 成本

成本是指企业在生产经营活动过程中发生的销售成本、销货成本、业务支出以及其他耗费,即企业销售商品(产品、材料、下脚料、废料、废旧物资等)、提供劳务、转让固定资产、无形资产(包括技术转让)的成本。

注意:出口货物不得将免抵和退税税额计入成本。

2. 费用

费用是指企业每一个纳税年度为生产、经营商品和提供劳务等所发生的销售费用、管理费用和财务费用。已经计入成本的有关费用除外。

(1) 销售费用,是应由企业负担的为销售商品而发生的费用,包括广告费、运输费、装卸费、包装费、展览费、保险费、销售佣金(能直接认定的进口佣金调整商品进价成本)、代销手续费、经营性租赁费以及销售部门发生的差旅费、工资、福利费等。

(2) 管理费用,是企业的行政管理部门为管理组织经营活动提供各项支援性服务而发生的费用。

(3) 财务费用,是企业筹集经营性资金而发生的费用,包括利息净支出、汇兑净损失、金融机构手续费及其他非资本化支出。

3. 税金

税金是指企业发生的除企业所得税和允许抵扣的增值税以外的各项税金及其附加。即企业按规定缴纳的消费税、城市维护建设税、关税、资源税、土地增值税、房产税、车船税、土地使用税、印花税、教育费附加等产品销售税金及附加。这些已纳税金准予税前扣除。准予扣除的税金方式有两种：一是在发生当期扣除；二是在发生当期计入相关资产的成本，在以后各期分摊扣除。

4. 损失

损失是指企业在生产经营活动过程中发生的固定资产和存货的盘亏、毁损、报废损失，转让财产损失，呆账损失，坏账损失，遭受自然灾害等不可抗力因素造成的损失，以及其他损失。企业发生的损失，减除责任人赔偿和保险赔款后的余额，依照国务院财政、税务主管部门的规定扣除。企业已作为损失处理的资产，在以后纳税年度又全部收回或者部分收回时，应当计入当期收入。

5. 其他支出

其他支出是指除成本、费用、税金、损失外，企业在生产经营活动中发生的有关的、合理的支出。

（三）准予税前扣除的项目具体范围和标准

在计算应纳税所得额时，下列项目可按照实际发生额或规定的标准扣除。

1. 工资、薪金支出

企业实际发生的合理的工资、薪金，准予扣除。工资、薪金，是指企业按照股东大会、董事会、薪酬委员会或相关管理机构制定的工资薪金制度规定，每一纳税年度实际支付给在本企业任职或者受雇的员工的所有现金和非现金形式的劳动报酬，包括基本工资、奖金、津贴、补贴、年终加薪、加班工资，以及与任职或者受雇有关的其他支出。企业因雇用季节工、临时工、实习生、返聘离退休人员及接受外部劳务派遣用工，也属于企业任职或者受雇员工范畴。区分工资薪金与福利费。对于列入企业员工工资薪金制度、固定与工资薪金一起发放的福利性补贴，可作为企业发生的工资薪金支出，按规定在税前扣除。否则，按职工福利费限额扣除。企业在年度汇算清缴结束前，向员工实际支付的已预提汇缴年度工资薪金，准予在汇缴年度按规定扣除。

另外，企业安置残疾人员的，在按照支付给残疾职工工资据实扣除的基础上，按照支付给残疾职工工资的100%加计扣除。残疾人员的范围适用《中华人民共和国残疾人保障法》的有关规定。企业实际支付给残疾人的工资加计扣除部分，如大于本年度应纳税所得额的，可准予扣除其不超过应纳税所得额的部分，超过部分本年度和以后年度均不得扣除。

【例6-1】 某厂全年支付给职工的工资、薪金支出为600万元，其中包括残疾人员的工资、薪金12万元。请计算该厂当年准予税前扣除的工资、薪金支出。

解析：当年准予扣除的工资、薪金支出 $= 600 + 12 \times 100\% = 612$（万元）

2. 职工福利费、工会经费、职工教育经费

企业发生的职工福利费、工会经费、职工教育经费（简称"三项经费"）按标准扣除，未超过标准的按实际数扣除，超过标准的只能按标准扣除。具体内容如下：

(1) 职工福利费。

企业实际发生的满足职工共同需要的集体生活、文化、体育等方面的职工福利费支出，不超过工资、薪金总额14%的部分，准予扣除。

企业发生的职工福利费，应该单独设置账册，进行准确核算。没有单独设置账册准确核算的，税务机关应责令企业在规定的期限内进行改正。逾期仍未改正的，税务机关可对企业发生的职工福利费进行合理的核定。

企业职工福利费主要包括三个方面：一是尚未实行分离办社会职能的企业，其内设福利部门所发生的设备、设施和人员费用，如职工食堂、职工浴室、理发室、医务室、托儿所、疗养院等集体福利部门的设备、设施及维修保养费用，福利部门工作人员的工资薪金、社会保险费、住房公积金、劳务费等。二是为职工卫生保健、生活、住房、交通等所发放的各项补贴和非货币性福利，如企业向职工发放的因公外地就医费用、未实行医疗统筹企业职工医疗费用、职工供养直系亲属医疗补贴、供暖费补贴、职工防暑降温费、职工困难补贴、救济费、职工食堂经费补贴、职工交通补贴等。三是按照其他规定发生的其他职工福利费，如丧葬补助费、抚恤费、安家费、探亲假路费等。

(2) 职工工会经费。

企业拨缴的职工工会经费支出，不超过工资、薪金总额2%的部分，必须凭工会组织开具的《工会经费收入专用收据》准予扣除。如果是委托税务机关代收工会经费的，企业拨缴的工会经费也可凭合法、有效的工会经费代收凭据依法在税前扣除，但未拨缴的工会经费不得扣除。

(3) 职工教育经费。

除国务院财政、税务主管部门另有规定外，企业发生的职工教育经费支出，自2018年1月1日起，不超过工资、薪金总额8%的部分，准予在计算企业所得税应纳税所得额时扣除；超过部分，准予在以后纳税年度结转扣除。

集成电路设计企业和软件企业的职工培训费用，航空企业空勤训练费，核电厂操纵员培养费，按实际发生额100%税前扣除。

【例6-2】 某服装厂全年支付给职工的工资、薪金支出为600万元，实际发生的职工福利费为60万元，职工教育经费为50万元。请计算准予扣除的职工福利费和职工教育经费。

解析：职工福利费的扣除限额为84万元（=600×14%），实际发生的职工福利费小于84万元，60万元全部准予扣除。

职工教育经费的扣除限额48万元（=600×8%），小于实际发生的职工教育经费，因此，税前准予扣除的职工教育经费为48万元，超过部分可以结转至以后年度继续扣除。

3. 保险费

(1) 企业按照国务院有关主管部门或者省级人民政府规定的范围和标准为职工缴纳的基本养老保险费、基本医疗保险费、失业保险费、工伤保险费、生育保险费等基本社会保险费和住房公积金（五险一金），准予扣除。

(2) 企业为投资者或者职工支付的补充养老保险费、补充医疗保险费，在国务院财政、税务主管部门规定的比例和标准内，准予扣除。

(3) 企业为全体雇员按国务院或省级人民政府规定的比例或标准补缴的基本或补充养

老、医疗和失业保险,可在补缴当期直接扣除;金额较大的,主管税务机关可要求企业在不低于三年的期间内分期均匀扣除。

(4) 除企业依照国家有关规定为特殊工种职工支付的人身安全保险费和国务院财政、税务主管部门规定可以扣除的其他商业保险费外,企业为投资者或者职工支付的商业保险费,不得扣除。

(5) 企业参加财产保险,按照规定缴纳的保险费,准予扣除。

(6) 银行业金融机构依据《存款保险条例》的有关规定,按照不超过万分之一点六的存款保险费率,计算交纳的存款保险保费,准予扣除。

(7) 企业职工因公出差乘坐交通工具发生的人身意外保险费支出,准予扣除。

4. 借款费用

(1) 企业在生产经营活动中发生的、合理的、不需要资本化的借款费用,准予扣除。

(2) 企业为购置、建造和生产固定资产、无形资产和经过12个月以上的建造才能达到预定可销售状态的存货发生借款的,在有关资产购建期间发生的合理的借款费用,应当作为资本性支出计入有关资产的成本,并根据有关规定扣除。

(3) 通过发行债券、取得贷款、吸收保户储金等方式融资发生的合理费用,符合资本化条件的,应计入相关资产成本;符合费用化条件的,应计入财务费用,准予在企业所得税前据实扣除。

【例 6-3】 企业年初购置一条生产线,向非金融机构借款 400 万元,期限 2 年,年利率为 8%(金融机构借款年利率为 7%),年底竣工结算投产,则该企业对该项借款的利息费用如何扣除?

解析:第一年的利息需要进行资本化处理,所以不能税前抵扣;第二年准予扣除的利息,应当按照同期金融机构利率计算:

利息费用扣除额 = 400×7% = 28(万元)

5. 利息支出

企业在生产经营活动中发生的下列利息支出,准予扣除:

(1) 非金融企业向金融企业借款的利息支出,按实际发生数扣除。

(2) 金融企业的各项存款利息支出和同业拆借利息支出,按实际发生数扣除,包括逾期归还银行贷款,银行按规定加收的罚息,也可以在税前扣除。

(3) 企业经批准发行债券的利息支出,按实际发生数扣除。

(4) 非金融企业向非金融企业借款的利息支出,不超过按照金融企业同期同类贷款利率计算的数额的部分,准予扣除。

(5) 企业实际支付给关联方的利息支出,不超过规定比例和税法及其实施条例有关规定计算的部分,准予扣除;超过的部分,不得在发生当期和以后年度扣除。金融企业接受关联方债权性投资与权益性投资比例为 5∶1,其他企业为 2∶1。

(6) 企业向股东或其他与企业有关联关系的自然人借款的利息支出,符合规定条件的,准予扣除。

(7) 企业向除上述规定以外的内部职工或其他人员借款的利息支出,其借款情况同时符合以下条件的,其利息支出在不超过按照金融企业同期同类贷款利率计算的数额的部分,准予扣除。但要具备两个条件：一是企业与个人之间的借贷是真实、合法、有效的，并且不具有非法集资目的或其他违反法律、法规的行为；二是企业与个人之间签订了借款合同。

【例 6-4】 某企业 2021 年度有注册资本 500 万元，当年 1 月 1 日向其无关联企业借入经营性资金 400 万元，借款期 1 年，支付利息费用 28 万元。假定当年银行同期贷款年利息率为 6%。请计算该企业可以扣除的利息费用。

解析： 利息费用的扣除限额 24 万元（＝400×6%），实际发生的利息费用 28 万元，超过扣除限额，因此可以扣除的利息费用为 24 万元。

6. 业务招待费

企业在经营管理等活动中用于接待应酬而支付的各种费用，主要包括业务洽谈、产品推销、对外联络、公关交往、会议接待、来宾接待等所发生的费用，如招待饭费、招待用烟茶费、交通费等。企业发生的与生产经营活动有关的业务招待费支出，按照发生额的 60% 扣除，但最高不得超过当年销售（营业）收入的 5‰。其销售（营业）收入包括主营业务收入、其他业务收入和视同销售收入，不包含增值税税额，不得扣除现金折扣。

企业筹建期间，与筹办有关的业务招待费支出，按实际发生额的 60% 计入筹办费，按规定税前扣除。

【例 6-5】 某企业为增值税一般纳税人，2021 年度的不含税收入为 4 000 万元，当年实际发生的业务招待费为 100 万元。请计算该企业准予扣除的业务招待费。

解析： 业务招待费的扣除限额＝4 000×5‰＝20（万元）

业务招待费的扣除标准＝100×60%＝60（万元）

因此，准予扣除的业务招待费为 20 万元。

7. 广告费和业务宣传费

企业发生的符合条件的广告费和业务宣传费支出，除国务院财政、税务主管部门另有规定外，不超过当年销售（营业）收入 15% 的部分，准予扣除；超过部分，准予在以后纳税年度结转扣除。其销售（营业）收入同上述业务招待费的计算依据是一致的。

自 2021 年 1 月 1 日起至 2025 年 12 月 31 日止，对化妆品制造或销售、医药制造和饮料制造（不含酒类制造）企业发生的广告费和业务宣传费支出，不超过当年销售（营业）收入 30% 的部分，准予扣除；超过部分，准予在以后纳税年度结转扣除。

烟草企业的烟草广告费和业务宣传费支出，一律不得在计算应纳税所得额时扣除。

企业筹建期间，发生的广告费、业务宣传费，按实际发生额计入筹办费，按规定税前扣除。

企业申报扣除的广告费支出应与赞助支出严格区分。企业申报扣除的广告费用支出，应符合的条件有：

（1）广告是通过工商部门批准的专门机构制作的；

（2）已经实际支付费用并已取得相应的发票；

（3）通过一定的媒体传播。

【例 6-6】 甲汽车制造公司 2021 年度的不含税销售收入为 3 670 万元，实际发生的符合条件的广告支出和业务宣传费支出为 630 万元。请计算该公司准予税前扣除的广告费和业务宣传费。

解析：扣除限额=3 670×15%=550.5(万元)

实际发生的广告费和业务宣传费超过扣除限额,因此允许在所得税前扣除的广告支出和业务宣传费支出为550.5万元,本年超过部分79.5万元(=630-550.5),可在以后年度结转扣除。

8. 固定资产租赁费

① 以经营租赁方式租入固定资产发生的租赁费,按照租赁期限均匀扣除;② 以融资租赁方式租入固定资产发生的租赁费,按照规定构成融资租入固定资产价值的部分应当提取折旧费用,分期扣除。

【例6-7】 某商场自2021年5月1日起租入一间仓库存放存货,一次性支付1年的租金48万元。计算本纳税年度可以扣除的租金金额。

解析：商场租赁仓库为经营性租赁,应按照租赁期限均匀扣除租赁费用,可扣除的租金额为32万元(=48÷12×8)。

9. 公益性捐赠支出

公益性捐赠,是指企业通过公益性社会团体或者县级(含县级)以上人民政府及其部门,用于《中华人民共和国公益事业捐赠法》规定的公益事业的捐赠。公益性社会团体,是指同时符合规定条件的基金会、慈善组织等社会团体。应按照管理权限,由财政部、国家税务总局和省、自治区、直辖市、计划单列市财政、税务部门分别每年联合公布名单。

企业通过公益性社会组织或者县级(含县级)以上人民政府及其组成部门和直属机构用于慈善活动、公益事业的捐赠支出,在年度利润总额12%以内的部分,准予在计算应纳税所得额时扣除;超过年度利润总额12%的部分,准予在以后3年内在计算应纳税所得额时扣除。本条所称公益性社会组织,应当依法取得公益性捐赠税前扣除资格。年度利润总额,是指企业依照国家统一会计制度的规定计算的年度会计利润。

企事业单位、社会团体以及其他组织捐赠住房作为公租房的,符合税收法律法规规定的,视同公益性捐赠,按上述规定执行。

自2019年1月1日至2022年12月31日,企业通过公益性社会组织或者县级(含县级)以上人民政府及其组成部门和直属机构,用于目标脱贫地区的扶贫捐赠支出,准予在计算企业所得税应纳税所得额时据实扣除。在政策执行期限内,目标脱贫地区实现脱贫的,可继续适用上述政策。"目标脱贫地区"包括832个国家扶贫开发工作重点县、集中连片特困地区县(新疆阿克苏地区6县1市享受片区政策)和建档立卡贫困村。[①]

公益性捐赠支出的具体计算步骤如下：

(1) 计算利润总额。

(2) 计算公益性捐赠扣除限额。

公益性捐赠扣除限额=年度利润总额×12%

(3) 计算实际公益性捐赠支出总额。

实际公益性捐赠支出总额=营业外支出中列支的全部公益性捐赠支出

---

① 财政部 税务总局 国务院扶贫办：《财政部 税务总局 国务院扶贫办关于企业扶贫捐赠所得税税前扣除政策的公告》〔2019〕第49号。

(4) 计算公益性捐赠支出纳税调整额。

公益性捐赠支出纳税调整额＝公益性实际捐赠支出总额－公益性捐赠扣除限额

纳税人直接向受赠人的捐赠,所得税前不得扣除,应做纳税调增处理。

【例6-8】 某内资企业本年全年实现利润总额163万元,"营业外支出"账户列支通过救灾委员会向灾区捐赠20万元,直接向农村学校的捐赠10万元。请计算当年捐赠支出纳税调整额和应纳所得税额。

解析:利润总额＝163(万元)

捐赠额扣除限额＝163×12％＝19.56(万元)

实际公益性捐赠支出总额＝20(万元)

捐赠支出纳税调整额＝20－19.56＋10＝10.44(万元)

应纳税所得额＝163＋10.44＝173.44(万元)

应纳所得税额＝173.44×25％＝43.36(万元)

10. 有关资产的费用

企业转让各类固定资产发生的费用,允许扣除;企业按规定计算的固定资产折旧费、无形资产和递延资产的摊销费,准予扣除。

11. 研究开发费用

企业研究开发费用,指企业在产品、技术、材料、工艺、标准的研究、开发过程中发生的各项费用。符合条件的,准予税前加计扣除(详见本章第四节的税收优惠内容)。

12. 创业投资额

创业投资企业从事国家需要重点扶持和鼓励的创业投资,可以按投资额的一定比例抵扣应纳税所得额(详见本章第四节的税收优惠内容)。

13. 总机构分摊的费用

非居民企业在中国境内设立的机构、场所,就其中国境外总机构发生的与该机构、场所生产经营有关的费用,能够提供总机构出具的费用汇集范围、定额、分配依据和方法等证明文件,并合理分摊的,准予扣除。

14. 汇兑损失

企业在货币交易中,以及纳税年度终了时将人民币以外的货币性资产、负债按照期末即期人民币汇率中间价折算为人民币时产生的汇兑损失,除已经计入资产成本以及与向所有者进行利润分配相关的部分外,准予扣除。

15. 劳动保护费

企业发生的合理的劳动保护支出,准予扣除。自2011年7月1日起,由企业统一制作并要求员工工作时统一着装所发生的工作服饰费用,可以税前扣除。

16. 环境保护专项资金

企业根据法律、行政法规有关规定提取的用于环境保护、生态恢复等专项资金,准予扣除。但上述专项资金提取以后改变用途的,不得扣除。

17. 资产损失

企业当期发生的固定资产和流动资产盘亏、毁损净损失,由其提供清查盘存资料,经主管税务机关审核后,准予扣除;企业因存货盘亏、毁损、报废等原因不得从销项税金中抵扣的进项税额,应视同企业财产损失,准予与存货损失一起在所得税前按规定扣除。

18. 其他项目

依照有关法律、行政法规和国家有关税法规定准予扣除的其他项目,如差旅费、违约金、诉讼费、会员费、合理的会议费等。

19. 手续费及佣金支出

企业发生与生产经营有关的手续费及佣金支出,不超过以下规定计算限额以内的部分,准予扣除;超过部分,不得扣除。

(1) 保险企业:自2019年1月1日起,发生与其经营活动有关的手续费及佣金支出,不超过当年全部保费收入扣除退保金等后余额的18%(含本数)的部分,在计算应纳税所得额时准予扣除;超过部分,允许结转以后年度扣除。①

(2) 其他企业:按与具有合法经营资格的中介服务机构或个人(不含交易双方及其雇员、代理人和代表人等)所签订服务协议或合同确认的收入金额的5%计算限额。

(3) 特殊行业:

① 电信企业在发展客户、拓展业务等过程中因委托销售电话入网卡、电话充值卡所发生的手续费及佣金,不超过年收入总额5%的部分,准予据实扣除。

② 从事代理服务,主营业务收入为手续费、佣金的企业(如证券、期货、保险代理等企业),为取得该类收入实际发生的营业成本(包括手续费、佣金),准予据实扣除。

20. 企业维简费支出

实际发生的,划分资本性和收益性,属于资本性支出的,应计入有关资产成本,并按《企业所得税法》规定计提折旧或摊销费用在税前扣除;属于收益性支出的,可作为当期费用税前扣除。预提的维简费,不得在当期税前扣除。

21. 企业相关棚户改造支出

企业参与政府统一组织的工矿棚户区改造、林区棚户区改造、垦区危房改造并同时符合一定条件的棚户区改造支出,准予税前扣除。

22. 党组织工作经费支出

(1) 非公有制企业:党组织工作经费纳入企业管理费列支,不超过职工年度工资薪金总额1%的部分,可以据实在税前扣除。

(2) 国有企业(包括国有独资、全资和国有资本绝对控股、相对控股企业):纳入管理费用的党组织工作经费,实际支出不超过职工年度工资薪金总额1%的部分,可以据实在税前扣除。年末如有结余,结转下一年度使用。累计结转超过上一年度职工工资总额2%的,当年不再从管理费用中安排。

准予税前扣除的党组织工作经费必须是企业已经实际发生的部分,对于账面已经计提

---

① 财政部、税务总局:《关于保险企业手续费及佣金支出税前扣除政策的公告》〔2019〕第72号。

但未实际发生的,不得在纳税年度内税前扣除。该支出必须用于企业党的建设,使用范围主要包括开展党内学习教育、召开党内会议、开展"两学一做"学习教育等。

五、税前不得扣除的项目

在计算应纳税所得额时,下列支出不得扣除:

(1) 向投资者支付的股息、红利等权益性投资收益款项。

(2) 企业所得税税款。

(3) 税收滞纳金。纳税人违反税收法规,被税务机关处以的滞纳金。

(4) 罚金、罚款(行政性罚款)和被没收财物的损失。纳税人违反国家有关法律、法规规定,被有关部门处以的罚款,以及被司法机关处以的罚金和被没收的财物。

(5) 超过国家规定标准的公益性捐赠支出和非公益性捐赠支出。

(6) 赞助支出。企业发生的与生产经营活动无关的各种非广告性质支出。

(7) 未经核定的准备金支出。不符合国务院财政、税务主管部门规定的各项资产减值准备、风险准备等准备金支出。

(8) 企业之间支付的管理费。

(9) 企业内营业机构之间支付的租金和特许权使用费。

(10) 非银行企业内营业机构之间支付的利息。

(11) 企业对外投资期间,投资资产的成本。

(12) 与取得收入无关的其他支出。

六、亏损弥补

亏损,是企业依照《企业所得税法》及其暂行条例的规定,将每一纳税年度的收入总额减除不征税收入、免税收入和各项扣除后小于零的数额。

(一) 一般规定

企业某一纳税年度发生的亏损可以用下一年度的所得弥补,下一年度的所得不足以弥补的,可以逐年延续弥补,但最长不得超过5年。

企业在汇总计算缴纳企业所得税时,其境外营业机构的亏损不得抵减境内营业机构的盈利。

自2018年1月1日起,当年具备高新技术企业或科技型中小企业资格的企业,其具备资格年度之前5个年度发生的尚未弥补完的亏损,准予结转以后年度弥补,最长结转年限由5年延长至10年。

(二) 其他规定

(1) 企业筹办期间不计算为亏损年度,企业自开始生产经营的年度,为开始计算企业损益的年度。

(2) 税务机关对企业以前年度纳税情况进行检查时调增的应纳税所得额,凡企业以前年度发生亏损且该亏损属于企业所得税法规定允许弥补的,应允许调增的应纳税所得额弥补该亏损。弥补该亏损后仍有余额的,按照《企业所得税法》规定计算缴纳企业所得税。

七、资产的税务处理

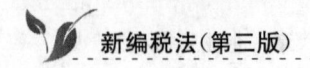

(3) 以前年度实际发生的、应扣未扣或少扣的追补,但追补确认期限不得超过 5 年。

第四节　企业所得税的税收优惠

税法规定的企业所得税的税收优惠方式,包括免税收入、减计收入、减低税率、加计扣除、加速折旧、所得减免、抵扣应纳税所得额、税额抵免等。

一、免征、减征的税收优惠

企业取得的下列所得,可以免征、减征企业所得税。企业如果从事国家限制和禁止发展的项目,不得享受企业所得税优惠。

(一) 从事农、林、牧、渔业项目的所得

企业从事农、林、牧、渔业项目的所得,包括免征和减征两部分。

(1) 企业从事下列项目的所得,免征企业所得税:

① 蔬菜、谷物、薯类、油料、豆类、棉花、麻类、糖料、水果、坚果的种植;

② 农作物新品种的选育;

③ 中药材的种植;

④ 林木的培育和种植;

⑤ 牲畜、家禽的饲养;

⑥ 林产品的采集;

⑦ 灌溉、农产品初加工、兽医、农技推广、农机作业和维修等农、林、牧、渔服务业项目;

⑧ 远洋捕捞。

(2) 企业从事下列项目的所得,减半征收企业所得税:

① 花卉、茶以及其他饮料作物和香料作物的种植;

② 海水养殖、内陆养殖。

(二) 从事国家重点扶持的公共基础设施项目投资经营的所得

为了鼓励公共基础设施项目的建设,国家重点扶持的公共基础设施项目的投资经营所得,自项目取得第一笔生产经营收入所属纳税年度起,第一年至第三年免征企业所得税,第四年至第六年减半征收企业所得税。

国家重点扶持的公共基础设施项目,是指《公共基础设施项目企业所得税优惠目录》内的港口码头、机场、铁路、公路、城市公共交通、电力、水利等项目。企业承包经营、承包建设和内部自建自用上述规定的项目,不得享受规定的企业所得税优惠。

说明: 企业投资经营符合《公共基础设施项目企业所得税优惠目录》规定条件和标准的公共基础设施项目,采用一次核准、分批次(如码头、泊位、航站楼、跑道、路段、发电机组等)建设,凡同时符合以下条件的,可按每一批次为单位计算所得,并享受企业所得税"三免三减半"优惠:

(1) 不同批次在空间上相互独立;

(2) 每一批次自身具备取得收入的功能;

(3) 以每一批次为单位进行会计核算,单独计算所得,并合理分摊期间费用。

(三)从事符合条件的环境保护、节能节水项目的所得

环境保护、节能节水项目的所得,自项目取得第一笔生产经营收入所属纳税年度起,享受企业所得税"三免三减半"优惠。

符合条件的环境保护、节能节水项目,包括公共污水处理、公共垃圾处理、沼气综合开发利用、节能减排技术改造、海水淡化等,具体条件和范围由国务院财政、税务主管部门会同有关部门共同制定报国务院批准后公布施行。但以上规定享受减免税优惠的项目,在减免税期限内转让的,受让方自受让之日起,可以在剩余期限内享受规定的减免税优惠;减免税期限届满后转让的,受让方不得就该项目重复享受减免税优惠。

(四)符合条件的技术转让所得

对符合条件的技术转让所得免征、减征企业所得税,是指一个纳税年度内居民企业技术所有权转让所得不超过500万元的部分,免征企业所得税;超过500万元的部分,减半征收企业所得税。技术转让的范围:居民企业转让专利技术、计算机软件著作权、集成电路布图设计权、植物新品种、生物医药新品种、5年(含)以上非独占许可使用权,以及财政部和国家税务总局确定的其他技术。

符合条件的技术转让所得的计算方法:

技术转让所得=技术转让收入-技术转让成本-相关税费

或: =技术转让收入-无形资产摊销费用-相关税费-应分摊期间费用

不得享受此优惠的两种情形:100%关联方之间技术转让所得;未单独核算技术转让所得。

(五)减计收入的税收优惠

企业综合利用资源,生产符合国家产业政策规定的产品所取得的收入,可以在计算应纳税所得额时减计收入。

企业综合利用资源是指企业以《资源综合利用企业所得税优惠目录》规定的资源作为主要原材料,生产国家非限制和禁止并符合国家和行业相关标准的产品取得的收入,减按90%计入收入总额。上述所称原材料占生产产品材料的比例不得低于《资源综合利用企业所得税优惠目录》规定的标准。

二、减低税率的税收优惠

(一)小型微利企业的税收优惠

小型微利企业的认定条件为年应纳税所得额不超过300万元,从业人数不超过300人,企业资产总额不超过5 000万元,且必须是从事国家非限制和禁止的行业,减低税率征收企业所得税。自2021年1月1日至2022年12月31日,年应纳税所得额不超过100万元(含)的部分,减按12.5%计入应纳税所得额,按20%的税率缴纳企业所得税,实际税率为2.5%[①];年应纳税所得额在100万元至300万元之间的部分,减按50%计入应纳税所得额,按20%的税率缴纳企业所得税,实际税率为10%。

---

① 财政部、税务总局:《关于实施小型微利企业普惠性所得税减免政策的通知》,财税〔2019〕第13号。

补充:(1) 自 2023 年 1 月 1 日至 2024 年 12 月 31 日,对小型微利企业年应纳税所得额不超过 100 万元的部分,减按 25% 计入应纳税所得额,按 20% 的税率缴纳企业所得税。[①]

(2) 自 2022 年 1 月 1 日至 2024 年 12 月 31 日,对小型微利企业年应纳税所得额超过 100 万元但不超过 300 万元的部分,减按 25% 计入应纳税所得额,按 20% 的税率缴纳企业所得税。[②]

(二) 高新技术企业的税收优惠

1. 国家需要重点扶持的高新技术企业,减按 15% 的税率征收企业所得税

这些企业是指在《国家重点支持的高新技术领域》内,持续进行研究开发与技术成果转化,形成企业核心自主知识产权,并以此为基础开展经营活动,在中国境内(不包括港、澳、台地区)注册的居民企业,要经过各省(自治区、直辖市、计划单列市)科技行政管理部门同本级财政、税务部门组成的高新技术企业认定管理机构的认定,并同时符合下列条件的企业:

(1) 企业申请认定时须注册成立一年以上。

(2) 企业通过自主研发、受让、受赠、并购等方式,获得对其主要产品(服务)在技术上发挥核心支持作用的知识产权的所有权。

(3) 对企业主要产品(服务)发挥核心支持作用的技术属于《国家重点支持的高新技术领域》规定的范围。

(4) 企业从事研发和相关技术创新活动的科技人员占企业当年职工总数的比例不低于 10%。

(5) 企业近三个会计年度(实际经营期不满三年的按实际经营时间计算,下同)的研究开发费用总额占同期销售收入总额的比例符合以下要求:

① 最近一年销售收入小于 5 000 万元(含)的企业,比例不低于 5%;

② 最近一年销售收入在 5 000 万元至 2 亿元(含)的企业,比例不低于 4%;

③ 最近一年销售收入在 2 亿元以上的企业,比例不低于 3%。

其中,企业在中国境内发生的研究开发费用总额占全部研究开发费用总额的比例不低于 60%。

(6) 近一年高新技术产品(服务)收入占企业同期总收入的比例不低于 60%。

(7) 企业创新能力评价应达到相应要求。

(8) 企业申请认定前一年内未发生重大安全、重大质量事故或严重环境违法行为。

2. 高新技术企业境外的所得可以享受高新技术企业所得税优惠政策

认定取得高新技术企业证书并正在享受企业所得税 15% 税率优惠的企业,其来源于境外的所得可以按照 15% 的优惠税率缴纳企业所得税,在计算境外抵免限额时,可按照 15% 的优惠税率计算境内外应纳税总额。

(三) 技术先进型服务企业优惠

(1) 自 2018 年 1 月 1 日起,对经认定的技术先进型服务企业(服务贸易类),减按 15%

[①] 税务总局:《国家税务总局关于落实小型微利企业所得税优惠政策征管问题的公告》〔2023〕第 6 号。财政部、税务总局:《关于小微企业和个体工商户所得税优惠政策的公告》〔2023〕第 6 号。

[②] 财政部、税务总局:《关于进一步实施小微企业所得税优惠政策的公告》〔2022〕第 13 号。

的税率征收企业所得税①。

（2）享受本通知第一条规定的企业所得税优惠政策的技术先进型服务企业必须同时符合以下条件：

① 在中国境内（不包含港、澳、台地区）注册的法人企业。

② 从事《技术先进型服务业务认定范围（试行）》中的一种或多种技术先进型服务业务，采用先进技术或具备较强的研发能力。

③ 具有大专以上学历的员工占企业职工总数的50%以上。

④ 从事《技术先进型服务业务认定范围（试行）》中的技术先进型服务取得的收入占企业当年总收入的50%以上。

⑤ 从事离岸服务外包业务取得的收入不低于企业当年总收入的35%。

注：技术先进型服务业务领域范围（服务贸易类）：计算机和信息服务、研究开发和技术服务、文化技术服务和中医药医疗服务。

（四）民族自治地方企业税收优惠

民族自治地方的自治机关对本民族自治地方的企业应缴纳的企业所得税中属于地方分享的部分，可以决定减征或者免征。自治州、自治县决定减征或者免征的，须报省、自治区、直辖市人民政府批准。但对民族自治地方内国家限制和禁止行业的企业，不得减征或者免征企业所得税。

这里所称的民族自治地方，是指依照《中华人民共和国民族区域自治法》的规定，实行民族区域自治的自治区、自治州、自治县。

三、加计扣除的税收优惠

（一）研究开发费用

（1）企业开展研发活动中实际发生的研发费用，未形成无形资产计入当期损益的，在按规定据实扣除的基础上，自2023年1月1日起，再按照实际发生额的100%在税前加计扣除；形成无形资产的，自2023年1月1日起，按照无形资产成本的200%在税前摊销。②

上述"企业"除烟草制造业、住宿和餐饮业、批发和零售业、房地产业、租赁和商务服务业、娱乐业等以外，其他行业企业均可享受。

（2）企业享受研发费用税前加计扣除政策的其他政策口径和管理要求按照《财政部 国家税务总局 科技部关于完善研究开发费用税前加计扣除政策的通知》（财税〔2015〕119号）、《财政部 税务总局 科技部关于企业委托境外研究开发费用税前加计扣除有关政策问题的通知》（财税〔2018〕64号）、《国家税务总局关于企业研究开发费用税前加计扣除政策有关问题的公告》（国家税务总局公告2015年第97号）等文件规定执行。该费用属于纳税调减项目，不影响会计利润。加计扣除的研究开发费用范围主要有：① 人员人工费用；② 直接投入费用；③ 折旧费用；④ 无形资产摊销费用；⑤ 新产品设计费、新工艺规程制定费、新药研制的临床试验费、勘探开发技术的现场试验费；⑥ 其他相关费用（如技术图书资料费、资料翻译

---

① 财政部、税务总局、商务部、科技部、国家发展改革委：《关于将服务贸易创新发展试点地区技术先进型服务企业所得税政策推广至全国实施的通知》，财税〔2019〕44号。

② 财政部、税务总局：《关于进一步完善研发费用税前加计扣除政策的公告》〔2023〕第7号。

费、专家咨询费、高新科技研发保险费、研发成果的检索、分析、评议、论证、鉴定、评审、评估、验收费用、知识产权的申请费、注册费、代理费、差旅费、会议费、职工福利费、补充养老保险费、补充医疗保险费）。此类费用总额不得超过可加计扣除研发费用总额的10%。

（3）企业取得的政府补助，会计处理时采用直接冲减研发费用方法且税务处理时未将其确认为应税收入的，应按冲减后的余额计算加计扣除金额。

（4）企业取得研发过程中形成的下脚料、残次品、中间试制品等特殊收入，在计算确认收入当年的加计扣除研发费用时，应从已归集研发费用中扣减该特殊收入，不足扣减的，加计扣除研发费用按零计算。

（5）企业开展研发活动中实际发生的研发费用形成无形资产的，其资本化的时点与会计处理保持一致。

（6）失败的研发活动所发生的研发费用可享受税前加计扣除政策。

（7）国家税务总局公告2015年第97号第三条所称"研发活动发生费用"是指委托方实际支付给受托方的费用。无论委托方是否享受研发费用税前加计扣除，受托方均不得加计扣除。

（8）委托方委托关联方开展研发活动的，受托方需向委托方提供研发过程中实际发生的研发项目费用支出明细情况。

（9）企业委托境外的研究开发费用按照费用实际发生额的80%计入委托方的委托境外研究开发费用，不超过境内符合条件的研究开发费用2/3的部分，可以按规定在税前加计扣除。

（10）企业共同合作开发的项目，由合作各方就自身实际承担的研发费用分别计算加计扣除。

（11）企业集团根据生产经营和科技开发的实际情况，对技术要求高、投资数额大，需要集中研发的项目，其实际发生的研发费用，可以按照权利和义务相一致、费用支出和收益分享相配比的原则，合理确定研发费用的分摊方法，在受益成员企业间进行分摊，由相关成员企业分别计算加计扣除。

（二）企业安置残疾人员所支付的工资

企业安置残疾人员所支付工资费用，在据实扣除的基础上，按照支付给残疾职工工资的100%加计扣除。该费用属于纳税调减项目，不影响会计利润，不影响计算"三项经费"的工资总额。残疾人员的范围适用《中华人民共和国残疾人员保障法》的有关规定。企业安置国家鼓励安置的其他就业人员所支付的工资的加计扣除办法，由国务院另行规定。

四、加速折旧的税收优惠

企业的固定资产由于技术进步等原因，确需加速折旧的，可以缩短折旧年限或者采取加速折旧的方法。

（一）一般规定

（1）由于技术进步，产品更新换代较快的固定资产；
（2）常年处于强震动、高腐蚀状态的固定资产。

采取缩短折旧年限方法的，最低折旧年限不得低于税法规定折旧年限的60%；采取加速折旧方法的,为双倍余额递减法或者年数总和法。

(二) 特殊规定

(1) 为支持制造业企业加快技术改造和设备更新,自 2019 年 1 月 1 日起,全部制造业企业新购进的固定资产,可缩短折旧年限或采取加速折旧的方法。①

注:制造业按照国家统计局《国民经济行业分类与代码(GB/T 4754—2017)》确定。

(2) 2018 年 1 月 1 日至 2023 年 12 月 31 日期间企业新购进的设备、器具(除房屋、建筑物以外的固定资产),单位价值不超过 500 万元的,允许一次性计入当期成本费用在计算应纳税所得额时扣除,不再分年度计算折旧②;单位价值超过 500 万元的,可缩短折旧年限或采取加速折旧的方法,仍按企业所得税法实施条例、《财政部 国家税务总局关于完善固定资产加速折旧企业所得税政策的通知》(财税〔2014〕75 号)、《财政部 国家税务总局关于进一步完善固定资产加速折旧企业所得税政策的通知》(财税〔2015〕106 号)等相关规定执行。

(3) 对所有行业企业:持有的单位价值不超过 5 000 元的固定资产,允许一次性计入当期成本费用在计算应纳税所得额时扣除,不再分年度计算折旧。

(4) 对轻工、纺织、机械、汽车四个领域重点行业企业 2015 年 1 月 1 日后新购进的固定资产(包括自行建造),允许缩短折旧年限或采取加速折旧方法。其中要求:固定资产投入使用当年的主营业务收入占企业收入总额 50%(不含)以上的企业。③

对四个领域重点行业小型微利企业 2015 年 1 月 1 日后新购进的研发和生产经营共用的仪器、设备,单位价值不超过 100 万元(含)的,允许在计算应纳税所得额时一次性全额扣除;单位价值超过 100 万元的,允许缩短折旧年限或采取加速折旧方法。

五、所得减免的税收优惠

(一) 关于鼓励软件产业和集成电路产业发展的优惠政策

(1) 经认定后,在 2017 年 12 月 31 日前自获利年度起计算优惠期,享有"两免三减半"。
① 集成电路线宽小于 0.8 微米(含)的集成电路生产企业;
② 我国境内新办的集成电路设计企业和符合条件的软件企业。

(2) 集成电路线宽小于 0.25 微米或投资额超过 80 亿元的集成电路生产企业,经认定后,减按 15% 的税率征收企业所得税。经营期在 15 年以上,在 2017 年 12 月 31 日前自获利年度起计算优惠期,享有"五免五减半"。

(3) 软件企业所得税优惠政策适用于经认定并实行查账征收方式的软件企业。所称"经认定",是经国家规定的软件企业认定机构按照软件企业认定管理的有关规定进行认定并取得软件企业认定证书。

软件企业的获利年度,是软件企业开始生产经营后,第一个应纳税所得额大于零的纳税年度,包括对企业所得税实行核定征收方式的纳税年度。软件企业享受定期减免税优惠的期限应当连续计算,不得因中间发生亏损或其他原因而间断。

---

① 财政部、税务总局:《关于扩大固定资产加速折旧优惠政策适用范围的公告》,财税〔2019〕66 号。
② 财政部、税务总局:《关于延长部分税收优惠政策执行期限的公告》,财税〔2021〕第 6 号。
③ 财政部、税务总局:《关于进一步完善固定资产加速折旧企业所得税政策的通知》,财税〔2015〕106 号。

（二）关于鼓励证券投资基金发展的优惠政策

（1）对证券投资基金从证券市场中取得的收入，包括买卖股票、债券的差价收入，股权的股息、红利收入，债券的利息收入及其他收入，暂不征收企业所得税。

（2）对投资者从证券投资基金分配中取得的收入，暂不征收企业所得税。

（3）对证券投资基金管理人运用基金买卖股票、债券的差价收入，暂不征收企业所得税。

（三）关于节能服务公司的优惠政策

对符合条件的节能服务公司实施合同能源管理项目，自项目取得第一笔生产经营收入所属纳税年度起，享有"三免三减半"税收优惠，按25%的法定税率减半征收企业所得税。

（四）关于电网企业电网新建项目的优惠政策

居民企业从事符合《公共基础设施项目企业所得税优惠目录（2008年版）》规定条件和标准的电网（输变电设施）的新建项目，可依法享受"三免三减半"的企业所得税优惠政策。

（五）关于西部大开发的优惠政策

1. 适用范围

重庆市、四川省、贵州省、云南省、西藏自治区、陕西省、甘肃省、宁夏回族自治区、青海省、新疆维吾尔自治区、新疆生产建设兵团、内蒙古自治区和广西壮族自治区（上述地区统称西部地区）。湖南省湘西土家族苗族自治州、湖北省恩施土家族苗族自治州、吉林省延边朝鲜族自治州、江西省赣州市，可以比照西部地区政策执行。

2. 具体规定

（1）对设在西部地区国家鼓励类产业企业，在2021年1月1日至2030年12月31日期间，减按15%的税率征税①。国家鼓励类产业企业指以《西部地区鼓励类产业目录》（2005年版）规定的产业项目为主营业务，其主营业务收入占企业总收入60%以上的企业。

（2）对在西部地区新办交通、电力、水利、邮政、广播电视企业，上述项目业务收入占企业总收入60%以上的，内资企业自开始生产经营之日起，享有"两免三减半"税收优惠。

新办交通企业是指投资新办从事公路、铁路、航空、港口、码头运营和管道运输的企业。新办电力企业是指投资新办从事电力运营的企业。新办水利企业是指投资新办从事江河湖泊综合治理、防洪除涝、灌溉、供水、水资源保护、水力发电、水土保持、河道疏浚、河海堤防建设等开发水利、防治水害的企业。新办邮政企业是指投资新办从事邮政运营的企业。新办广播电视企业是指投资新办从事广播电视运营的企业。

上述企业同时符合本规定条件的，第3年至第5年减半征收企业所得税时，按15%税率计算出应纳所得税额后减半执行。

上述企业是投资主体自建、运营上述项目的企业，单纯承揽上述项目建设的施工企业不得享受"两免三减半"政策。

六、抵扣应纳税所得额（创业投资企业）的税收优惠

企业从事国家需要重点扶持和鼓励的创业投资，可以按投资额的一定比例抵扣应纳税

---

① 财政部、税务总局、国家发改委：《关于延续西部大开发企业所得税政策的公告》，财税〔2020〕第23号。

所得额。

创业投资企业采取股权投资方式直接投资于初创科技型企业满2年的,可以按照投资额的70%在股权持满2年的当年抵扣该创业投资企业的应纳税所得额;当年不足抵扣的,可以在以后纳税年度结转抵扣。

七、税额抵免的税收优惠

企业购置用于环境保护、节能节水、安全生产等专用设备的投资额,可以按一定比例实行税额抵免。专用设备是指企业购置并实际使用《环境保护专用设备企业所得税优惠目录(2017年版)》《节能节水专用设备企业所得税优惠目录(2017年版)》和《安全生产专用设备企业所得税优惠目录》规定的环境保护专用设备、节能节水专用设备、安全生产专用设备,其设备投资额的10%可以从企业当年的应纳税额中抵免;当年不足抵免的,可以在以后5个纳税年度结转抵免。享受企业所得税优惠的环境保护、节能节水、安全生产等专用设备,应当是企业实际购置并自身实际投入使用的设备,企业购置上述设备在5年内转让、出租的,应当停止执行相应企业所得税优惠政策并补缴已抵免的企业所得税税款。

专用设备的投资额不包括允许抵扣的增值税进项税额;无法抵扣的进项税额,计入专用设备投资额(取得普通发票,专用设备投资额为普通发票上价款);专用设备正常计提折旧。

八、非居民企业的税收优惠

非居民企业在中国境内未设立机构、场所,或者虽设立机构、场所但取得的所得与机构、场所没有实际联系的,其来源于中国境内的所得,减按10%的税率征收企业所得税。

另外还有免税项目:① 外国政府向中国政府提供贷款取得的利息所得。② 国际金融组织向中国政府和居民企业提供优惠贷款取得的利息所得。③ 经国务院批准的其他所得。

九、海南自由贸易港企业的税收优惠

自2020年1月1日起至2024年12月31日,对注册在海南自由贸易港并实质性运营的鼓励类产业企业,减按15%的税率征收。①

第五节　企业所得税应纳税额的计算

一、居民企业应纳税额的计算

应纳税额是企业依照税法规定应向国家缴纳的税款,等于应纳税所得额乘以适用税率。应纳税额的计算公式为:

$$应纳税额 = 应纳税所得额 \times 适用税率 - 减免税额 - 抵免税额$$

从公式中可以看出,应纳税额的多少,主要取决于应纳税所得额和适用税率两个因素。其中,应纳税所得额的计算一般有两种方法。

---

① 财政部、税务总局:《关于海南自由贸易港企业所得税优惠政策的通知》财税〔2020〕31号。

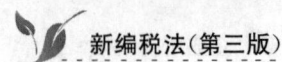

（一）直接计算法

在直接计算法下，居民企业每一纳税年度的收入总额减去不征税收入、免税收入、各项扣除以及允许弥补的以前年度亏损后的余额为应纳税所得额。计算公式为：

应纳税所得额＝应纳税收入总额－准予扣除项目金额
　　　　　　＝收入总额－不征税收入－免税收入－各项扣除－弥补亏损

（二）间接计算法

在间接计算法下，在企业会计利润总额的基础上按照税法规定进行调整，加上或减去调整金额后，即为应纳税所得额。计算公式为：

应纳税所得额＝利润总额＋纳税调整增加额－纳税调整减少额

纳税调整项目金额包括两个方面的内容：一是财务会计处理和税收法规规定不一致产生的。例如，税法规定国债利息不征税，而在会计中是计入收入总额的，因此，就需要在企业利润总额的基础上做纳税调整减少。二是企业按税法规定才扣除的税收金额。

【例6-9】某制造业中小企业，职工人数90人，资产总额2 800万元。2021年度生产经营业务如下：

(1) 取得产品销售收入3 000万元、国债利息收入20万元；
(2) 与产品销售收入配比的成本1 900万元；
(3) 发生销售费用252万元、管理费用390万元(其中业务招待费28万元、新产品研发费用148万元)。
(4) 向非金融企业借款200万元，支付年利息费用18万元(金融企业同期同类借款年利息率为6%)。
(5) 企业所得税前准许扣除的税金及附加22万元。
(6) 营业外支出8万元(其中通过中国红十字会向地震灾区捐款6万元)。
(7) 计入成本、费用中的实发工资总额200万元、拨缴职工工会经费4万元、发生职工福利费35万元、发生职工教育经费10万元。

计算该企业2021年度应纳的企业所得税。

解析：(1) 会计利润总额＝3 000＋20－1 900－252－390－18－22－8＝430(万元)
(2) 国债利息收入免征企业所得税，应调减所得额20万元。
(3) 业务招待费应调增所得额＝28－15＝13(万元)
① 限额1：3 000×5‰＝15(万元)　② 限额2：28×60%＝16.8(万元)
限额1＜限额2，业务招待费允许扣除15万元。
(4) 新产品研发费用应调减所得额＝148×100%＝148(万元)
制造业企业新产品研发费用应加计扣除100%。
(5) 利息费用支出应调增所得额＝18－200×6%＝6(万元)
(6) 营业外支出不用做纳税调整，捐赠支出限额51.6万元(＝430×12%)，本期通过中国红十字会向地震灾区捐款6万元＜限额51.6万元，允许全部扣除。
(7) 工会经费应调增所得额＝4－200×2%＝0
(8) 职工福利费应调增所得额＝35－200×14%＝7(万元)

(9) 职工教育经费扣除限额=200×8%=16(万元)

职工教育经费实际发生额 10 万元<扣除限额 16 万元,不用做纳税调整。

(10) 应纳税所得额=430-20+13-148+6+7=288(万元)

(11) 该企业 2021 年度应缴纳的企业所得税=100×12.5%×20%+188×50%×20%
=2.5+18.8=21.3(万元)

二、境外所得抵扣税额的计算

(一) 抵免范围和抵免限额

企业取得的下列各项所得已在境外实际缴纳的所得税税额,准予在汇总纳税时,从当期应纳税额中抵免,但抵免限额不得超过其境外所得按我国企业所得税法规定计算的应纳税额;超过抵免税额的部分,可以在以后 5 个年度内,用每年度抵免限额抵免当年应抵税额后的余额进行抵补。① 居民企业来源于中国境外的所得;② 非居民企业在中国境内设立机构、场所,取得的发生在中国境外但与该机构、场所有实际联系的所得;③ 居民企业从其直接或者间接控制的外国企业分得的来源于中国境外的股息、红利等权益性投资收益,外国企业在境外实际缴纳的所得税额中属于该项所得负担的部分,可以作为该居民企业的可抵免境外所得税税额,在规定的抵免限额中抵免。

抵免限额,是指企业来源于中国境外的所得,依照《企业所得税法》及其《实施条例》的规定计算的应纳税额。除国务院财政、税务主管部门另有规定外,该抵免限额应当分国(地区)不分项计算,计算公式如下:

$$\text{抵免限额} = \text{中国境内、境外所得依照《企业所得税法》及其《实施条例》的规定计算的应纳税总额} \times \frac{\text{来源于某国(地区)的应纳税所得额}}{\text{中国境内、境外应纳税所得总额}}$$

(二) 境外所得抵扣税额的计算方法

在具体计算境外所得抵扣税额时,按下列步骤操作:① 计算境外所得应纳税所得额,即还原境外所得。如果境外所得为税后所得,则必须先将境外所得还原为税前所得。② 汇总境内外所得应纳税额总计。③ 计算境外所得抵免限额。④ 确定可抵免的境外所得税税额,将境外所得实际缴纳所得税与抵免限额进行比较,按孰低原则确定可抵免税额。⑤ 计算实际应纳税额:⑤=②-④。

【例 6-10】 某企业 2021 年度境内所得为 800 万元,同期从境外某国分支机构取得税后收益 140 万元,在境外已按 30%的税率缴纳了所得税。该企业适用所得税率为 25%。请计算该企业本年度应缴纳入库的所得税额。

解析:境外所得应纳税所得额=140÷(1-30%)=200(万元)

境内外所得应纳税额总计=(800+200)×25%=250(万元)

境外所得抵免限额=250×200÷1 000=50(万元)

境外所得实际缴纳所得税=200×30%=60(万元),大于抵免限额,所以可抵免的境外所得税税额为 50 万元。超过限额的 10 万元,当年不得抵免,只能在以后的 5 个年度内,用每年底抵免限额抵免当年应抵税额后的余额进行抵补。本年度该企业应缴纳企业所得税额=250-50=200(万元)

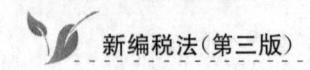

三、非居民企业应纳税额的计算

(一) 非居民企业应纳税额的计算办法

对在中国境内未设立机构、场所的非居民企业或虽设立机构、场所但取得的所得与其所设机构、场所没有实际联系的非居民企业的所得(优惠税率10%)：

(1) 以收入全额为应纳税所得额，包括股息、红利等权益性投资收益和利息、租金、特许权使用费所得。营改增业务的非居民企业，应以不含增值税的收入全额作为应纳税所得额。

(2) 转让财产所得，以收入全额减除财产净值后的余额为应纳税所得额。财产净值是指财产的计税基础减除已经按照规定扣除的折旧、折耗、摊销、准备金等后的余额。

(3) 其他所得，参照前两项规定的方法计算应纳税所得额。

(二) 非居民企业所得税核定征收办法

对在中国境内设立机构、场所的非居民企业(税率25%)：所得税核定征收办法。

非居民企业因会计账簿不健全，资料残缺难以查账，或者其他原因不能准确计算并据实申报其应纳税所得额的，税务机关有权采取以下方法核定其应纳税所得额：

(1) 按收入总额核定应纳税所得额。适用于能够正确核算收入或通过合理方法推定收入总额，但不能正确核算成本费用的非居民企业。其计算公式为：

$$应纳税所得额 = 收入总额 \times 经税务机关核定的利润率$$

(2) 按成本费用核定应纳税所得额。适用于能够正确核算成本费用，但不能正确核算收入总额的非居民企业。其计算公式为：

$$应纳税所得额 = \frac{成本费用总额}{1 - 经税务机关核定的利润率} \times 经税务机关核定的利润率$$

(3) 按经费支出换算收入核定应纳税所得额。适用于能够正确核算经费支出总额，但不能正确核算收入总额和成本费用的非居民企业。其计算公式为：

$$应纳税所得额 = 经费支出总额 \div (1 - 经税务机关核定的利润率) \times 经税务机关核定的利润率$$

注：税务机关可按照以下标准确定非居民企业的利润率：

(1) 从事承包工程作业、设计和咨询劳务的，利润率为15%～30%；

(2) 从事管理服务的，利润率为30%～50%；

(3) 从事其他劳务或劳务以外经营活动的，利润率不低于15%。

税务机关有根据认为非居民企业的实际利润率明显高于上述标准的，可以按照比上述标准更高的利润率核定其应纳税所得额。

【例6-11】 境外A公司在中国境内未设立机构、场所，2021年取得境内甲公司投资收益100万元，取得境内乙公司支付的设备转让收入80万元，该项财产原值80万元，已提折旧20万元。计算该境外公司2021年度在我国应缴纳的企业所得税。

解析：财产净值＝80－20＝60(万元)

该境外公司2021年度在我国应纳企业所得税＝[100＋(80－60)]×10%＝12(万元)。

(三) 非居民企业应纳税额的源泉扣缴

企业所得税法中仅对非居民企业采取扣缴方式，具体内容如下：

1. 扣缴义务人

(1) 对非居民企业在中国境内未设立机构、场所的,或者虽设立机构、场所,但取得的所得与其所设机构、场所没有实际联系的所得应缴纳的所得税,实行源泉扣缴,以支付人为扣缴义务人。税款由扣缴义务人在每次支付或者到期应支付时,从支付或者到期应支付的款项中扣缴。

所称的支付人,是指依照有关法律规定或者合同约定对非居民企业直接负有支付相关款项义务的单位或个人。所称的支付,包括现金支付、汇拨支付、转账支付和权益兑价支付等货币支付和非货币支付。所称的到期支付的款项,是指支付人按照权责发生制原则应当计入相关成本、费用的应付款项。

(2) 对非居民企业在中国境内取得工程作业和劳务所得应缴纳的所得税,税务机关可以指定工程价款或者劳务费的支付人为扣缴义务人。所称可以指定扣缴义务人的情形是:

一是预计工程作业或者提供劳务期限不足一个纳税年度,且有证据表明不履行纳税义务的;

二是没有办理税务登记或者临时税务登记,且委托中国境内的代理人履行纳税义务的;

三是未按照规定期限办理企业所得税纳税申报或者预缴申报的。

2. 扣缴方法

对非居民企业取得所得应当缴纳企业所得税的,应当依照《企业所得税法》规定计算应纳税所得额并进行源泉扣缴。

应当扣缴的所得税,扣缴义务人未依法扣缴或者无法履行扣缴义务的,由企业在所得发生地缴纳。企业未依法缴纳的,税务机关可以从该企业在中国境内其他收入项目的支付人应付的款项中,追缴该企业的应纳税款。在中国境内存在多处所得发生地的,由企业选择其中一地申报缴纳企业所得税。

扣缴义务人每次代扣的税款,应当自代扣之日起 7 日内缴入国库,并向所在地的税务机关报送扣缴企业所得税报告表。税务机关在追缴该企业应纳税款时,应当将追缴理由、追缴数额、缴纳期限和缴纳方式等告知该企业。

第六节 企业所得税的征收管理

一、企业所得税的纳税年度

企业所得税按纳税年度计算。纳税年度自公历 1 月 1 日起至 12 月 31 日止。

企业在一个纳税年度中间开业,或者终止经营活动,使该纳税年度的实际经营期不足 12 个月的,应当以其实际经营期为一个纳税年度;企业依法清算时,应当以清算期间作为一个纳税年度。

二、企业所得税的纳税期限

企业所得税实行按年计征,分月或者分季预缴,年终汇算清缴,多退少补。

企业应当自月份或者季度终了之日起 15 日内,向税务机关报送预缴企业所得税纳税申报表,预缴税款。企业应当自年度终了之日起 5 个月内,向税务机关报送年度企业所得税纳税申报表,并汇算清缴,结清应缴应退税款。企业在年度中间终止经营活动的,应当自实际经营终止之日起 60 日内,向税务机关办理当期企业所得税汇算清缴。企业应当在办理注销登记前,就其清算所得向税务机关申报并依法缴纳企业所得税。

企业所得税分月或者分季预缴,应当按照月度或者季度的实际利润额预缴;按照月度或者季度的实际利润额预缴有困难的,可以按照上一纳税年度应纳税所得额的月度或者季度平均额,按照月度或者季度以及经税务机关认可的其他方法预缴。预缴方法一经确定,该纳税年度内不得随意变更。

企业依法缴纳的企业所得税,以人民币计算。企业所得以人民币以外的货币计算的,预缴企业所得税时,应当折合成人民币计算并缴纳税款。年度终了后汇算清缴时,对已按照月度或者季度预缴税款的人民币以外的货币,不再重新折合计算,只就全年未纳税的人民币以外货币所得部分,按照纳税年度最后一日的人民币汇率中间价,折合成人民币计算应纳税所得额。

三、企业所得税的纳税申报

企业在纳税年度内无论盈利或者亏损,都应当依照《企业所得税法》规定的期限,向税务机关报送预缴企业所得税纳税申报表、年度企业所得税纳税申报表、财务会计报告(资产负债表、利润表、现金流量表及相关附表、会计报表附表和财务情况说明书)和税务机关规定应当报送的其他有关资料。

企业因不可抗力不能按期办理纳税申报的,可按照《税收征收管理法》及其实施细则的规定,办理延期纳税申报。纳税人采用电子方式办理纳税申报的,应附报纸质纳税申报资料。

四、企业所得税的纳税地点

(1) 除税收法律、行政法规另有规定外,居民企业以企业登记注册地为纳税地点;登记注册地在境外的,以实际管理机构所在地为纳税地点。企业登记注册地是指企业依照国家有关规定登记注册的住所地。

(2) 居民企业在中国境内设立不具有法人资格的营业机构的,应当汇总计算并缴纳企业所得税。企业汇总计算并缴纳企业所得税时,应当统一核算应纳税所得额,具体办法由国务院财政、税务主管部门另行制定。

(3) 非居民企业的纳税地点按其是否在中国境内设立机构、场所分别确定:

① 在中国境内设立机构、场所的,以机构、场所所在地为纳税地点;

② 非居民企业在中国境内未设立机构、场所的,或者虽设立机构、场所但取得的所得与其所设机构、场所没有实际联系的,取得来源于中国境内的所得应以扣缴义务人所在地为纳税地点。

"案例导入"解析

(1) 该企业年度利润总额=2 000−1 000=1 000(万元);

(2) 国库券利息收入 100 万元,应调减;

(3) 业务招待费扣除限额为 9 万元(＝1 800×5‰＜业务招待费扣除标准 60 万元(＝100×60%)),因此,业务招待费只能扣除 9 万元,应调增 91 万元(＝100－9);

(4) 职工福利费扣除限额为 28 万元(＝200×14%),应调增 22 万元(＝50－28);

职工教育经费扣除限额为 16 万元(＝200×8%),实际发生 2 万元,可以据实扣除;

工会经费扣除限额为 4 万元(＝200×2%),应调增 6 万元(＝10－4);

(5) 税收滞纳金 10 万元,不能税前扣除;

(6) 应纳税所得额＝1 000－100＋91＋22＋6＋10＝1 029(万元);

(7) 当年购置环境保护专用设备,可以按投资额的 10% 扣除应纳税额为 50 万元(＝500×10%);

(8) 应纳所得税额＝1 029×25%－50＝207.25(万元)。

复习思考题

1. 简述企业所得税的概念和特点。
2. 我国将企业所得税纳税人分为哪几类?判断标准是什么?
3. 企业所得税税率分为几种?
4. 简述企业在计算应纳税所得额时免税收入和不征税收入的区别。
5. 企业所得税准予扣除的具体项目包括哪些?
6. 企业所得税不得扣除的支出有哪些?公益性捐赠支出如何在税前扣除?
7. 企业所得税税收抵免如何规定?
8. 企业所得税的纳税地点及汇总纳税如何规定?

能力训练题

一、单项选择题

1. 下列不属于《企业所得税法》及实施条例中规定的居民纳税人的是(　　)。

A. 在我国注册成立的沃尔玛(中国)公司

B. 在我国注册成立的通用汽车(中国)公司

C. 在德国注册,实际管理机构也在德国境内的公司

D. 在百慕大群岛注册,但实际管理机构在我国境内的公司

2. 依据企业所得税法的规定,下列各项中按负担所得的机构所在地确定所得来源地的是(　　)。

A. 销售货物所得　　　　　　　　B. 提供劳务所得

C. 不动产转让所得　　　　　　　D. 特许权使用费所得

3. 下列各项中,能作为业务招待费税前扣除限额计提依据的是(　　)。

A. 转让无形资产使用权的收入　　B. 因债权人原因确实无法支付的应付款项

C. 转让无形资产所有权的收入　　D. 出售固定资产的收入

4. 在计算应纳税所得额时,下列支出项不得扣除的是(　　)。

A. 缴纳的房产税　　　　　　　　B. 合理分配的材料成本

C. 企业所得税税款　　　　　　　　　　D. 处置固定资产的损失

5. 某企业2022年2月接受捐赠设备一台,收到的增值税专用发票上注明价款10万元,增值税1.3万元,企业另支付运输费用0.8万元,该项受赠资产应交企业所得税为(　　)万元。

　　A. 3.32　　　　　　　　　　　　　B. 2.83

　　C. 4.03　　　　　　　　　　　　　D. 4.29

6. 企业取得的下列收入,不属于企业所得税免税收入的有(　　)。

　　A. 国债利息收入

　　B. 金融债券的利息收入

　　C. 居民企业直接投资于其他居民企业取得的投资收益

　　D. 在中国境内设立机构、场所的非居民企业连续持有居民企业公开发行并上市流通的股票1年以上取得的投资收益

7. 某高新技术企业,取得技术转让所得900万元,其中成本100万元,该企业缴纳企业所得税(　　)万元。

　　A. 22.5　　　　　B. 30　　　　　C. 37.5　　　　　D. 33

8. 下列关于税前限额扣除的说法中,不正确的是(　　)。

　　A. 职工教育经费不得超过工资总额的8%

　　B. 业务招待费不得超过销售(营业)收入的60%

　　C. 房地产企业的广告费不得超过当年销售收入的15%

　　D. 利息支出不得超过按金融企业同期同类贷款利率计算的利息

9. 企业所得税中关于非居民纳税人的应纳税所得额的确定,下列说法中不正确的是(　　)。

　　A. 转让财产所得,以收入全额减除财产净值后的余额为应纳税所得额

　　B. 股息、红利等权益性投资收益,以收入全额为应纳税所得额

　　C. 特许权使用费所得,以收入减去转让过程发生的合理费用后的余额为应纳税所得额

　　D. 利息所得,以收入全额为应纳税所得额

10. 以下适用20%企业所得税税率的企业是(　　)。

　　A. 高新技术企业

　　B. 在中国境内的居民企业

　　C. 小型微利企业

　　D. 在我国设有机构且所得与机构有关联的非居民企业

11. 根据企业所得税法的规定,下列选项正确的是(　　)。

　　A. 对在中国境内未设立机构、场所的非居民企业应缴纳的所得税,由纳税人自行申报缴纳

　　B. 对非居民企业在中国境内取得劳务所得应缴纳的所得税,税务机关可以指定劳务费的支付人为扣缴义务人

　　C. 扣缴义务人每次代扣的税款,应当自代扣之日起15日内缴入国库

　　D. 应当扣缴的所得税,扣缴义务人未依法扣缴或者无法履行扣缴义务的,纳税人不需要再纳税

12. 某制药企业(居民企业)向境外股东企业支付全年技术咨询指导费120万元。境外股东企业常年派遣指导专员驻本公司并对其工作成果承担全部责任和风险,对其业绩进行考核评估。主管税务机关核定技术咨询指导劳务的利润率为20%。该制药企业2021年度应代扣代缴的企业所得税是( )万元。

  A. 6.78   B. 6.36   C. 6   D. 5.66

13. 某居民企业为增值税一般纳税人,2022年4月因管理不善导致从一般纳税人处购进的一批价值60万元(不含税)的材料霉烂,保险公司审理后同意赔付10万元,则该业务企业所得税前可以扣除的损失金额为( )万元。

  A. 50   B. 60   C. 57.8   D. 60.2

14. 境外某公司在中国境内未设立机构、场所,2021年取得境内甲公司支付的贷款利息收入100万元(不含增值税,下同),取得境内乙公司支付的不动产转让收入80万元,该项不动产位于中国境内,净值60万元。2021年度该境外公司在我国应缴纳企业所得税( )万元。

  A. 12   B. 14   C. 18   D. 36

15. 某公司2021年度实现会计利润总额25万元。经某注册税务师审核,"财务费用"账户中列支有两笔利息费用:向银行借入生产用资金200万元,借用期限6个月,支付借款利息5万元;经过批准向本企业职工借入生产用资金60万元,借用期限10个月,支付借款利息3.5万元。该公司2021年度的应纳税所得额为( )万元。

  A. 21   B. 26   C. 30   D. 33

二、多项选择题

1. 企业所得税的纳税义务人有( )。

  A. 中外合资企业   B. 个人独资企业   C. 股份有限公司   D. 外商投资企业

2. 注册地与实际管理机构所在地均在法国的某银行,取得的下列各项所得中,应按规定缴纳我国企业所得税的有( )。

  A. 转让位于我国的一处不动产取得的财产转让所得

  B. 在香港证券交易所购入我国某公司股票后取得的分红所得

  C. 在我国设立的分行为我国某公司提供理财咨询服务取得的服务费收入

  D. 在我国设立的分行为位于日本的某电站提供流动资金贷款取得的利息收入

3. 下列各项中不得从应纳税所得额中扣除的有( )。

  A. 纳税人在生产经营活动中发生的固定资产修理费

  B. 行政性罚款

  C. 为投资者或职工支付的商业保险费

  D. 银行罚息

4. 下列各项中,既要调整纳税年度会计利润,又要调整当年应纳税所得额的是( )。

  A. 税收滞纳金、罚款

  B. 以自产货物对外捐赠未确认的收入

  C. 会计师事务所审计时查出的当年未入账收入

  D. 选项C收入补缴的城市维护建设税和教育费附加

5. 在中国境内未设立机构、场所的非居民企业从中国境内取得的下列所得,应按收入全

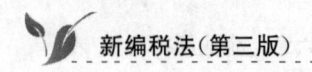

额计算征收企业所得税的有( )。

　　A. 股息　　　　　　　　　　　　B. 转让财产所得

　　C. 租金　　　　　　　　　　　　D. 特许权使用费

6. 下列各项中,超过税法规定的扣除限额部分,可以结转到以后年度扣除的有( )。

　　A. 职工教育经费支出超过工资薪金总额8%的部分

　　B. 向非金融企业借款的利息支出超过按照金融企业同期同类贷款利率计算的数额的部分

　　C. 业务招待费超过税法规定标准的部分

　　D. 一般企业的广告费和业务宣传费支出超过当年销售(营业)收入15%的部分

7. 某生产企业(一般纳税人)2021年11月因意外事故损失外购钢材30万元,保险公司调查后同意赔付4万元,其余损失已报经税务机关同意扣除。则该企业确定应纳税所得额时正确的是( )。

　　A. 税前准予扣除的损失为26万元

　　B. 税前准予扣除的损失为29.9万元

　　C. 税前不得扣除的损失为4万元

　　D. 损失原材料而转出的进项税准予所得税前扣除

8. 根据企业所得税法的规定,下列关于企业所得税扣除项目的说法中正确的有( )。

　　A. 企业按规定为自有小汽车缴纳保险费,准予扣除

　　B. 企业扩大经营租入机器设备的租赁费,按照租期均匀扣除

　　C. 企业发生的公益性捐赠支出,不超过销售(营业)收入总额12%部分准予扣除

　　D. 企业转让固定资产发生的费用允许扣除

9. 下列利息所得中,免征企业所得税的有( )。

　　A. 外国政府向中国政府提供贷款取得的利息所得

　　B. 国际金融组织向中国政府提供优惠贷款取得的利息所得

　　C. 国际金融组织向中国居民企业提供优惠贷款取得的利息所得

　　D. 外国银行的中国分行向中国居民企业提供贷款取得的利息所得

10. 下列企业于2022年1月1日后购进的固定资产,在计算企业所得税应纳税所得额时,可以一次性计入成本费用扣除的有( )。

　　A. 商场购进价值为4 500元的二维码打码器

　　B. 小型微利饮料厂购进价值为20万元生产用的榨汁机

　　C. 集成电路生产企业购进价值为120万元专用于研发的分析仪

　　D. 小型微利信息技术服务公司购进价值为80万元研发用的服务器群组

11. 纳税人提供的下列劳务中,按照完工进度确认收入实现的有( )。

　　A. 广告制作费　　　B. 安装费　　　C. 服务费　　　D. 软件费

12. 关于企业所得税的工资、薪金扣除,下列说法中正确的有( )。

　　A. 企业支付给在本企业任职或与其有雇佣关系的员工的合理的现金或者非现金形式的劳动报酬支出准予据实扣除

　　B. 国有性质的企业,其工资、薪金在不超过政府有关部门给予的限额内的部分可以扣除

　　C. 企业雇用临时工、实习生所实际发生的费用,应区分为工资薪金支出和职工福利

支出，并可以按规定在企业所得税前扣除

D. 对工资、薪金合理判断时，应考虑企业是否依法履行代扣代缴个人所得税义务

13. 下列关于企业所得税征收管理的说法正确的有（　　）。

A. 企业所得税按年计征，分月或者分季预缴，年终汇算清缴，多退少补

B. 居民企业的登记注册地在境外的，以实际管理机构所在地为纳税地点

C. 非居民企业在中国境内未设立机构、场所的，以扣缴义务人所在地为纳税地点

D. 居民企业在中国境内设立不具有法人资格的营业机构的，应当汇总计算并缴纳企业所得税

14. 以下选项中，自取得项目第一笔生产经营收入年度起，享受企业所得税"三免三减半"优惠政策的有（　　）。

A. 从事符合条件的环境保护、节能节水项目所得

B. 综合利用资源取得的所得

C. 从事国家重点扶持的公共基础设施项目投资经营的所得

D. 企业承包建设符合条件的公共基础项目经营所得

15. 某民办学校计划按照非营利组织的免税收入认定条件，申请学费收入免征企业所得税。下列各项中，属于非营利组织认定条件的有（　　）。

A. 工作人员工资福利开支控制在规定的比例内

B. 投入人对投入该学校的财产不保留或者享有任何财产权利

C. 依法履行非营利组织登记手续

D. 财产及孳生息可以在合理范围内根据确定的标准用于分配

三、判断题

1. 纳税人接受捐赠的货币性收入属于应税收入，纳税人接受捐赠的非货币性资产不属于应税收入。（　　）

2. 企业所得税法中的亏损和财务会计中的亏损含义是相同的。（　　）

3. 企业发生的公益救济性捐赠，在应纳税所得额12%以内的部分，准予在计算应纳税所得额时扣除。（　　）

4. 某设备生产企业2021年营业收入为1 500万元，广告费支出为52万元。2020年超标广告费90万元，则2021年税前准允扣除的广告费为142万元。（　　）

5. 企业发生的赞助支出可以在所得税前扣除。（　　）

6. 平等主体间发生的违约金在计算企业所得税应纳税所得额时不可以扣除。（　　）

7. 企业发生的损失，减除责任人赔偿和保险赔款后的余额，准予在所得税前扣除。但企业已经作为损失处理的资产，在以后纳税年度又全部收回或者部分收回时，应当计入当期收入。（　　）

8. 按照《企业所得税法》的规定，非居民企业取得股息、红利等权益性投资收益和利息、租金、特许权使用费所得，以收入全额为应纳税所得额。（　　）

9. 对非居民企业在境内未设立机构场所的，或者虽设立机构、场所但取得的与其机构场所没有实际联系的所得，实行源泉扣缴，以支付人为扣缴义务人。（　　）

10. 对国家需要重点扶持的高新技术企业，适用20%的税率。（　　）

11. 企业在汇总计算缴纳企业所得税时，其境外营业机构的亏损可以抵减境内营业机构

的盈利。( )

12. 列入企业员工工资薪金制度、固定与工资薪金一起发放的福利性补贴,符合规定条件的,可以计入工资薪金。( )

13. 依据企业所得税的相关规定,化妆品制造企业发生的广告费和业务宣传费可按当年销售(营业)收入的30%的比例扣除。( )

14. 企业发生的职工教育经费支出,不超过工资薪金总额8%的部分准予扣除,超过部分不可以结转以后纳税年度扣除。( )

15. 海水养殖企业取得的所得免征企业所得税。( )

四、计算题(答案中的金额单位均用万元表示)

1. 某纺织商贸企业2021年度取得产品销售收入总额3 500万元,发生销售成本2 000万元、财务费用150万元、管理费用200万元(包括"三新"研究开发费用50万元)、销售费用300万元(广告与宣传费100万元)、上缴增值税60万元、消费税140万元、城市维护建设税14万元、教育费附加6万元,"营业外支出"账户中赞助支出10万元、通过公益性社会团体向灾区捐赠25万元。

要求:计算该企业该年度应纳企业所得税额。

2. 某重型机械生产企业为一般性企业,2021年全年主营业务收入7 500万元,其他业务收入2 300万元,营业外收入1 200万元,主营业务成本6 000万元,其他业务成本1 300万元,营业外支出800万元,税金及附加420万元,销售费用1 800万元,管理费用1 200万元,财务费用180万元,投资收益1 700万元。当年发生的部分具体业务如下:

(1) 通过市政府捐赠给贫困地区用于建设小学校150万元。

(2) 实际发放职工工资1 400万元,发生职工福利费支出200万元,拨缴工会经费30万元并取得专用收据,发生职工教育经费支出25万元,以前年度累计结转至本年的职工教育经费扣除额为5万元。

(3) 发生广告支出1 542万元。发生业务招待费支出90万元,其中有20万元未取得合法票据。

(4) 从事《国家重点支持的高新技术领域》规定项目的研究开发活动,对研发费用实行专账管理,发生研发费用支出200万元。

(5) 企业会计利润1 000万元。

(其他相关资料:各扣除项目均已取得有效凭证,相关优惠已办理必要手续。)

根据上述资料,按照(1)至(6)顺序回答下列问题,每问需计算出合计数:

(1) 计算业务(1)应调整的应纳税所得额。

(2) 计算业务(2)应调整的应纳税所得额。

(3) 计算业务(3)应调整的应纳税所得额。

(4) 计算业务(4)应调整的应纳税所得额。

(5) 计算该企业2021年应纳税所得额。

(6) 计算该企业2021年应纳企业所得税税额。

3. 某企业2021年度境内应纳税所得额为100万元,适用25%的企业所得税税率。另在A、B两国设有分支机构(我国与A、B两国已经缔结避免双重征税协定),在A国的分支机构的应纳税所得额为50万元,A国税率为20%;在B国的分支机构的应纳税所得额为30万元,B 国税率为 30%。

要求:计算该企业汇总时在我国应缴纳的企业所得税。

4. 2021 年某企业自行计算全年利润总额 7 000 万元,已扣减全年发生营业外支出 3 600 万元,这其中含通过公益性社会团体向贫困山区捐赠 900 万元;但因管理不善库存原材料损失 618.6 万元(其中含运费 18.6 万元),需要转出的增值税未做处理。

要求:

(计算结果保留 2 位小数)

(1) 计算会计利润扣除的营业外支出;

(2) 计算应纳税所得额扣除的营业外支出。

5. 某服装生产企业于 2020 年成立,职工共 30 人,企业的资产总额为 300 万元,计算出的亏损为 80 万元,后经税务机关认定的亏损为 52 万元。

2021 年企业有关生产、经营资料如下:

(1) 取得产品销售收入 230 万元,国债利息收入 23 万元,金融债券利息收入 39 万元;

(2) 发生产品销售成本 100 万元,发生产品销售税金及附加 5.6 万元;

(3) 发生销售费用 38 万元,全部为广告费;

(4) 发生财务费用 40 万元,其中,1 月 1 日以集资方式筹集生产性资金 300 万元,期限 1 年,支付利息费用 30 万元(同期银行贷款年利率 6%);

(5) 发生管理费用 26 万元,其中含业务招待费 10 万元,为股东支付的商业保险费 5 万元;

(6) "营业外支出"账户记载金额 33.52 万元,其中,合同违约金 4 万元,通过民政局对灾区捐赠现金 29.52 万元。

根据上述资料,按序号计算下列各项:

(1) 2021 年企业所得税前准予扣除的销售费用;

(2) 2021 年企业所得税前准予扣除的财务费用;

(3) 2021 年企业所得税前准予扣除的管理费用;

(4) 2021 年企业所得税前准予扣除的营业外支出;

(5) 2021 年应纳税所得额;

(6) 2021 年度企业应纳的所得税税额。

6. 某市某房地产开发公司(一般纳税人)2021 年开发商品房对外出售,具体情况如下:

(1) 按转让产权合同取得不含税收入 4 000 万元,取得增值税专用发票。

(2) 支付取得土地使用权的金额 800 万元,取得增值税专用发票。

(3) 开发成本 1 500 万元。

(4) 开发费用 250 万元(其中业务招待费 40 万元,广告宣传费 100 万元)。

(5) 营业外支出中列支通过公益性社会团体向受灾地区捐款 25 万元。

(注:所涉及的税种有增值税、城建税、教育费附加、地方教育费附加 2%、土地增值税、企业所得税。)

根据上述资料,按序号计算下列各项:

(1) 2021 年企业所得税前准予扣除的业务招待费和广告宣传费;

(2) 2021 年企业应交流转税费;

(3) 2021 年度的利润总额;
(4) 2021 年应纳税所得额;
(5) 2021 年度企业应纳的所得税税额。

五、综合分析题(答案中的金额单位均用万元表示)

某通信设备制造公司(非科技型公司)自 2020 年起被认定为一般高新技术企业,2021 年度取得主营业务收入 48 000 万元、其他业务收入 2 000 万元、营业外收入 1 000 万元、投资收益 500 万元,发生主营业务成本 25 000 万元、其他业务成本 1 000 万元、营业外支出 1 500 万元、税金及附加 4 000 万元、管理费用 3 000 万元、销售费用 10 000 万元、财务费用 1 000 万元,实现年度利润总额 6 000 万元。当年发生的相关具体业务如下:

(1) 广告费支出 8 000 万元。
(2) 业务招待费支出 350 万元。
(3) 实发工资 4 000 万元。
(4) 拨缴职工工会经费 150 万元,发生职工福利费 900 万元、职工教育经费 160 万元。
(5) 专门用于新产品研发的费用 2 000 万元,独立核算管理。
(6) 计提资产减值损失准备金 1 500 万元,该资产减值损失准备金未经税务机关核定。
(7) 公司取得的投资收益中包括国债利息收入 200 万元。
(8) 获得当地政府财政部门补助的具有专项用途的财政资金 500 万元,已取得财政部门正式文件,支出 400 万元。
(9) 向民政部门捐赠 800 万元用于救助贫困儿童。

(其他相关资料:各扣除项目均已取得有效凭证,相关优惠已办理必要手续。)

根据上述资料,按照下列顺序计算回答问题,如有计算需计算出合计数:

(1) 计算广告费支出应调整的应纳税所得额。
(2) 计算业务招待费支出应调整的应纳税所得额。
(3) 计算应计入成本、费用的工资总额。
(4) 计算工会经费、职工福利费和职工教育经费应调整的应纳税所得额。
(5) 计算研发费用应调整的应纳税所得额。
(6) 计算资产减值损失准备金应调整的应纳税所得额并说明理由。
(7) 计算投资收益应调整的应纳税所得额。
(8) 计算财政补助资金应调整的应纳税所得额并说明理由。
(9) 计算向民政部门捐赠应调整的应纳税所得额。
(10) 计算该公司 2021 年应缴纳企业所得税税额。

第七章　个人所得税法

目标与要求

知识目标与要求：了解个人所得税的纳税义务人和税率，掌握不同项目所得应纳税所得额的确定。

能力目标与要求：正确理解个人所得税的应税所得项目，了解个人所得税的税收优惠政策，掌握个人所得税应纳税额的计算和征收管理。

思政目标与要求：教师在进行个人所得税课程内容的教学时，结合减税降费、增加专项附加扣除等热点问题，通过学习，了解税法的"人民性"；个人所得税改革充分展示了税法在我国社会经济发展中所发挥的保障功能，通过学习，提升公民的纳税自豪感。结合时下发生的典型的明星偷逃税问题，增强对相关知识的记忆与理解，培养依法诚信纳税的意识。

案例导入

赵先生是中国公民，任职于某大型企业，2021年12月，赵先生取得工资收入5 000元，取得全年一次性奖金收入36 000元；另外，赵先生购买了国库券，12月获得利息收入5 000元；因赵先生家已迁入新居，另将自己原有受赠而来的住房转让他人，获得价款460 000元；赵先生购买体育彩票中奖20 000元；赵先生曾向某杂志社投稿，12月该杂志社通知赵先生其稿已被采用，稿酬3 000元。

思考：赵先生各项收入都属于什么性质的所得，是否应当缴纳个人所得税？如需缴纳，应缴多少？（不考虑其他相关税费。）

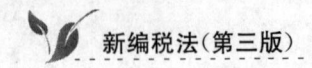

第一节 个人所得税概述

一、个人所得税概念

个人所得税,是调整征税机关与个人(自然人)之间征税与管理过程中所发生的社会关系的法律规范的总称。个人所得税最早于1799年在英国创立,目前世界上已有140个国家开征了这一税种,在许多国家的财政收入中占有重要地位。

个人所得税法,是指国家制定的用以调整个人所得税征收与缴纳之间权利及义务关系的法律规范。现行个人所得税的基本规范是1980年9月10日第五届全国人民代表大会第三次会议制定、根据1993年10月31日第八届全国人民代表大会常务委员会第四次会议决定修改的《中华人民共和国个人所得税法》(以下简称《个人所得税法》),2018年8月31日第十三届全国人民代表大会常务委员会第五次会议《关于修改〈中华人民共和国个人所得税法〉的决定》进行了第七次修正,以及2018年12月18日中华人民共和国国务院令第707号第四次修订的《中华人民共和国个人所得税法实施条例》。

二、个人所得税的特点

(一) 实行分类和综合相结合的混合征收

世界各国的个人所得税制大体可分为三种类型:分类所得税制、综合所得税制和混合所得税制。这三种税制类型各有所长。我国现行个人所得税采用的是分类和综合相结合的混合所得税制,即将个人取得的各种所得划分为九类:① 工资、薪金所得;② 劳务报酬所得;③ 稿酬所得;④ 特许权使用费所得;⑤ 经营所得;⑥ 利息、股息、红利所得;⑦ 财产租赁所得;⑧ 财产转让所得;⑨ 偶然所得。居民个人取得其中第①项至第④项所得(以下称综合所得),按纳税年度合并计算个人所得税;非居民个人取得前款第①项至第④项所得,按月或者按次分项计算个人所得税。纳税人取得前款第⑤项至第⑨项所得,依照规定分别计算个人所得税。

(二) 累进税率与比例税率并用

分类所得税制一般采用比例税率,综合所得税制通常采用累进税率。比例税率计算简便,便于实行源泉扣缴;累进税率可以合理调节收入分配,体现公平。我国现行个人所得税根据各类个人所得的不同性质和特点,将这两种形式的税率综合运用于个人所得税制。

(三) 费用扣除额从宽、从简

各国的个人所得税均有费用扣除的规定,只是扣除的方法及额度不尽相同。我国本着费用扣除从宽、从简的原则,主要采用费用定额扣除和定额扣除与定率扣除相结合的两种方法。对综合所得,每年减除费用60 000元;对财产租赁等所得,每次减除20%的费用或者定额800元费用。

（四）采取源泉扣缴和自行申报两种征纳方法

我国个人所得税法对纳税人的应纳税额分别采取由支付单位源泉扣缴和纳税人自行申报两种方法。对凡是可以在应税所得的支付环节扣缴个人所得税的，均由扣缴义务人履行代扣代缴义务；对于取得综合所得需要办理汇算清缴，取得应税所得没有扣缴义务人的，取得应税所得，扣缴义务人未扣缴税款的，取得境外所得的，因移居境外注销中国户籍的，非居民个人在中国境内从两处以上取得工资、薪金所得的以及国务院规定的其他情形，由纳税人自行申报纳税。

第二节　个人所得税的纳税人、征税对象和税率

一、个人所得税的纳税义务人

个人所得税的纳税义务人是指在中国境内有住所，或者无住所而一个纳税年度（自公历1月1日起至12月31日止，下同）内在中国境内居住累计满183天的个人；以及无住所又不居住，或者无住所而一个纳税年度内在中国境内居住累计不满183天，但从中国境内取得所得的个人。包括中国公民、个体工商户、个人独资企业、合伙企业投资者以及在中国有所得的外籍人员（包括无国籍人员，下同）和香港、澳门、台湾同胞。个人所得税纳税义务人依据其住所和居住时间两个标准，区分为居民纳税人和非居民纳税人，分别承担不同的纳税义务。

（一）居民纳税义务人

居民纳税义务人，是指在中国境内有住所，或者无住所而一个纳税年度内在中国境内居住累计满183天的个人。居民纳税义务人负有无限纳税义务，应就其来源于中国境内、境外的应税所得，在中国缴纳个人所得税。在中国境内有住所的个人，是指因户籍、家庭、经济利益关系而在中国境内习惯性居住的个人。所谓习惯性居住是指个人因学习、工作、探亲、旅游等原因消除之后，没有理由在其他地方继续居留时所要回到的地方，而不是指实际居住或在某一个特定时期内的居住地。在境内居住累计满183天，是指在一个纳税年度内，在中国境内居住满183天。可见，个人所得税的居民纳税义务人包括以下两类：

(1) 在中国境内定居的中国公民和外国侨民。但不包括虽具有中国国籍，却并没有在中国大陆定居，而是侨居海外的华侨和居住在香港、澳门、台湾的同胞。

(2) 从公历1月1日起至12月31日止，中国境内的外国人、海外侨胞和香港、澳门、台湾同胞居住累计满183天的个人，都被认定为居民纳税义务人。

（二）非居民纳税义务人

非居民纳税义务人，是指在中国境内无住所又不居住或者无住所而在境内居住不满183天的个人。在现实生活中，非居民纳税义务人实际上只能是在一个纳税年度内，没有在中国境内居住，或者居住但不满183天的外籍人员、香港、澳门、台湾同胞。非居民纳税义务人负有有限纳税义务，仅就其从中国境内取得的所得，在中国缴纳个人所得税。

二、个人所得税的征税对象[①]

(一) 工资、薪金所得

工资、薪金所得,是指个人因任职或者受雇而取得的工资、薪金、奖金、年终加薪、劳动分红、津贴、补贴以及与任职或者受雇有关的其他所得。其中,奖金是指所有具有工资性质的奖金,免税奖金的范围在税法中另有规定。年终加薪、劳动分红不分种类和取得情况,一律按工资、薪金所得课税。津贴、补贴等则有例外。根据我国目前个人收入的构成情况,对于一些不属于工资、薪金性质的补贴、津贴或者不属于纳税人工资、薪金所得项目的收入,不予征税。这些项目包括:

(1) 独生子女补贴;

(2) 执行公务员工资制度未纳入基本工资总额的补贴、津贴差额和家属成员的副食品补贴;

(3) 托儿补助费;

(4) 差旅费津贴、误餐补助。误餐补助是指按照财政部规定,个人因公在城区、郊区工作,不能在工作单位或返回就餐的,根据实际误餐顿数,按规定的标准领取的误餐费。单位以误餐补助名义发给职工的补助、津贴不包括在内。

属于"工资、薪金所得"的其他项目:

(1) 关于企业减员增效和行政事业单位、社会团体在机构改革过程中实行内部退养办法人员取得收入如何征税问题,现行规定如下:

① 实行内部退养的个人在其办理内部退养手续后至法定离退休年龄之间从原任职单位取得的工资、薪金,不属于离退休工资,应按"工资、薪金所得"项目计征个人所得税。

② 个人在办理内部退养手续后从原任职单位取得的一次性收入,应按办理内部退养手续后至法定离退休年龄之间的所属月份进行平均,并与领取当月的"工资、薪金"所得合并后减除当月费用扣除标准,以余额为基数确定适用税率,再将当月工资、薪金加上取得的一次性收入,减去费用扣除标准,按适用税率计征个人所得税。

③ 个人在办理内部退养手续后至法定离退休年龄之间重新就业取得的"工资、薪金"所得,应与其从原任职单位取得的同一月份的"工资、薪金"所得合并,并依法自行向主管税务机关申报缴纳个人所得税。

(2) 参照2001年11月9日国税函〔2001〕832号批复的规定,公司职工取得的用于购买企业国有股权的劳动分红,按"工资、薪金所得"项目计征个人所得税。

(3) 出租汽车经营单位对出租车驾驶员采取单车承包或承租方式运营,出租车驾驶员从事客货营运取得的收入,按工资、薪金所得征税。

(二) 劳务报酬所得

劳务报酬所得,是指个人独立从事各种非雇用的劳务取得的所得。包括从事设计、装潢、安装、制图、化验、测试、医疗、法律、会计、咨询、讲学、翻译、审稿、书画、雕刻、影视、录音、录像、演出、表演、广告、展览、技术服务、介绍服务、经纪服务、代办服务以及其他劳务取得的

---

① 国务院:《中华人民共和国个人所得税法实施条例》,国令第707号,2018年12月18日。

所得。

（三）稿酬所得

稿酬所得，是指个人因其作品以图书、报刊形式出版、发表而取得的所得。对不以图书、报刊形式出版、发表的翻译、审稿、书画等所得，不属于稿酬所得，而划归劳务报酬所得。

（四）特许权使用费所得

特许权使用费所得，是指个人提供专利权、商标权、著作权、非专利技术以及其他特许权的使用权取得的所得；提供著作权的使用权取得的所得，不包括稿酬所得。

（五）经营所得

（1）个体工商户从事生产、经营活动取得的所得，个人独资企业投资人、合伙企业的个人合伙人来源于境内注册的个人独资企业、合伙企业生产、经营的所得；

（2）个人依法从事办学、医疗、咨询以及其他有偿服务活动取得的所得；

（3）个人对企业、事业单位承包经营、承租经营以及转包、转租取得的所得；

（4）个人从事其他生产、经营活动取得的所得。

（六）利息、股息、红利所得

利息、股息、红利所得，是指个人拥有债权、股权而取得的利息、股息、红利所得。对于国债和国家发行的金融债券利息免税。

（七）财产租赁所得

财产租赁所得，是指个人出租不动产、机器设备、车船以及其他财产取得的所得。个人取得的财产转租收入，属于"财产租赁所得"的征税范围，由财产转租人缴纳个人所得税。确认财产租赁所得的纳税人，应以产权凭证为依据。无产权凭证的，由主管税务机关根据实际情况确定纳税人。产权所有人死亡，在未办理产权继承手续期间，该财产出租而有租金收入的，以领取租金的个人为纳税人。

（八）财产转让所得

财产转让所得，是指个人转让有价证券、股权、合伙企业中的财产份额、不动产、机器设备、车船以及其他财产取得的所得。

（九）偶然所得

偶然所得，是指个人得奖、中奖、中彩以及其他偶然性质的所得。例如，企业向个人支付不竞争款项；企业对累积消费达到一定额度的顾客给予的额外抽奖。

个人取得的所得，难以界定应纳税所得项目的，由国务院税务主管部门确定。

三、个人所得税的税率

（一）工资、薪金所得适用税率

根据 2019 年 1 月 1 日施行的《中华人民共和国个人所得税法》，我国对居民纳税人 2019 年 1 月 1 日（含）以后实际取得工资、薪金所得，适用 3% 至 45% 的七级超额累进税率，计算缴纳个人所得税。税率如表 7-1 所示。

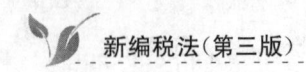

表 7-1　个人所得税预扣率表一

(居民个人工资、薪金所得预扣预缴及综合所得适用)

级　数	全年累计预扣预缴应纳税所得额	预扣率(%)	速算扣除数
1	不超过 36 000 元的部分	3	0
2	超过 36 000 元至 144 000 元的部分	10	2 520
3	超过 144 000 元至 300 000 元的部分	20	16 920
4	超过 300 000 元至 420 000 元的部分	25	31 920
5	超过 420 000 元至 660 000 元的部分	30	52 920
6	超过 660 000 元至 960 000 元的部分	35	85 920
7	超过 960 000 元的部分	45	181 920

(二)劳务报酬所得、稿酬所得、特许权使用费所得适用税率

根据 2019 年 1 月 1 日施行的《中华人民共和国个人所得税法》，我国对居民纳税人 2019 年 1 月 1 日(含)以后实际取得劳务报酬所得、稿酬所得、特许权使用费所得，适用比例税率，税率为 20%。稿酬所得的收入额减按 70% 计算。对劳务报酬所得一次收入畸高的，可以实行加成征收。具体税率如表 7-2 所示。

表 7-2　个人所得税预扣率表二

(居民个人劳务报酬所得预扣预缴适用)

级　数	预扣预缴应纳税所得额	预扣率(%)	速算扣除数
1	不超过 20 000 元的	20	0
2	超过 20 000 元至 50 000 元的部分	30	2 000
3	超过 50 000 元的部分	40	7 000

(三)非居民个人工资、薪金所得，劳务报酬所得，稿酬所得，特许权使用费所得适用税率

根据 2019 年 1 月 1 日施行的《中华人民共和国个人所得税法》，我国对非居民纳税人 2019 年 1 月 1 日(含)以后实际取得工资、薪金所得，劳务报酬所得，稿酬所得，特许权使用费所得适用 3% 至 45% 的七级超额累进税率，计算缴纳个人所得税。税率如表 7-3 所示。

表 7-3　个人所得税税率表三

(非居民个人工资、薪金所得，劳务报酬所得，稿酬所得，特许权使用费所得适用)

级　数	每月应纳税所得额	税率(%)	速算扣除数
1	不超过 3 000 元的部分	3	0
2	超过 3 000 元至 12 000 元的部分	10	210
3	超过 12 000 元至 25 000 元的部分	20	1 410
4	超过 25 000 元至 35 000 元的部分	25	2 660
5	超过 35 000 元至 55 000 元的部分	30	4 410

续表

级 数	每月应纳税所得额	税率(%)	速算扣除数
6	超过 55 000 元至 80 000 元的部分	35	7 160
7	超过 80 000 元的部分	45	15 160

(四)经营所得适用税率

根据 2019 年 1 月 1 日施行的《中华人民共和国个人所得税法》,我国对个体工商户业主、个人独资企业投资者、合伙企业个人合伙人、承包承租经营者个人以及其他从事生产、经营活动的个人取得经营所得,适用 5% 至 35% 的五级超额累进税率,计算缴纳个人所得税。税率如表 7-4 所示。

表 7-4 个人所得税经营所得税率表
(经营所得适用)

级 数	全年应纳税所得额	税率(%)	速算扣除数
1	不超过 30 000 元的部分	5	0
2	超过 30 000 元至 90 000 元的部分	10	1 500
3	超过 90 000 元至 300 000 元的部分	20	10 500
4	超过 300 000 元至 500 000 元的部分	30	40 500
5	超过 500 000 元的部分	35	65 500

(五)利息、股息、红利所得,财产租赁所得,财产转让所得和偶然所得适用税率

利息、股息、红利所得,财产租赁所得,财产转让所得和偶然所得,适用比例税率,税率为 20%。对个人出租住房的所得减按 10% 的税率征收个人所得税。

四、所得来源地的确定

判断某项所得的来源地,是确定该项所得是否应缴纳个人所得税的重要依据。对居民纳税义务人来说,因其要承担无限纳税义务,无论境内外所得都要纳税,因此判断所得来源地不那么重要。但是,对于非居民纳税义务人,因其只就来源于中国境内的所得征税,因此分清所得的来源地就显得非常重要。根据税法规定,下列所得不论支付地点是否在中国境内,均为来源于中国境内的所得:

(1)因任职、受雇、履约等而在中国境内提供劳务取得的所得。
(2)将财产出租给承租人在中国境内使用而取得的所得。
(3)转让中国境内的不动产等财产或者在中国境内转让其他财产取得的所得。
(4)许可各种特许权在中国境内使用而取得的所得。
(5)从中国境内企业、事业单位、其他组织以及居民个人取得的利息、股息、红利所得。

第三节 个人所得税应纳税额的计算

一、应纳税所得额的计算

（一）各项费用减除标准

(1) 居民个人的综合所得，自 2019 年 1 月 1 日（含）起，以每一纳税年度的收入额减除费用 6 万元以及专项扣除、专项附加扣除和依法确定的其他扣除后的余额，为应纳税所得额。

劳务报酬所得、稿酬所得、特许权使用费所得以收入减除 20% 的费用后的余额为收入额。稿酬所得的收入额减按 70% 计算。

(2) 非居民个人的工资、薪金所得，以每月收入额减除费用 5 000 元后的余额为应纳税所得额；劳务报酬所得、稿酬所得、特许权使用费所得，以每次收入额为应纳税所得额。

(3) 经营所得，以每一纳税年度的收入总额减除成本、费用以及损失后的余额，为应纳税所得额。

(4) 财产租赁所得，每次收入不超过 4 000 元的，减除费用 800 元；4 000 元以上的，减除 20% 的费用，其余额为应纳税所得额。

(5) 财产转让所得，按照一次转让财产的收入额减除财产原值和合理费用后的余额，为应纳税所得额。财产原值，是指：① 有价证券，为买入价以及买入时按照规定缴纳的有关费用；② 建筑物，为建造费或者购进价格以及其他有关费用；③ 土地使用权，为取得土地使用权所支付的金额、开发土地的费用以及其他有关费用；④ 机器设备、车船，为购进价格、运输费、安装费以及其他有关费用；⑤ 其他财产，参照以上方法确定。如果纳税人未提供完整、准确的财产原值凭证，不能正确计算财产原值的，由主管税务机关核定其财产原值。合理费用，是指卖出财产时按照规定支付的有关费用。

(6) 利息、股息、红利所得和偶然所得，以每次收入额为应纳税所得额。

（二）专项扣除的范围和标准

专项扣除，包括居民个人按照国家规定的范围和标准缴纳的基本养老保险、基本医疗保险、失业保险等社会保险费和住房公积金等。

（三）专项附加扣除的范围和标准[①]

专项附加扣除，包括子女教育、继续教育、大病医疗、住房贷款利息或者住房租金、赡养老人、照护 3 岁以下婴幼儿子女等支出，具体范围、标准和实施步骤由国务院确定，并报全国人民代表大会常务委员会备案。

1. 子女教育

纳税人的子女接受全日制学历教育的相关支出，按照每个子女每月 1 000 元的标准定额扣除。学历教育包括义务教育（小学、初中教育）、高中阶段教育（普通高中、中等职业、技

---

① 国务院：《关于印发个人所得税专项附加扣除暂行办法的通知》，国发〔2018〕41 号，2018 年 12 月 13 日。

工教育)、高等教育(大学专科、大学本科、硕士研究生、博士研究生教育)。

年满3岁至小学入学前处于学前教育阶段的子女,按照每个子女每月1 000元的标准定额扣除。

父母可以选择由其中一方按扣除标准的100%扣除,也可以选择由双方分别按扣除标准的50%扣除,具体扣除方式在一个纳税年度内不能变更。

纳税人子女在中国境外接受教育的,纳税人应当留存境外学校录取通知书、留学签证等相关教育的证明资料备查。

2. 继续教育

纳税人在中国境内接受学历(学位)继续教育的支出,在学历(学位)教育期间按照每月400元定额扣除。同一学历(学位)继续教育的扣除期限不能超过48个月。纳税人接受技能人员职业资格继续教育、专业技术人员职业资格继续教育的支出,在取得相关证书的当年,按照3 600元定额扣除。

个人接受本科及以下学历(学位)继续教育,符合本办法规定扣除条件的,可以选择由其父母扣除,也可以选择由本人扣除。

纳税人接受技能人员职业资格继续教育、专业技术人员职业资格继续教育的,应当留存相关证书等资料备查。

3. 大病医疗

在一个纳税年度内,纳税人发生的与基本医保相关的医药费用支出,扣除医保报销后个人负担(指医保目录范围内的自付部分)累计超过15 000元的部分,由纳税人在办理年度汇算清缴时,在80 000元限额内据实扣除。

纳税人发生的医药费用支出可以选择由本人或者其配偶扣除;未成年子女发生的医药费用支出可以选择由其父母一方扣除。

纳税人及其配偶、未成年子女发生的医药费用支出,按规定分别计算扣除额。

纳税人应当留存医药服务收费及医保报销相关票据原件(或者复印件)等资料备查。医疗保障部门应当向患者提供在医疗保障信息系统记录的本人年度医药费用信息查询服务。

4. 住房贷款利息

纳税人本人或者配偶单独或者共同使用商业银行或者住房公积金个人住房贷款为本人或者其配偶购买中国境内住房,发生的首套住房贷款利息支出,在实际发生贷款利息的年度,按照每月1 000元的标准定额扣除,扣除期限最长不超过240个月。纳税人只能享受一次首套住房贷款的利息扣除。首套住房贷款是指购买住房享受首套住房贷款利率的住房贷款。

经夫妻双方约定,可以选择由其中一方扣除,具体扣除方式在一个纳税年度内不能变更。

夫妻双方婚前分别购买住房发生的首套住房贷款,其贷款利息支出,婚后可以选择其中一套购买的住房,由购买方按扣除标准的100%扣除,也可以由夫妻双方对各自购买的住房分别按扣除标准的50%扣除,具体扣除方式在一个纳税年度内不能变更。

纳税人应当留存住房贷款合同、贷款还款支出凭证备查。

5. 住房租金

纳税人在主要工作城市没有自有住房而发生的住房租金支出,可以按照以下标准定额扣除:

(1) 直辖市、省会(首府)城市、计划单列市以及国务院确定的其他城市,扣除标准为每月1 500元;

(2) 除第(1)项所列城市以外,市辖区户籍人口超过100万的城市,扣除标准为每月1 100元;市辖区户籍人口不超过100万的城市,扣除标准为每月800元。

纳税人的配偶在纳税人的主要工作城市有自有住房的,视同纳税人在主要工作城市有自有住房。市辖区户籍人口,以国家统计局公布的数据为准。主要工作城市是指纳税人任职受雇的直辖市、计划单列市、副省级城市、地级市(地区、州、盟)全部行政区域范围;纳税人无任职受雇单位的,为受理其综合所得汇算清缴的税务机关所在城市。

夫妻双方主要工作城市相同的,只能由一方扣除住房租金支出。

住房租金支出由签订租赁住房合同的承租人扣除。

纳税人及其配偶在一个纳税年度内不能同时分别享受住房贷款利息和住房租金专项附加扣除。

纳税人应当留存住房租赁合同、协议等有关资料备查。

6. 赡养老人

纳税人赡养一位及以上被赡养人的赡养支出,统一按照以下标准定额扣除:

(1) 纳税人为独生子女的,按照每月2 000元的标准定额扣除;

(2) 纳税人为非独生子女的,由其与兄弟姐妹分摊每月2 000元的扣除额度,每人分摊的额度不能超过每月1 000元。可以由赡养人均摊或者约定分摊,也可以由被赡养人指定分摊。约定或者指定分摊的须签订书面分摊协议,指定分摊优先于约定分摊。具体分摊方式和额度在一个纳税年度内不能变更。

被赡养人是指年满60岁的父母,以及子女均已去世的年满60岁的祖父母、外祖父母。

7. 照护3岁以下婴幼儿子女①

纳税人照护3岁以下婴幼儿子女的相关支出,按照每个婴幼儿每月1 000元的标准定额扣除。父母可以选择由其中一方按扣除标准100%扣除,也可以选择由双方分别按扣除标准的50%扣除,具体扣除方式在一个纳税年度内不能变更。

3岁以下婴幼儿照护个人所得税专项附加扣除涉及的保障措施和其他事项,参照《个人所得税专项附加扣除暂行办法》有关规定执行。3岁以下婴幼儿照护个人所得税专项附加扣除自2022年1月1日起实施。

(四) 每次收入的确定

利息、股息、红利所得,财产租赁所得,偶然所得,非居民个人取得的劳务报酬所得,稿酬所得,特许权使用费所得六项所得,都是按次计算征税的。因此,为了保证国家税收收入,防止税款流失,如何准确地划分"次"十分重要。

---

① 国务院:《国务院关于设立3岁以下婴幼儿照护个人所得税专项附加扣除的通知》,国发〔2022〕8号,2022年3月19日。

1. 劳务报酬所得

根据不同劳务项目的特点,分别规定:

(1) 属于一次性收入的,以取得该项收入为一次。例如,从事设计、安装、制图、化验等劳务,往往是根据与客户签订的协议完成后一次性取得劳务收入,属于一次性收入,应以"次"为依据确定计税所得。

(2) 属于同一项目连续性收入的,以一个月内取得的收入为一次。

【例7-1】 某歌手与星空酒吧签约,2021年内每天到酒吧演唱一次,每次演出后付酬500元。在计算其劳务报酬所得时,应视为同一事项的连续性收入,应以其1个月内取得的收入为一次计征个人所得税,而不能以每天的收入为一次计征个人所得税。

2. 稿酬所得

以每次出版、发表取得的收入为一次。具体又可细分为:

(1) 同一作品再版取得的所得,应视为另一次稿酬所得计征个人所得税;

(2) 同一作品先在报刊上连载,然后再出版,或者先出版,再在报刊上连载的,应视为两次稿酬所得征税,即连载作为一次,出版作为另一次;

(3) 同一作品在报刊上连载分次取得收入的,以连载完成后取得的所有收入合并为一次计税,计征个人所得税;

(4) 同一作品在出版和发表时,以预付稿酬或分次支付稿酬等形式取得的稿酬收入,应合并计算为一次,计征个人所得税;

(5) 同一作品出版、发表后,因添加印数而追加稿酬的,应与以前出版、发表时取得的稿酬合并计算为一次,计征个人所得税。

3. 特许权使用费所得

以某项特许权的一次许可使用所取得的收入为一次。一个纳税义务人,可能不仅拥有一项特许权利,每一项特许权的使用权也可能不止一次地向他人提供。因此,特许权使用费的"次",明确为每一项使用权的每一次转让所得的收入为一次。若该次转让取得的收入是分笔支付的,则将各笔收入相加为一次。

4. 财产租赁所得

以一个月内取得的收入为一次。

5. 利息、股息、红利所得

以支付利息、股息、红利时取得的收入为一次。

6. 偶然所得

以每次取得该项收入为一次。

(五) 应纳税所得额的其他规定

(1) 个人将其所得对教育、扶贫、济困等公益慈善事业进行捐赠,捐赠额未超过纳税人申报的应纳税所得额30%的部分,可以从其应纳税所得额中扣除;国务院规定对公益慈善事业捐赠实行全额税前扣除的,从其规定。

$$捐赠扣除限额 = 申报的应纳税所得额 \times 30\%$$

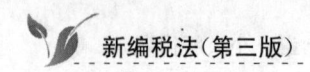

实际捐赠额等于或者小于捐赠限额,其捐赠额可以全额扣除;大于捐赠扣除限额,则只能按照限额扣除。

(2) 个人的所得(不含偶然所得和经国务院财政部门确定征税的其他所得)用于资助非关联的科研机构和高等学校研究开发新产品、新技术、新工艺所发生的研究开发费用,经主管税务机关核定可以全额在下月或下次或当年计征个人所得税时,从应纳税所得额中扣除,不足抵扣的,不得结转抵扣。

(3) 个人所得的形式,包括现金、实物、有价证券和其他形式的经济利益;所得为实物的,应当按照取得的凭证上所注明的价格计算应纳税所得额,无凭证的实物或者凭证上所注明的价格明显偏低的,参照市场价格核定应纳税所得额;所得为有价证券的,根据票面价格和市场价格核定应纳税所得额;所得为其他形式的经济利益的,参照市场价格核定应纳税所得额。

(4) 纳税人直接向受赠人的捐赠以及其他非公益救济性捐赠,不准予在个人所得税前扣除。

(5) 依法确定的工资、薪金所得的其他扣除,包括个人缴付符合国家规定的企业年金、职业年金,个人购买符合国家规定的商业健康保险、税收递延型商业养老保险的支出,以及国务院规定可以扣除的其他项目。

(6) 专项扣除、专项附加扣除和依法确定的其他扣除,以居民个人一个纳税年度的应纳税所得额为限额;一个纳税年度扣除不完的,不结转以后年度扣除。

二、应纳税额的计算

(一) 居民个人工资、薪金所得应纳税额的计算

(1) 居民个人取得工资、薪金所得时,应当按照累计预扣法计算预扣税款,并按月办理扣缴申报。

累计预扣法,是指扣缴义务人在一个纳税年度内预扣预缴税款时,以纳税人在本单位截至当前月份工资、薪金所得累计收入减除累计免税收入、累计减除费用、累计专项扣除、累计专项附加扣除和累计依法确定的其他扣除后的余额为累计预扣预缴应纳税所得额,适用个人所得税预扣率表一(见表 7-1),计算累计应预扣预缴税额,再减除累计减免税额和累计已预扣预缴税额,其余额为本期应预扣预缴税额。余额为负值时,暂不退税。纳税年度终了后余额仍为负值时,由纳税人通过办理综合所得年度汇算清缴,税款多退少补。

具体计算公式如下:

$$本期应预扣预缴税额 = (累计预扣预缴应纳税所得额 \times 预扣率 - 速算扣除数) - 累计减免税额 - 累计已预扣预缴税额$$

$$累计预扣预缴应纳税所得额 = 累计收入 - 累计免税收入 - 累计减除费用 - 累计专项扣除 - 累计专项附加扣除 - 累计依法确定的其他扣除$$

式中,累计减除费用,按照 5 000 元/月乘以纳税人当年截至本月在本单位的任职受雇月份数计算。

【例 7-2】 王教授 2021 年每月应发工资 30 000 元,按规定"五险一金"专项扣除 4 500 元,另王教授享受子女教育专项附加扣除 2 000 元,没有减免收入及减免税额等情况。王教

授的工资所得,每月应该如何计算个人所得税应纳税额?

解析:1月应预扣预缴的税额=(30 000-5 000-4 500-2 000)×3%=555元;

2月应预扣预缴的税额=(30 000×2-5 000×2-4 500×2-2 000×2)×10%-2 520-555=625(元);

3月应预扣预缴的税额=(30 000×3-5 000×3-4 500×3-2 000×3)×10%-2 520-555-625=1 850(元)。

经计算4月—7月应预扣预缴的税额均为1 850元。

经计算8月应预扣预缴的税额为2 250元。

经计算9月—12月应预扣预缴的税额均为3 700元。

(2) 自2020年7月1日起,对一个纳税年度内首次取得工资、薪金所得的居民个人,在预扣预缴个人所得税时可按照5 000元/月乘以纳税人当年截至本月月份数计算累计减除费用。所称首次取得工资、薪金所得的居民个人,是指自纳税年度首月起至新入职时,未取得工资、薪金所得或者未按照累计预扣预缴过连续性劳务报酬所得个人所得税的居民个人。[1]

(3) 自2021年1月1日起,对同时符合下列①~③项条件的居民个人,在预扣预缴本年度工资、薪金所得个人所得税时,累计减除费用自1月份起直接按照全年60 000元计算扣除。即在纳税人累计收入不超过60 000元的月份,暂不预扣预缴个人所得税;在其累计收入超过60 000元的当月及年内后续月份,再预扣预缴个人所得税。[2]

① 上一纳税年度1~12月均在同一单位任职且预扣预缴申报了工资、薪金所得个人所得税。

② 上一纳税年度1~12月的累计工资、薪金收入(包括全年一次性奖金等各类工资、薪金所得,且不扣减任何费用及免税收入)不超过60 000元。

③ 本纳税年度自1月起,仍在该单位任职受雇并取得工资、薪金所得。

(二)劳务报酬所得、稿酬所得、特许权使用费所得应纳税额的计算

居民个人取得劳务报酬所得、稿酬所得、特许权使用费所得时,应当按照以下方法按次或者按月预扣预缴税款:

劳务报酬所得、稿酬所得、特许权使用费所得以收入减除费用后的余额为收入额。其中,稿酬所得的收入额减按70%计算;收入的80%减按70%计算,即收入的56%。

减除费用:预扣预缴税款时,劳务报酬所得、稿酬所得、特许权使用费所得每次收入不超过4 000元的,减除费用按800元计算;每次收入4 000元以上的,减除费用按收入的20%计算。

应纳税所得额:劳务报酬所得、稿酬所得、特许权使用费所得,以每次收入额为预扣预缴应纳税所得额,计算应预扣预缴税额。劳务报酬所得适用个人所得税预扣率表二(见表7-2),稿酬所得、特许权使用费所得适用20%的比例预扣率。

---

[1] 国家税务总局公告2020年第13号:《国家税务总局关于完善调整部分纳税人个人所得税预扣预缴方法的公告》,2020年7月28日。

[2] 国家税务总局公告2020年第19号:《关于进一步简便优化部分纳税人个人所得税预扣预缴方法的公告》,2020年12月4日。

1. 劳务报酬所得应纳税额的计算

劳务报酬所得，按次纳税。其计算公式为：

(1) 每次收入不足 4 000 元的。

$$应预扣预缴的税额＝应纳税所得额×适用税率＝(每次收入额－800)×20\%$$

(2) 每次收入在 4 000 元以上的。

$$应预扣预缴的税额＝应纳税所得额×适用税率＝每次收入额×(1－20\%)×20\%$$

【例 7-3】 王教授于 2021 年 3 月受邀于某企业进行专题讲座，取得讲座收入 40 000 元。请计算王教授应纳的个人所得税。

解析： 应纳税所得额＝40 000×(1－20%)＝32 000(元)

应预扣预缴的税额＝32 000×30%－2 000＝7 600(元)

2. 稿酬所得应纳税额的计算

稿酬所得，按次计税。另外，关于合作出书问题，纳税顺序：先分钱，后扣费用，再缴税。其具体计算公式为：

(1) 每次收入不足 4 000 元的。

$$应预扣预缴的税额＝(每次收入额－800)×70\%×20\%$$

(2) 每次收入在 4 000 元以上的。

$$应预扣预缴的税额＝每次收入额×(1－20\%)×70\%×20\%$$

【例 7-4】 王教授于 2021 年 4 月取得书稿收入 25 000 元。请计算其应缴纳的个人所得税税额。

解析： 应预扣预缴的税额＝25 000×(1－20%)×70%×20%＝2 800(元)

3. 特许权使用费所得应纳税额的计算

特许权使用费所得，按每项特许权每次转让收入计税。其计算公式为：

(1) 每次收入不足 4 000 元的。

$$应预扣预缴的税额＝(每次收入额－800)×20\%$$

(2) 每次收入在 4 000 元以上的。

$$应预扣预缴的税额＝每次收入额×(1－20\%)×20\%$$

【例 7-5】 王教授于 2021 年 8 月向某企业提供了一项专利技术使用权，取得特许权使用费 60 000 元。请计算这笔收入应缴纳的个人所得税税额。

解析： 应预扣预缴的税额＝60 000×(1－20%)×20%＝9 600(元)

思考： 承前例，年终汇算清缴时，王教授综合所得是要补缴税款，还是可以获得退税呢？

解析： 年终汇算清缴时，应将综合所得进行合并计算本年度应纳税额，并与本年度已缴纳税额进行比较，确定应补缴还是应退税。

王教授本年度应纳税额合计

$$=(工资、薪金应纳税所得额＋劳务报酬应纳税所得额＋稿酬应纳税所得额＋特许权使用费应纳税所得额)×税率－速算扣除数$$

$$= [(30\ 000 \times 12 - 60\ 000 - 4\ 500 \times 12 - 2\ 000 \times 12) + 40\ 000 \times (1-20\%) + 25\ 000 \times$$
$$(1-20\%) \times 70\% + 60\ 000 \times (1-20\%)] \times 25\% - 31\ 920$$
$$= 316\ 000 \times 25\% - 31\ 920 = 47\ 080(元)$$

王教授已缴纳税款合计
=工资、薪金预缴税额+劳务报酬预缴税额+稿酬预缴税额+特许权使用费预缴税额
$$= [555 + 625 + 1\ 850 \times 5 + 2\ 250 + 3\ 700 \times 4] + 7\ 600 + 2\ 800 + 9\ 600$$
$$= 27\ 480 + 7\ 600 + 2\ 800 + 9\ 600 = 47\ 480(元)$$

由于王教授本年度应纳税额合计<王教授已缴纳税款合计,因此王教授应申请退税,退税额=47 480−47 080=400(元)。

(三)非居民个人工资、薪金所得,劳务报酬所得,稿酬所得和特许权使用费所得应纳税额的计算

非居民个人取得工资、薪金所得,劳务报酬所得,稿酬所得和特许权使用费所得时,应当按照以下方法按月或者按次代扣代缴税款:

非居民个人的工资、薪金所得,以每月收入额减除费用5 000元后的余额为应纳税所得额;劳务报酬所得、稿酬所得、特许权使用费所得,以每次收入额为应纳税所得额,适用个人所得税税率表三(见表7-3)计算应纳税额。

非居民个人在一个纳税年度内税款扣缴方法保持不变,达到居民个人条件时,应当告知扣缴义务人基础信息变化情况,年度终了后按照居民个人有关规定办理汇算清缴。

【例7-6】某外商投资企业中工作的美国专家(假设为非居民纳税人),2021年2月取得由该企业发放的含税工资收入10 400元人民币,此外还从别处取得劳务报酬5 000元人民币。请计算当月其应纳个人所得税额。

解析:由下列两项所得的支付单位分别代扣代缴:
(1)该非居民个人当月工资、薪金所得应纳税额
$$= (10\ 400 - 5\ 000) \times 10\% - 210 = 330(元)$$
(2)该非居民个人当月劳务报酬所得应纳税额
$$= 5\ 000 \times 80\% \times 10\% - 210 = 190(元)$$

(四)经营所得应纳税额的计算

(1)个体工商户业主、个人独资企业投资者、合伙企业个人合伙人、承包承租经营者个人以及其他从事生产、经营活动的个人取得经营所得,以其每一纳税年度来源于经营活动的所得,减除费用6万元、专项扣除以及依法确定的其他扣除后的余额,为应纳税所得额。适用五级超额累进税率,并按适用税率(见表7-4)计算应纳税额。其计算公式如下:

$$应纳税所得额 = 收入总额 - 成本 - 费用 - 税金 - 损失 - 其他支出 - 允许弥补的以前年度亏损$$

$$应纳税额 = 应纳税所得额 \times 适用税率 - 速算扣除数$$

需要指出的是:

① 自2019年1月1日起,个人经营所得的费用扣除标准目前统一确定为5 000元/月,即60 000元/年。

② 个人生产经营过程中从业人员的工资扣除标准,由省、自治区、直辖市地方税务机关根据当地实际情况确定,并报国家税务总局备案。

③ 个人生产、经营期间借款利息支出,凡有合法证明的,不高于按金融机构同类、同期贷款利率计算的数额的部分,准予扣除。

④ 个人专营种植业、养殖业、饲养业、捕捞业等,不征收个人所得税;不属于原农业税、牧业税征税范围的,应对其所得计征个人所得税;同时,对进入各类市场销售自产农产品的农民取得的所得暂不征收个人所得税。兼营上述四业并且四业的所得单独核算的,比照上述原则办理,对属于征收个人所得税的,应与其他行业的生产、经营所得合并计征个人所得税;对于四业的所得不能单独核算的,应就其全部所得计征个人所得税。①

⑤ 从事生产经营的个人取得与生产、经营活动无关的各项应税所得,应分别适用各应税项目的规定计算征收个人所得税。

另外,扣除项目中需关注:

① 分别核算生产经营费用、个人家庭费用。难以分清的,40%视为生产经营费用准予扣除。

② 人工费。实际支付给从业人员的合理工资薪金支出,准予扣除。个体工商户业主的工资薪金支出,不得税前扣除。

③ 保险费。业主和从业人员缴纳的五险一金,准予扣除。对于补充养老保险费、补充医疗保险费,从业人员的,以工资总额为基数;业主本人的,以当地上年度社会平均工资的3倍为基数。业主为本人或为从业人员支付的商业保险费,不得扣除。

④ 研发费用,以及研发而购置单台价值在10万元以下的测试仪器、实验性装置的购置费可直接扣除。

个人在生产经营过程中以下项目不得扣除:

① 个人所得税税款。

② 税收滞纳金。

③ 罚金、罚款和被没收财物的损失。

④ 不符合扣除规定的捐赠支出。

⑤ 赞助支出。

⑥ 用于个人和家庭的支出。

⑦ 业主为本人或为从业人员支付的商业保险费。

⑧ 个体工商户直接对受益人的捐赠。

自2021年1月1日至2022年12月31日,对个体工商户年应纳税所得额不超过100万元的部分,在现行优惠政策基础上,减半征收个人所得税。个体工商户不区分征收方式,均可享受。

【例7-7】某个体工商户,2021年取得主营业务收入及其他业务收入300 000元,税金及附加15 000元,产品销售成本为120 000元,其他费用和税务机关认可的损失合计20 000元。计算其当年应缴纳的个人所得税。

解析:应纳税所得额=300 000−15 000−120 000−20 000−60 000=85 000(元)

---

① 财政部 国家税务总局:《关于农村税费改革试点地区有关个人所得税问题的通知》,财税发〔2004〕30号,2004年1月17日。

经营所得应纳个人所得税＝(85 000×10％－1 500)×50％＝3 500(元)

(2) 对个人独资企业和合伙企业生产经营所得的个人所得税应纳税额的计算。有以下两种办法:第一种是查账征收。凡实行查账征收办法的企业,生产经营所得应纳税额的计算比照个体工商户个人所得税计税办法执行。但对一些费用和成本的具体扣除标准,税法做了相应规定,类似企业所得税的有关费用标准,此处不再重述。第二种是核定征收。核定征收方式包括定额征收、核定应税所得率征收以及其他合理的征收方式。其中实行核定应税所得率征收方式的,应纳所得税额的计算公式如下:

$$应纳税额＝应纳税所得额×适用税率$$
$$应纳税所得额＝收入总额×应税所得率$$

或
$$应纳税额＝成本费用支出额÷(1－应税所得率)×应税所得率$$

当纳税人会计资料不全,只能确定收入总额或费用成本额时,采用以上办法计税。应税所得率按表7－5规定的标准执行。

表7－5 个人所得税应税所得率表

行　业	应税所得率(％)
工业、交通运输业、商业	5～20
建筑业、房地产开发业	7～20
饮食服务业	7～25
娱乐业	20～40
其他行业	10～30

企业经营多业的,无论其经营项目是否单独核算,均应根据其主营项目确定其适用的应税所得率。但实行核定征税的投资者,不能享受个人所得税的优惠政策。

需要注意的是,自2022年1月1日起,持有股权、股票、合伙企业财产份额等权益性投资的个人独资企业、合伙企业(以下简称独资合伙企业),一律适用查账征收方式计征个人所得税。独资合伙企业应自持有上述权益性投资之日起30日内,主动向税务机关报送持有权益性投资的情况。[①]

(3) 个体工商户、个人独资企业和合伙企业因在纳税年度中间开业、合并、注销及其他原因,导致该纳税年度的实际经营期不足1年的,对个体工商户业主、个人独资企业投资者和合伙企业自然人合伙人的生产经营所得计算个人所得税时,以其实际经营期为1个纳税年度。投资者本人的费用扣除标准,应按照其实际经营月份数,以每月5 000元的减除标准确定。

计算公式如下:

应纳税所得额＝该年度收入总额－成本、费用及损失－当年投资者本人的费用扣除额
当年投资者本人的费用扣除额＝月减除费用(5 000元/月)×当年实际经营月份数
应纳税额＝应纳税所得额×税率－速算扣除数

[①] 财政部 税务总局公告2021年第41号:《关于权益性投资经营所得个人所得税征收管理的公告》,2021年12月30日。

【例 7-8】 苏先生为熟食加工个体户,于 2021 年 3 月 1 日开始经营,2021 年取得生产经营收入 200 000 元,生产经营成本为 180 000 元(含购买一辆非经营用小汽车支出 80 000 元)。请计算苏先生应纳所得税税额。

解析:应纳税所得额=200 000-(180 000-80 000)-5 000×10=50 000(元)

应纳所得税税额=(50 000×10%-1 500)×50%=1 750(元)

(五)利息、股息、红利所得应纳税额的计算

利息、股息、红利所得,不减除费用,以每次收入额为应纳税所得额。

$$应纳税额=应纳税所得额×适用税率$$

【例 7-9】 李某 2021 年 2 月购买某上市公司的股票 10 000 股,该上市公司 2021 年度的利润方案为每 10 股送 3 股,并于 2022 年 6 月份实施,该股票的面值为每股 1 元。计算其应纳个人所得税。

解析:应纳个人所得税税额=10 000÷10×3×1×50%×20%=300(元)

(六)财产租赁所得应纳税额的计算

财产租赁所得,以 1 个月内取得的收入为一次。在确定财产租赁的应纳税所得额时,纳税人除可以定额或定率减除费用外,还可以扣除财产租赁过程中发生的相关税费和修缮费用。因此,在计算缴纳个人所得税时,纳税人出租财产取得的财产租赁收入应依次扣除以下费用:

(1)财产租赁过程中缴纳的税费(城市维护建设税、教育费附加、房产税;提示营改增后增值税为价外税,不得扣);

(2)向出租方支付的租金(无转租收入不扣此项);

(3)由纳税人负担的该出租财产实际开支的,能够提供有效准确凭证的修缮费用(以每次 800 元为限,一次扣除不完的,准予在下一次继续扣除,直到扣完为止);

(4)税法规定的费用扣除标准。财产租赁应纳税所得额及应纳税额的计算公式为:

① 每次收入不足 4 000 元的。

$$应纳税所得额=每次(月)收入额-准予扣除项目(相关税费)-修缮费用(800元上限)-800$$

$$应纳税额=应纳税所得额×20\%(或10\%)$$

② 每次收入在 4 000 元以上的。

$$应纳税所得额=\left[每次(月)收入额-准予扣除项目(相关税费)-修缮费用(800元上限)\right]×(1-20\%)$$

$$应纳税额=应纳税所得额×20\%(或10\%)$$

【例 7-10】 李勇于 2021 年 1 月将自有居住房屋出租,每月取得租金收入 2 200 元,全年租金收入 26 400 元。假定李勇每月因出租房屋而缴纳的相关税金及附加费为 150 元。请计算李勇全年租金收入应缴纳的个人所得税(不考虑其他税费)。

解析:每月应纳税额=(2 200-150-800)×10%=125(元)

全年应纳税额=125×12=1 500(元)

【例 7-11】 上例中,假定 2021 年 2 月因房屋漏水找人修理,发生修理费用 700 元,有维修部门的合法凭证。请计算 2 月份应缴纳的个人所得税(不考虑其他税费)。

2 月份应纳税额＝(2 200－150－700－800)×10％＝55(元)

假定 2021 年 2 月发生的修理费用为 1 400 元,因为每次修缮费用以 800 元为限,一次扣除不完的,允许在下一次继续扣除,则 2 月份、3 月份应缴纳的个人所得税为:

2 月份应纳税额＝(2 200－150－800－800)×10％＝45(元)

3 月份应纳税额＝(2 200－150－600－800)×10％＝65(元)

(七) 财产转让所得应纳税额的计算

财产转让所得应纳税额的计算公式为:

$$应纳税额＝(收入总额－财产原值－合理费用)×20\%$$

【例 7-12】 我国公民李先生为国内某企业高级技术人员,2021 年 3 月转让购买的三居室精装修房屋一套,售价 2 300 000 元,转让过程中支付相关税费 138 000 元。该套房屋的购进价为 1 000 000 元,购房过程中支付相关税费 30 000 元。所有税费支出均取得合法凭证。计算其转让房屋所得应缴纳的个人所得税。

解析:转让房屋所得应缴纳的个人所得税＝(2 300 000－1 000 000－138 000－30 000)×20％＝226 400(元)

(八) 偶然所得应纳税额的计算

偶然所得应纳税额的计算公式为:

$$应纳税额＝每次收入额×20\%$$

【例 7-13】 李彩华购买体育彩票取得中奖收入 220 000 元,其将奖金中的 30 000 元捐给希望工程基金会。请计算李彩华应缴纳的个人所得税和实际可得的中奖金额。

解析:(1) 李彩华这笔偶然所得 220 000 元应全额作为应纳税所得额,因此捐赠额的扣除限额＝220 000×30％＝66 000(元)。

因为实际捐赠额 30 000 元小于扣除限额,所以计算应纳税所得额时可以据实扣除。

(2) 应纳税所得额＝偶然所得－捐赠额＝220 000－30 000＝190 000(元)。

(3) 应纳税额＝应纳税所得额×适用税率＝190 000×20％＝38 000(元)。

(4) 李彩华实际可得中奖金额＝220 000－30 000－38 000＝152 000(元)。

(九) 其他方式特殊所得的计税方法

1. 关于全年一次性奖金、中央企业负责人年度绩效薪金延期兑现收入和任期奖励的政策[①]

(1) 居民个人取得全年一次性奖金,符合《国家税务总局关于调整个人取得全年一次性奖金等计算征收个人所得税方法问题的通知》(国税发〔2005〕9 号)规定的,在 2021 年 12 月 31 日前,不并入当年综合所得,以全年一次性奖金收入除以 12 个月得到的数额,按照本通知所附按月换算后的综合所得税率表(以下简称月度税率表),确定适用税率和速算扣除数,单独计算纳税。《财政部 税务总局关于延续实施全年一次性奖金等个人所得税优惠政策的公

[①] 财政部 税务总局:《关于个人所得税法修改后有关优惠政策衔接问题的通知》,财税发〔2018〕164 号,2018 年 12 月 27 日。

告》财政部 税务总局公告2021年第42号,将全年一次性奖金不并入当月工资薪金所得、实施按月换算税率单独计税的政策,延续至2023年年底)。计算公式为:

$$应纳税额 = 全年一次性奖金收入 \times 适用税率 - 速算扣除数$$

居民个人取得全年一次性奖金,也可以选择并入当年综合所得计算纳税。

(2)中央企业负责人取得年度绩效薪金延期兑现收入和任期奖励,符合《国家税务总局关于中央企业负责人年度绩效薪金延期兑现收入和任期奖励征收个人所得税问题的通知》(国税发〔2007〕118号)规定的,在2021年12月31日前,参照本条第(1)项执行;该项执行期限延长至2023年12月31日。

2. 关于解除劳动关系、提前退休、内部退养的一次性补偿收入的政策[①]

(1)个人与用人单位解除劳动关系取得一次性补偿收入(包括用人单位发放的经济补偿金、生活补助费和其他补助费),在当地上年职工平均工资3倍数额以内的部分,免征个人所得税;超过3倍数额的部分,不并入当年综合所得,单独适用综合所得税率表,计算纳税。

(2)个人办理提前退休手续而取得的一次性补贴收入,应按照办理提前退休手续至法定离退休年龄之间实际年度数平均分摊,确定适用税率和速算扣除数,单独适用综合所得税率表,计算纳税。计算公式:

$$应纳税额 = \left\{ \left[\left(\frac{一次性补贴收入}{办理提前退休手续至法定退休年龄的实际年度数} \right) - 费用扣除标准 \right] \times 适用税率 - 速算扣除数 \right\} \times 办理提前退休手续至法定退休年龄的实际年度数$$

(3)个人办理内部退养手续而取得的一次性补贴收入,按照《国家税务总局关于个人所得税有关政策问题的通知》(国税发〔1999〕58号)规定计算纳税。

3. 个人取得单位购买的财产等计税问题

(1)个人独资企业、合伙企业的个人投资者以企业资金为本人、家庭及其相关人员支付与企业生产经营无关的消费性支出及购买汽车、住房等财产性支出,视为企业对个人投资者的利润分配,并入投资者个人的生产经营所得,依照"个体工商户的生产、经营所得"项目征收个人所得税。

除个人独资企业、合伙企业以外的其他企业的个人投资者,以企业资金为本人、家庭成员及其相关人员支付与企业经营无关的消费性支出及购买汽车、住房等财产性支出,视为企业对个人投资者的红利分配,依照"利息、股息、红利所得"项目征收个人所得税。

(2)纳税年度内个人投资者从其投资企业(个人独资企业、合伙企业除外)借款,在该纳税年度终了后既不归还,又未用于企业生产经营的,其未归还的借款可视为企业对个人投资者的红利分配,依照"利息、股息、红利所得"项目征收个人所得税。

三、境外所得的税额扣除

在对居民个人的境外所得征税时往往会遇到一个问题,即其境外所得可能在来源国家

[①] 财政部 税务总局:《关于个人所得税法修改后有关优惠政策衔接问题的通知》,财税发〔2018〕164号,2018年12月27日。

(地区)已经缴纳了个人所得税税额,个人所得税法所称已在境外缴纳的个人所得税税额,是指居民个人来源于中国境外的所得,依照该所得来源国家(地区)的法律应当缴纳并且实际已经缴纳的所得税税额。

为避免双重征税,个人所得税法所称纳税人境外所得依照规定计算的应纳税额,是居民个人抵免已在境外缴纳的综合所得、经营所得以及其他所得的所得税税额的限额(以下简称抵免限额)。除国务院财政、税务主管部门另有规定外,来源于中国境外一个国家(地区)的综合所得抵免限额、经营所得抵免限额以及其他所得抵免限额之和,为来源于该国家(地区)所得的抵免限额。其中:

来源于一国(地区)综合(经营、其他)所得的抵免限额＝中国境内、境外综合(经营、其他)所得依照个人所得税法和本条例的规定计算的综合(经营、其他)所得应纳税总额×来源于该国(地区)的综合(经营、其他)所得收入额÷中国境内、境外综合(经营、其他)所得收入总额①。

居民个人在中国境外一个国家(地区)实际已经缴纳的个人所得税税额,低于依照规定计算出的来源于该国家(地区)所得的抵免限额的,应当在中国缴纳差额部分的税款;超过来源于该国家(地区)所得的抵免限额的,其超过部分不得在本纳税年度的应纳税额中抵免,但是可以在以后纳税年度来源于该国家(地区)所得的抵免限额的余额中补扣。补扣期限最长不得超过五年。②

居民个人申请抵免已在境外缴纳的个人所得税税额,应当提供境外税务机关出具的税款所属年度的有关纳税凭证。

【例7－14】 纳税人李某取得来源于中国境内的工资、薪金收入300 000元,取得来源于中国境外A国的工资、薪金收入200 000元,无其他综合所得,需要合并计算境内境外的综合所得,可以扣除年度费用60 000元,可以扣除专项扣除80 000元,可以扣除专项附加扣除40 000元,可以扣除的其他扣除20 000元内。假设李某国内工资、薪金所得部分没有被预扣预缴税款,其在A国境外缴纳的个人所得税是60 000元。请计算其在我国应缴纳的个人所得税。

解析:全部综合所得的应纳税所得额＝(300 000＋200 000－60 000－80 000－40 000－20 000)＝300 000(元)

按照我国税法计算的全部税额＝300 000×20%－16 920＝43 080(元)

可以抵免的境外税款的抵免限额＝43 080×200 000÷(300 000＋200 000)＝17 232(元)

李某实际缴纳境外税款60 000元,仅可抵免17 232元。因此,李某在国内全部综合所得的实际应纳税额为25 848元(＝43 080－17 232)。

第四节 个人所得税的税收优惠

为了支持社会福利、慈善事业,鼓励科学发明,体现国家政策,调节收益分配,同时照顾

---

① 财政部 国家税务总局:《中华人民共和国个人所得税法实施条例(修订草案征求意见稿)》,财税发,2018年10月20日。
② 国务院:《中华人民共和国个人所得税法实施条例》,国令第707号,2018年12月18日。

某些纳税人的实际困难,个人所得税法对某些项目给予了减税和免税的优惠。

一、免征个人所得税的项目

(1) 省级人民政府、国务院部委和中国人民解放军以上单位,以及外国组织、国际组织颁发的科学、教育、技术、文化、卫生、体育、环境保护等方面的奖金。

(2) 国债和国家发行的金融债券利息。这里所说的国债利息,是个人持有中华人民共和国财政部发行的债券而取得的利息所得以及2009年、2010年和2011年发行的地方政府债券利息所得;所说的国家发行的金融债券利息,是指个人持有经国务院批准发行的金融债券而取得的利息所得。

(3) 按照国家统一规定发给的补贴、津贴。即按照国务院规定发给的政府特殊津贴、院士津贴、资深院士津贴(发给中国科学院资深院士和中国工程院资深院士每人每年1万元),以及国务院规定免纳个人所得税的其他补贴、津贴。

(4) 福利费、抚恤金、救济金。福利费是指根据国家有关规定,从企事业单位、国家机关、社会团体提留的福利费或者工会经费中支付给个人的生活补助费;所说的救济金,是指国家民政部门支付给个人的生活困难补助费。

(5) 保险赔款。

(6) 军人的转业费、复员费、退役金。

(7) 按照国家统一规定发给干部、职工的安家费、退职费、基本养老金或者退休费、离休费、离休生活补助费。

对离休、退休干部和职工利用一技之长和经验,再就业取得的工资、薪金所得,应区别于免税的退休工资、离休工资和离休生活补助费,依法征收个人所得税。此外,离、退休人员取得除免税的离退休费、离休生活补助费以外的其他各项所得,也应依法缴纳个人所得税。实行内部退养的个人,在其办理内部退养手续后至法定离退休年龄之间从原任职单位取得的工资、薪金,不属于离退休费,须按工资、薪金所得项目缴纳个人所得税。

(8) 依照有关法律规定应予免税的各国驻华使馆、领事馆的外交代表、领事官员和其他人员的所得。该所得是指依照《中华人民共和国外交特权与豁免条例》和《中华人民共和国领事特权与豁免条例》规定免税的所得。

(9) 中国政府参加的国际公约、签订的协议中规定免税的所得。

(10) 国务院规定的其他免税所得。

前款第十项免税规定,由国务院报全国人民代表大会常务委员会备案。

二、减征个人所得税的项目

有下列情形之一的,可以减征个人所得税,具体幅度和期限,由省、自治区、直辖市人民政府规定,并报同级人民代表大会常务委员会备案:

(1) 残疾、孤老人员和烈属的所得。

(2) 因自然灾害遭受重大损失的。

国务院可以规定其他减税情形,报全国人民代表大会常务委员会备案。

三、暂免征收个人所得税的项目

（1）个人举报、协查各种违法、犯罪行为而获得的奖金。

（2）个人办理代扣代缴税款手续，按规定取得的扣缴手续费。储蓄机构内从事代扣代缴工作的办税人员取得的扣缴利息税手续费所得，免征个人所得税。

（3）个人转让自用达 5 年以上，并且是唯一的家庭生活用房取得的所得。

（4）外籍个人从外商投资企业取得的股息、红利所得。

（5）对工伤职工及其近亲属按照规定取得的工伤保险待遇，免征个人所得税。

（6）对按规定达到离休、退休年龄，但确因工作需要，适当延长离休、退休年龄的高级专家（指享受国家发放的政府特殊津贴的专家、学者；中国科学院、中国工程院院士），其在延长离休、退休期间的工资、薪金所得，视同退休工资、离休工资免征个人所得税。

（7）个人从公开发行和转让市场取得的上市公司股票，持股期限超过 1 年的，股息红利所得暂免征收个人所得税。个人从公开发行和转让市场取得的上市公司股票，持股期限在 1 个月以内（含）的，其股息红利所得全额计入应纳税所得额，实际税负为 20%；持股期限在 1 个月以上至 1 年（含）的，暂减按 50% 计入应纳税所得额，实际税负为 10%。本规定自 2015 年 9 月 8 日起施行。全国中小企业股份转让系统挂牌公司股息红利差别化个人所得税政策也按上述政策执行。

（8）凡符合下列条件之一的外籍专家取得的工资、薪金所得，可免征个人所得税：

① 根据世界银行专项贷款协议由世界银行直接派往我国工作的专家；

② 联合国组织直接派往我国工作的专家；

③ 为联合国援助项目来华工作的专家；

④ 援助国派往我国专为该国无偿援助项目工作的专家；

⑤ 根据两国签订文化交流项目来华工作 2 年以内的文教专家，其工资、薪金所得由该国负担的；

⑥ 根据我国大专院校国际交流项目来华工作 2 年以内的文教专家，其工资、薪金所得由该国负担的；

⑦ 通过民间科研协定来华工作的专家，其工资、薪金所得由该国政府机构负担的。

四、对在中国境内无住所，但在境内累计满 183 天的年度连续不满六年的纳税人的减免税优惠

在中国境内无住所的个人，在中国境内居住累计满 183 天的年度连续不满六年的，经向主管税务机关备案，其来源于中国境外且由境外单位或者个人支付的所得，免予缴纳个人所得税；在中国境内居住累计满 183 天的任一年度中有一次离境超过 30 天的，其在中国境内居住累计满 183 天的年度的连续年限重新起算。

五、对在中国境内无住所，但在一个纳税年度中在中国境内居住不超过 90 日的纳税人的减免税优惠

在中国境内无住所，但在一个纳税年度中在中国境内连续或者累计居住不超过 90 日的个人，其来源于中国境内的所得，由境外雇主支付并且不由该雇主在中国境内的机构、场所

负担的部分,免予缴纳个人所得税。

第五节 个人所得税的征收管理

一、个人所得税的缴纳方法

个人所得税的纳税办法,有自行申报纳税和扣缴纳税申报。

(一) 自行申报纳税

自行申报纳税,是由纳税人自行在税法规定的纳税期限内,向税务机关申报取得的应税所得项目和数额,如实填写个人所得税纳税申报表,并按照税法规定计算应纳税额,据此缴纳个人所得税的一种方法。

1. 自行申报纳税适用范围

自行申报纳税的纳税义务人,有下列情形之一的,应按规定办理纳税申报:

(1) 取得综合所得需要办理汇算清缴的;
(2) 取得应税所得没有扣缴义务人的;
(3) 取得应税所得,扣缴义务人未扣缴税款;
(4) 取得境外所得;
(5) 因移居境外注销中国户籍;
(6) 非居民个人在中国境内从两处以上取得工资、薪金所得的;
(7) 国务院规定的其他情形。

扣缴义务人应当按照国家规定办理全员全额扣缴申报,并向纳税人提供其个人所得和已扣缴税款等信息。

2. 自行申报纳税的内容

(1) 取得综合所得需要办理汇算清缴的纳税申报。

取得综合所得且符合下列情形之一的纳税人,应当依法办理汇算清缴:

从两处以上取得综合所得,且综合所得年收入额减除专项扣除后的余额超过 6 万元;取得劳务报酬所得、稿酬所得、特许权使用费所得中一项或者多项所得,且综合所得年收入额减除专项扣除的余额超过 6 万元;纳税年度内预缴税额低于应纳税额;纳税人申请退税。

需要办理汇算清缴的纳税人,应当在取得所得的次年 3 月 1 日至 6 月 30 日内,向任职、受雇单位所在地主管税务机关办理纳税申报,并报送《个人所得税年度自行纳税申报表》。纳税人有两处以上任职、受雇单位的,选择向其中一处任职、受雇单位所在地主管税务机关办理纳税申报;纳税人没有任职、受雇单位的,向户籍所在地或经常居住地主管税务机关办理纳税申报。

纳税人办理综合所得汇算清缴,应当准备与收入、专项扣除、专项附加扣除、依法确定的其他扣除、捐赠、享受税收优惠等相关的资料,并按规定留存备查或报送。

(2) 取得经营所得的纳税申报。

个体工商户业主、个人独资企业投资者、合伙企业个人合伙人、承包承租经营者个人以及其他从事生产、经营活动的个人取得经营所得,按年计算个人所得税,由纳税人在月度或季度终了后15日内,向经营管理所在地主管税务机关办理预缴纳税申报,并报送《个人所得税经营所得纳税申报表(A表)》。在取得所得的次年3月31日前,向经营管理所在地主管税务机关办理汇算清缴,并报送《个人所得税经营所得纳税申报表(B表)》;从两处以上取得经营所得的,选择向其中一处经营管理所在地主管税务机关办理年度汇总申报,并报送《个人所得税经营所得纳税申报表(C表)》。

(3) 取得应税所得,扣缴义务人未扣缴税款的纳税申报。

纳税人取得应税所得,扣缴义务人未扣缴税款的,应当区别以下情形办理纳税申报:

第一,居民个人取得综合所得的,按照第(1)条办理。

第二,非居民个人取得工资、薪金所得,劳务报酬所得,稿酬所得,特许权使用费所得的,应当在取得所得的次年6月30日前,向扣缴义务人所在地主管税务机关办理纳税申报,并报送《个人所得税自行纳税申报表(A表)》。有两个以上扣缴义务人均未扣缴税款的,选择向其中一处扣缴义务人所在地主管税务机关办理纳税申报。非居民个人在次年6月30日前离境(临时离境除外)的,应当在离境前办理纳税申报。

第三,纳税人取得利息、股息、红利所得,财产租赁所得,财产转让所得和偶然所得的,应当在取得所得的次年6月30日前,按相关规定向主管税务机关办理纳税申报,并报送《个人所得税自行纳税申报表(A表)》。

税务机关通知限期缴纳的,纳税人应当按照期限缴纳税款。

(4) 取得境外所得的纳税申报。

居民个人从中国境外取得所得的,应当在取得所得的次年3月1日至6月30日内,向中国境内任职、受雇单位所在地主管税务机关办理纳税申报;在中国境内没有任职、受雇单位的,向户籍所在地或中国境内经常居住地主管税务机关办理纳税申报;户籍所在地与中国境内经常居住地不一致的,选择其中一地主管税务机关办理纳税申报;在中国境内没有户籍的,向中国境内经常居住地主管税务机关办理纳税申报。

(5) 因移居境外注销中国户籍的纳税申报。

纳税人因移居境外注销中国户籍的,应当在申请注销中国户籍前,向户籍所在地主管税务机关办理纳税申报,进行税款清算。

第一,纳税人在注销户籍年度取得综合所得的,应当在注销户籍前,办理当年综合所得的汇算清缴,并报送《个人所得税年度自行纳税申报表》。尚未办理上一年度综合所得汇算清缴的,应当在办理注销户籍纳税申报时一并办理。

第二,纳税人在注销户籍年度取得经营所得的,应当在注销户籍前,办理当年经营所得的汇算清缴,并报送《个人所得税经营所得纳税申报表(B表)》。从两处以上取得经营所得的,还应当一并报送《个人所得税经营所得纳税申报表(C表)》。尚未办理上一年度经营所得汇算清缴的,应当在办理注销户籍纳税申报时一并办理。

第三,纳税人在注销户籍当年取得利息、股息、红利所得,财产租赁所得,财产转让所得和偶然所得的,应当在注销户籍前,申报当年上述所得的完税情况,并报送《个人所得税自行纳税申报表(A表)》。

第四,纳税人有未缴或者少缴税款的,应当在注销户籍前,结清欠缴或未缴的税款。纳税人存在分期缴税且未缴纳完毕的,应当在注销户籍前,结清尚未缴纳的税款。

第五,纳税人办理注销户籍纳税申报时,需要办理专项附加扣除、依法确定的其他扣除的,应当向税务机关报送《个人所得税专项附加扣除信息表》《商业健康保险税前扣除情况明细表》《个人税收递延型商业养老保险税前扣除情况明细表》等。

(6)非居民个人在中国境内从两处以上取得工资、薪金所得的纳税申报。

非居民个人在中国境内从两处以上取得工资、薪金所得的,应当在取得所得的次月15日内,向其中一处任职、受雇单位所在地主管税务机关办理纳税申报,并报送《个人所得税自行纳税申报表(A表)》。

3. 自行申报纳税的申报方式

纳税人可以采用远程办税端、邮寄等方式申报,也可以直接到主管税务机关申报。

纳税人办理汇算清缴退税或者扣缴义务人为纳税人办理汇算清缴退税的,税务机关审核后,按照国库管理的有关规定办理退税。

(二)扣缴方法[①]

个人所得税以所得人为纳税人,以支付所得的单位或者个人为扣缴义务人。纳税人有中国公民身份号码的,以中国公民身份号码为纳税人识别号;纳税人没有中国公民身份号码的,由税务机关赋予其纳税人识别号。扣缴义务人扣缴税款时,纳税人应当向扣缴义务人提供纳税人识别号。

1. 居民个人预扣预缴方法

扣缴义务人向居民个人支付工资、薪金所得,劳务报酬所得,稿酬所得,特许权使用费所得时,按以下方法预扣预缴个人所得税,并向主管税务机关报送《个人所得税扣缴申报表》。年度预扣预缴税额与年度应纳税额不一致的,由居民个人于次年3月1日至6月30日向主管税务机关办理综合所得年度汇算清缴,税款多退少补。

居民个人向扣缴义务人提供专项附加扣除信息的,扣缴义务人按月预扣预缴税款时应当按照规定予以扣除,不得拒绝;纳税人、扣缴义务人和税务机关及其工作人员违反税法规定的,依照《中华人民共和国税收征收管理法》和有关法律法规的规定追究法律责任。

2. 非居民个人代扣代缴方法

非居民个人取得工资、薪金所得,劳务报酬所得,稿酬所得和特许权使用费所得,有扣缴义务人的,由扣缴义务人按月或者按次代扣代缴税款,不办理汇算清缴。

公安、人民银行、金融监督管理等相关部门应当协助税务机关确认纳税人的身份、金融账户信息。教育、卫生、医疗保障、民政、人力资源社会保障、住房城乡建设、公安、人民银行、金融监督管理等相关部门应当向税务机关提供纳税人子女教育、继续教育、大病医疗、住房贷款利息、住房租金、赡养老人等专项附加扣除信息。

二、个人所得税的纳税期限

个人所得税根据所得项目的性质以及征收方式的不同,纳税期限的规定也有所区别。

(一)自行申报纳税的申报期限

(1)居民个人取得综合所得,按年计算个人所得税;有扣缴义务人的,由扣缴义务人按

---

① 国家税务总局:《关于发布〈个人所得税扣缴申报管理办法(试行)〉的公告》,国税[2018]61号,2018年12月21日。

月或者按次预扣预缴税款;需要办理汇算清缴的,应当在取得所得的次年 3 月 1 日至 6 月 30 日内办理汇算清缴。预扣预缴办法由国务院税务主管部门制定。

(2)纳税人取得经营所得,按年计算个人所得税,由纳税人在月度或者季度终了后 15 日内向税务机关报送纳税申报表,并预缴税款;在取得所得的次年 3 月 31 日前办理汇算清缴。

(3)纳税人取得利息、股息、红利所得,财产租赁所得,财产转让所得和偶然所得,按月或者按次计算个人所得税,有扣缴义务人的,由扣缴义务人按月或者按次代扣代缴税款。

(4)纳税人取得应税所得没有扣缴义务人的,应当在取得所得的次月 15 日内向税务机关报送纳税申报表,并缴纳税款。纳税人取得应税所得,扣缴义务人未扣缴税款的,纳税人应当在取得所得的次年 6 月 30 日前,缴纳税款;税务机关通知限期缴纳的,纳税人应当按照期限缴纳税款。

(5)居民个人从中国境外取得所得的,应当在取得所得的次年 3 月 1 日至 6 月 30 日内申报纳税。

(6)非居民个人在中国境内从两处以上取得工资、薪金所得的,应当在取得所得的次月 15 日内申报纳税。

(7)纳税人因移居境外注销中国户籍的,应当在注销中国户籍前办理税款清算。

(二)扣缴纳税期限

扣缴义务人每月或者每次预扣、代扣税款,应当在次月 15 日内缴入国库,并向税务机关报送《扣缴个人所得税申报表》、代扣代收税款凭证和包括每一纳税人姓名、单位、职务、收入、税款等内容的支付个人收入明细表以及税务机关要求报送的其他有关资料。扣缴义务人违反上述规定不报送或者报送虚假纳税资料的,一经查实,其未在支付个人收入明细表中反映的向个人支付的款项,在计算扣缴义务人应纳税所得额时不得作为成本费用扣除。扣缴义务人因有特殊困难不能按期报送《扣缴个人所得税申报表》及其他有关资料的,经县级税务机关批准,可以延期申报。

三、个人所得税的纳税地点

(1)在中国境内有任职、受雇单位的,向任职、受雇单位所在地主管税务机关申报。

(2)在中国境内有两处或者两处以上任职、受雇单位的,选择并固定向其中一处单位所在地主管税务机关申报。

(3)在中国境内无任职、受雇单位,年所得项目中有个体工商户的生产、经营所得或者对企事业单位的承包经营、承租经营所得(以下统称生产、经营所得)的,向其中一处实际经营所在地主管税务机关申报。

(4)在中国境内无任职、受雇单位,年所得项目中无生产、经营所得的,向户籍所在地主管税务机关申报。在中国境内有户籍,但户籍所在地与中国境内经营居住地不一致的,选择并固定向其中一地主管税务机关申报。在中国境内没有户籍的,向中国境内经常居住地主管税务机关申报。

(5)其他所得的纳税人,纳税申报地点分别为:

① 从两处或者两处以上取得工资、薪金所得的,选择并固定向其中一处单位所在地主

管税务机关申报。

② 从中国境外取得所得的,向中国境内户籍所在地主管税务机关申报。在中国境内有户籍,但户籍所在地与中国境内经常居住地不一致的,选择并固定向其中一地主管税务机关申报。在中国境内没有户籍的,向中国境内经常居住地主管税务机关申报。

③ 个体工商户向实际经营所在地主管税务机关申报。

④ 个人独资、合伙企业投资者兴办两个或两个以上企业的,区分不同情形确定纳税申报地点:兴办的企业全部是个人独资性质的,分别向各企业的实际经营管理所在地主管税务机关申报;兴办的企业中含有合伙性质的,向经常居住地主管税务机关申报;兴办的企业中含有合伙性质,个人投资者经常居住地与其举办企业的经营管理所在地不一致的,选择并固定向其参与兴办的某一合伙企业的经营管理所在地主管税务机关申报;除以上情形外,纳税人应当向取得所得所在地主管税务机关申报。

纳税人不得随意变更纳税申报地点,因特殊情况变更纳税申报地点的,须报原主管税务机关备案。

"案例导入"解析

本章开篇案例导入中,2021 年 12 月,赵先生取得工资收入 5 000 元,属于工资、薪金所得,计入综合所得合并计税;取得全年一次性奖金收入 36 000 元,可以选择是否并入综合所得合并计税;赵先生购买了国库券,12 月获得利息收入 5 000 元,属于利息、股息、红利所得;赵先生家已迁入新居,另将自己原有受赠而来的住房转让他人,获得价款 460 000 元,属于财产转让所得;赵先生购买体育彩票中奖 20 000 元,属于偶然所得;赵先生曾向某杂志社投稿,12 月该杂志社通知赵先生其稿已被采用,稿酬 3 000 元,属于稿酬所得,计入综合所得合并计税。

解析:(1) 取得综合所得缴纳个人所得税:

① 年终奖单独计算,先将当月取得的全年一次性奖金,除以 12 个月,按其商数确定适用综合所得税率表按月折算后的税率和速算扣除数(见表 7-3)。则:

年终奖单独计算应纳个人所得税 $= 36\,000 \times 3\% = 1\,080$(元)

其他综合所得应纳个人所得税

$= [5\,000 \times 12 - 60\,000 + 3\,000 \times (1 - 20\%) \times 70\%] \times 3\% = 50.4$(元)

合计个人所得税 $= 1\,080 + 50.4 = 1\,130.4$(元)

② 年终奖计入综合所得合并计税计算应纳个人所得税:

$= [5\,000 \times 12 + 36\,000 - 60\,000 + 3\,000 \times (1 - 20\%) \times 70\%] \times 10\% - 2\,520 = 1\,248$(元)

$1\,130.4 < 1\,248$,因此,年终奖应选择单独计税。

(2) 国库券利息收入免征个人所得税。

(3) 财产转让所得应纳个人所得税 $= 460\,000 \times 20\% = 92\,000$(元)。

(4) (财税字〔1998〕12 号:凡一次中奖收入不超过 1 万元,暂免征收个人所得税;超过 1 万元的,应按税法规定金额征收个人所得税。)所以该题偶然所得应纳个人所得税 $= 20\,000 \times 20\% = 4\,000$(元)。

复习思考题

1. 个人所得税的纳税人有哪些？怎样判断居民纳税人和非居民纳税人？
2. 个人所得税的应税所得项目有哪些？
3. 个人所得税的税率形式有哪几种？
4. 如何区分工资、薪金所得与劳务报酬所得？
5. 对在中国境内无住所的个人，如何确定工资薪金所得来源地？
6. 对于年终一次性奖金应如何计算个人所得税？
7. 稿酬所得为什么要有附加减除收入额规定，而劳务报酬要有加成征收规定？
8. 简述个人所得税的免税规定。

能力训练题

一、单项选择题

1. 根据个人所得税法律制度的规定，下列个人所得中，应缴纳个人所得税的是（　　）。
   A. 财产租赁所得
   B. 退休工资
   C. 抚恤金、救济金
   D. 国债利息

2. 个人对企业承包经营、承租经营时，承包、承租人对企业经营成果不拥有所有权，仅按合同（协议）规定取得一定所得的，应按（　　）项目征收个人所得税。
   A. 工资、薪金所得
   B. 劳务报酬所得
   C. 特许权使用费所得
   D. 经营所得

3. 按照我国个人所得税法律法规，纳税人接受技能人员职业资格继续教育、专业技术人员职业资格继续教育支出，在取得相关证书的当年，可按照一定的标准定额扣除，该标准是（　　）元。
   A. 12 000
   B. 4 800
   C. 3 600
   D. 2 000

4. 下列各项中对稿酬所得"次"表述不正确的是（　　）。
   A. 同一作品再版所得，视为另一次稿酬所得征税
   B. 同一作品先在报刊连载后再出版（或相反），视为两次稿酬所得征税
   C. 同一作品在报刊上连载取得的收入，以连载完所有收入合并为一次征税
   D. 同一作品在出版和发表时，以预付或分次支付稿酬的，应分次计算征税

5. 我国目前个人所得税采用（　　）模式。
   A. 分类征收制
   B. 组合征收制
   C. 综合征收制
   D. 混合征收制

6. 对个人代销彩票取得的所得计征个人所得税时，适用的所得项目是（　　）。
   A. 经营所得
   B. 工资、薪金所得
   C. 劳务报酬所得
   D. 偶然所得

7. 根据个人所得税法及实施条例的规定，居民个人是指在中国境内有住所，或者无住所而在中国境内居住满一定天数的个人，该天数是指（　　）。
   A. 一个纳税年度在中国境内居住连续满365天

B. 一个纳税年度在中国境内居住连续满 183 天

C. 一个纳税年度在中国境内居住累计满 183 天

D. 一个纳税年度在中国境内居住累计满 365 天

8. 个体工商户与企业联营而分得的利润,应按(　　)征收个人所得税。

　　A. 按个体工商户生产、经营所得　　　　B. 按利息、股息、红利所得

　　C. 按财产转让所得　　　　　　　　　　D. 按承包经营、承租经营所得

9. 某高校教师 2021 年 3 月所取得的下列收入,应计算缴纳个人所得税的是(　　)。

　　A. 任职高校为其缴付的住房公积金　　　B. 出差发放的误餐补助

　　C. 为某企业开设讲座取得的酬金　　　　D. 国债利息收入

10. 非居民个人吉姆,2021 年 9 月在我国某出版社出版一篇长篇小说,取得稿酬收入 100 000 元。该出版社应代扣代缴其个人所得税税额为(　　)元。

　　A. 10 040　　　　　　　　　　　　　　B. 12 440

　　C. 15 400　　　　　　　　　　　　　　D. 20 840

11. 某股份公司投资人李某 2021 年 1 月从该公司借款 5 万元用于个人消费,到年底仍未归还。则李某借用的该款项应按(　　)计征个人所得税。

　　A. 按个体工商户生产、经营所得　　　　B. 按利息、股息、红利所得

　　C. 按财产转让所得　　　　　　　　　　D. 按工资、薪金所得

12. 个体工商户发生的下列支出中,允许在个人所得税前扣除的是(　　)。

　　A. 用于家庭的支出　　　　　　　　　　B. 非广告性质赞助支出

　　C. 已缴纳的增值税款　　　　　　　　　D. 生产经营过程中发生的财产转让损失

13. 居民李某于 2021 年 12 月取得偶然所得 3 000 元,当即将偶然所得中的 1 200 元通过国家机关捐赠给贫困地区(取得捐赠证明),则支付其偶然所得的单位应扣缴李某的个人所得税为(　　)元。

　　A. 600　　　　　　B. 500　　　　　　C. 420　　　　　　D. 400

14. 个人取得的下列所得中,免予征收个人所得税的是(　　)。

　　A. 企业职工李某领取原提存的住房公积金

　　B. 王某在单位任职表现突出获得 5 万元总裁特别奖金

　　C. 徐某因持有某上市公司股份取得该上市公司年度分红

　　D. 退休教师张某受聘另一高校兼职教授每月取得 4 000 元工资

15. 某职员(独生子)2021 年 1 月工资、薪金收入 12 000 元,其中含单位应为其扣缴的基本养老保险 300 元、基本医疗保险 100 元、失业保险 20 元;单位当月代扣欠缴供暖费 600 元;该职员还要赡养其 65 岁的父母及供其六年级的女儿读书(对子女教育和赡养老人专项附加扣除选择在单位预扣预缴其税款时扣除),则其当月工资薪金的累计预扣预缴应纳税所得额是(　　)元。

　　A. 4 580　　　　　B. 4 080　　　　　C. 3 580　　　　　D. 3 080

二、多项选择题

1. 个人所得税的纳税人一般分为居民纳税人和非居民纳税人两类。国际上通常采用的划分标准是(　　)。

　　A. 收入来源地标准　　　　　　　　　　B. 住所标准

C. 居住时间标准 D. 国籍标准

2. 按照个人所得税法的有关规定,下列表述正确的是(　　)。
A. 若个人发表一篇作品,出版单位分三次支付稿酬,则这三次稿酬应合并为一次征税
B. 个人的同一作品连载之后又出书取得稿酬的应视同再版稿酬分别征税
C. 若因作品加印而获得稿酬,应就此次稿酬单独纳税
D. 若个人一篇小说在报刊上连载取得收入,应以连载完成后取得的所有收入合并为一次征税

3. 下列各项中,符合个人所得税有关规定的有(　　)。
A. 对个人转让已自用3年并且是家庭唯一居住用房取得的所得免征个人所得税
B. 个人出售自有住房取得的所得可按照"财产租赁所得"项目征收个人所得税
C. 房屋产权所有人将房屋产权无偿赠与对其承担直接抚养或者赡养义务的抚养人或者赡养人,对当事双方不征收个人所得税
D. 个人转租房产而取得的转租收入,属于"财产租赁所得"的征税范围,由房产转租人缴纳个人所得税

4. 下列不属于稿酬所得的项目有(　　)。
A. 摄影作品发表取得的所得 B. 拍卖文学手稿取得的所得
C. 帮企业写发展史取得的所得 D. 帮出版社审稿取得的所得

5. 以下属于财产转让所得的项目有(　　)。
A. 转让股权 B. 转让土地使用权
C. 转让专利权 D. 转让有价证券

6. 下列各项中,准予免征个人所得税的有(　　)。
A. 军人的转业费
B. 国家发行的金融债券利息
C. 个人取得的保险赔款
D. 外籍个人以现金形式取得的住房补贴和伙食补贴

7. 对个人所得征收个人所得税时,以每次收入额为应纳税所得额的有(　　)。
A. 利息、股息、红利所得 B. 稿酬所得
C. 财产转让所得 D. 偶然所得

8. 下列个人收入,应按照"特许权使用费所得"项目缴纳个人所得税的有(　　)。
A. 作家公开拍卖自己的文字作品手稿复印件的收入
B. 电视剧编剧从任职的电视剧制作中心获得的剧本使用费收入
C. 教师自行举办培训班取得的收入
D. 出版社专业作者翻译作品后,由本社以图书形式出版而取得的收入

9. 根据现行的个人所得税政策,下列各项说法正确的有(　　)。
A. 对非居民个人来源于中国境内但支付地点在境外的所得,免征个人所得税
B. 超过政府规定标准缴纳的失业、养老、医疗保险的部分应计入职工当期工资、薪金收入,依法计征个人所得税
C. 个人取得应税所得,没有扣缴义务人的,应自行申报缴纳个人所得税
D. 企业和个人按照省级人民政府规定的比例缴付的基本养老保险、失业保险金,免予

征收个人所得税

10. 下列属于个人所得税的综合所得,包括( )。
A. 工资、薪金所得　　　　　　　　　B. 利息、股息、红利所得
C. 劳务报酬　　　　　　　　　　　　D. 特许权使用费

11. 以下不计入工资、薪金所得项目的有( )。
A. 外国来华留学生领取的生活津贴费　　B. 独生子女补贴
C. 差旅费津贴　　　　　　　　　　　　D. 企业按出勤天数发放的误餐补贴

12. 下列各项中,适用5%～35%的五级超额累进税率征收个人所得税的有( )。
A. 个体工商户的生产经营所得
B. 合伙企业的生产经营所得
C. 个人独资企业的生产经营所得
D. 对企事业单位的承包经营、承租经营成果不拥有所有权的承包经营、承租经营所得

13. 下列各项中,属于我国个人所得税法中规定的专项扣除的项目有( )。
A. 住房公积金　　　　　　　　　　　B. 大病医疗支出
C. 基本医疗保险　　　　　　　　　　D. 继续教育支出

14. 纳税人以下情形可享受"继续教育"个人所得税专项附加扣除的有( )。
A. 接受境内在职研究生教育
B. 接受境外在职研究生教育
C. 参加烹饪培训班取得培训班发给的证书
D. 参加教育部认可学籍的夜大的非全日制函授学习

15. 以下各项目中,属于劳务报酬所得的有( )。
A. 个人书画展取得的报酬
B. 提供著作的版权而取得的报酬
C. 将国外的作品翻译出版取得的报酬
D. 高校教师受出版社委托进行审稿取得的报酬

三、判断题

1. 在个人所得税中,"境内居住满一百八十三天"是指在中国境内连续居住满一百八十三天。( )

2. 对非居民纳税人来源于中国境内但支付地点在境外的所得,免征个人所得税。( )

3. 动产转让所得,以实现转让的地点为所得来源地。( )

4. 财产租赁所得,以一个月内的收入为一次。( )

5. 某畅销书再版,则其再版稿酬应与以前出版发表时的稿酬合并为一次计算个人所得税。( )

6. 王某和李某合著一本书,共得稿酬1 800元,若王某分得1 000元,李某分得800元,则王某和李某都不用缴纳个人所得税。( )

7. 某作者由出版社出版一部小说,取得稿酬4万元,该书在北京晚报上连载刊登,连载完后报社支付其稿酬3万元。该作者的两笔稿酬当月应该分开缴纳个人所得税。( )

8. 个人购买国家发行的金融债券和企业债券的利息免税。（　　）
9. 个人将其应税所得全部用于公益性捐赠,将不承担缴纳个人所得税义务。（　　）
10. 某人在甲地取得工资 6 000 元,在乙地取得工资 7 200 元。甲地和乙地的支付者分别扣缴了该人的个人所得税,按税法规定该人还应该自行申报缴纳个人所得税。（　　）
11. 个人所得税是对个人(自然人)取得的各项应税所得征收的一种税。（　　）
12. "工资、薪金所得"适用 5‰～45‰的七级超额累进税率。（　　）
13. 张某获得县级体育比赛一等奖 10 万元,应该免征个人所得税。（　　）
14. 无论是居民个人还是非居民个人,对其取得的综合所得年终都要进行汇算清缴,对已缴纳税款多退少补。（　　）
15. 某人从 A 单位每月取得工薪收入 3 800 元,从 B 单位每月取得劳务报酬 1 900 元,其应纳个人所得税应于年终汇算清缴时合并计入综合所得缴纳个人所得税。（　　）

四、计算题

1. 王某为一国企高管人员,该企业实行绩效工资制度,2021 年王某收入情况如下:

(1) 每月应税工资 12 500 元(不含个人缴纳的"三险一金"),餐补 500 元。

(2) 每月公务交通、通信补贴 700 元,所在省规定的标准为 500 元/月。

(3) 4 月份取得季度奖 4 000 元、单位集资利息 12 000 元。

(4) 1 月份购入 A 债券 20 000 份,每份买入价 6 元,支付相关税费共计 1 000 元。7 月份卖出 A 债券 10 000 份,每份卖出价 8 元,支付相关税费共计 800 元。

(5) 9 月份取得省政府颁发的科技创新奖 10 000 元,因到临时工作场所执行任务,取得误餐补助 400 元。

(6) 12 月份取得年度绩效工资 300 000 元、在非任职单位获得独立董事费 80 000 元、储蓄存款利息 3 000 元、保险赔偿 6 000 元。

(其他相关资料:王某对取得的年度绩效工资选择单独计算纳税,不考虑专项附加扣除。)

根据上述资料,按照下列顺序计算回答问题:

(1) 计算王某取得年度绩效工资应缴纳的个人所得税。

(2) 计算王某取得董事费应预扣预缴的个人所得税。

(3) 计算王某 4 月份应预扣预缴和被代扣代缴的个人所得税。

(4) 计算王某 7 月转让债券应缴纳的个人所得税。

(5) 王某 9 月份取得省政府颁发的科技创新奖 10 000 元和取得的误餐补助是否需要缴纳个人所得税?简要说明理由。

(6) 王某 12 月份取得的储蓄存款利息 3 000 元、保险赔偿 6 000 元是否需要缴纳个人所得税?简要说明理由。

2. 居民个人张某名下有一套按照首套住房贷款利率贷款购买的住房,2021 年张某取得收入和部分支出如下:

(1) 全年扣除"三险一金"后工资薪金合计 160 000 元,累计已预扣预缴个人所得税款 5 280 元。

(2) 取得年终奖 48 000 元,选择单独计税。

(3) 每周的周末去甲单位做一次技术培训,甲单位按照每月 6 000 元的标准给张某付酬。

(4) 利用业余时间出版一部小说,取得稿酬 40 000 元。

(5) 张某当年取得了 CPA 和 TA 两个职业资格证书。

(其他相关资料:住房贷款利息支出由张某全额扣除。)

根据上述资料,按照下列顺序回答问题,如有计算需计算出合计数:

(1) 计算张某取得的年终奖应缴纳的个人所得税额。

(2) 计算甲单位 2021 年预扣预缴张某的个人所得税的合计数。

(3) 计算张某取得的稿酬所得应预扣预缴的个人所得税额。

(4) 计算张某 2021 年取得的综合所得应缴纳的个人所得税额。

(5) 计算张某就 2021 年综合所得向主管税务机关办理汇算清缴时应补缴的税款或申请的应退税额,并说明综合所得汇算清缴的时间规定。

3. 某市大学李老师独自抚养现年 5 岁的儿子,2021 年取得收入情况如下:① 每月工资收入 8 800 元,"五险一金"扣除 1 500 元;1~6 月校外讲课,每月收入 2 000 元;② 一次性稿费收入 8 000 元;③ 为其他公司提供技术咨询,一次性取得报酬 25 000 元;④ 出租用于居住的住房,月租金收入为 3 000 元,全年 36 000 元;⑤ 到期国债利息收入 1 286 元。

要求:计算李老师 2021 年各项收入应预缴税额及 2021 年应缴纳的个人所得税。

4. 中国居民李某发生如下情况:

(1) 2020 年年底李某与甲企业解除劳动合同,取得企业给付的一次性补偿收入 98 000 元。

(2) 2021 年年初李某承包了乙公司,不改变企业性质,协议约定李某每年向乙公司缴纳 360 万元承包费后,经营成果归李某所有。乙公司适用企业所得税税率 25%,假设 2021 年该公司有关所得税资料如下:

① 乙公司会计利润 675 万元,其中含国债利息收入 20 万元、从居民企业分回的投资收益 30 万元。

② 乙公司计算会计利润时扣除了营业外支出 300 万元,系非广告性赞助支出。

(3) 2021 年 1 月初李某任职于丙公司,李某每月工资 20 000 元,每月符合规定的专项扣除 3 000 元、专项附加扣除合计 3 000 元;另外,李某 2021 年 2 月从其他单位取得劳务报酬收入 36 000 元。

(其他相关资料:李某所在地上年职工平均工资 36 000 元。)

根据上述资料,按照下列顺序计算回答问题,如有计算需计算出合计数:

(1) 李某取得的一次性补偿收入是否需要缴纳个人所得税?说明理由。

(2) 计算 2021 年乙公司纳税调整金额。

(3) 计算 2021 年乙公司应缴纳的企业所得税。

(4) 计算 2021 年李某承包乙公司应缴纳的个人所得税。

(5) 计算 2021 年 2 月丙公司应预扣预缴李某的个人所得税。

(6) 计算李某劳务报酬所得应预扣预缴的个人所得税。

(7) 计算李某 2021 年个人所得税汇算清缴时,应退的个人所得税。

5. 张先生系我国某单位员工,2021 年 12 月份的收入情况如下:

(1) 每月应税工资收入(不含按规定缴纳的基本养老保险费、基本医疗保险费、失业保险费和住房公积金)为 5 400 元,截至 11 月已预缴个人所得税税款 132 元。

(2) 向 A 企业转让一项非专利技术的使用权,成交价格为 10 000 元。

(3) 因检举、揭发某人违法犯罪行为,获得政府部门颁发奖金 1 000 元。

(4) 为 B 公司做软件设计,报酬 20 000 元;领取前,通过民政局捐给某敬老院 10 000 元。

(5) 参与电视台举办的有奖竞猜活动,获得奖品价值 2 000 元。

(6) 取得省政府颁发的科技奖 5 000 元。

(7) 因购房领取原提存的住房公积金 25 000 元。

假定全年除工资外无其他收入,也无其他扣除项。

要求:

(1) 根据上述资料,分析上述收入中,哪些需缴纳个人所得税,哪些不需缴纳个人所得税。

(2) 计算各支付单位应扣缴的个人所得税额,并说明应在什么时间内解缴税款。

(3) 计算年终综合所得汇算清缴应退(补)税额。

第八章 资源税法

第一节 资源税法

目标与要求

知识目标与要求：了解资源税的沿革和特点，明确资源税的征税范围、纳税人和税目税率。

能力目标与要求：掌握资源税的计税依据和应纳税额的计算。

思政目标与要求：通过资源税法的学习，明白国家通过立法对自然资源进行保护，防止过度开采，以实现可持续发展。

案例导入

某油田 2021 年 10 月共计开采原油 8 000 吨，当月销售原油 6 000 吨，取得销售收入（不含增值税）18 000 000 元，同时还向购买方收取违约金 23 400 元，优质费 5 850 元；支付运输费用 20 000 元，取得运输业增值税专用发票。

思考：已知销售原油的资源税税率为 6%，计算该油田 10 月应缴纳的资源税。

一、资源税的概念与沿革

资源税是对在中华人民共和国领域及管辖海域从事应税矿产品开采和生产盐的单位和个人课征的一种税。现行资源税的法律规范是 2019 年 8 月 26 日，第十三届全国人民代表大会常务委员会第十二次会议通过，并于 2020 年 9 月 1 日起施行的《中华人民共和国资源税法》。

2011 年国务院修改了资源税的纳税人、税目税率和计税方法的有关规定。2011 年 10

月28日,国务院发布《中华人民共和国资源税暂行条例实施细则》①;2011年11月28日,国家税务总局发布关于修订后的《资源税若干问题的规定》的公告,并于2011年11月1日起施行。

2014年10月9日,财政部、国家税务总局联合发布《关于实施煤炭资源税改革的通知》以及《关于调整原油、天然气资源税有关政策的通知》,自2014年12月1日起在全国范围内实施煤炭资源税从价计征改革。②

2015年4月30日,财政部、国家税务总局联合发布《关于实施稀土、钨、钼资源税从价计征改革的通知》③,自2015年5月1日起实施稀土、钨、钼资源税清费立税、从价计征改革。

2016年5月9日,财政部、国家税务总局联合发布《关于全面推进资源税改革的通知》④《关于资源税改革具体政策问题的通知》⑤,自2016年7月1日起,资源税全面实施从价计征改革及水资源税改革试点,已实施从价计征的原油、天然气、煤炭、稀土、钨、钼等6个资源品目资源税政策暂不调整,仍按原办法执行。

2017年12月1日起,水资源税改革试点进一步扩大到北京、天津、山西、内蒙古、山东、河南、四川、陕西、宁夏等9个省(自治区、直辖市)。

2019年8月26日,第十三届全国人民代表大会常务委员会第十二次会议通过了《中华人民共和国资源税法》,并自2020年9月1日起施行。《中华人民共和国资源税法》所列的税目有164个,涵盖了所有已经发现的矿种和盐。

二、资源税的特点

(一)征税对象的特定性与选择性

我国现行的资源税的征税对象既不是全部的自然资源,也并非对所有具有商品属性的资源都征税,而是主要选择对矿产资源进行征税。具体操作时,对矿产资源的绝大多数主要矿种,采取列举品目的办法征收。未列举品目的矿种主要是税源不大、不具代表性的矿种,这部分品目征收资源税或者缓征资源税的权限适当下放地方政府。

(二)具有级差调节作用

由于各种自然资源在客观上都存在着好坏、贫富、储存状况、开采条件、选矿条件、地理位置等种种差异,所以各资源开发者和使用者在资源丰瘠和收益多少上差距较大,从而会产生因占用和开发优质资源的企业和经营者获得级差收入。通过资源税对同一资源实行高低不同的差别税率,可以直接调节因资源条件不同而产生的级差收入,从而促进资源的合理开发利用。

(三)实行从价定率或从量定额征收

现行资源税,只有地热、石灰岩、黏土、砂石、矿泉水和其他卤水实行"从量定额"计税,其他矿产品和盐实行"从价定率"征收。

---

① 财政部、国家税务总局令第66号:《中华人民共和国资源税暂行条例实施细则》,2011年10月28日。
② 财政部、国家税务总局:《关于实施煤炭资源税改革的通知》及《关于调整原油、天然气资源税有关政策的通知》,财税〔2014〕72号、73号,2014年10月9日。
③ 财政部、国家税务总局:《关于实施稀土、钨、钼资源税从价计征改革的通知》,财税〔2015〕52号,2015年4月30日。
④ 财政部、国家税务总局:《关于全面推进资源税改革的通知》,财税〔2016〕53号,2016年5月9日。
⑤ 财政部、国家税务总局:《关于资源税改革具体政策问题的通知》,财税〔2016〕54号,2016年5月9日。

（四）实行一次课征制

资源税实行一次课征制，只在开采（生产）环节征收，以后应税资源在其他流转环节中不再征税。

三、资源税的征税对象、纳税人和税率

（一）资源税的征税对象

资源税税目包括五大类，在5个税目下面又设有若干个子目。

1. 能源矿产

（1）原油，是指开采的天然原油，不包括人造石油。

（2）天然气、页岩气、天然气水合物。

（3）煤，包括原煤和以未税原煤加工的洗选煤。

（4）煤成（层）气。

（5）铀、钍。

（6）油页岩、油砂、天然沥青、石煤。

（7）地热。

2. 金属矿产

（1）黑色金属，包括铁、锰、铬、钒、钛。

（2）有色金属，包括铜、铅、锌、锡、镍、锑、镁、钴、铋、汞等。

3. 非金属矿产

（1）矿物类，包括高岭土、石灰岩、磷、石墨、萤石、硫铁矿、自然硫、天然石英砂、脉石英、粉石英、水晶、工业用金刚石、冰洲石、蓝晶石等。

（2）岩石类，包括大理岩、花岗岩、白云岩、石英岩、砂岩、辉绿岩、安山岩、闪长岩、板岩、玄武岩、片麻岩、角闪岩、页岩、浮石、凝灰岩等。

（3）宝玉石类，包括宝石、玉石、宝石级金刚石、玛瑙、黄玉、碧玺。

4. 水气矿产

（1）二氧化碳气、硫化氢气、氦气、氡气。

（2）矿泉水。

5. 盐

（1）钠盐、钾盐、镁盐、锂盐。

（2）天然卤水。

（3）海盐。

（二）资源税的纳税人和扣缴义务人

1. 资源税的纳税人

资源税的纳税人是指在中华人民共和国领域及管辖海域开采应税资源的矿产品或者生产盐的单位和个人。需注意如下问题：

（1）资源税是对在中国领域及管辖海域生产或开采应税资源的单位或个人征收，而对

进口应税资源产品的单位或个人不征资源税。相应的对出口应税产品也不退(免)已纳的资源税。

(2) 资源税是对开采或生产应税资源进行销售或自用的单位和个人,在出厂销售或视同销售自用时一次性征收,而对已税产品批发、零售的单位和个人不再征收资源税。

(3) 开采海洋石油、天然气资源的企业,是指在中华人民共和国内海、领海、大陆架及其他属于中华人民共和国行使管辖权的海域内依法从事开采海洋石油、天然气资源的企业。

(4) 自2011年11月1日起,开采陆上和海洋的油气资源的中外合作油气田、开采海洋油气资源的自营油气田,不再缴纳矿区使用费,依法缴纳资源税。①

2. 资源税的扣缴义务人

收购未税矿产品的单位为资源税的扣缴义务人,包括独立矿山、联合企业、其他收购未税矿产品的单位。独立矿山指只有采矿或只有采矿和选矿,独立核算、自负盈亏的单位,其生产的原矿和精矿主要用于对外销售。联合企业指采矿、选矿、冶炼(或加工)连续生产的企业或采矿、冶炼(或加工)连续生产的企业,其采矿单位,一般是该企业的二级或二级以下核算单位。

(三) 资源税的税率

现行资源税税率有比例税率和定额税率两种形式。只有地热、石灰岩、其他黏土、砂石、矿泉水和天然卤水实行定额税率,其他矿产品和盐都实行比例税率(见表8-1)。

表8-1 资源税税目税率表

税　目			征税对象	税　率
能源矿产	原油		原矿	6%
	天然气、页岩气、天然气水合物		原矿	6%
	煤		原矿或者选矿	2%～10%
	煤成(层)气		原矿	1%～2%
	铀、钍		原矿	4%
	油页岩、油砂、天然沥青、石煤		原矿或者选矿	1%～4%
	地热		原矿	1%～20%或者每立方米1～30元
金属矿产	黑色金属	铁、锰、铬、钒、钛	原矿或者选矿	1%～9%
	有色金属	铜、铅、锌、锡、镍、锑、镁、钴、铋、汞	原矿或者选矿	2%～10%
		铝土矿	原矿或者选矿	2%～9%
		钨	选矿	6.50%

---

① 国务院:《关于修改〈中华人民共和国对外合作开采陆上石油资源条例〉的决定》,中华人民共和国国务院令第606号,2011年9月30日。国务院:《关于修改〈中华人民共和国对外合作开采海洋石油资源条例〉的决定》,中华人民共和国国务院令第607号,2011年9月30日。

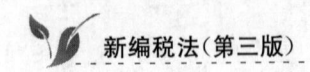

续　表

税　目			征税对象	税　率
		钼	选矿	8%
		金、银	原矿或者选矿	2%～6%
		铂、钯、钌、锇、铱、铑	原矿或者选矿	5%～10%
		轻稀土	选矿	7%～12%
		中重稀土	选矿	20%
		铍、锂、锆、锶、铷、铯、铌、钽、锗、镓、铟、铪、铼、镉、硒、碲	原矿或者选矿	2%～10%
非金属矿产	矿物类	高岭土	原矿或者选矿	1%～6%
		石灰岩	原矿或者选矿	1%～6%或者每吨（或者每立方米）1～10元
		磷	原矿或者选矿	3%～8%
		石墨	原矿或者选矿	3%～12%
		萤石、硫铁矿、自然硫	原矿或者选矿	1%～8%
		天然石英砂、脉石英、粉石英、水晶、工业用金刚石、冰洲石、蓝晶石、硅线石（矽线石）、长石、滑石、刚玉、菱镁矿、颜料矿物、天然碱、芒硝、钠硝石、明矾石、砷、硼、碘、溴、膨润土、硅藻土、陶瓷土、耐火黏土、铁矾土、凹凸棒石黏土、海泡石黏土、伊利石黏土、累托石黏土	原矿或者选矿	1%～12%
		叶蜡石、硅灰石、透辉石、珍珠岩、云母、沸石、重晶石、毒重石、方解石、蛭石、透闪石、工业用电气石、白垩、石棉、蓝石棉、红柱石、石榴子石、石膏	原矿或者选矿	2%～12%
		其他黏土（铸型用黏土、砖瓦用黏土、陶粒用黏土、水泥配料用黏土、水泥配料用红土、水泥配料用黄土、水泥配料用泥岩、保温材料用黏土）	原矿或者选矿	1%～5%或者每吨（或者每立方米）0.1～5元
	岩石类	大理岩、花岗岩、白云岩、石英岩、砂岩、辉绿岩、安山岩、闪长岩、板岩、玄武岩、片麻岩、角闪岩、页岩、浮石、凝灰岩、黑曜岩、霞石正长岩、蛇纹岩、麦饭石、泥灰岩、含钾岩石、含钾砂页岩、天然油石、橄榄岩、松脂岩、粗面岩、辉长岩、辉石岩、正长岩、火山灰、火山渣、泥炭	原矿或者选矿	1%～10%

续 表

税 目		征税对象	税 率
	砂石	原矿或者选矿	1‰～5％或者每吨（或者每立方米）0.1～5元
	宝玉石类	宝石、玉石、宝石级金刚石、玛瑙、黄玉、碧玺	原矿或者选矿	4％～20％
水气矿产	二氧化碳气、硫化氢气、氦气、氡气	原矿	2％～5％
	矿泉水	原矿	1％～20％或者每立方米1～30元
盐	钠盐、钾盐、镁盐、锂盐	选矿	3％～15％
	天然卤水	原矿	3％～15％或者每吨（或者每立方米）1～10元
	海盐		2％～5％

四、资源税应纳税额的计算

（一）资源税的计税依据

资源税采取从价定率或从量定额的办法征收，其计税依据是应税资源产品的销售额或课税数量。

1. 一般规定

（1）纳税人开采或者生产应税产品销售的，以销售额或销售数量为计税依据。销售额为纳税人销售应税产品向购买方收取的全部价款和价外费用，但不包括收取的增值税销项税额。价外费用以及纳税人申报的应税产品销售额明显偏低并且无正当理由的、有视同销售应税产品行为而无销售额的处理办法同增值税。

（2）纳税人开采或者生产应税产品，自用于连续生产应税产品的，不缴纳资源税；自用于其他方面的，视同销售，依法缴纳资源税。

（3）纳税人开采或者生产应税产品自用的，以自用数量为课税数量，自用的应税产品为从价定率计征办法的，按纳税人对外销售应税产品的平均价格计算销售额征收资源税。

2. 特殊规定①

（1）一些特殊情况下销售额的确定。

纳税人开采应税产品由其关联单位对外销售的，按其关联单位的销售额征收资源税。

纳税人既有对外销售应税产品，又有将应税产品自用于除连续生产应税产品以外的其他方面的，则自用的这部分应税产品，按纳税人对外销售应税产品的平均价格计算销售额征收资源税。

---

① 国家税务总局公告〔2011〕第63号：《国家税务总局关于发布修订后的〈资源税若干问题的规定〉的公告》，2011年11月28日。

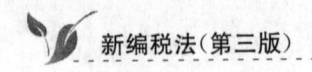

纳税人将其开采的应税产品直接出口的,按其离岸价格(不含增值税)计算销售额征收资源税。

(2) 自产自用产品的课税数量。

资源税纳税人自产自用应税产品,因无法准确提供移送使用量而采取折算比换算课税数量办法的,具体规定如下:

纳税人不能准确提供应税产品销售数量或移送使用数量的,以应税产品的产量或主管税务机关确定的折算比所换算成的数量为课税数量。

煤炭,对于连续加工前无法正确计算原煤移送使用量的,可按加工产品的综合回收率,将加工产品实际销量和自用量折算成的原煤数量作为课税数量。

能源矿产和非金属矿产品原矿,因无法准确掌握纳税人移送使用原矿数量的,可将其精矿按选矿比折算成的原矿数量作为课税数量。

(二) 资源税的计算

资源税的应纳税额,按照从价定率或者从量定额的办法,分别以应税产品的销售额乘以纳税人具体适用的比例税率或者以应税产品的销售数量乘以纳税人具体适用的定额税率计算。

(1) 实行从价定率征收的,自 2020 年 9 月 1 日起,原油、天然气、煤炭、稀土、钨、钼缴纳资源的纳税人应以其销售额乘以对应的比例税率来计算应纳税额。其计算公式为:

$$应纳税额 = 销售额 \times 税率$$

【例 8-1】 某油田 2021 年 12 月份发生如下业务:

(1) 生产原油 25 万吨,其中:对外销售 22 万吨,取得销售收入 10 000 万元;1 万吨用于加热和修井;还有 2 万吨待售。

(2) 本月销售天然气 80 000 立方米,取得销售收入 20.8 万元。已知该油田资源税税率:原油税率为 6%,天然气税率为 6%。计算该油田本月应纳的资源税税额。

解析:用于加热和修井的原油免税,待售原油没有取得收入不征税。

销售原油的应纳税额 = 10 000×6% = 600(万元)

销售天然气的应纳税额 = 20.8×6% = 1.25(万元)

应纳资源税总税额 = 600+1.25 = 601.25(万元)

(2) 实行从量定额征收的,应以产品的实际销售数量或自用数量为计税依据和适用的单位税额来计算的。其计算公式为:

$$应纳税额 = 销售数量 \times 单位税额$$
$$代扣代缴税额 = 收购未税矿产品的数量 \times 单位税额$$

【例 8-2】 谢明为某个体煤矿的业主。该煤矿 2021 年 5 月份对外销售原煤 12 000 吨,自用自产原煤加工的选煤 7 000 吨。税务机关核定的选煤的综合回收率为 0.8,该煤矿所采原煤的单位税额为 0.8 元/吨。请计算该企业本月应纳资源税税额。

解析:(1) 对外销售原煤,其应纳税额 = 12 000×0.8 = 9 600(元)。

(2) 自产自用原煤,由于连续加工前无法正确计算原煤移送使用数量,可按加工产品的综合回收率,将加工产品实际销售量折算成原煤数量作为课税数量。

按选煤销售量折算成的原煤自用数量＝7 000÷0.8＝8 750(吨)
自用原煤的应纳税额＝8 750×0.8＝7 000(元)
当月应纳资源税税额＝9 600＋7 000＝16 600(元)

五、资源税的税收优惠

有下列情形之一的,减征或者免征资源税:
(1) 开采原油以及在油田范围内运输原油过程中用于加热的原油、天然气,免征资源税。
(2) 煤炭开采企业因安全生产需要抽采的煤成(层)气,免征资源税。
(3) 从低丰度油气田开采的原油、天然气,减征20％资源税。
(4) 高含硫天然气、三次采油和从深水油气田开采的原油、天然气,减征30％资源税。
(5) 稠油、高凝油减征40％资源税。
(6) 从衰竭期矿山开采的矿产品,减征30％资源税。

根据国民经济和社会发展需要,国务院对有利于促进资源节约集约利用、保护环境等情形可以规定免征或者减征资源税,报全国人民代表大会常务委员会备案。

有下列情形之一的,省、自治区、直辖市可以决定免征或者减征资源税:
(1) 纳税人开采或者生产应税产品过程中,因意外事故或者自然灾害等原因遭受重大损失;
(2) 纳税人开采共伴生矿、低品位矿、尾矿。

前款规定的免征或者减征资源税的具体办法,由省、自治区、直辖市人民政府提出,报同级人民代表大会常务委员会决定,并报全国人民代表大会常务委员会和国务院备案。

纳税人的减税、免税项目,应当单独核算销售额或者销售数量;未单独核算或者不能准确提供销售额或者销售数量的,不予减税或者免税。

符合上述减免税规定的原油、天然气划分不清的,一律不予减免资源税;同时符合上述两项及两项以上减税规定的,只能选择其中一项执行,不能叠加适用。

六、资源税的征收管理

(一) 纳税义务发生时间

(1) 纳税人采取分期收款结算方式的,其纳税义务发生时间为销售合同规定的收款日期的当天。
(2) 纳税人采取预收货款结算方式的,其纳税义务发生时间为发出应税产品的当天。
(3) 纳税人采取其他结算方式的,其纳税义务发生时间为收讫销售款或者取得索取销售款凭据的当天。
(4) 纳税人自产自用应税产品的纳税义务发生时间,为移送使用应税产品的当天。
(5) 扣缴义务人代扣代缴税款的纳税义务发生时间,为支付首笔货款或首次开具支付货款凭据的当天。

(二) 纳税环节

(1) 纳税人将其开采的原矿加工为精矿销售的,在销售环节计算缴纳资源税。

（2）纳税人将其开采的原矿，自用于连续生产精矿的，在原矿移送使用环节不缴纳资源税，加工为精矿后按规定计算缴纳资源税。

（3）纳税人将自采原矿加工为精矿自用或者进行投资、分配、抵债以及以物易物等情形的，视同销售精矿，依照有关规定计算缴纳资源税。

（4）纳税人将其开采的原矿对外销售的，在销售环节缴纳资源税；纳税人将其开采的原矿连续生产非精矿产品的，视同销售原矿，依照有关规定计算缴纳资源税。

（三）纳税期限

资源税的纳税期限为1日、3日、5日、10日、15日或者1个月。具体的纳税期限由主管税务机关根据纳税人应纳税款的多少分别核定。不能按固定期限计算缴纳的，可按次纳税。

纳税人以1个月为一期纳税的，自期满之日起10日内申报纳税；以1日、3日、5日、10日或者15日为一期纳税的，自期满之日起5日内预缴税款，于次月1日起10日内申报纳税并结清上月的税款。

（四）纳税地点

资源税一般在开采、生产和收购所在地主管税务机关缴纳。具体规定如下：

（1）凡是缴纳资源税的纳税人，都应当向应税产品开采或者生产地主管税务机关缴纳。

（2）如果纳税人应纳的资源税属于跨省开采，其下属生产单位与核算单位不在同一省、自治区、直辖市的，对其开采的矿产品一律在开采地纳税。

（3）扣缴义务人代扣代缴的资源税，也应当向收购地主管税务机关缴纳。

"案例导入"解析

（1）石油的资源税属于从价定率征收；

（2）取得违约金和优质费属于价外费用，价外费用一般视为含增值税。

（3）应缴纳的资源税=[18 000 000+(23 400+5 850)÷(1+13%)]×6%÷10 000=108.16(万元)。

第二节 城镇土地使用税法

目标与要求

知识目标与要求：熟悉城镇土地使用税的概念、税率和计税依据。

能力目标与要求：掌握城镇土地使用税应纳税额的计算方法。

思政目标与要求：通过城镇土地使用税的学习，明白国家通过立法对国土资源进行保护，要合理利用土地资源，保护土地人人有责，防止过度开采。

案例导入

某县地方税务局稽查局 2021 年 8 月对位于城郊的国有企业日日新公司 2021 年 1—6 月份的纳税情况进行了检查,在检查城镇土地使用税纳税情况时,检查人员发现公司提供的政府部门核发的土地使用证书显示该公司实际占用地面积 90 000 平方米。其中:

(1) 公司内学校和医院共占地 3 000 平方米。

(2) 公司区域外公共绿化用地 5 000 平方米,公司区域内生活小区的绿化用地 1 000 平方米。

(3) 2021 年 1 月 1 日,公司将一块 1 000 平方米的土地对外出租给另一公司,用于生产经营。

(4) 2021 年 4 月 1 日,将一块 1 500 平方米的土地无偿借给某国家机关作公务使用。

(5) 除上述土地外,其余土地均为公司生产经营用地(该公司所在地适用税额为 5 元/平方米)。

思考:该公司不同用途的土地都需要缴纳城镇土地使用税吗?该企业 2021 年上半年实际需要缴纳多少城镇土地使用税?

一、城镇土地使用税概述

(一)城镇土地使用税的概念与特点

1. 城镇土地使用税的概念

城镇土地使用税是以国有土地为征税对象,以实际占用的土地面积为计税标准,按规定税额对拥有土地使用权的单位和个人征收的一种税。该税种属于资源税类。现行城镇土地使用税法,是 2006 年 12 月 31 日《国务院关于修改〈中华人民共和国城镇土地使用税暂行条例〉的决定》(以下简称《城镇土地使用税暂行条例》)。该税由国务院决定自 2007 年 1 月 1 日起对企业、单位和个人开征。

2. 城镇土地使用税的特点

(1) 征税对象是土地。由于我国的土地归国家所有,单位和个人只有占用权或使用权,而无所有权。这样,国家既可以凭借财产权力对土地使用人获取的收益进行分配,又可以凭借政治权力对土地使用者进行征税。开征城镇土地使用税,实质上是运用国家政治权力,将纳税人获取的本应属于国家的土地收益集中到国家手中。

(2) 征税范围有所限定。现行城镇土地使用税征税范围限定在城市、县城、建制镇、工矿区内的国家所有和集体所有的土地,不包括农村集体所有的土地。

(3) 实行差别幅度税额。开征城镇土地使用税的目的之一,在于调节土地的级差收入,而级差收入的产生主要取决于土地的位置。通过实行差别幅度税额,对不同城镇适用不同税额,对同一城镇的不同地段,根据市政建设状况和经济繁荣程度确定不等的负担水平,可以达到调节土地使用和收益分配方面的作用。

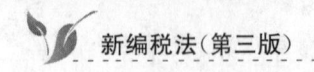

（二）城镇土地使用税的征税范围

城镇土地使用税的征税范围，是指在城市、县城、建制镇和工矿区内的国家所有和集体所有的土地。其中城市、县城、建制镇和工矿区分别按以下标准确认：

(1) 城市是指经国务院批准设立的市，城市的征税范围包括市区和郊区。

(2) 县城是指县人民政府所在地，县城的征税范围为县人民政府所在地的城镇。

(3) 建制镇是指经省、自治区、直辖市人民政府批准设立的建制镇，建制镇的征税范围为镇人民政府所在地的地区，但不包括镇政府所在地所辖行政村。

(4) 工矿区是指工商业比较发达，人口比较集中，符合国务院规定的建制镇标准，但尚未设立建制镇的大中型工矿企业所在地，工矿区须经省、自治区、直辖市人民政府批准。

建立在城市、县城、建制镇和工矿区以外的工矿企业则不需缴纳城镇土地使用税。

（三）城镇土地使用税的纳税人

凡是在城市、县城、建制镇、工矿区范围内使用土地的单位和个人，都是城镇土地使用税的纳税义务人。其中单位包括国有企业、集体企业、私营企业、股份制企业、外商投资企业、外国企业以及其他企业和事业单位、社会团体、国家机关、军队以及其他单位；个人包括个体工商户以及其他个人。

在现实经济生活中，使用土地的情况复杂多样，为明确纳税义务，便于征收管理，财政部、国家税务总局公布了《关于城镇土地使用税若干具体问题的解释和暂行规定》，将纳税人确定为以下几类：拥有土地使用权的单位或个人缴纳；拥有土地使用权的纳税人不在土地所在地的，由代管人或实际使用人纳税；土地使用权未确定或权属纠纷未解决的，由实际使用人纳税；土地使用权共有的，由共有各方分别纳税。

（四）城镇土地使用税的税率

城镇土地使用税采用分类分级的幅度定额税率，即采用有幅度的差别税额，按大、中、小城市和县城、建制镇、工矿区分别规定每平方米城镇土地使用税的年应纳税额。具体标准如下：

(1) 大城市 1.5 元至 30 元；

(2) 中等城市 1.2 元至 24 元；

(3) 小城市 0.9 元至 18 元；

(4) 县城、建制镇、工矿区 0.6 元至 12 元。

大、中、小城市以公安部门登记在册的非农业正式户口人数为依据，按照国务院颁布的《城市规划条例》中规定的标准划分。人口在 50 万以上者为大城市；人口在 20 万～50 万之间者为中等城市；人口在 20 万以下者为小城市。

各省、自治区、直辖市人民政府可根据市政建设情况和经济繁荣程度，在规定税额幅度内，确定所辖地区的适用税额幅度。经济落后地区，土地使用税的适用税额标准可适当降低，但降低额不得超过上述规定最低税额的 30%。经济发达地区的适用税额标准可以适当提高，但须报财政部批准。

城镇土地使用税规定幅度税额主要考虑到我国各地区土地级差收益悬殊，同一地区内不同地段的市政建设情况和经济繁荣程度也有较大的差别。把城镇土地使用税税额定为幅度税额，拉开档次，而且每个幅度税额的差距规定为 20 倍。这样，各地政府在划分本辖区不同地段的等级,确定适用税额时,有选择余地,便于具体划分和确定。幅度税额还可以调节不同地区、不同地段之间的土地级差收益,尽可能地平衡税负。

二、城镇土地使用税应纳税额的计算

(一)城镇土地使用税的计税依据

城镇土地使用税以纳税人实际占用的土地面积为计税依据,土地面积计量标准为每平方米。即税务机关根据纳税人实际占用的土地面积,按照规定的税额计算应纳税额,向纳税人征收土地使用税。

纳税人实际占用的土地面积按下列办法确定:由省、自治区、直辖市人民政府确定的单位组织测定土地面积的,以测定的面积为准;尚未组织测量,但纳税人持有政府部门核发的土地使用证书的,以证书确认的土地面积为准;尚未核发土地使用证书的,应由纳税人申报土地面积,据以纳税,待核发土地使用证以后再做调整。

(二)城镇土地使用税的计算

城镇土地使用税依据纳税人实际占用土地面积和该土地所在地段的适用税额计算。其计算公式为:

$$全年应纳税额 = 实际占用应税土地面积(平方米) \times 适用税额$$

【例8-3】 设在某城市的一家企业使用土地面积为1万平方米,经税务机关核定,该土地为应税土地,每平方米年税额为4元。请计算其全年应纳的城镇土地使用税税额。

解析:全年应纳城镇土地使用税税额=10 000×4=40 000(元)

【例8-4】 某市甲、乙两公司共同拥有一块土地使用权,这块土地面积为6 000平方米,甲公司实际使用2/5,乙公司实际使用3/5。甲、乙公司位于大城市,当地政府核定单位土地税额为10元/平方米。分别计算甲、乙公司全年应纳的城镇土地使用税。

解析:甲公司年应纳税额=6 000×2/5×10=24 000(元)

乙公司年应纳税额=6 000×3/5×10=36 000(元)

三、城镇土地使用税的税收优惠

(一)法定免缴城镇土地使用税的优惠

(1)国家机关、人民团体、军队自用的土地。这部分土地是指这些单位本身的办公用地和公务用地。如国家机关、人民团体的办公楼用地,军队的训练场用地等。

(2)由国家财政部门拨付事业经费的单位自用的土地。这部分土地是指这些单位本身的业务用地。如学校的教学楼、操场、食堂等占用的土地。

(3)宗教寺庙、公园、名胜古迹自用的土地。宗教寺庙自用的土地,是指举行宗教仪式等的用地和寺庙内的宗教人员生活用地。公园、名胜古迹自用的土地,是指供公共参观游览的用地及其管理单位的办公用地。以上单位的生产、经营用地和其他用地,不属于免税范围,应按规定缴纳土地使用税,如公园、名胜古迹中附设的营业单位(如影剧院、饮食部、茶社、照相馆等)使用的土地。

(4)市政街道、广场、绿化地带等公共用地。

(5) 直接用于农、林、牧、渔业的生产用地。这部分土地是指直接从事种植养殖、饲养的专业用地,不包括农副产品加工场地和生活办公用地。

(6) 经批准开山填海整治的土地和改造的废弃土地。该土地从使用的月份起5至10年免缴城镇土地使用税。具体免税期限由各省、自治区、直辖市地方税务局在《城镇土地使用税暂行条例》规定的期限内自行确定。

(7) 对非营利性医疗机构、疾病控制机构和妇幼保健机构等卫生机构自用的土地,免征城镇土地使用税。

(8) 企业办的学校、医院、托儿所、幼儿园,其用地能与企业其他用地明确区分的,免征城镇土地使用税。

(9) 免税单位无偿使用纳税单位的土地(如公安、海关等单位使用铁路、民航等单位的土地),免征城镇土地使用税。纳税单位无偿使用免税单位的土地,纳税单位应照章缴纳城镇土地使用税。纳税单位与免税单位共同使用共有使用权土地上的多层建筑,对纳税单位可按其占用的建筑面积占建筑总面积的比例计征城镇土地使用税。

(10) 对行使国家行政管理职能的中国人民银行总行(含国家外汇管理局)所属分支机构自用的土地,免征城镇土地使用税。

(11) 政策性免税的情况如下:

① 对石油天然气生产建设中用于地质勘探、钻井、井下作业、油气田地面工程等施工临时用地,免征城镇土地使用税。

② 对企业的铁路专用线、公路等用地,在厂区以外、与社会用地段未隔离的,免征城镇土地使用税。

③ 对企业厂区以外的公共绿化用地和向社会开放的公园用地,免征城镇土地使用税。

④ 对盐场的盐滩、盐矿的矿井用地,免征城镇土地使用税。

(二) 省、自治区、直辖市税务局确定的城镇土地使用税减免优惠

(1) 对个人所有的居住房屋及院落用地,减免征收城镇土地使用税。

(2) 对房产管理部门在房租调整改革前经租的居民住房用地,减免征收城镇土地使用税。

(3) 对免税单位职工家属的宿舍用地,减免征收城镇土地使用税。

(4) 对民政部门举办的安置残疾人占一定比例的福利工厂用地,减免征收城镇土地使用税。

(5) 对集体和个人办的各类学校、医院、托儿所、幼儿园用地,减免征收城镇土地使用税。

四、城镇土地使用税的征收管理

(一) 纳税义务发生时间

(1) 纳税人购置新建商品房,自房屋交付使用之次月起,缴纳城镇土地使用税。

(2) 纳税人购置存量房,自办理房屋权属转移、变更登记手续,房地产权属登记机关签发房屋权属证书之次月起,缴纳城镇土地使用税。

(3) 纳税人出租、出借房产,自交付出租、出借房产之次月起,缴纳城镇土地使用税。

(4) 房地产开发企业自用、出租、出借本企业建造的商品房,自房屋使用或交付之次月起,缴纳城镇土地使用税。

(5) 纳税人新征用的耕地,自批准征用之日起满一年时开始缴纳城镇土地使用税。

(6) 纳税人新征用的非耕地,自批准征用次月起缴纳城镇土地使用税。

(二) 纳税期限

城镇土地使用税实行按年计算、分期缴纳的征收方法,具体纳税期限由省、自治区、直辖市人民政府确定。一般分别确定按月、季或半年等不同的期限缴纳。

(三) 纳税地点

城镇土地使用税在土地所在地缴纳。纳税人使用的土地不属于同一省、自治区、直辖市管辖的,由纳税人分别向土地所在地的税务机关缴纳城镇土地使用税;在同一省、自治区、直辖市管辖范围内,纳税人跨地区使用的土地,其纳税地点由各省、自治区、直辖市地方税务局确定。

"案例导入"解析

(1) 日日新公司办的学校、医院自用的 3 000 平方米土地,免征城镇土地使用税。

(2) 公司区域以外的 5 000 平方米公共绿化用地,免征城镇土地使用税;公司区域以内的 1 000 平方米生活小区绿化用地,应按规定征收城镇土地使用税。

(3) 公司用于土地使用权出租的 1 000 平方米土地,由承租方缴纳城镇土地使用税,日日新公司不缴税。

(4) 公司在 4 月 1 日,将一块 1 500 平方米的土地无偿借给某国家机关作公务使用,在这种情况下,该公司只需缴纳 1—3 月份自己使用时间的城镇土地使用税,4 月份以后就不要缴税。同时,国家机关使用土地时也不需要缴纳城镇土地使用税。

(5) 日日新公司自己使用的用于生产经营的土地需要缴纳城镇土地使用税,具体计算如下:

日日新公司上半年应缴纳的城镇土地使用税税额=(90 000−3 000−5 000−1 000−1 500)×5÷2+1 500×5÷12×3=200 625(元)

第三节 耕地占用税法

目标与要求

知识目标与要求:熟悉耕地占用税的概念、特点、征税范围与纳税人。

能力目标与要求:掌握耕地占用税的计税依据和应纳税额的计算。

思政目标与要求:通过耕地占用税的学习,明白国家通过立法对耕地进行保护,要呼吁大家保护农用耕地,保持生态美,防止过度开采。

案例导入

假设某市一家企业新占用 20 000 平方米耕地用于工业建设,所占耕地适用的定额税率为 20 元/平方米。

思考:计算该企业应纳的耕地占用税。

一、耕地占用税概述

(一) 耕地占用税的概念与特点

1. 耕地占用税的概念

耕地占用税法,是指国家制定的调整耕地占用税征收与缴纳权利及义务关系的法律规范,是以占用耕地为征税对象,对占用耕地建房或者从事非农业建设的单位和个人,就其实际占用的耕地面积征收的一种税。它属于对特定土地资源占用课税。国务院于 1987 年 4 月 1 日颁发《中华人民共和国耕地占用税暂行条例》,随后全面开征耕地占用税。2007 年 12 月 1 日由国务院重新颁布的《中华人民共和国耕地占用税暂行条例》,于 2008 年 2 月起施行。现行耕地占用税法,是 2018 年 12 月 29 日第十三届全国人民代表大会常务委员会第七次会议通过,本法自 2019 年 9 月 1 日起施行。2007 年 12 月 1 日国务院公布的《中华人民共和国耕地占用税暂行条例》同时废止。①

2. 耕地占用税的特点

(1) 兼具资源税与特定行为税的性质。耕地占用税以占用农用耕地建房或从事其他非农用建设的行为为征税对象,以约束纳税人占用耕地的行为、促进土地资源的合理运用为课征目的,除具有资源占用税的属性外,还具有明显的特定行为税的特点。

(2) 采用地区差别税率。耕地占用税采用地区差别税率,根据不同地区的具体情况,分别制定差别税额,以适应我国地域辽阔、各地区之间耕地质量差别较大、人均占有耕地面积相差悬殊的具体情况,具有因地制宜的特点。

(3) 在占用耕地环节一次性课征。耕地占用税在纳税人获准占用耕地的环节征收,除对获准占用耕地后超过 2 年未使用者须加征耕地占用税外,此后不再征收耕地占用税。因此,耕地占用税具有一次性征收的特点。

(4) 税收收入专用于耕地开发与改良。耕地占用税收入按规定应用于建立发展农业专项基金,主要用于开展宜耕土地开发和改良现有耕地之用。因此,耕地占用税具有"取之于地、用之于地"的补偿性特点。

(二) 耕地占用税的征税范围

耕地占用税的征税范围包括纳税人为建房或从事非农业建设而占用的国家所有和集体所有的耕地。这一行为必须同时具备以下两个条件,才构成耕地占用税征税范围:一是占用

---

① 财政部 税务总局 自然资源部 农业农村部 生态环境部关于发布《中华人民共和国耕地占用税法实施办法》的公告,财政部公告 2019 年第 81 号,2019 年 8 月 29 日。

了耕地,二是建房或者从事非农业建设。耕地是指用于种植农作物的土地。建房,包括建设建筑物和构筑物,建设农田水利设施除外。农田水利设施占用耕地的,不缴纳耕地占用税。

占用园地、林地、草地、农田水利用地、养殖水面、渔业水域滩涂以及其他农用地建设建筑物、构筑物或者从事非农业建设的,依法征收耕地占用税,适用税额可以适当低于当地占用耕地的适用税额。

其中:园地包括果园、茶园、其他园地。林地,包括林地、灌木林地、疏林地、未成林地、迹地、苗圃等,不包括居民点内部的绿化林木用地,铁路、公路征地范围内的林木用地,以及河流、沟渠的护堤林用地。建设直接为农业生产服务的生产设施占用林地、牧草地、农田水利用地、养殖水面以及渔业水域滩涂等农用地的,不征收耕地占用税。

(三) 耕地占用税的纳税义务人

在我国境内占用耕地建设建筑物、构筑物或者从事非农业建设的单位或者个人,为耕地占用税的纳税人。

这里所称单位,包括企业、事业单位、社会团体、国家机关、部队以及其他单位。

这里所称个人,包括个体工商户、农村承包经营户以及其他个人。

(四) 耕地占用税的税率

耕地占用税的税率规定如下:

(1) 人均耕地不超过1亩的地区(以县、自治县、不设区的市、市辖区为单位,下同),每平方米为10元至50元;

(2) 人均耕地超过1亩但不超过2亩的地区,每平方米为8元至40元;

(3) 人均耕地超过2亩但不超过3亩的地区,每平方米为6元至30元;

(4) 人均耕地超过3亩的地区,每平方米为5元至25元。各地区耕地占用税的适用税额,由省、自治区、直辖市人民政府根据人均耕地面积和经济发展等情况,在前款规定的税额幅度内提出,报同级人民代表大会常务委员会决定,并报全国人民代表大会常务委员会和国务院备案。各省、自治区、直辖市耕地占用税适用税额的平均水平,不得低于本法所附《各省、自治区、直辖市耕地占用税平均税额表》规定的平均税额。

在人均耕地低于0.5亩的地区,省、自治区、直辖市可以根据当地经济发展情况,适当提高耕地占用税的适用税额,但提高的部分不得超过确定的适用税额的50%。具体适用税额按照规定程序确定。占用基本农田的,应当按照当地适用税额,加按150%征收。

基本农田,是指依据《基本农田保护条例》划定的基本农田保护区范围的耕地。

二、耕地占用税应纳税额的计算

(一) 耕地占用税的计税依据

耕地占用税以纳税人实际占用的属于耕地占用税征税范围的土地面积为计税依据,以每平方米土地为计税单位,按适用的定额税率计税,实行一次性征收。应税土地面积包括经批准占用面积和未经批准占用面积,以平方米为单位。适用税额是指省、自治区、直辖市人民代表大会常务委员会决定的应税土地所在地县级行政区的现行适用税额。[1]

---

[1] 国家税务总局:《关于耕地占用税征收管理有关事项的公告》,国家税务总局公告2019年第30号,2019年8月30日。

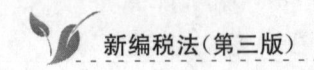

（二）耕地占用税的计算

应纳税额为纳税人实际占用的应税土地面积（平方米）乘以适用税额。其计算公式为：

$$应纳税额 = 应税土地面积 \times 适用税额$$

加按150%征收耕地占用税的计算公式为：

$$应纳税额 = 应税土地面积 \times 适用税额 \times 150\%$$

【例8-5】某企业经批准占用耕地28 000平方米兴建厂房，该地区适用的耕地占用税单位税额为10元/平方米。请计算该企业应纳的耕地占用税税额。

解析：应纳税额＝28 000×10＝280 000（元）

三、耕地占用税的税收优惠

（一）耕地占用税的免税项目规定

(1) 军事设施占用耕地。

(2) 学校、幼儿园、社会福利机构、医疗机构占用耕地。

学校，具体范围包括县级以上人民政府教育行政部门批准成立的大学、中学、小学、学历性职业教育学校以及特殊教育学校，以及经省级以上人民政府人力资源社会保障行政部门批准成立的技工院校。学校内经营性场所和教职工住房占用耕地的，按照当地适用税额缴纳耕地占用税。

幼儿园，具体范围限于县级人民政府教育行政部门登记注册或者备案的幼儿园内专门用于幼儿保育、教育的场所。

社会福利机构，具体范围限于在县级以上人民政府民政部门登记或者备案的老年人社会福利机构、残疾人社会福利机构、儿童社会福利机构内专门为老年人、残疾人、孤儿和弃婴提供养护、康复、托管等服务的场所。

医疗机构，具体范围限于县级以上人民政府卫生健康行政部门批准设立并依法登记取得《医疗机构执业许可证》的机构内专门从事疾病诊断、治疗活动的场所及其配套设施。医疗机构内职工住房占用耕地的，按照当地适用税额缴纳耕地占用税。

(3) 农村烈士遗属、因公牺牲军人遗属、残疾军人以及符合农村最低生活保障条件的农村居民，在规定用地标准以内新建自用住宅，免征耕地占用税。

（二）耕地占用税的减税项目规定

(1) 铁路线路、公路线路、飞机场跑道、停机坪、港口、航道、水利工程占用耕地，减按每平方米2元的税额征收耕地占用税。

(2) 农村居民在规定用地标准以内占用耕地新建自用住宅，按照当地适用税额减半征收耕地占用税；其中农村居民经批准搬迁，新建自用住宅占用耕地不超过原宅基地面积的部分，免征耕地占用税。

根据国民经济和社会发展的需要，国务院可以规定免征或者减征耕地占用税的其他情形，报全国人民代表大会常务委员会备案。

以上免征或者减征耕地占用税后，纳税人改变原占地用途，不再属于免征或者减征耕地占用税情形的,应当按照当地适用税额补缴耕地占用税。

四、耕地占用税的征收管理

(一)纳税环节

耕地占用税的纳税环节,是在各级人民政府依法批准单位和个人占用耕地后,土地管理部门发放征(占)用土地通知书和划拨用地之前,由土地管理部门将批件及时抄送所在地的税务征收机关,由征收机关通知纳税人在规定的时间内到指定地点缴纳税款或办理减免税手续,土地管理部门凭完税凭证或减免税凭证发放用地批准文件。用地单位和个人在规定期限内没有纳税的,土地管理部门应暂停其土地使用权。

耕地占用税由税务机关负责征收。

(二)纳税义务发生时间及纳税申报期限

耕地占用税的纳税义务发生时间为纳税人收到自然资源主管部门办理占用耕地手续的书面通知的当日。纳税人应当自纳税义务发生之日起30日内申报缴纳耕地占用税。

自然资源主管部门凭耕地占用税完税凭证或者免税凭证和其他有关文件发放建设用地批准书。

"案例导入"解析

应纳税额=20 000×20=400 000(元)

第四节 土地增值税法

目标与要求

知识目标与要求:熟悉土地增值税的概念、纳税义务人、土地增值税的税收优惠、土地增值税的征收管理。

能力目标与要求:掌握土地增值税的具体征税范围、税率,土地增值税应纳税额的计算。

思政目标与要求:通过学习土地增值税相关知识,明白土地增值税开征的意义,包括国家对房地产开发的宏观调控、抑制土地炒买炒卖、保障国家的土地权益。

案例导入

某市房地产开发公司2021年发生以下业务:① 建造一幢普通标准住宅A出售,取得不含税收入800万元,并按税法规定缴纳了有关税费。该公司为建此标准住宅而支付的地价款为120万元,投入的建楼成本为350万元,缴纳的相关税费共8万元(不含增值税和印花税),所借银行贷款利息支出无法按项目分摊,房地产开发费用计算比例适用10%;② 同年开发另一座普通标准住宅 B,不含税销售额 650 万元,税务机关认定地价款和开发成本为 420 万元,税务机关认定房地产开发费用为 40 万元,企业缴纳的相关税费 6.5 万元(不含增值税和印花税)。已知该房地产开发企业实行一般计税办法。

思考:计算该房地产开发公司应缴纳的土地增值税。

一、土地增值税概述

(一)土地增值税的概念与特点

1. 土地增值税的概念

土地增值税法,是指国家制定的用以调整土地增值税征收与缴纳之间权利及义务关系的法律规范。土地增值税是对有偿转让国有土地使用权、地上建筑物及其附着物的单位和个人,就其转让房地产所取得的增值额征收的一种税。现行土地增值税的基本规范,是 1993 年 12 月 13 日国务院颁布的《中华人民共和国土地增值税暂行条例》(以下简称《土地增值税暂行条例》)。为了贯彻落实税收法定原则,2019 年 7 月,财政部会同国家税务总局发布了《中华人民共和国土地增值税法(征求意见稿)》,广泛凝聚社会共识,推进民主立法,向全社会公开征求意见。

我国开征土地增值税的目的,一是为了进一步改革和完善税制,增强国家对房地产开发和房地产市场调控力度的客观需要;二是为了抑制炒买炒卖土地投机获得暴利的行为,保障国家的土地权益;三是为了规范国家参与土地增值收益的分配方式,增加国家财政收入。现行土地增值税的基本法律规范,是国务院于 1993 年 12 月 13 日颁布的《中华人民共和国土地增值税暂行条例》及财政部于 1995 年 1 月发布的《中华人民共和国土地增值税暂行条例实施细则》。

2. 土地增值税的特点

(1)征税面比较广。凡在我国境内转让房地产并取得收入的单位和个人,除税法规定免税以外,均应依照《土地增值税暂行条例》规定缴纳土地增值税。就是说凡发生应税行为的单位和个人,不论其经济性质,也不分内、外资企业或中、外籍人员,无论专营或兼营房地产业务,均有缴纳土地增值税的义务。

(2)以转让房地产的增值额为计税依据。增值额为纳税人转让房地产的收入,减除税法规定准予扣除的项目金额后的余额。土地增值税的增值额以征税对象的全部销售收入额扣除与其相关的成本、费用、税金及其他项目金额后的余额,与会计核算中计算会计利润的方法基本相似。

(3)实行超率累进税率。土地增值税的税率是以转让房地产增值率的高低为依据来确认,按照累进原则设计,实行分级计税。

(4)实行按次征收。土地增值税在房地产发生转让的环节,实行按次征收,每发生一次转让行为,就应根据每次取得的增值额征一次税。

(二)土地增值税的征税范围

1. 征税范围的一般规定

(1)转让国有土地使用权。所谓"国有土地",是指按国家法律规定属于国家所有的土地。对属于集体所有的土地,按现行法律规定需先由国家征用后才能转让。集体土地的自行转让是一种违法行为,应由有关部门来处理。对于目前违法将集体土地转让给其他单位和个人的情况,应在有关部门处理、补办土地征用或出让手续变为国家所有之后,再纳入土地增值税的征税范围。而国有土地使用权出让,是指国家以土地所有者的身份将土地使用权在一定年限内让与土地使用者,并由土地使用者向国家支付土地使用权出让金的行为,属于土地买卖的一级市场。出让的目的是实行国有土地的有偿使用制度,合理开发、利用、经营土地,因此,土地使用权的出让不属于土地增值税的征税范围。

(2)转让地上建筑物及其附着物。"地上建筑物",是指建于土地上的一切建筑物,包括地上地下的各种附属设施;所谓"附着物",是指附着于土地上的不能移动或一经移动即遭损坏的种植物、养殖物及其他物品,如房屋、仓库、水塔、排污、排洪、排水、供电、供气设施及花草、树林等。

2. 征税范围的具体规定

(1)以房地产进行投资、联营。对于以房地产进行投资、联营的,投资、联营的一方以土地(房地产)作价入股进行投资或作为联营条件,将房地产转让到所投资、联营的企业中时,暂免征收土地增值税。但所投资、联营的企业如从事房地产开发的,或者房地产开发企业以其建造的商品房进行投资和联营的,对投资、联营企业将上述房地产再转让的,均应征收土地增值税。

(2)合作建房。对于一方出地,一方出资金,双方合作建房,建成后按比例分房自用的,暂免征收土地增值税;建成后转让的,应征收土地增值税。

(3)企业兼并转让房地产。在企业兼并中,对被兼并企业将房地产转让到兼并企业中的,暂免征收土地增值税。

(4)房地产的代建房行为。这种情况是指房地产开发公司代客户进行房地产开发,开发完成后向客户收取代建收入的行为。对于房地产开发公司而言,虽然取得了收入,但没有发生房地产权属的转移,其收入属于劳务收入性质,故不属于土地增值税的征税范围。

(5)房地产的重新评估。这主要是指国有企业在清产核资时对房地产进行重新评估而使其升值的情况。这种情况下房地产虽然有增值,但其既没有发生房地产权属的转移,房产产权、土地使用权人也未取得收入,所以不属于土地增值税的征税范围。

(6)房地产的抵押。由于房产的产权、土地使用权在抵押期间产权并没有发生权属的变更,房产的产权所有人、土地使用权人仍能对房地产行使占有、使用、收益等权利,因此对房地产的抵押,在抵押期间不征收土地增值税。待抵押期满后,对于以房地产抵债而发生房地产权属转让的,应列入土地增值税的征税范围。

(7)房地产的交换。由于这种行为既发生了房产产权、土地使用权的转移,交换双方又取得了实物形态的收入,按《土地增值税暂行条例》规定,它属于土地增值税的征税范围。但对个人之间互换自有居住用房地产的,经当地税务机关核实,可以免征土地增值税。

(8)房地产的出租。房地产的出租,出租人虽取得了收入,但没有发生房产产权、土地使用权的转让。因此,不属于土地增值税的征税范围。

(9)房地产的继承、赠与。这两类行为虽然发生了房地产的权属变更,但作为房产产权、土地使用权的原所有人并没有因为权属的转让而取得任何收入,因此,房地产的继承、赠与不属于土地增值税的征税范围。这里的"赠与"仅指以下情况:一是房产所有人、土地使用权所有人将房产产权、土地使用权赠与直系亲属或承担直接赡养义务人的。二是房产所有人、土地使用权所有人通过中国境内非营利的社会团体(如中国青少年发展基金会、希望工程基金会、宋庆龄基金会、减灾委员会、中国红十字会、中国残疾人联合会等)、国家机关将房产产权、土地使用权赠与教育、民政和其他社会福利、公益事业的。

结合上述土地增值税征税范围的规定,可以将土地增值税的征税范围的标准归纳为以下三条:一是土地使用权是否为国有;二是土地使用权及地上建筑物和附着物是否转让;三是土地使用权及地上建筑物和附着物的所有权的转让是否是有偿的。

(三)土地增值税的纳税人

土地增值税的纳税义务人,是指在我国境内转让国有土地使用权、地上建筑物及其附着物并取得收入的一切单位和个人。具体包括国家机关,社会团体,部队,各类企业、事业单位及其他组织,以及包括个体经营者在内的个人,还包括外商投资企业、外国企业、外国驻华机构、华侨、港澳台同胞及外籍人员等。

(四)土地增值税的税率

土地增值税以纳税人转让房地产所取得的增值额为计税依据,即转让收入减去准予扣除项目金额后的余额。土地增值税实行四级超率累进税率,按照增值额与扣除项目金额的比率从低到高划分为四个级次:

(1)增值额未超过扣除项目金额50%的部分,税率为30%;
(2)增值额超过扣除项目金额50%、未超过扣除项目金额100%的部分,税率为40%;
(3)增值额超过扣除项目金额100%、未超过扣除项目金额200%的部分,税率为50%;
(4)增值额超过扣除项目金额200%的部分,税率为60%。

上述所列四级超率累进税率,每级"增值额未超过扣除项目金额"的比例,均包括本比例数。具体税率如表8-2所示。

表8-2 土地增值税四级超率累进税率表

级数项目	增值额占扣除项目金额比例	税率(%)	速算扣除系数(%)
1	50%以下(含50%)	30	0
2	超过50%~100%(含100%)	40	5
3	超过100%~200%(含200%)	50	15
4	200%以上	60	35

二、土地增值税应纳税额的计算

(一)土地增值税应税收入的确定

根据《土地增值税暂行条例》及其实施细则的规定,纳税人转让房地产取得的应税收入,应包括转让房地产的全部价款及有关的经济收益。从收入的形式来看,包括货币收入、实物收入和其他收入。"营改增"后,土地增值税纳税人转让房地产取得的收入为不含增值税收入。[①]

(1) 货币收入。货币收入是指纳税人转让房地产而取得的现金、银行存款、支票、银行本票、汇票等各种信用票据和国库券、金融债券、企业债券、股票等有价证券。这些类型的收入其实质都是转让方因转让土地使用权、房屋产权而向取得方收取的价款。货币收入一般比较容易确定。

(2) 实物收入。实物收入是指纳税人转让房地产而取得的各种实物形态的收入,如钢材、水泥等建材,房屋、土地等不动产等。实物收入的价值不太容易确定,一般要对这些实物形态的财产进行估价。

(3) 其他收入。其他收入是指纳税人转让房地产而取得的无形资产收入或具有财产价值的权利,如专利权、商标权、著作权、专有技术使用权、土地使用权、商誉权等。这种类型的收入比较少见,其价值需要进行专门的评估。

为方便纳税人,简化土地增值税预征税款计算,房地产开发企业采取预收款方式销售自行开发的房地产项目的,可按照以下方法计算土地增值税预征计征依据。

土地增值税预征的计征依据＝预收款－应预缴增值税税款

(二) 扣除项目金额的确定

1. 取得土地使用权所支付的金额

该项目金额包括两个方面的内容:

(1) 纳税人为取得土地使用权所支付的地价款。如果是以协议、招标、拍卖等出让方式取得土地使用权的,地价款为纳税人所支付的土地出让金;如果是以行政划拨方式取得土地使用权的,地价款为按照国家有关规定补交的土地出让金;如果是以转让方式取得土地使用权的,地价款为向原土地使用权人实际支付的地价款。

(2) 纳税人在取得土地使用权时按国家统一规定缴纳的有关费用。它系指纳税人在取得土地使用权过程中为办理有关手续,按国家统一规定缴纳的有关登记、过户手续费。

2. 房地产开发成本

房地产开发成本是指纳税人房地产开发项目实际发生的成本,包括土地征用及拆迁补偿费、前期工程费、建筑安装工程费、基础设施费、公共配套设施费、开发间接费用等。

(1) 土地征用及拆迁补偿费,包括土地征用费,耕地占用税,劳动力安置费及有关地上、地下附着物拆迁补偿的净支出,安置动迁用房支出等。

(2) 前期工程费,包括规划、设计、项目可行性研究和水文、地质、勘察、测绘、"三通一平"等支出。

(3) 建筑安装工程费,是指以出包方式支付给承包单位的建筑安装工程费,以自营方式发生的建筑安装工程费。

(4) 基础设施费,包括开发小区内道路、供水、供电、供气、排污、排洪、通信、照明、环卫、绿化等工程发生的支出。

[①] 《财政部 国家税务总局关于营改增后契税 房产税 土地增值税 个人所得税计税依据问题的通知》,财税〔2016〕43号,2016年4月25日。

(5) 公共配套设施费,包括不能有偿转让的开发小区内公共配套设施发生的支出。

(6) 开发间接费用,是指直接组织、管理开发项目发生的费用,包括工资、职工福利费、折旧费、修理费、办公费、水电费、劳动保护费、周转房摊销等。

3. 房地产开发费用

房地产开发费用是指与房地产开发项目有关的销售费用、管理费用和财务费用。根据现行财务会计制度的规定,这三项费用作为期间费用,直接计入当期损益,不按成本核算对象进行摊销,故不能按纳税人实际发生的费用进行扣除,而按应区分以下两种情况分别计算扣除:

(1) 财务费用中的利息支出,凡能够按转让房地产项目计算分摊并提供金融机构证明的,允许据实扣除,但最高不能超过按商业银行同类同期贷款利率计算的金额,并且对于超过贷款期限的利息部分和加罚的利息不允许扣除;其他房地产开发费用,按取得土地使用权所支付的金额和房地产开发成本两项金额之和的5%以内计算扣除。具体公式如下:

$$允许扣除的房地产开发费用 = 利息 + (土地使用权所支付的金额 + 房地产开发成本) \times 5\%以内$$

(2) 凡不能按转让房地产项目计算分摊利息支出或不能提供金融机构证明的,房地产开发费用按取得土地使用权所支付的金额和房地产开发成本两项金额之和的10%以内扣除。具体公式如下:

$$允许扣除的房地产开发费用 = (土地使用权所支付的金额 + 房地产开发成本) \times 10\%以内$$

上述两种情况下计算扣除的具体比例,由各省、自治区、直辖市人民政府规定。

4. 与转让房地产有关的税金

与转让房地产有关的税金,是指在转让房地产时缴纳的城市维护建设税、印花税。因转让房地产缴纳的教育费附加,也可视同税金予以扣除。

需要明确的是,房地产开发企业按照《施工、房地产开发企业财务制度》有关规定,其在转让时缴纳的印花税已列入管理费用中,故不允许再单独扣除。其他纳税人缴纳的印花税(按产权转移书据所载金额的0.5‰贴花)允许在此扣除。

"营改增"后,房地产开发企业实际缴纳的城市维护建设税、教育费附加,凡能够按清算项目准确计算的,允许据实扣除;凡不能按清算项目准确计算的,则按该清算项目预缴增值税时实际缴纳的城市维护建设税和教育费附加扣除。[1]

5. 财政部确定的其他扣除项目

对从事房地产开发的纳税人可按取得土地使用权所支付的金额和房地产开发成本计算的金额之和,加计20%扣除。该优惠只适用于从事房地产开发的纳税人,除此之外的其他纳税人不适用。

6. 旧房及建筑物的评估价格

旧房及建筑物的评估价格是指在转让已使用的房屋及建筑物时,由政府批准设立的房

---

[1] 国家税务总局:《关于营改增后土地增值税若干征管规定的公告》,国家税务总局公告2016年第70号,2016年11月10日。

地产评估机构评定的重置成本价乘以成新度折扣率后的价格。评估价格须经当地税务机关确认。

重置成本价的含义是对旧房及建筑物,按转让时的建材价格及人工费用计算,建造同样面积、同样层次、同样结构、同样建设标准的新房及建筑物所需花费的成本费用。成新度折扣率的含义是按旧房的新旧程度做一定比例的折扣。例如,一幢房屋已使用近10年,建造时的造价为1 000万元,按转让时的建材及人工费用计算,建同样的新房需花费4 000万元,该房有六成新,则该房的评估价格为2 400万元(=4 000×60%)。

转让旧房的,应按房屋及建筑物的评估价格、取得土地使用权所支付的地价款和按国家统一规定缴纳的有关费用及在转让环节缴纳的税金作为扣除项目金额计征土地增值税。对取得土地使用权时未支付地价款或不能提供已支付的地价款凭据的,在计征土地增值税时不允许扣除。

纳税人转让旧房及建筑物时因计算纳税的需要而对房地产进行评估,其支付的评估费用允许在计算增值额时予以扣除。但是,对于纳税人隐瞒、虚报房地产成交价格等情形而按房地产评估价格计算征收土地增值税所发生的评估费用,不允许在计算土地增值税时予以扣除。

值得注意的是,纳税人转让旧房及建筑物,凡不能取得评估价格,但能提供购房发票的,经当地税务部门确认,"取得土地使用权所支付的金额"和"旧房及建筑物的评估价格"的金额,可按发票所载金额并从购买年度起至转让年度止每年加计5%计算。对纳税人购房时缴纳的契税,凡能提供契税完税凭证的,准予作为"与转让房地产有关的税金"予以扣除,但不作为加计5%的基数。对于转让旧房及建筑物,既没有评估价格,又不能提供购房发票的,地方税务机关可以根据《税收征收管理法》第35条的规定,实行核定征收。

根据财政部、国家税务总局关于"营改增"后土地增值税计税依据问题的通知①:《中华人民共和国土地增值税暂行条例》等规定的土地增值税扣除项目涉及的增值税进项税额,允许在销项税额中计算抵扣的,不计入扣除项目,不允许在销项税额中计算抵扣的,可以计入扣除项目。

(三)土地增值税的计算

1. 增值额的确定

土地增值税按照纳税人转让房地产所取得的增值额(即计税依据)和相应的税率计算应纳税额,而增值额为纳税人转让房地产所取得的收入(不含税收入)减除规定的扣除项目金额后的余额。用公式可表示为:

$$增值额 = 应税收入(不含税收入) - 扣除项目金额$$

在实际房地产交易活动中,有些纳税人由于不能准确提供房地产转让价格或扣除项目金额,致使增值额不准确,直接影响应纳税额的计算和缴纳。因此,纳税人有下列情形之一的,需要对房地产进行评估,由政府批准设立的房地产评估机构根据相同地段、同类房地产进行综合评定所产生的房地产评估价格来确定转让房地产收入、扣除项目的金额:

---

① 《财政部 国家税务总局关于营改增后契税 房产税 土地增值税 个人所得税计税依据问题的通知》,财税〔2016〕43号,2016年4月25日。

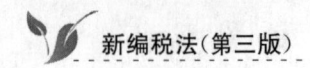

(1) 隐瞒、虚报房地产成交价格的。这是指纳税人不报或有意低报转让土地使用权、地上建筑物及其附着物价款的行为,该情况下应由评估机构参照同类房地产的市场交易价格进行评估,税务机关根据评估价格确定转让房地产的收入。

(2) 提供扣除项目金额不实的。这是指纳税人在纳税申报时不据实提供扣除项目金额的行为,该情况下应由评估机构按照房屋重置成本价乘以成新度折扣率计算的房屋成本价和取得土地使用权时的基准地价进行评估,税务机关根据评估价格确定扣除项目金额。

(3) 转让房地产的成交价格低于房地产评估价格又无正当理由的。这是指纳税人申报的转让房地产的实际成交价低于房地产评估机构评定的交易价,纳税人又不能提供凭据或无正当理由的行为,该情况下应由税务机关参照房地产评估价格确定转让房地产的收入。

2. 应纳税额的计算

土地增值税按照纳税人转让房地产所取得的增值额(即计税依据)和相应的税率计算应纳税额,用公式表示为:

$$应纳税额 = 转让房地产的增值额 \times 适用税率$$

由于土地增值税的税率是按照转让房地产的增值额占扣除项目金额的比例分档设计,因此,在计算应纳税额时先要计算出其增值额和增值比例(增值率),以确定适用哪一档或哪几档税率。增值率的计算公式为:

$$转让房地产的增值率 = \frac{转让房地产的增值额}{扣除项目金额} \times 100\%$$

$$应纳税额 = 增值额 \times 适用税率 - 扣除项目金额 \times 速算扣除系数$$

在具体计算时,分两个步骤进行:

第一步,先计算增值额及增值额与扣除项目金额之比,即增值率。

第二步,按增值率所适用的税率直接乘以增值额,再减去扣除项目金额乘以速算扣除系数。

【例 8-6】 某一般纳税人房地产开发公司销售其新建商品房一幢,取得销售收入 14 000 万元,已知该公司支付与商品房相关的土地使用权费及开发成本合计为 4 800 万元;该公司没有按房地产项目计算分摊银行借款利息;该商品房所在地的省政府规定计征土地增值税时房地产开发费用扣除比例为 10%;销售商品房应缴纳的有关税金共 770 万元(不含增值税和印花税)。试计算该公司销售该商品房应缴纳的土地增值税。

解析:(1) 取得转让收入总额 = 14 000(万元)

(2) 扣除项目金额:

① 房地产开发成本 = 4 800(万元)

② 房地产开发费用 = 4 800 × 10% = 480(万元)

③ 与转让房地产有关的税费 = 770(万元)

④ 加计扣除费用 = 4 800 × 20% = 960(万元)

⑤ 扣除项目总额 = 4 800 + 480 + 770 + 960 = 7 010(万元)

(3) 增值额 = 14 000 − 7 010 = 6 990(万元)

增值额占扣除项目金额比率:6 990 ÷ 7 010 × 100% = 99.71%,适用土地增值税率 40%,

扣除率5%。

(4) 应纳土地增值税税额=6 990×40%-7 010×5%=2 445.5(万元)

三、土地增值税的税收优惠

(一)建造普通标准住宅的税收优惠

纳税人建造普通标准住宅出售,增值额未超过扣除项目金额20%的,免征土地增值税。增值额超过扣除项目金额20%的,应就其全部增值额按规定计税。

这里所说的"普通标准住宅",是指按所在地一般民用住宅标准建造的居住用住宅。普通标准住宅应同时满足以下条件:住宅小区建筑容积率在1.0以上、单套建筑面积在120平方米以下、实际成交价格低于同级别土地上住房平均交易价格1.2倍以下。各省、自治区、直辖市要根据实际情况,制定本地区享受优惠政策普通住房的具体标准。允许单套建筑面积和价格标准适当浮动,但向上浮动的比例不得超过上述标准的20%。为此,各省、自治区、直辖市在不同时期就普通标准住宅的条件做出了不同浮动。例如,福建省有关部门于2009年2月对普通商品住房的标准做出了最新调整,规定了享受优惠政策的普通商品住房必须满足三个条件:住宅小区建筑容积率1.0以上、单套建筑面积在144平方米以下、实际成交价低于同区段住房平均交易价格1.44倍以下。

对于纳税人既建普通标准住宅又搞其他房地产开发的,应分别核算增值额。不分别核算增值额或不能准确核算增值额的,其建造的普通标准住宅不能适用这一免税规定。

(二)对国家征用收回的房地产的税收优惠

(1) 因国家建设需要依法征用、收回的房地产,免征土地增值税。

因国家建设需要依法征用、收回的房地产,是指因城市实施规划、国家建设的需要而被政府批准征用的房产或收回的土地使用权。

(2) 因城市实施规划、国家建设的需要而搬迁,由纳税人自行转让原房地产的,比照有关规定免征土地增值税。

因城市实施规划而搬迁,是指因旧城改造或因企业污染、扰民(指产生过量废气、废水、废渣和噪音,使城市居民生活受到一定危害),而由政府或政府有关主管部门根据已审批通过的城市规划确定进行搬迁的情况;因国家建设的需要而搬迁,是指因实施国务院、省级人民政府、国务院有关部委批准的建设项目而进行搬迁的情况。

(三)对个人转让房地产的税收优惠

个人因工作调动或改善居住条件而转让原自用住房,经向税务机关申报核准,凡居住满5年或5年以上的,免予征收土地增值税;居住满3年未满5年的,减半征收土地增值税;居住未满3年的,按规定计征土地增值税。

四、土地增值税的征收管理

(一)纳税义务发生时间

(1) 以一次交割、付清价款方式转让房地产的,在办理纳税申报后,并在办理过户、登记手续前,一次性缴纳全部土地增值税。

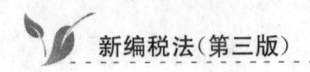

(2) 以分期收款方式转让房地产的,先计算出应纳税总额,然后根据合同约定的收款日期和约定的收款比例确定并缴纳应纳税额。

(3) 在项目全部竣工结算前转让房地产的,纳税人进行小区开发建设的,其中一部分房地产项目因先行开发并已转让出去,但小区的部分配套设施往往在转让后才建成,此时税务机关可对先行转让的项目,在取得收入时预征土地增值税;如纳税人以预售方式转让房地产的,对在办理结算和转交手续前就取得的收入,税务机关也可预征土地增值税。

(二) 纳税地点

土地增值税的纳税人应向房地产所在地主管税务机关办理纳税申报,并在税务机关核定的期限内缴纳土地增值税。这里所说的"房地产所在地",是指房地产的坐落地。纳税人转让的房地产坐落在两个或两个以上地区的,应按房地产所在地分别申报纳税。在实际工作中,纳税地点的确定又可分为以下两种情况。

1. 纳税人是法人的

当转让的房地产坐落地与其机构所在地或经营所在地一致时,则在办理税务登记的原管辖税务机关申报纳税即可;如果转让的房地产坐落地与其机构所在地或经营所在地不一致时,则应在房地产坐落地所管辖的税务机关申报纳税。

2. 纳税人是自然人的

当转让的房地产坐落地与其居住所在地一致时,则在住所所在地税务机关申报纳税;当转让的房地产坐落地与其居住所在地不一致时,在办理过户手续所在地的税务机关申报纳税。

(三) 纳税申报

土地增值税的纳税人应在转让房地产合同签订后的 7 日内,到房地产所在地主管税务机关办理纳税申报,并向税务机关提交房屋及建筑物产权、土地使用权证书,土地转让、房产买卖合同,房地产评估报告及其他与转让房地产有关的资料。纳税人因经常发生房地产转让而难以在每次转让后申报,是指房地产开发企业开发建造的房地产,因分次转让而频繁发生纳税义务,难以在每次转让后申报纳税的情况,土地增值税可按月或按各省、自治区、直辖市和计划单列市地方税务局规定的期限申报缴纳。

此外,对于纳税人预售房地产所取得的收入,凡当地税务机关规定预征土地增值税的,纳税人应当到主管税务机关办理纳税申报,并按规定比例预缴,待办理决算后,多退少补;凡当地税务机关规定不预征土地增值税的,也应在取得收入时先到税务机关登记或备案。

(四) 预征税款

纳税人在项目全部竣工结算前转让房地产取得的收入可以预征土地增值税。具体办法由各省、自治区、直辖市地方税务局根据当地情况制定。

对纳税人预售房地产所取得的收入,凡当地税务机关规定预征土地增值税的,纳税人应到主管税务机关办理纳税申报,并按规定比例预缴,待办理决算后,多退少补;凡当地税务机关规定不预征土地增值税的,也应在取得收入时先到税务机关登记或备案。

各地税务机关应根据本地区房地产业增值水平和市场发展情况,区别普通住房、非普通住房和商用房等不同类型,科学合理地确定预征率,并适时调整。工程项目竣工结算后,应及时进行清算,多退少补。纳税人未按预征规定期限预缴税款的,根据《税收征管法》及其实施细则的有关规定,从限定的缴纳税款期限届满的次日起,加收滞纳金。

(五)房地产开发企业土地增值税的清算

1. 土地增值税的清算条件

符合下列情形之一的,纳税人应当进行土地增值税的清算:① 房地产开发项目全部竣工、完成销售的;② 整体转让未竣工决算房地产开发项目的;③ 直接转让土地使用权的。

符合下列情形之一的,主管税务机关可要求纳税人进行土地增值税清算:① 已竣工验收的房地产开发项目,已转让的房地产建筑面积占整个项目可售建筑面积的比例在85%以上,或该比例虽未超过85%,但剩余的可售建筑面积已经出租或自用的;② 取得销售(预售)许可证满3年仍未销售完毕的;③ 纳税人申请注销税务登记但未办理土地增值税清算手续的;④ 省税务机关规定的其他情况。

2. 纳税人清算土地增值税时应提供的清算资料

① 土地增值税清算表及其附表。② 房地产开发项目清算说明,主要内容应包括房地产开发项目立项、用地、开发、销售、关联方交易、融资、税款缴纳等基本情况及主管税务机关需要了解的其他情况。③ 项目竣工决算报表、取得土地使用权所支付的地价款凭证、国有土地使用权出让合同、银行贷款利息结算通知单、项目工程合同结算单、商品房购销合同统计表、销售明细表、预售许可证等与转让房地产的收入、成本和费用有关的证明资料。主管税务机关需要相应项目记账凭证的,纳税人还应提供记账凭证复印件。④ 纳税人委托税务中介机构审核鉴证的清算项目,还应报送中介机构出具的《土地增值税清算税款鉴证报告》。

"案例导入"解析

1. 该房地产公司销售普通标准住宅A时,应缴纳的土地增值税计算如下:

(1) 收入总额:800万元。

(2) 扣除项目金额:

① 支付地价款:120万元。

② 房地产开发成本:350万元。

③ 房地产开发费用:(120+350)×10%=47(万元)

④ 扣除的税金:8万元。

⑤ 加计扣除费用:(120+350)×20%=94(万元)

⑥ 扣除项目总额:120+350+47+8+94=619(万元)

增值额:800-619=181(万元)

(3) 增值额占扣除项目金额比率:181÷619×100%≈29.24%,适用土地增值税率30%,速算扣除系数为0%。

(4) 应纳土地增值税=181×30%=54.3(万元)

2. 该房地产公司销售普通标准住宅B时,应缴纳的土地增值税计算如下:

(1) 收入总额:650万元。

(2) 扣除项目金额:

① 支付地价款和开发成本:420万元。
② 税务认定三项费用:40万元。
③ 扣除的税金:6.5万元。
④ 加计扣除费用:420×20%=84(万元)
⑤ 扣除项目总额:420+40+6.5+84=550.5(万元)
（3）增值额:650-550.5=99.5(万元)
增值额占扣除项目金额比率:99.5÷550.5×100%=18.07%<20%,故免征土地增值税。

该房地产公司应缴纳土地增值税合计为54.3万元。

第五节 环境保护税法

目标与要求

知识目标与要求:熟悉环境保护税的概念和特点。

能力目标与要求:掌握环境保护税的纳税人、征税对象、税率、计税依据及税额计算。

思政目标与要求:通过环境保护税法的学习,明白立法的目的是国家保护和改善环境,减少污染物排放,推进生态文明建设,提高纳税人环保意识和强化企业治污减排责任。

案例导入

2021年12月份,福建省某县级市环保局接到某工业区的群众举报电话,群众反映周边的生活环境越来越差,难闻的气味一直源源不断地产生,环保局受理该投诉业务,并安排相关工作人员进行调查,调查结果发现难闻的气味系该工业区某化工企业生产后所排放的化学物质产生,工作人员同时对该企业的排水口进行数据测量,发现该企业12月份直接向水体排放一类水污染物总汞、总镉、总铬、总砷、总铅、总银各10千克。排放第二类水污染物悬浮物(SS)、总有机碳(TOC)、挥发酚、氨氮各10千克。假设该企业污染物适用税额为2元/每污染当量。

思考:计算该化工企业12月水污染物应缴纳的环境保护税税额。

一、环境保护税概述

（一）环境保护税的概念

环境保护税法,是指国家制定的调整环境保护税征收与缴纳相关权利及义务关系的法律规范。《中华人民共和国环境保护税法》(以下简称环境保护税法)由中华人民共和国第十二届全国人民代表大会常务委员会第二十五次会议于2016年12月25日通过,自2018年1

月1日起施行。

环境保护税是对在我国领域以及管辖的其他海域直接向环境排放应税污染物的企业事业单位和其他生产经营者征收的一种税,其立法目的是保护和改善环境,减少污染物排放,推进生态文明建设。环境保护税是我国首个明确以环境保护为目标的独立型环境税税种,有利于解决排污费制度存在的执法刚性不足等问题,有利于提高纳税人环保意识和强化企业治污减排责任。

(二)环境保护税的特点

1. 属于调节型税种

《环境保护税法》第一条规定了环境保护税的立法目的是保护和改善环境,减少污染物排放,推进生态文明建设。环境保护税的首要功能是减少污染排放,而非增加财政收入。

2. 其渊源是排污收费制度

党的十八届三中全会明确要求"推动环境保护费改税",环境保护税基本平移了原排污费的制度框架,环境保护税于2018年1月1日起正式实施,排污费同时停征。

3. 属于综合型环境税

环境保护税的征税范围包括大气污染物、水污染物、固体废物和噪声四大类,与对单一污染物征收的税种不同,属于综合型环境税。

4. 属于直接排放税

环境保护税的纳税义务人是在我国领域和管辖的其他海域直接向环境排放应税污染物的企业事业单位和其他生产经营者。

5. 对大气污染物、水污染物规定了幅度定额税率

具体适用税额的确定和调整由省、自治区、直辖市人民政府在规定的税额幅度内提出。对应税污染物规定税率区间可使经济水平、环境目标要求不同的地区在税负设置方面具有一定的灵活性。

6. 采用税务、环保部门紧密配合的征收方式

环境保护税采用"纳税人自行申报,税务征收,环保监测,信息共享"的征管方式,税务机关负责征收管理,环境保护主管部门负责对污染物监测管理,征收高度依赖税务、环保部门的配合与协作。

7. 收入纳入一般预算收入,全部划归地方

为促进各地保护和改善环境,增加环境保护投入,国务院决定,环境保护税收入全部作为地方收入。

二、环境保护税的征税对象、纳税人和税目税额

(一)环境保护税的征税对象

环境保护税的征税对象是应税污染物,未列举的污染物不缴纳环境保护税。

应税"污染物",是指《环境保护税法》所附《环境保护税税目税额表》《应税污染物和当量值表》规定的大气污染物、水污染物、固体废物和噪声。

(二) 环境保护税的纳税义务人

环境保护税的纳税义务人是指在中华人民共和国领域和中华人民共和国管辖的其他海域直接向环境排放应税污染物的企业事业单位和其他生产经营者。

有下列情形之一的,不属于直接向环境排放污染物,不缴纳相应污染物的环境保护税:

(1) 企业事业单位和其他生产经营者向依法设立的污水集中处理、生活垃圾集中处理场所排放应税污染物的;

(2) 企业事业单位和其他生产经营者在符合国家和地方环境保护标准的设施、场所贮存或者处置固体废物的;

(3) 达到省级人民政府确定的规模标准的畜禽养殖场,依法对畜禽养殖废弃物进行综合利用和无害化处理的,不属于直接向环境排放污染物,不缴纳环境保护税。

(三) 环境保护税的税目和税率

1. 税目

环境保护税税目包括大气污染物、水污染物、固体废物和噪声四大类。

(1) 大气污染物。

大气污染物包括二氧化硫、氮氧化物、一氧化碳、氯气、氯化氢、氟化物、氰化氢、硫酸雾、铬酸雾、汞及其化合物、一般性粉尘、石棉尘、玻璃棉尘、碳黑尘、铅及其化合物、镉及其化合物、铍及其化合物、镍及其化合物、锡及其化合物、烟尘、苯、甲苯、二甲苯、苯并(a)芘、甲醛、乙醛、丙烯醛、甲醇、酚类、沥青烟、苯胺类、蚕苯类、硝基苯、丙烯腈、氯乙烯、光气、硫化氢、氨、三甲胺、甲硫醇、甲硫醚、二甲二硫、苯乙烯、二硫化碳,共计44项。环境保护税的征税范围不包括温室气体二氧化碳。

(2) 水污染物。

水污染物分为两类:第一类水污染物包括总汞、总镉、总铬、六价铬、总砷、总铅、总镍、苯并(a)芘、总铍、总银;第二类水污染物包括悬浮物(SS)、生化需氧量(BOD5)、化学需氧量(CODer)、总有机碳(TOC)、石油类、动植物油、挥发酚、总氰化物、硫化物、氨氮、氟化物、甲醛、苯胺类、硝基苯类、阴离子表面活性剂(LAS)、总铜、总锌、总锰、彩色显影剂(CD-2)、总磷、单质磷(以 P 计)、有机磷农药(以 P 计)、乐果、甲基对硫磷、马拉硫磷、对硫磷、五氯酚及五氯酚钠(以五氯酚计)、三氯甲烷、可吸附有机卤化物(AOX)(以 CI 计)、四氯化碳、三氯乙烯、四氯乙烯、苯、甲苯、乙苯、邻-二甲苯、对-二甲苯、间-二甲苯、氯苯、邻二氯苯、对二氯苯、对硝基氯苯、2,4-二硝基氯苯、苯酚、间-甲酚、2,4-二氯酚、2,4,6-三氯酚、邻苯二甲酸二丁酯、邻苯二甲酸二辛酯、丙烯腈、总硒。应税水污染物共计61项。

(3) 固体废物。

固体废物包括煤矸石、尾矿、危险废物、冶炼渣、粉煤灰、炉渣、其他固体废物(含半固态、液态废物)。

(4) 噪声。

应税噪声污染目前只包括工业噪声。

2. 税率

环境保护税采用定额税率,其中,对应税大气污染物和水污染物规定了幅度定额税率,具体适用税额的确定和调整由省、自治区、直辖市人民政府统筹考虑本地区环境承载能力、污染物排放现状和经济社会生态发展目标要求,在规定的税额幅度内提出,报同级人民代表大会常务委员会决定,并报全国人民代表大会常务委员会和国务院备案。环境保护税税目税额表如表8-3所示。

表8-3 环境保护税税目税额表

税 目		计税单位	税 额	备 注
大气污染物		每污染当量	1.2元至12元	① 一个单位边界上有多处噪声超标,根据最高一处超标升级计算应纳税额,当沿边界长度超过100米有两处以上噪声超标,按照两个单位计算应纳税额。 ② 一个单位有不同地点作业场所的,应当分别计算应纳税额,合并计征。 ③ 昼、夜均超标的环境噪声,昼、夜分别计算应纳税额,累计计征。 ④ 声源一个月内超标不足15天的,减半计算应纳税额。 ⑤ 夜间频繁突发和夜间偶然突发厂界超标噪声,按等效声级和峰值噪声两种指标中超标分贝值高的一项计算应纳税额
水污染物		每污染当量	1.4元至14元	
固体废物	煤矸石	每吨	5元	
	尾矿	每吨	15元	
	危险废物	每吨	1 000元	
	冶炼渣、粉煤灰、炉渣、其他固体废弃物(含半固态、液态废物)	每吨	25元	
噪声	工业噪声	超标1~3分贝	每月350元	
		超标4~6分贝	每月700元	
		超标7~9分贝	每月1 400元	
		超标10~12分贝	每月2 800元	
		超标13~15分贝	每月5 600元	
		超标16分贝及以上	每月11 200元	

三、环境保护税的计税依据

(一)环境保护税应税污染物的计税依据

环境保护税应税污染物的计税依据,按照下列方法确定。

应税大气污染物按照污染物排放量折合的污染当量数确定;应税水污染物按照污染物排放量折合的污染当量数确定;应税固体废物按照固体废物的排放量确定;应税噪声按照超过国家规定标准的分贝数确定。

1. 应税大气污染物按照污染物排放量折合的污染当量数确定

应税大气污染物的污染当量数,以该污染物的排放量除以该污染物的污染当量值计算。每种应税大气污染物的具体污染当量值,依照"应税污染物和当量值表"执行。

污染当量数的计算公式为:

$$应税大气污染物污染当量数 = 该污染物的排放量 \div 该污染物的污染当量值$$

污染当量,是指根据污染物或者污染排放活动对环境的有害程度以及处理的技术经济性,衡量不同污染物对环境污染的综合性指标或者计量单位。同一介质相同污染当量的不同污染物,其污染程度基本相当。

每一排放口或者没有排放口的应税大气污染物,按照污染当量数从大到小排序,对前三项污染物征收环境保护税。

2. 应税水污染物按照污染物排放量折合的污染当量数确定

应税水污染物的污染当量数＝该污染物的排放量÷该污染物的污染当量值

每一排放口的应税水污染物,按照"应税污染物和当量值表",区分第一类水污染物和其他类水污染物,按照污染当量数从大到小排序,对第一类水污染物按照前五项征收环境保护税,对其他类水污染物按照前三项征收环境保护税。

省、自治区、直辖市人民政府根据本地区污染物减排的特殊需要,可以增加同一排放口征收环境保护税的应税污染物项目数,报同级人民代表大会常务委员会决定,并报全国人民代表大会常务委员会和国务院备案。

针对应税大气污染物、水污染物的计税依据确定,如果纳税人有下列情形之一的,以其当期应税大气污染物、水污染物的产生量作为污染物的排放量:

(1) 未依法安装使用污染物自动监测设备或者未将污染物自动监测设备与环境保护主管部门的监控设备联网。

(2) 损毁或者擅自移动、改变污染物自动监测设备。

(3) 篡改、伪造污染物监测数据。

(4) 通过暗管、渗井、渗坑、灌注或者稀释排放以及不正常运行防治污染设施等方式违法排放应税污染物。

(5) 进行虚假纳税申报。

3. 应税固体废物按照固体废物的排放量确定

固体废物的排放量为当期应税固体废物的生产量减去当期应税固体废物的贮存量、处置量、综合利用量的余额。其中,固体废物的贮存量、处置量,是指在符合国家和地方环境保护标准的设施、场所贮存或者处置的固体废物数量;固体废物的综合利用量,是指按照国务院发展改革、工业和信息化主管部门关于资源综合利用要求以及国家和地方环境保护标准进行综合利用的固体废物数量。计算公式为:

$$\text{固体废物的排放量} = \text{当期固体废物的产生量} - \text{当期固体废物的综合利用量} - \text{当期固体废物的贮存量} - \text{当期固体废物的处置量}$$

纳税人有下列情形之一的,以当期应税固体废物的产生量作为固体废物的排放量:

(1) 非法倾倒应税固体废物。

(2) 进行虚假纳税申报。

4. 应税噪声按照超过国家规定标准的分贝数确定

工业噪声按超过国家规定的分贝数确定每月税额。超过国家规定的分贝数是指实际产生的工业噪声与国家规定的工业噪声排放标准限值之间的差值。

(二) 应税大气污染物、水污染物、固体废物的排放量和噪声分贝数的确定方法

应税大气污染物、水污染物、固体废物的排放量和噪声分贝数的确定方法按照下列方法和顺序计算:

(1) 纳税人安装使用符合国家规定和监测规范的污染物自动监测设备的,按照污染物自动监测数据计算;

(2) 纳税人未安装使用污染物自动监测设备的,按照监测机构出具的符合国家有关规定和监测规范的监测数据计算;

(3) 因排放污染物种类多等原因不具备监测条件的,按照国务院环境保护主管部门规定的排污系数、物料衡算方法计算;

(4) 不能按照上述第(1)项至第(3)项规定的方法计算的,按照省、自治区、直辖市人民政府环境保护主管部门规定的抽样测算的方法核定计算。

四、环境保护税应纳税额的计算

(一) 应税大气污染物的应纳税额的计算

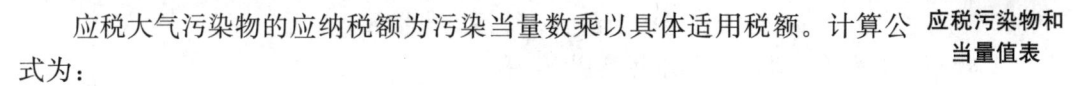

应税大气污染物的应纳税额为污染当量数乘以具体适用税额。计算公式为:

$$应税大气污染物的应纳税额 = 污染物当量数 \times 适用税额$$

【例 8-7】某企业 2021 年 12 月向大气直接排放二氧化硫、氟化物各 100 千克,一氧化碳 200 千克,氯化氢 80 千克,假设当地大气污染物每污染当量税额 1.2 元,该企业只有一个排放口。其应纳税额计算如下:

第一步,计算各污染物的污染当量数。

污染当量数 = 该污染物的排放量÷该污染物的污染当量值,据此计算各污染物的污染当量数为:

二氧化硫污染当量数 = 100÷0.95 = 105.26

氟化物污染当量数 = 100÷0.87 = 114.94

一氧化碳污染当量数 = 200÷16.7 = 11.98

氯化氢污染当量数 = 80÷10.75 = 7.44

第二步,按污染当量数排序。

氟化物污染当量数(114.94) > 二氧化硫污染当量数(105.26) > 一氧化碳污染当量数(11.98) > 氯化氢污染当量数(7.44)

该企业只有一个排放口,排序选取计税前三项污染物为:氟化物、二氧化硫、一氧化碳。

第三步,计算应纳税额。

应纳税额 = (114.94 + 105.26 + 11.98) × 1.2 = 278.62(元)

(二) 应税水污染物的应纳税额的计算

应税水污染物的应纳税额为污染当量数乘以具体适用税额。

1. 适用监测数据法的水污染物应纳税额的计算

适用监测数据法的水污染物(包括第一类水污染物和第二类水污染物)的应纳税额为污染当量数乘以具体适用税额。计算公式为:

$$应纳水污染物的应纳税额 = 污染当量数 \times 适用税额$$

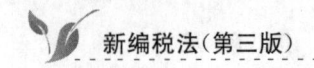

【例 8-8】 甲化工厂是环境保护税纳税人,该厂仅有 1 个污水排放口且直接向河流排放污水,已安装使用符合国家规定和监测规范的污染物自动监测设备。检测数据显示,该排放口 2018 年 10 月共排放污水 6 万吨(折合 6 万立方米),应税污染物为六价铬,浓度为六价铬 0.5 mg/L。请计算该化工厂 2 月份应缴纳的环境保护税(该厂所在省的水污染物税额为 2.8 元/污染当量,六价铬的污染当量值为 0.02)。

解析:(1) 计算污染当量数。

六价铬污染当量数=排放总量×浓度值÷当量值
$$=60\,000\,000×0.5÷1\,000\,000÷0.02=1\,500$$

(2) 应纳税额=1 500×2.8=4 200(元)

2. 适用抽样测算法的水污染物应纳税额的计算

适用抽样测算法的情形,纳税人按照《环境保护税法》所附《禽畜养殖业、小型企业和第三产业水污染物污染当量值》所规定的当量值计算污染当量数。

(1) 规模化禽畜养殖业排放的水污染物应纳税额。

禽畜养殖业的水污染物应纳税额为污染当量数乘以具体适用税额。其污染当量数以禽畜养殖数量除以污染当量值计算。

【例 8-9】 某养殖厂,2021 年 12 月养牛存栏量为 500 头,污染当量值为 0.1 头,假设当地水污染物适用税额为每污染物当量 2.8 元,当月应纳环境保护税额是多少?

解析:水污染物当量数=500÷0.1=5 000

应纳税额=5 000×2.8=14 000(元)

(2) 小型企业和第三产业排放的水污染物应纳税额。

小型企业和第三产业的水污染物应纳税额为污染当量数乘以具体适用税额。其污染当量数以污水排放量(吨)除以污染当量值(吨)计算。计算公式为:

$$应纳税额=污水排放量(吨)÷污染当量值(吨)×适用税额$$

【例 8-10】 某餐饮公司,通过安装水流量计测得 2021 年 12 月排放污水量为 60 吨,污染当值量为 0.5 吨。假设当地水污染物适用税额为每污染当量 2.8 元,计算当月应纳环境保护税税额。

解析:水污染物当量数=60÷0.5=120

应纳税额=120×2.8=336(元)

(3) 医院排放的水污染物应纳税额。

医院排放的水污染物应纳税额为污染当量数乘以具体适用税额。其污染当量数以病床位数或者污水排放量除以相应的污染当值量计算。计算公式为:

① $$应纳税额=医院床位数÷污染当量值×适用税额$$

② $$应纳税额=污水排放量÷污染当量值×适用税额$$

【例 8-11】 某县医院,床位 56 张,每月按时消毒,无法计量月污水排放量,污染当量值为 0.14 床,假设当地水污染物适用税额为每污染当量 2.8 元。计算当月应纳环境保护税税额。

解析:水污染物当量数=56÷0.14=400

应纳税额＝400×2.8＝1 120(元)

(三)应税固体废物的应纳税额的计算

应税固体废物的应纳税额为固体废物排放量乘以具体适用税额,其排放量为当期应税固体废物的产生量减去当期应税固体废物的贮存量、处置量、综合利用量的余额。计算公式为:

$$应税固体废物的应纳税额 = (当期固体废物的产生量 - 当期固体废物的综合利用量 - 当期固体废物的贮存量 - 当期固体废物的处置量) \times 适用税额$$

【例 8-12】 假设某企业2021年12月生产尾矿1 000吨,其中综合利用的尾矿为300吨(符合国家相关规定),在符合国家和地方环境保护标准的设施贮存300吨。请计算该企业当月尾矿应缴纳的环境保护税。

解析: 环境保护税应纳税额＝(1 000－300－300)×15＝6 000(元)

(四)应税噪声的应纳税额

应税噪声的应纳税额为超过国家规定标准的分贝数对应的具体适用税额。

【例 8-13】 假设某工业企业只有一个生产场所,只在昼间生产,边界处声环境功能区类型为1类,生产时产生噪声为60分贝,《工业企业厂界环境噪声排放标准》规定1类功能区昼间的噪声排放限值为55分贝,当月超标天数为18天。请计算该企业当月噪声污染应缴纳的环境保护税。

解析: 超标分贝数:60－55＝5(分贝)

根据《环境保护税税目税额表》,可得出该企业当月噪声污染应缴纳环境保护税700元。

五、环境保护税的税收优惠

(一)暂免征税项目

下列情形,暂予免征环境保护税:

(1)农业生产(不包括规模化养殖)排放应税污染物的;

(2)机动车、铁路机车、非道路移动机械、船舶和航空器等流动污染源排放应税污染物的;

(3)依法设立的城乡污水集中处理、生活垃圾集中处理场所排放相应应税污染物,不超过国家和地方规定的排放标准的;

(4)纳税人综合利用的固体废物,符合国家和地方环境保护标准的;

(5)国务院批准免税的其他情形,由国务院报全国人民代表大会常务委员会备案。

(二)减征税额项目

纳税人排放应税大气污染物或者水污染物的浓度值低于国家和地方规定的污染物排放标准30%的,减按75%征收环境保护税。纳税人排放应税大气污染物或者水污染物的浓度值低于国家和地方规定的污染物排放标准50%的,减按50%征收环境保护税。

六、环境保护税征收管理

(一)征管方式

企业申报、税务征收、生态环境协同、信息共享。

（二）复核

税务机关发现纳税人的纳税申报数据资料异常或者纳税人未按照规定期限办理纳税申报的，可以提请生态环境主管部门进行复核，生态环境主管部门应当自收到税务机关的数据资料之日起15日内向税务机关出具复核意见。税务机关应当按照生态环境主管部门复核的数据资料调整纳税人的应纳税额。

（三）纳税时间

纳税义务发生时间：纳税人排放应税污染物的当日。

纳税期限：按月计算，按季申报缴纳。不能按固定期限计算缴纳的，可以按次申报缴纳。

纳税人按季申报缴纳的，应当自季度终了之日起15日内办理纳税申报并缴纳税款。

纳税人按次申报缴纳的，应当自纳税义务发生之日起15日内办理纳税申报并缴纳税款。

（四）纳税地点

向应税污染物排放地的税务机关申报缴纳环境保护税。应税污染物排放地是指：① 应税大气污染物、水污染物的纳税地点——排放口所在地；② 应税固体废物、应税噪声的纳税地点——废物、噪声产生地。

"案例导入"解析

已知该企业排放的第一类水污染物的污染当量值（每千克）分别为：0.000 5、0.005、0.04、0.02、0.025、0.02；第二类水污染物的污染当量值（每千克）分别为4、0.49、0.08、0.8。

第一步，计算第一类水污染物的污染当量数。

总汞：$10÷0.000\ 5=20\ 000$　　总镉：$10÷0.005=2\ 000$　　总铬：$10÷0.04=250$
总砷：$10÷0.02=500$　　总铅：$10÷0.025=400$　　总银：$10÷0.02=500$

第二步，对第一类水污染物的污染当量数排序。

总汞(20 000)＞总镉(2 000)＞总砷(500)＝总银(500)＞总铅(400)＞总铬(250)

第三步，计算第一类水污染物应纳税额（单位：元）。

总汞：$20\ 000×2=40\ 000$　　总镉：$2\ 000×2=4\ 000$　　总砷：$500×2=1\ 000$
总银：$500×2=1\ 000$　　总铅：$400×2=800$

第四步，计算第二类水污染的污染当量数：

悬浮物(SS)：$10÷4=2.5$　　总有机碳(TOC)：$10÷0.49=20.41$
挥发酚：$10÷0.08=125$　　氨氮：$10÷0.8=12.5$

第五步，对第二类水污染物污染当量数排序。

挥发酚(125)＞总有机碳(20.41)＞氨氮(12.5)＞悬浮物(2.5)

第六步，计算第二类水污染物应纳税额（单位：元）。

挥发酚：$125×2=250$　　总有机碳：$20.41×2=40.82$　　氨氮：$12.5×2=25$

所以，该化工企业12月份该缴纳的环境保护税税额＝$40\ 000+4\ 000+1\ 000+1\ 000+800+250+40.82+25=47\ 115.82$(元)。

复习思考题

1. 资源税的纳税人和扣缴义务人是如何规定的?
2. 资源税的征税范围有哪些?
3. 简述城镇土地使用税的征税范围。
4. 简述城镇土地使用税的税收优惠。
5. 简述耕地占用税的纳税义务人和征税范围。
6. 简述耕地占用税的计算。
7. 土地增值税扣除项目是如何确定的?
8. 简述土地增值税增值额的确定。
9. 简述环境保护税的纳税人有哪些。
10. 简述环境保护税的计税依据的确定。

能力训练题

一、单项选择题

1. 资源税纳税人包括（　　）。
   A. 出口盐的盐业公司　　　　　　B. 开采金矿的矿业集团
   C. 销售汽油的加油站　　　　　　D. 进口天然气的进出口公司
2. 需要缴纳资源税的单位是（　　）。
   A. 油田生产的天然气　　　　　　B. 煤矿生产的天然气
   C. 销售给用户的天然气公司　　　D. 使用天然气的用户
3. 下列单位出售的矿产品中，不缴纳资源税的是（　　）。
   A. 采矿销售黑色金属原矿　　　　B. 油田出售的天然气
   C. 煤矿销售的煤矿瓦斯　　　　　D. 盐场销售的湖盐原盐
4. 我国现行城镇土地使用税的税率形式为（　　）。
   A. 比例税率　　B. 累进税率　　C. 定额税率　　D. 复合税率
5. 城镇土地使用税的纳税人以（　　）的土地面积为计税依据。
   A. 实际占用　　B. 拥有　　　　C. 自用　　　　D. 被税务部门认定
6. 2020年1月，甲市某企业占用1 500平方米的耕地用于其研发中心的建设，已知该省适用的耕地占用税税率为30元/平方米且该地块系基本农田，则该企业应缴纳耕地占用税为（　　）元。
   A. 45 000　　　B. 22 500　　　C. 67 500　　　D. 3 375
7. 下列不属于耕地占用税征税范围的是（　　）。
   A. 占用养殖水面从事非农业建设
   B. 占用园地建房
   C. 占用草地建设直接为农业生产服务的生产设施
   D. 占用农田水利用地建房

8. 我国现行土地增值税实行的税率属于（　　）。
   A. 比例税率　　　　B. 超率累进税率　　　　C. 定额税率　　　　D. 超额累进税率
9. 下列房地产交易行为中，应当缴纳土地增值税的是（　　）。
   A. 房地产公司出租别墅
   B. 企业将合作建造的房屋转让
   C. 房地产公司通过国家机关将其拥有的房屋赠与学校
   D. 城市居民之间互换自有居住用住房，且经当地税务机关核实的
10. 2021年9月甲房地产开发公司销售自行开发的一处住宅项目，取得不含增值税价款8 000万元，扣除项目金额5 000万元。已知，土地增值税税率为40%，速算扣除系数为5%。计算甲房地产开发公司销售该住宅项目应缴纳土地增值税税额的下列算式中，正确的是（　　）。
    A. 8 000×40%＝3 200（万元）
    B. (8 000－5 000)×(40%－5%)＝1 050（万元）
    C. (8 000－5 000)×40%×5%＝60（万元）
    D. (8 000－5 000)×40%－5 000×5%＝950（万元）
11. 下列各种噪声中，属于环境保护税征税范围的是（　　）。
    A. 建筑噪声　　　　B. 工业噪声　　　　C. 生活噪声　　　　D. 交通噪声
12. 《环境保护税法》规定，纳税人排放应税大气污染物或者水污染物的浓度值低于国家和地方规定的污染物排放标准30%的，减按（　　）征收环境保护税。
    A. 50%　　　　B. 60%　　　　C. 70%　　　　D. 75%

二、多项选择题

1. 下列纳税人中，不缴纳资源税的有（　　）。
   A. 采掘应税资源产品的外商投资企业和外国企业
   B. 进口应税资源产品的国有企业
   C. 进口应税资源产品的个人
   D. 采掘应税资源产品的私营企业
2. 下列各项中，属于资源税纳税人的有（　　）。
   A. 开采原煤的国有企业　　　　　　　　B. 进口铁矿石的私营企业
   C. 生产石灰石的个体经营者　　　　　　D. 开采天然原油的外商投资企业
3. 下列各项中，属于资源税应税产品的有（　　）。
   A. 石灰石　　　　B. 煤矿瓦斯　　　　C. 井矿盐　　　　D. 进口原油
4. 根据城镇土地使用税法律制度的规定，下列各项中可以作为城镇土地使用税计税依据的有（　　）。
   A. 省政府确认的单位测定的面积
   B. 土地使用证书确认的面积
   C. 以纳税人申报的面积为准，核发土地使用证后做调整
   D. 税务部门规定的面积
5. 下列关于城镇土地使用税的纳税义务发生时间正确的有（　　）。
   A. 纳税人购置新建商品房，自房屋交付使用之次月起
   B. 纳税人购置存量房，自房屋交付使用之次月起

C. 房地产开发企业出租本企业建造的商品房,自房屋出租或交付之次月起
D. 纳税人新征用的耕地,自批准征用之次月起

6. 下列占用城镇土地的行为中,免征城镇土地使用税的有(　　)。
  A. 军办企业的用地　　　　　　　　B. 机场飞行区用地
  C. 水利设施及管护用地　　　　　　D. 免税单位无偿使用纳税单位的土地

7. 下列属于免征耕地占用税项目的有(　　)。
  A. 学校　　　　　　　　　　　　　B. 幼儿园
  C. 社会福利机构　　　　　　　　　D. 医院内职工住房占用耕地

8. 下列减按每平方米 2 元的税额征收耕地占用税的有(　　)。
  A. 铁路线路　　B. 飞机场跑道　　C. 港口　　D. 水利工程

9. 房地产开发企业在转让房地产时,下列可以作为有关税金从转让收入中扣除的是(　　)。
  A. 增值税　　　　　　　　　　　　B. 城市维护建设税
  C. 教育费附加　　　　　　　　　　D. 印花税

10. 允许作为从事房地产开发的纳税人加计 20% 的扣除项目有(　　)。
  A. 地价款　　　　　　　　　　　　B. 基础设施费
  C. 公共配套设施费　　　　　　　　D. 土地征用及拆迁补偿费

11. 下列排放物中,属于环境保护税征收范围的有(　　)。
  A. 危险废物　　B. 氮氧化物　　C. 二氧化碳　　D. 交通噪声

12. 下列各项中,属于环境保护税纳税人的有(　　)。
  A. 直接向河流排放污水的造纸企业　　B. 向废品收购公司处理固体废物的甲公司
  C. 未经处理排放污水的养鸡场　　　　D. 排放大气污染物的化工厂

三、判断题

1. 在中华人民共和国境内开采所有矿产品或者盐的单位和个人,为资源税的纳税义务人。(　　)
2. 资源税条例规定,纳税人开采或者生产应税产品,自用于连续生产应税产品的,不缴纳资源税;自用于其他方面的,视同销售,依照条例缴纳资源税。(　　)
3. 根据国务院的决定,从 2011 年 11 月 1 日起,中外合作开采陆上、海洋石油资源的企业依法缴纳资源税,不再缴纳矿区使用费。(　　)
4. 土地使用权未确定的,不用缴纳城镇土地使用税。(　　)
5. 凡在中华人民共和国境内拥有土地使用权的单位和个人,均应依法缴纳城镇土地使用税。(　　)
6. 农村居民占用耕地新建住宅,按有关规定免征耕地占用税。(　　)
7. 《中华人民共和国耕地占用税法》所称的耕地指用于种植农作物的土地。(　　)
8. 耕地占用税的纳税人为我国境内占用耕地建设建筑物、构筑物或者从事非农业建设的单位和个人。(　　)
9. 对房地产的抵押,在抵押期间不征收土地增值税。但对于以房产抵债而发生房地产权属转让的,则应征收土地增值税。(　　)
10. 对于一方出地、一方出资金,双方合作建房,如果是建成后按比例分房自用,免征土

地增值税；如果是建成后转让，应征土地增值税。（　　）
11. 环境保护税主要按照污染物排量计征，其中应税大气污染物按照污染物排放量折合的污染当量数确定。（　　）
12. 对于依法设立的城乡污水集中处理、生活垃圾集中处理场所排放的应税污染物，不计征缴纳环境保护税。（　　）

四、计算题

1. 宏图盐场2021年10月以自产的液体盐加工固体盐2 000吨，当月售出1 600吨；以外购液体盐820吨加工固体盐550吨，当月全部售出；另外还直接销售自产液体盐500吨。

要求：计算该盐场当期应纳资源税税额。（宏图海盐固体盐单位税额为10元/吨，液体盐单位税额为2元/吨）

2. 甲公司为位于某城市的一国有企业，与城镇土地使用税相关的资料如下：甲公司提供的政府部门核发的土地使用证书显示，甲公司实际占地面积50 000平方米，其中，企业内学校和医院共占地1 000平方米；厂区以外的公园绿化用地5 000平方米，厂区内生活小区的绿化用地500平方米，其余土地均为甲公司生产经营用地。2021年3月1日，甲公司将一块2 000平方米的土地对外无偿出租给军队作为训练基地；2021年4月1日，将一块900平方米的土地无偿借给某国家机关作公务使用。该公司所在地适用税额为8元/平方米。

要求：计算该企业2019年度应缴纳的城镇土地使用税。

3. 2021年7月，甲公司开发住宅社区经批准共占用耕地150 000平方米，其中800平方米兴建幼儿园，5 000平方米修建学校，已知耕地占用税适用税率为30元/平方米。

要求：计算甲公司应缴纳的耕地占用税税额。

4. 某市一般纳税人房地产开发企业建造商品房一幢，有关费用为：① 支付地价款200万元；② 土地征用及拆迁补偿费120万元；③ 前期工程费180万元；④ 基础设施费200万元；⑤ 建筑安装工程费1 500万元；⑥ 公共配套设施费200万元。期间费用600万元，其中利息支出520万元（其中有逾期利息17万元，罚息3万元，利息能按房地产项目分摊，并有金融机构贷款证明）。该房地产开发企业将商品房卖出，取得不含税收入6 000万元，并按规定缴纳了各项税金共计66万元。

请计算应缴纳的土地增值税（扣除比例为5%）。

5. 2021年某国有商业企业利用库房空地进行住宅商品房开发，按照国家有关规定补交土地出让金2 840万元，缴纳相关税费160万元；住宅开发成本2 800万元，其中含装修费用500万元；房地产开发费用中的利息支出为300万元（不能提供金融机构证明）；当年住宅全部销售完毕，取得不含增值税销售收入共计9 000万元；缴纳城市维护建设税和教育费附加45万元；缴纳印花税4.5万元。已知：该公司所在省人民政府规定的房地产开发费用的计算扣除比例为10%。

要求：计算该企业销售住宅应缴纳的土地增值税税额。

6. 某市A企业2021年12月向大气中排放二氧化硫10千克，氮氧化物20千克，一氧化碳300千克，汞及其化合物1千克。该市大气污染物适用税额标准为二氧化硫6.65元/污染当量、氮氧化物7.6元/污染当量、其他大气污染物1.2元/污染当量。A企业只有一个排放口，计算该企业12月大气污染物应缴纳的环境保护税。（相应污染物的污染当量值分别为0.95千克、0.95千克、16.7千克和0.000 1千克）

第九章 财产税法

第一节 房产税法

目标与要求

知识目标与要求：了解房产税的基本概念，熟悉征收管理办法及税收优惠，掌握房产税纳税义务人与征税范围、税率、计税依据和应纳税额的计算。

能力目标与要求：掌握房产税纳税义务人与征税范围，相关税目税率，根据计税依据计算应纳税额并申报。

思政目标与要求：通过教师对房产税概念、特点及立法原则的讲解，思考我国应该如何对房产税进行改革，融入住有所居、保护合法权益、社会公平等思政元素。其次，通过教师讲解房产税税收征收管理办法，以及对纳税义务人和征税范围的限定，能够利用计税依据进行应纳税额的计算，做到理论与实践相结合，并能敬畏规则，培养"爱岗敬业"精神。

案例导入

资料一：通达电子公司2020年12月31日"固定资产——房产"账面原值为2 000 000元，2021年2月1日，企业将房产原值为1 000 000元的房屋租给其他单位使用，每年收取租金120 000元，当地政府规定，按房产原值扣除30%后作为房产余值，该地区规定房产税按年计算，分月缴纳。

思考：对房屋出租收入是否要征收房产税？如果需要纳税，通达公司2021年1月份、2月份应怎样计税？

一、房产税概述

房产税法是指国家制定的调整房产税征收与缴纳之间权利及义务关系的法律规范。现行房产税法的基本规范,是1986年9月15日国务院颁布的《中华人民共和国房产税暂行条例》(以下简称《房产税暂行条例》)。从当年10月1日开始实施。各省、自治区、直辖市人民政府根据《房产税暂行条例》规定,先后制定了施行细则。至此,房产税在全国范围内全面征收。

随着2011年年初国务院常务会议原则同意部分城市进行对个人住房征收房产税改革试点的推行,上海、重庆宣布从2011年1月28日起开征房产税,两市相继出台了《房产税暂行条例》的有关规定,为我国房产税改革拉开了序幕。

对房产征税的目的是运用税收杠杆,加强对房产的管理,提高房产使用效率,控制固定资产投资规模和配合国家房产政策的调整,合理调节房产所有人和经营人的收入。

(一)房产税的概念与特点

房产税是以房屋为征税对象,按照房屋的计税余值或租金收入,向产权所有人征收的一种财产税。征收房产税有利于地方政府筹集财政收入,也有利于加强房产管理。房产税的特点如下:

1. 房产税属于财产税中的个别财产税

财产税按征收方式不同,可分为一般财产税与个别财产税。一般财产税也称综合财产税,是对纳税人拥有的财产综合课征的税收。个别财产税,也称特种财产税,是对纳税人所有的土地、房屋、资本或其他财产分别课征的税收。我国现行房产税属于个别财产税。

2. 征税范围限于城镇的经营性房屋

房产税的征税范围是在城市、县城、建制镇和工矿区,不涉及农村。农村的房屋,大部分是农民居住用房,为了不增加农民负担,对农村的房屋没有纳入征税范围。另外,对某些拥有房屋但自身没有纳税能力的单位,如国家拨付行政经费、事业经费和国防经费的单位自用的房产,税法也通过免税的方式将这类房屋排除在征税范围之外。因为这些单位本身没有经营收入,若对其征税,就要相应增加财政拨款,征税也就失去意义。

3. 区别房屋的经营使用方式,规定征税办法

拥有房屋的单位和个人,既可以自己使用房屋,又可以把房屋用于出租、出典。房产税根据纳税人经营形式不同,确定对房屋征税可以按房产计税余值征收,又可以按租金收入征收,使其符合纳税人的经营特点,便于平衡税收负担和征收管理。

(二)房产税征税对象与征税范围

1. 征税对象

房产税的征税对象是房产。所谓房产,是指有屋面和围护结构(有墙或两边有柱),能够遮风避雨,可供人们在其中生产、学习、工作、娱乐、居住或贮藏物资的场所,但独立于房屋的建筑物(如围墙、暖房、水塔、烟囱、室外游泳池等)不属于房产,而室内游泳池属于房产。

房地产开发企业建造的商品房,在出售前,不征收房产税;但对出售前房地产开发企业已使用或出租、出借的商品房应按规定征收房产税。

2. 征税范围

房产税征税范围为城市、县城、建制镇和工矿区。具体规定如下:

(1)城市是指国务院批准设立的市。

(2) 县城是指县人民政府所在地的地区。

(3) 建制镇是指经省、自治区、直辖市人民政府批准设立的建制镇。

(4) 工矿区是指工商业比较发达、人口比较集中、符合国务院规定的建制镇标准,但尚未设立建制镇的大中型工矿企业所在地。开征房产税的工矿区须经省、自治区、直辖市人民政府批准。

房产税的征税范围不包括农村,主要是因为农村的房屋,除农副业生产用房外,大部分是农民居住用房。对农村房屋不纳入房产税征税范围,有利于减轻农民的负担,繁荣农村经济,促进农业发展和社会稳定。

(三) 房产税纳税义务人

房产税以在征税范围内的房屋产权所有人为纳税人。其中:

(1) 产权属国家所有的,由经营管理单位纳税;产权属集体和个人所有的,由集体单位和个人纳税。

所谓单位,包括国有企业、集体企业、私营企业、股份制企业、外商投资企业、外国企业以及其他企业和事业单位、社会团体、国家机关、军队以及其他单位;所称个人,包括个体工商户以及其他个人。

(2) 产权出典的,由承典人纳税。

所谓产权出典,是指产权所有人将房屋、生产资料等的产权,在一定期限内典当给他人使用,而取得资金的一种融资业务。这种业务大多发生于出典人急需用款,但又想保留产权回赎权的情况。承典人向出典人交付一定的典价之后,在质典期内即获抵押物品的支配权,并可转典。产权的典价一般要低于卖价。出典人在规定期间内须归还典价的本金和利息,方可赎回出典房屋等的产权。由于在房屋出典期间,产权所有人已无权支配房屋,因此,税法规定由对房屋具有支配权的承典人为纳税人。

(3) 产权所有人、承典人不在房屋所在地的,或者产权未确定及租典纠纷未解决的,由房产代管人或者使用人纳税。

所谓租典纠纷,是指产权所有人在房产出典和租赁关系上,与承典人、租赁人发生各种争议,特别是权利和义务的争议悬而未决的。此外还有一些产权归属不清的问题,也都属于租典纠纷。对租典纠纷尚未解决的房产,规定由代管人或使用人为纳税人,主要目的在于加强征收管理,保证房产税及时入库。

(4) 无租使用其他房产的问题。无租使用其他单位房产的应税单位和个人,依照房产余值代缴纳房产税。

(四) 房产税计税依据与税率

1. 计税依据

房产税的计税依据是房产的计税价值或房产的租金收入。按照房产计税余值征税的,称为从价计征;按照房产租金收入计征的,称为从租计征。

(1) 从价计征时,按照房产原值一次减除10%~30%损耗价值以后的余值计算缴纳。各地扣除比例由当地省、自治区、直辖市人民政府确定。

在确定房产原值时,应注意下列问题:

① 房屋原价应根据国家有关会计制度规定进行核算。对纳税人未按照国家会计制度

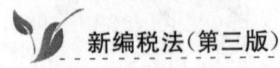

核算并记载的,应按规定予以调整或重新评估。对依照房产原值计税的房产,不论是否记载在会计账簿"固定资产"科目中,均应按照规定计算缴纳房产税。①

② 房产原值应包括与房屋不可分割的各种附属设备或一般不单独计算价值的配套设施。主要有:暖气、卫生、通风、照明、煤气等设备;各种管线,如蒸汽、压缩空气、石油、给水排水等管道及电力、电讯、电缆导线;电梯、升降机、过道、晒台等。属于房屋附属设备的水管、下水道、暖气管、煤气管等应从最近的探视井或三通管算起,计算原值;电灯网、照明线从进线盒联接管算起,计算原值。

③ 为维持和增加房屋的使用功能或使房屋满足设计要求,凡以房屋为载体,不可随意移动的附属设备和配套设施,如给排水、采暖、消防、中央空调、电气及智能化楼宇设备等,无论在会计核算中是否单独记账与核算,都应计入房产原值,计征房产税。②

对于更换房屋附属设备和配套设施的,在将其价值计入房产原值时,可扣减原来相应设备和设施的价值;对附属设备和配套设施中易损坏、需要经常更换的零配件,更新后不再计入房产原值。③

④ 纳税人对原有房屋进行改建、扩建的,要相应增加房屋的原值。

(2) 从租计征时,以房产租金收入为房产税的计税依据。

所谓房产租金收入,是房屋产权所有人出租房产使用权所得的报酬,包括货币收入和实物收入。如果是以劳务或者其他形式为报酬抵付房租收入的,应根据当地同类房产的租金水平,确定一个标准租金额从租计征。出租的地下建筑,按照出租地上房屋建筑的有关规定计算征收房产税。

需要注意的特殊问题如下:

① 以房产联营投资的,房产税计税依据应区别对待。

以房产联营投资,共担经营风险的,以房产余值为计税依据计征房产税;以房产投资收取固定收入,不承担联营风险,实际是以联营名义取得房产租金,因此应由出租方按租金收入计征房产税。

【例 9-1】 某企业有一处房产原值 1 000 万元,2021 年 7 月 1 日用于投资联营(收取固定收入,不承担联营风险),投资期为 5 年。已知该企业当年取得固定收入 50 万元,当地政府规定的扣除比例为 20%。计算该企业 2021 年应缴纳的房产税。

解析: 应纳房产税 $=1\,000\times(1-20\%)\times1.2\%\div2+50\times12\%=10.8$(万元)

② 融资租赁房屋的,以房产余值为计税依据计征房产税。

自 2009 年 12 月 1 日起,融资租赁的房产,由承租人自融资租赁合同约定开始日的次月起依照房产余值缴纳房产税。合同未约定开始日的,由承租人自合同签订的次月起依照房产余值缴纳房产税。

③ 居民住宅区内业主共有经营性房产缴纳房产税。

自 2007 年 1 月 1 日起,对居民住宅区内业主共有的经营性房产,由实际经营(包括自营和出租)的代管人或使用人缴纳房产税。其中自营的,依照房产原值减除 10%~30% 后的余

---

① 财政部、税务总局:《关于房产税、城镇土地使用税有关问题的通知》,财税〔2008〕152 号,2008 年 12 月 18 日。
② 国家税务总局:《关于进一步明确房屋附属设备和配套设施计征房产税有关问题的通知》,国税发〔2005〕173 号,2005 年 10 月 21 日。
③ 同上引。

值计征,没有房产原值或不能将业主共有房产与其他房产的原值准确划分开的,由房产所在地地方税务机关参照同类房产核定房产原值;出租的,依照租金收入计征。

④ 纳税人无租使用的其他单位房产,依照房产余值代为缴纳房产税;产权出典的房产,由承典人依照房产余值缴纳房产税;融资租赁的房产,由承租人依照房产余值缴纳房产税。[①]

2. 税率

现行房产税采用比例税率。由于房产税的计税依据分为从价计征和从租计征两种形式,所以房产税的税率也有两种:一种是按房产原值一次减除10%～30%后的余值计征的,税率为1.2%;另一种是按房产出租的租金收入计征的,税率为12%。自2008年3月1日起,对个人出租住房,不区分用途,按4%的税率征收房产税。对企事业单位、社会团体以及其他组织向个人、专业化规模化住房租赁企业出租住房的,减按4%的税率征收房产税。

二、房产税的计算

(1) 从价计征的方法。

$$应纳税额=应税房产原值×(1-扣除比例)×1.2\%$$

【例9-2】 某企业的经营用房原值为5 000万元,按照当地规定允许减除30%后按余值计税,适用税率为1.2%。请计算其应纳房产税税额。

解析:应纳税额=5 000×(1-30%)×1.2%=42(万元)

(2) 从租计征的方法。

$$应纳税额=租金收入×12\%(或4\%)$$

【例9-3】 某公司出租房屋10间,年租金收入为30万元,适用税率为12%。请计算其应纳房产税税额。

解析:应纳税额=30×12%=3.6(万元)

【例9-4】 某企业将其与办公楼相连的地下停车场和另一独立的地下建筑物改为地下生产车间,2021年3月办理竣工手续,4月投入使用,停车场原值100万元,地下建筑物原价200万元,该企业所在省财政和地方税务部门确定地下建筑物的房产原价的折算比例为50%,房产原值减除比例为30%。

该企业以上两处地下建筑物2021年4月至12月份应缴纳房产税是多少?

解析:企业2021年4月至12月份应缴纳房产税:(100+200×50%)×(1-30%)×1.2%×9÷12=1.26(万元)。

三、房产税税收优惠

房产税的税收优惠是根据国家政策需要和纳税人的负担能力制定的。由于房产税属地方税,因此给予地方一定的减免权限,有利于地方因地制宜地处理问题。

(1) 国家机关、人民团体、军队自用的房产免征房产税。但免税单位的出租房产以及非自身业务使用的生产、营业用房,不属于免税范围。

---

① 财政部、税务总局:《关于房产税、城镇土地使用税有关问题的通知》,财税〔2009〕128号,2009年11月22日。

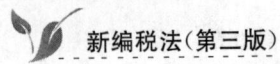

上述"人民团体",是指经国务院授权的政府部门批准设立或登记备案并由国家拨付行政事业费的各种社会团体。

上述"自用的房产",是指这些单位本身的办公用房和公务用房。

(2) 由国家财政部门拨付事业经费的单位,如学校、医疗卫生单位、托儿所、幼儿园、敬老院、文化、体育、艺术这些实行全额或差额预算管理的事业单位所有的,本身业务范围内使用的房产免征房产税。

(3) 宗教寺庙、公园、名胜古迹自用的房产免征房产税。

宗教寺庙自用的房产,是指用于举行宗教仪式等的房屋和宗教人员使用的生活用房。

公园、名胜古迹自用的房产,是指供公共参观浏览的房屋及其管理单位的办公用房。

宗教寺庙、公园、名胜古迹中附设的营业单位,如影剧院、饮食部、茶社、照相馆等所使用的房产及出租的房产,不属于免税范围,应照章纳税。

(4) 个人所有非营业用的房产免征房产税。

个人所有的非营业用房,主要是指居民住房,不分面积多少,一律免征房产税。

对个人拥有的营业用房或者出租的房产,不属于免税房产,应照章纳税。

(5) 对非营利性的医疗机构、疾病控制机构和妇幼保健机构等卫生机构自用的房产,免征房产税。

(6) 从2001年1月1日起,对按照政府规定价格出租的公有住房和廉租住房,包括企业和自收自支的事业单位向职工出租的单位自有住房,房管部门向居民出租的公有住房,落实私房政策中带户发还产权并以政府规定租金标准向居民出租的私有住房等,暂免征收房产税。

(7) 经营公租房的租金收入,免征房产税。公共租赁住房经营管理单位应单独核算公共租赁住房租金收入,未单独核算的,不得享受免征房产税优惠政策。

(8) 企业办的各类学校、医院、托儿所、幼儿园自用房产,免征房产税。

(9) 经有关部门鉴定,对毁损不堪居住的房屋和危险房屋,在停止使用后,可免征房产税。

(10) 自2004年7月1日起,纳税人因房屋大修导致连续停用半年以上的,在房屋大修期间免征房产税。

(11) 凡是在基建工地为基建工地服务的各种工棚、材料棚、休息棚、办公室、食堂、茶炉房、汽车房等临时性房屋,无论是施工企业自行建造还是基建单位出资建造,交施工企业使用,在施工期间,一律免征房产税。但是,如果在基建工程结束后,施工企业将这种临时性房屋交还或者低价转让给基建单位的,应当从基建单位接收的次月起,依照规定缴纳房产税。

(12) 纳税单位与免税单位共同使用的房屋,按各自使用的部分分别征收或免征房产税。

(13) 为推进国有经营性文化事业单位转企改制,对由财政部门拨付事业经费的文化事业单位转制为企业的,自转制注册之日起5年内对其自用房产免征房产税。2018年12月31日之前已完成转制的企业,自2019年1月1日起,对其自用房产可继续免征5年房产税。

(14) 自2019年6月1日至2025年12月31日,为社区提供养老、托育、家政等服务的机构自用或其通过承租、无偿使用等方式取得并用于提供社区养老、托育、家政服务的房产免征房产税。

(15) 自 2018 年 1 月 1 日至 2023 年 12 月 31 日,对纳税人及其全资子公司从事大型民用客机发动机、中大功率民用涡轴涡桨发动机研制项目自用的科研、生产、办公房产,免征房产税。

四、房产税的征收管理

(一) 纳税义务发生时间

(1) 纳税人将原有房产用于生产经营,从生产经营之月起缴纳房产税。

(2) 纳税人自行新建房屋用于生产经营,从建成之次月起缴纳房产税。

(3) 纳税人委托施工企业建设的房屋,从办理验收手续之次月起缴纳房产税。

(4) 纳税人购置新建商品房,自房屋交付使用之次月起缴纳房产税。

(5) 纳税人购置存量房,自办理房屋权属转移、变更登记手续,房地产权属登记机关签发房屋权属证书之次月起,缴纳房产税。

(6) 纳税人出租、出借房产,自交付出租、出借房产之次月起,缴纳房产税。

(7) 房地产开发企业自用、出租、出借本企业建造的商品房,自房屋使用或交付之次月起,缴纳房产税。

(8) 从 2009 年 1 月 1 日起,纳税人因房产的实物或权利状态发生变化而依法终止房产税纳税义务的,其应纳税款的计算应截止到房产的实物或权利状态发生变化的当月末。

(二) 纳税期限

房产税实行按年计算、分期缴纳的征收方法,具体纳税期限由省、自治区、直辖市人民政府确定。

(三) 纳税地点

房产税在房产所在地缴纳。房产不在同一地方的纳税人,应按房产的坐落地点分别向房产所在地的税务机关纳税。

"案例导入"解析

(1) 通达电子公司 1 月份应按房产余值计算应纳税额:

年应纳税额 $= 2\,000\,000 \times (1-30\%) \times 1.2\% = 16\,800$(元)

月应纳税额 $=$ 年应纳税额 $\div 12 = 16\,800 \div 12 = 1\,400$(元)

则 1 月份应纳税额 1 400 元。

(2) 2 月份应按房产余值和租金收入分别计算应纳税额:

① 按房产余值计算的应纳税额:

年应纳税额 $= (2\,000\,000 - 1\,000\,000) \times (1-30\%) \times 1.2\% = 8\,400$(元)

月应纳税额 $= 8\,400 \div 12 = 700$(元)

② 按租金收入计算的应纳税额:

年应纳税额 $= 120\,000 \times 12\% = 14\,400$(元)

月应纳税额＝14 400÷12＝1 200(元)

③ 2月份应纳房产税额＝700＋1 200＝1 900(元)

第二节　契税法

目标与要求

知识目标与要求：了解契税的基本概念和税收优惠，掌握契税纳税义务人与征税范围、计税依据和应纳税额的计算。

能力目标与要求：掌握契税纳税义务人与征税范围，了解相关税目税率，学会计算应纳税额。

思政目标与要求：通过教师对契税概念、特点及立法级次提升的讲解，了解我国征收契税有利于增加地方财政收入，有利于保护合法产权，避免产权纠纷。

案例导入

刘某创办企业破产，欠下王某250万元债务，无力偿还，只好用价值260万元别墅抵债给王某。

思考：刘某用别墅抵债的行为是否要缴纳契税？是刘某缴纳还是王某缴纳？怎样确定计税依据？

一、契税概述

契税法是指国家制定的用以调整契税征收与缴纳权利及义务关系的法律规范。现行契税法的基本规范，是1997年7月7日国务院发布并于同年10月1日开始施行的《中华人民共和国契税暂行条例》(以下简称《契税暂行条例》)。

(一)契税的概念与特点

契税是以在中华人民共和国境内转移土地、房屋权属为征税对象，向产权承受人征收的一种财产税。征收契税有利于增加地方财政收入，有利于保护合法产权，避免产权纠纷。契税的特点如下：

(1)契税属于财产转移税。

契税以权属发生转移的土地和房屋为征税对象，具有对财产转移课税性质。

(2)契税由财产承受人纳税。

一般税种在税制中确定纳税人，都确定销售者为纳税人，即卖方纳税，而契税是以购买方即承受人作为纳税人。对买方征税的主要目的，在于承认不动产转移生效，承受人纳税以后，便可拥有转移过来的不动产的产权或使用权，法律保护纳税人的合法权益。

(3)契税采用有幅度的比例税率，税负较轻。

(二)契税的纳税义务人

契税的纳税义务人是境内转移土地、房屋权属,承受的单位和个人。

(三)契税的征税对象

契税的征税对象是在境内转移土地、房屋权属这种行为。具体包括以下五项内容。

1. 国有土地使用权出让

国有土地使用权出让是指土地使用者向国家交付土地使用权出让费用,国家将国有土地使用权在一定年限内让与土地使用者的行为。

2. 土地使用权转让

土地使用权转让是指土地使用者以出售、赠与、交换或者其他方式将土地使用权转移给其他单位和个人的行为。土地使用权的转让不包括土地承包经营权和土地经营权的转移。

3. 房屋买卖

即以货币为媒介,出卖者向购买者过渡房产所有权的交易行为。以下几种特殊情况视同买卖房屋:

(1)以房产抵债或实物交换房屋。经当地政府和有关部门批准,以房抵债和实物交换房屋,均视同房屋买卖,应由产权承受人,按房屋现值缴纳契税。

例如,甲某因无力偿还乙某债务,而以自有房产折价抵偿债务。经双方同意,有关部门批准,乙某取得甲某的房屋产权,在办理产权过户手续时,按房产折价款缴纳契税。如以实物(金银首饰等等价物品)交换房屋,应视同以货币购买房屋。

对已缴纳契税的购房单位和个人,在未办理房屋权属变更登记前退房的,退还已纳契税;在办理房屋权属变更登记后退房的,不予退还已纳契税。

(2)以房产作投资、入股。这种交易业务属房屋产权转移,应根据国家房地产管理的有关规定,办理房屋产权交易和产权变更登记手续,视同房屋买卖,由产权承受方按契税税率计算缴纳契税。

例如,甲企业以自有房产投资于乙企业取得相应的股权。其房屋产权变为乙企业所有,故产权所有人发生变化。因此,乙企业在办理产权登记手续后,按甲企业入股房产现值(国有企事业房产须经国有资产管理部门评估核价)缴纳契税。如丙企业以股份方式购买乙企业房屋产权,丙企业在办理产权登记后,按取得房产买价缴纳契税。

以自有房产作股投入本人独资经营的企业,免纳契税。因为以自有的房地产投入本人独资经营的企业,产权所有人和使用权使用人未发生变化,不需办理房产变更手续,也不办理契税手续。

(3)买房拆料或翻建新房。例如,甲某购买乙某房产,不论其目的是取得该房产的建筑材料或是翻建新房,实际构成房屋买卖。甲某应首先办理房屋产权变更手续,并按买价缴纳契税。

4. 房屋赠与

房屋赠与是指房屋产权所有人将房屋无偿转让给他人所有。其中,将自己的房屋转交给他人的法人和自然人,称作房屋赠与人;接受他人房屋的法人和自然人,称为受赠人。房屋赠与的前提是产权无纠纷,赠与人和受赠人双方自愿。

由于房屋是不动产,价值较大,故法律要求赠与房屋应有书面合同(契约),并到房地产管理机关或农村基层政权机关办理登记过户手续,才能生效。如果房屋赠与行为涉及涉外关系,还需公证处证明和外事部门认证,才能有效。房屋的受赠人要按规定缴纳契税。

5. 房屋交换

房屋交换是指房屋所有者之间互相交换房屋的行为。

下列情形发生土地、房屋权属转移的,承受方应当依法缴纳契税:

(1) 因共有不动产份额变化的。

(2) 因共有人增加或者减少的。

(3) 因人民法院、仲裁委员会的生效法律文书或者监察机关出具的监察文书等因素,发生土地、房屋权属转移的。

(四) 契税的税率

契税实行3‰～5‰的幅度税率。实行幅度税率是考虑到我国经济发展的不平衡,各地经济差别较大的实际情况。因此,各省、自治区、直辖市人民政府可以在3‰～5‰的幅度税率规定范围内,按照本地区的实际情况决定。

自2010年10月1日起,对个人购买90平方米及以下且属家庭唯一住房的普通住房减按1‰的税率征收契税。

二、契税的计算

(一) 计税依据

契税的计税依据为不动产的价格。由于土地、房屋权属转移方式、定价方法不同,因而具体契税计税依据有以下几种情况:

(1) 国有土地使用权出让、土地使用权出售、房屋买卖,以成交价格为计税依据。成交价格是指土地、房屋权属转移合同确定的价格,包括承受者应交付的货币、实物、无形资产或者其他经济利益。

(2) 土地使用权赠与、房屋赠与,由征收机关参照土地使用权出售、房屋买卖的市场价格核定。

(3) 土地使用权交换、房屋交换,以所交换的土地使用权、房屋的价格差额为计税依据。也就是说交换价格相等时,免征契税;交换价格不等时,由多交付的货币、实物、无形资产或者其他经济利益的一方缴纳契税。

(4) 以划拨方式取得土地使用权,经批准转让房地产时,由房地产转让者补交契税,计税依据为补交的土地使用权出让费用或者土地收益。

(5) 对于个人无偿赠与不动产行为(法定继承人除外),应对受赠人全额征收契税。在缴纳契税时,纳税人须提交经税务机关审核并签字盖章的《个人无偿赠与不动产登记表》,税务机关(或其他征收机关)应在纳税人的契税完税凭证上加盖"个人无偿赠与"印章,在《个人无偿赠与不动产登记表》中签字并将该表格留存。

(6) 房屋附属设施征收契税依据。

① 不涉及土地使用权和房屋所有权转移变动的,不征收缴契税。

② 采取分期付款方式购买房屋附属设施土地使用权、房屋所有权,按合同规定的总价款计算征收契税。

③ 承受的房屋附属设施权属如果是单独计价的,按照当地适用的税率征收;如果与房屋统一计价的,适用与房屋相同的税率。

(二) 计算方法

契税采用比例税率。当计税依据确定以后,应纳税额的计算比较简单。应纳税额的计算公式为:

$$应纳税额 = 计税依据 \times 税率$$

【例 9-5】 居民甲有两套住房,将一套出售给居民乙,成交价格为 120 万元;将另一套两室住房与居民丙交换成两套一室住房,并支付给丙换房差价款 30 万元。试计算甲、乙、丙相关行为应纳的契税(假定税率为 4%)。

解析:(1) 甲应缴纳契税=30×4%=1.2(万元);

(2) 乙应缴纳契税=120×4%=4.8(万元);

(3) 丙不缴纳契税。

三、契税的税收优惠

(一) 契税优惠的一般规定

(1) 国家机关、事业单位、社会团体、军事单位承受土地、房屋用于办公、教学、医疗、科研和军事设施的,免征契税。

(2) 城镇职工按规定第一次购买公有住房,免征契税。

此外,财政部、国家税务总局规定:自 2000 年 11 月 29 日起,对各类公有制单位为解决职工住房而采取集资建房方式建成的普通住房,或由单位购买的普通商品住房,经当地县以上人民政府房改部门批准,按照国家房改政策出售给本单位职工的,如属职工首次购买住房,均可免征契税。

(3) 因不可抗力灭失住房而重新购买住房,酌情减免。

(4) 土地、房屋被县级以上人民政府征收、占用,重新承受土地、房屋权属的,免征或减征契税的具体方法,由省、自治区、直辖市人民政府提出,报同级人民代表大会常务委员会决定,并报全国人民代表大会常务委员会和国务院备案。

(5) 承受荒山、荒沟、荒丘、荒滩土地使用权,并用于农、林、牧、渔业生产的,免征契税。

(6) 经外交部确认,依照我国有关法律规定以及我国缔结或参加的双边和多边条约或协定,应当予以免税的外国驻华使馆、领事馆、联合国驻华机构及其外交代表、领事官员和其他外交人员承受土地、房屋权属,免征契税。

(7) 2021 年 1 月 1 日至 2023 年 12 月 31 日,公租房经营单位购买住房作为公租房,免征契税。

(8) 对个人购买普通住房,且该住房属于家庭(成员范围包括购房人、配偶以及未成年子女,下同)唯一住房的,面积为 90 平方米及以下的,减按 1%税率征收契税;面积为 90 平米以上的,减按1.5%的税率征收契税。

(9) 对个人购买家庭第二套改善性住房,面积为90平方米及以下的,减按1%税率征收契税;面积为90平米以上的,减按2%的税率征收契税。

(二) 契税优惠的特殊规定

自2021年1月1日起至2023年12月31日,为支持企业、事业单位改制重组,优化市场环境,契税优惠政策规定如下。

1. 企业改制

企业按照《中华人民共和国公司法》有关规定整体改制,包括非公司制企业整体改建为有限责任公司或股份有限公司,有限责任公司整体改建为股份有限公司的,股份有限公司变更为有限责任公司,原企业投资主体存续并在改制(变更)后的公司中所持股权比例超过75%,且改制(变更)后公司承继原企业权利、义务的,对改制(变更)后的公司承受原企业土地、房屋权属,免征契税。

2. 事业单位改制

事业单位按照国家有关规定改制为企业,原投资主体存续并在改制后企业中出资(股权、股份)比例超过50%的,对改制后企业承受原事业单位土地、房屋权属,免征契税。

3. 企业合并

两个或两个以上的公司,合并为一个公司,且原投资主体存续的,对合并后公司承受原合并各方土地、房屋权属,免征契税。

4. 企业分立

企业依照法律规定、合同约定分设为两个或两个以上与原公司投资主体相同的公司,对分立后公司承受原公司土地、房屋权属,免征收契税。

5. 企业破产

(1) 债权人(包括破产企业职工)承受破产企业抵偿债务的土地、房屋权属,免征契税;

(2) 非债权人承受破产企业土地、房屋权属:安置原企业全部职工,与原企业全部职工签订服务年限不少于三年的劳动用工合同的,对其承受所购企业土地、房屋权属,免征契税;与原企业超过30%的职工签订服务年限不少于三年的劳动用工合同的,减半征收契税。

6. 资产划转

对承受县级以上人民政府或国有资产管理部门按规定进行行政性调整、划转国有土地、房屋权属的单位,免征契税。

7. 债权转股权

经国务院批准实施债权转股权的企业,对债权转股权后新设立的公司承受原企业的土地、房屋权属,免征契税。

8. 划拨用地出让或作价出资

以出让方式或国家作价出资(入股)方式承受原改制重组企业、事业单位划拨用地的,承受方应按规定征收契税。

9. 公司股权（股份）转让

单位、个人承受公司股权（股份），公司土地、房屋权属不发生转移，不征收契税。

四、契税的征收管理

（一）纳税义务发生时间

契税的纳税义务发生时间是纳税人签订土地、房屋权属转移合同的当天，或者纳税人取得其他具有土地、房屋权属转移合同性质凭证的当天。

（二）纳税期限

纳税人应当自纳税义务发生之日起的 10 日内，向土地、房屋所在地的契税征收机关办理纳税申报，并在契税征收机关核定的期限内缴纳税款。

（三）契税纳税地点与征收管理

1. 纳税地点

契税在土地、房屋所在地的征收机关缴纳。

2. 契税申报

（1）根据人民法院、仲裁委员会的生效法律文书发生土地、房屋权属转移，纳税人不能取得销售不动产发票的，可持人民法院执行裁定书原件及相关材料办理契税纳税申报，税务机关应予受理。

（2）购买新建商品房的纳税人在办理契税纳税申报时，由于销售新建商品的房地产开发企业已办理注销税务登记或者被税务机关列为非正常户等原因，致使纳税人不能取得销售不动产发票的，税务机关在核实有关情况后应予受理。

3. 征收管理

纳税人办理纳税事宜后，征收机关应向纳税人开具契税完税凭证。纳税人持契税完税凭证和其他规定的文件材料，依法向土地管理部门、房产管理部门办理有关土地、房屋的权属变更登记手续。土地管理部门和房产管理部门应向契税征收机关提供有关资料，并协助契税征收机关依法征收契税。

国家税务总局决定，各级征收机关要在 2005 年 1 月 1 日后停止代征委托，直接征收契税。

另外，对已缴纳契税的购房单位和个人，在未办理房屋权属变更登记前退房的，退还已纳契税；在办理房屋权属变更登记之后退还的，不予退还已纳契税。

"案例导入"解析

刘某用别墅抵债给王某的行为需要缴纳契税，由王某缴纳契税，刘某不需要缴纳，在办理产权过户手续时以别墅现值 260 万元作为计算契税的依据。

第三节 车船税法

目标与要求

知识目标与要求：了解车船税的基本概念，熟悉税收优惠；掌握车船税纳税义务人与征税范围、税率和应纳税额的计算。

能力目标与要求：掌握车船税纳税义务人与征税范围，了解相关税目税率，学会正确计算应纳税额。

思政目标与要求：根据教师对车船税概念、特点及立法原则的讲解，思考我国应该如何对车船税进行改革，融入"改革创新"思政元素。

案例导入

某运输公司2021年拥有并使用以下车辆：自有专用作业汽车20辆（车辆整备质量7吨的有12辆，3吨的有8辆），载货挂车10辆（每辆5.3吨），乘人大客车4辆（40座）。当地政府规定专用作业车的车辆税额为60元/吨，客车的车辆税额为1 000元/辆。

思考：该运输公司是否要缴纳车船税？如果是的话2021年应缴纳车船税税额是多少？

一、车船税概述

车船税法是指国家制定的用以调整车船税征收与缴纳权利及义务关系的法律规范。2006年12月29日国务院颁布了《中华人民共和国车船税暂行条例》（以下简称《车船税暂行条例》），并于2007年1月1日实施。2011年2月25日《中华人民共和国车船税法》（以下简称《车船税法》）经中华人民共和国第十一届全国人民代表大会常务委员会第十九次会议通过，2011年11月23日《中华人民共和国车船税法实施条例》（以下简称《车船税法实施条例》）经国务院第182次常务会议通过，并于2012年1月1日起施行。[①]

（一）车船税的概念与作用

车船税是指在中华人民共和国境内的车辆、船舶的所有人或者管理人按照中华人民共和国车船税法应缴纳的一种税。征收车船税有利于为地方政府筹集资金，有利于车船的管理和合理配置，也有利于调节财富差异。车船税的作用如下：

（1）为地方政府筹集财政资金。开征车船税，能够将分散在车船人手中的部分资金集中起来，增加地方财源，增加地方政府的财政收入。

（2）有利于车船的管理与合理配置。购置、使用车船越多，应缴纳的车船税越多，促使纳税人加强对自己拥有的车船管理和核算，改善资源配置，合理使用车船。

[①] 《中华人民共和国车船税法》，中华人民共和国主席令第43号，2011年2月25日。

(3) 有利于调节财富差异。车船税是对拥有的财产或财富(如轿车、游艇等)进行调节,缓解财富分配不公。随着我国经济增长,部分先富起来的个人拥有私人轿车,游艇及其他车船的情况将会日益增加,我国征收车船税的财富再分配作用亦会更加重要。

(二) 车船税的征收范围

车船税的征税范围是指在中华人民共和国境内属于车船税法所附《车船税税目税额表》规定的车辆、船舶。车辆、船舶是指:

(1) 依法应当在车船管理部门登记的机动车辆和船舶。

(2) 依法不需要在车船管理部门登记、在单位内部场所行驶或者作业的机动车辆和船舶。

所谓车辆管理部门,是指公安、交通运输、农业、渔业、军队、武装警察部队等依法具有车辆登记管理职能的部门;单位,是指依照中国法律、行政法规规定,在中国境内成立的行政机关、企业、事业单位、社会团体以及其他组织。

(3) 境内单位和个人租入外国籍船舶的,不征收车船税。境内单位和个人将船舶出租到境外的,应依法征收车船税。

(三) 车船税纳税义务人

车船税的纳税义务人,是指在中华人民共和国境内,车辆、船舶(以下简称车船)的所有人或者管理人,应当按照《车船税法》的规定缴纳车船税。

(四) 车船税税率

车船税实行定额税率。定额税率,也称固定税额,是税率的一种特殊形式。定额税率计算简便,是适宜从量计征的税种。车船税的适用税额,依照车船税法所附的《车船税税目税额表》执行。

车辆的具体适用税额由省、自治区、直辖市人民政府依照车船税法所附《车船税税目税额表》规定的税额幅度和国务院的规定确定。

车船税采用定额税率,即对征税的车船规定单位固定税额。车船税确定税额总的原则是:非机动车船的税负轻于机动车船;人力车的税负轻于畜力车;小吨位船舶的税负轻于大船舶。由于车辆与船舶的行驶情况不同,车船税的税额也有所不同(见表9-1)。

表9-1 车船税税目税额表

税 目		计税单位	年基准税额(元)	备 注
乘用车[按发动机气缸容量(排气量)分档]	1.0升(含)以下的	每辆	60~360	核定载客人数9人(含)以下
	1.0升以上至1.6升(含)的		300~540	
	1.6升以上至2.0升(含)的		360~660	
	2.0升以上至2.5升(含)的		660~1 200	
	2.5升以上至3.0升(含)的		1 200~2 400	
	3.0升以上至4.0升(含)的		2 400~3 600	
	4.0升以上的		3 600~5 400	

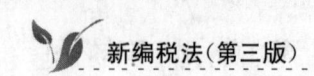

续 表

税 目		计税单位	年基准税额(元)	备 注
商用车	客车	每辆	480～1 440	核定载客人数 9 人以上,包括电车
	货车	整备质量每吨	16～120	(1)包括半挂牵引、挂车、客货两用汽车、三轮汽车和低速载货车等 (2)挂车按照货车税额的 50%计算
其他车辆	专用作业车	整备质量每吨	16～120	不包括拖拉机
	轮式专用机械车		16～120	
摩托车		每辆	36～180	
船舶	机动船舶	净吨位每吨	3～6	拖船、非机动驳船分别按照机动船舶税额的 50%计算;游艇的税额另行规定
	游艇	艇身长度每米	600～2 000	

(1)机动船舶,具体适用税额为:

① 净吨位不超过 200 吨(含)的,每吨 3 元;

② 净吨位超过 200 吨但不超过 2 000 吨(含)的,每吨 4 元;

③ 净吨位超过 2 000 吨但不超过 10 000 吨(含)的,每吨 5 元;

④ 净吨位超过 10 000 吨的,每吨 6 元。

拖船按照发动机功率每 1 千瓦折合净吨位 0.67 吨计算征收车船税。

(2)游艇,具体适用税额为:

① 艇身长度不超过 10 米的,每米 600 元;

② 艇身长度超过 10 米但不超过 18 米的,每米 900 元;

③ 艇身长度超过 18 米但不超过 30 米的,每米 1 300 元;

④ 艇身长度超过 30 米的,每米 2 000 元;

⑤ 辅助动力帆艇,每米 600 元。

游艇艇身长度是指游艇的总长。

(3)车船税法及其实施条例所涉及的整备质量、净吨位、艇身长度等计税单位,有尾数的一律按照含尾数的计税单位据实计算车船税应纳税额。计算得出的应纳税额小数点后超过两位的可四舍五入保留两位小数。

(4)乘用车以车辆登记管理部门核发的机动车登记证书或者行驶证书所载的排气量毫升数确定税额区间。

(5)车船税法和实施条例所涉及的排气量、整备质量、核定载客人数、净吨位、功率(千瓦或马力)、艇身长度,以车船登记管理部门核发的车船登记证书或者行驶证相应项目所载数据为准。

依法不需要办理登记、依法应当登记而未办理登记或者不能提供车船登记证书、行驶证的,以车船出厂合格证明或者进口凭证相应项目标注的技术参数、所载数据为准;不能提供车船出厂合格证明或者进口凭证的,由主管税务机关参照国家相关标准核定,没有国家相关标准的参照同类车船核定。

二、车船税的计算

车船税由地方税务机关负责征收。

（1）购置的新车船,购置当年的应纳税额自纳税义务发生的当月起按月计算。计算公式为：

$$应纳税额 = (年应纳税额 \div 12) \times 应纳税月份数$$

$$应纳税月份数 = 12 - 纳税义务发生时间(取月份) + 1$$

（2）在一个纳税年度内,已完税的车船被盗抢、报废、灭失的,纳税人可以凭有关管理机关出具的证明和完税证明,向纳税所在地的主管税务机关申请退还自被盗抢、报废、灭失月份起至该纳税年度终了期间的税款。

（3）已办理退税的被盗抢车船,失而复得的,纳税人应当从公安机关出具相关证明的当月起计算缴纳车船税。

（4）已经缴纳车船税的车船,因质量原因,车船被退回生产企业或者经销商的,纳税人可以向纳税所在地的主管税务机关申请退还自退货月份起至该纳税年度终了期间的税款。退货月份以退货发票所载日期的当月为准。

（5）已缴纳车船税的车船当年办理转让过户,不另纳税也不退税。

【例 9-6】 某运输公司 2021 年拥有商用货车 15 辆(货车整备质量吨位全部为 10 吨),乘用车 20 辆(其中发动机汽缸容量 1.6 升的有 10 辆,1.8 升的有 10 辆),商用客车 10 辆。当地政府规定,商用货车整备质量每吨年税额 80 元,乘用车 1.6 升每辆年税额 500 元、1.8 升每辆年税额 600 元,商用客车每辆年税额 480 元。试计算该公司 2021 年应缴纳的车船税。

解析：商用货车应纳税额 = 15 × 10 × 80 = 12 000(元)

乘用车应纳税额 = 10 × 500 + 10 × 600 = 11 000(元)

商用客车应纳税额 = 10 × 480 = 4 800(元)

全年应纳车船税额 = 12 000 + 11 000 + 4 800 = 27 800(元)

【例 9-7】 2021 年年初,船舶公司拥有非机动驳船 5 艘,每艘净吨位 3 000 吨;拖船 3 艘,每艘发动机功率 4 000 千瓦。当地机动船舶的车船净吨位 2 001～10 000 吨的,年税额为 5 元/吨。试计算该船舶公司 2021 年应缴纳的车船税。

解析：拖船、非机动驳船分别按照机动船舶税额的 50% 计算车船税。拖船按照发动机功率每 1 千瓦折合净吨位 0.67 吨计算车船税。所以,该船舶公司应缴纳的车船税 = 5 × 3 000 × 5 × 50% + 3 × 4 000 × 0.67 × 5 × 50% = 57 600(元)。

三、车船税的税收优惠

（一）法定减免

（1）捕捞、养殖渔船免征车船税。捕捞、养殖渔船是指在渔业船舶登记管理部门登记为捕捞船或者养殖船的船舶。

(2) 军队、武装警察部队专用的车船免征车船税。军队、武装警察部队专用的车船是指按照规定在军队、武装警察部队车船管理部门登记,并领取军队、武警牌照的车船。

(3) 警用车船免征车船税。警用车船是指公安机关、国家安全机关、监狱、劳动教养管理机关和人民法院、人民检察院领取警用牌照的车辆和执行警务的专用船舶。

(4) 依照法律规定应当予以免税的外国驻华使领馆、国际组织驻华代表机构及其有关人员的车船,免征车船税。

(5) 使用新能源车船,免征车船税。

免征车船税的新能源汽车是指纯电动商用车、插电式(含增程式)混合动力汽车、燃料电池商用车。纯电动乘用车和燃料电池乘用车不属于车船税征税范围,对其不征车船税。

免征车船税的新能源汽车应同时符合以下标准:① 获得许可在中国境内销售的纯电动商用车、插电式(含增程式)混合动力汽车、燃料电池商用车;② 符合新能源汽车产品相关技术标准;③ 通过新能源汽车专项检测,符合新能源汽车相关标准;④ 新能源汽车生产企业或进口新能源汽车经销商在产品质量保证、产品一致性、售后服务、安全监测、动力电池回收利用等方面符合相关要求。

(6) 省、自治区、直辖市人民政府根据当地实际情况,可以对公共交通车船,农村居民拥有并主要在农村地区使用的摩托车、三轮汽车和低速载货汽车定期减征或者免征车船税。

(7) 国家综合性消防救援车辆由部队号牌改挂应急救援专用号牌的,一次性免征改挂当年车船税。

(二) 特定减免

经批准临时入境的外国车船和中国香港特别行政区、澳门特别行政区、台湾地区的车船,不征收车船税。

四、车船税的征收管理

(一) 纳税期限

车船税纳税义务发生时间为取得车船所有权或者管理权的当月。以购买车船的发票或其他证明文件所载日期的当月为准。

(二) 纳税地点

(1) 车船税的纳税地点为车船的登记地或者车船税扣缴义务人所在地。

(2) 扣缴义务人代收代缴车船税的,纳税地点为扣缴义务人所在地。

(3) 纳税人自行申报缴纳车船税的,纳税地点为车船登记地的主管税务机关所在地。

(4) 依法不需要办理登记的车船,纳税地点为车船所有人或者管理人主管税务机关所在地。

(三) 纳税申报

车船税按年申报,分月计算,一次性缴纳。纳税年度为公历1月1日至12月31日。车船税按年申报缴纳。具体申报纳税期限由省、自治区、直辖市人民政府规定。

"案例导入"解析

该运输公司是我国车船税的纳税人。

2021年应该缴纳的车船税额如下：

(1) 自有专用作业汽车的车船税应纳税额：

7吨的自有专用作业汽车的车船税应纳税额＝7×60×12＝5 040(元)

3吨的自有专用作业汽车的车船税应纳税额＝3×60×8＝1 440(元)

合计应纳税额＝5 040＋1 440＝6 480(元)

(2) 载货挂车的车船税应纳税额：

应纳税额＝5.3×60×50％×10＝1 590(元)

(3) 乘人大客车的车船税应纳税额：

应纳税额＝1 000×4＝4 000(元)

(4) 该运输公司2021年应缴纳的车船税税额：

应纳税额合计＝6 480＋1 590＋4 000＝12 070(元)

复习思考题

1. 房产税的征收范围和纳税人包括哪些？
2. 房产税、契税和车船税的计税依据是什么？应如何确定？
3. 契税的征税对象、纳税人是如何规定的？
4. 车船税的纳税地点是如何规定的？
5. 如何运用房产税、契税、车船税的优惠政策？

能力训练题

一、单项选择题

1. 下列房屋及建筑物中，属于房产税征税范围的是(　　)。
   A. 农村的居住用房　　　　　　　　B. 建在室外的露天游泳池
   C. 个人拥有的市区经营性用房　　　D. 尚未使用或出租而待售的商品房

2. 某公司2019年购进一处房产，2021年5月1日用于投资联营(收取固定收入，不承担联营风险)，投资期3年，当年取得固定收入160万元。该房产原值3 000万元，当地政府规定的减除幅度为30％，该公司2021年应缴纳的房产税为(　　)万元。
   A. 21.2　　　　B. 27.6　　　　C. 29.7　　　　D. 44.4

3. 居民乙因拖欠居民甲180万元款项无力偿还，2021年6月经当地有关部门调解，以房产抵偿该笔债务，居民甲因此取得该房产的产权并支付给居民乙差价款20万元。假定当地省政府规定的契税税率为5％。下列表述中正确的是(　　)。
   A. 居民甲应缴纳契税1万元　　　　B. 居民乙应缴纳契税1万元
   C. 居民甲应缴纳契税10万元　　　D. 居民乙应缴纳契税10万元

4. 下列各项中,契税计税依据可由征收机关核定的是(   )。
   A. 土地使用权出售
   B. 国有土地使用权出让
   C. 土地使用权赠与
   D. 以划拨方式取得土地使用权

5. 某公司办公大楼原值 30 000 万元,2021 年 2 月 28 日将其中部分闲置房间出租,租期 2 年。出租部分房产原值 5 000 万元,租金每年 1 000 万元。当地规定房产税原值减除比例为 20%,2021 年该公司应缴纳房产税(   )万元。
   A. 288
   B. 340
   C. 348
   D. 360

6. 下列关于房产税税收优惠的表述中,正确的是(   )。
   A. 个人拥有的营业用房免征房产税
   B. 向居民供热并向居民收取采暖费的供热企业暂免征收房产税
   C. 房屋大修导致连续停用 3 个月以上的,在房屋大修期间免征房产税
   D. 全额预算管理的事业单位向职工出租单位自有住房,暂免征收房产税

7. 某机械制造厂 2021 年拥有货车 3 辆,每辆货车的整备质量均为 1.499 吨;挂车 1 部,其整备质量为 1.2 吨;小汽车 2 辆。已知货车车船税税率为整备质量每吨年基准税额 16 元,小汽车车船税税率为每辆年基准税额 360 元。该厂 2021 年度应纳车船税为(   )元。
   A. 441.6
   B. 792
   C. 801.55
   D. 811.2

8. 某企业 2021 年 1 月缴纳了 5 辆客车车船税,其中一辆在 9 月份被盗,已办理车船税退还手续;11 月份由公安机关找回并出具证明,企业补缴车船税。假定该类型客车年基准税额为 480 元,该企业 2021 年实际缴纳的车船税总计为(   )元。
   A. 1 920
   B. 2 280
   C. 2 400
   D. 2 320

9. 根据车船税法的规定,下列车船中需要缴纳车船税的是(   )。
   A. 领事馆大使专用车辆
   B. 武装警察部队专用的车船
   C. 拥有小汽车的某省省长
   D. 报废的车辆

10. 下列关于车船使用税的税率表述正确的是(   )。
    A. 车船使用税使用比例税率
    B. 车船使用税使用定额税率
    C. 车船使用税使用分类分级的比例税率
    D. 车船使用税使用地区差别比例税率

二、多项选择题

1. 下列项目中,应以房产租金作为计税依据征收房产税的有(   )。
   A. 以融资租赁方式租入的房屋
   B. 以经营租赁方式租出的房屋
   C. 居民住宅区内业主自营的共有经营性房屋
   D. 以收取固定收入、不承担联营风险方式投资的房屋

2. 下列房屋中,免征房产税的有(   )。
   A. 居民个人出租的住房
   B. 公园管理部门自用的办公用房
   C. 按政府规定价格出租的廉租住房
   D. 实行全额预算管理的学校出租给企业使用的办公用房

3. 下列行为中,应缴纳契税的有(　　)。
A. 个人将自有房产无偿赠与非法定继承人
B. 个人以自有房产等价交换自住房产
C. 个人以自有房产投入本人独资经营的企业
D. 个人以自有房产抵偿银行的未偿还贷款

4. 下列项目中,以"辆"为计税依据计算车船税的有(　　)。
A. 船舶　　　　　B. 摩托车　　　　C. 客车　　　　D. 货车

5. 下列车船属于法定免税的有(　　)。
A. 专项作业车　　B. 警用车船　　　C. 非机动驳船　　D. 捕捞、养殖渔船

6. 下列各项中,符合车船税有关征收管理规定的有(　　)。
A. 新购置使用的车船,纳税地点为车船的登记地
B. 车船的所有人或者管理人未缴纳车船税的,使用人应当代为缴纳车船税
C. 纳税人在购买机动车交强险时缴纳车船税的,不再向地方税务机关申报纳税
D. 已办理退税的被盗抢车船失而复得的,纳税人应当从公安机关出具相关证明的当月起计算缴纳车船税

7. 以下符合我国车船税规定的有(　　)。
A. 车船税实行定额税率
B. 客货两用车按照货车征税
C. 挂车按照货车税额的 50% 计算
D. 拖船和非机动驳船免征车船税

8. 契税纳税义务发生时间可以是(　　)。
A. 取得具有房地产权属转移合同性质凭证的当天
B. 签订房地产权属转移合同的当天
C. 办理房地产产权证的当天
D. 缴纳房地产预付款的当天

9. 张三与李四互换房屋,张三的房屋价格为 80 万元,李四的房屋价格为 100 万元。成交后,张三支付李四 20 万元的房屋差价款。该省规定契税税率为 3%。下列项目中正确的是(　　)。
A. 张三是纳税人　　　　　　　　　　B. 李四是纳税人
C. 应纳契税 0.6 万元　　　　　　　　D. 应纳契税 3 万元

10. 根据契税的相关规定,下列各项中,属于免征契税的有(　　)。
A. 土地使用权等价交换
B. 以自有房产作股投入本人独资经营的企业
C. 城镇职工按规定第一次购买公有住房
D. 国家机关承受房屋用于办公

三、判断题

1. 房产余值应作为融资租赁房屋房产计税依据。　　　　　　　　　　　　　(　　)
2. 出租房产,自交付出租房产之月起缴纳房产税。　　　　　　　　　　　　(　　)
3. 公园中附设的影剧院、照相馆使用的房产属于免征房产税。　　　　　　　(　　)
4. 对更换房屋附属设备和配套设施的,在将其价值计入房产原值时,可扣减原来相应设备和设施的价值。　　　　　　　　　　　　　　　　　　　　　　　　　　(　　)

5. 对承受国有土地使用权所应支付的土地出让金,要计征契税。（　　）

6. 契税是以境内转移土地、房屋权属为征税对象,向产权承受方征收的一种财产税。（　　）

7. 按照规定缴纳船舶吨税的机动船舶,自车船税法实施之日起3年内免征车船税。（　　）

8. 根据车船税法的有关规定,车辆的具体适用税额由国家税务总局在规定的税额幅度内确定。（　　）

9. 拖拉机属于车船税征税范围。（　　）

10. 老王过世后,根据遗嘱将唯一的房产赠送给朋友老许,则老许不需缴纳契税。（　　）

四、计算题

1. 甲企业2021年1月委托施工企业建造仓库,工程4月份竣工,5月份办妥了验收手续。该仓库在甲企业账簿"固定资产"科目中记载的原值为9 500万元;3月份该企业因为生产规模扩大,购置了乙企业的仓库1栋,产权转移书据上注明的交易价格为1 200万元,在企业"固定资产"科目上记载的原值为1 250万元,取得了房屋权属证书。

(1) 建造的仓库应纳房产税是多少?

(2) 购置仓库应纳房产税是多少?

(其他相关资料:已知当地省政府规定的房产税计算余值的扣除比例为30%。)

2. 甲企业将原值28万的房产评估作价30万元投资乙企业,乙企业办理产权登记后又将该房产以40万元价格售与丙企业,当地契税税率3%。乙、丙企业各应缴纳多少契税?

3. 某小型运输公司2021年拥有并使用以下车辆:① 整备质量4.5吨的载货卡车10辆,省级人民政府规定年税额每吨50元;② 18座的小型客车3辆,省级人民政府规定年税额每辆530元。该公司当年应纳车船税是多少?

第十章 行为税法

第一节 车辆购置税法

目标与要求

知识目标与要求：理解车辆购置税的纳税人、征税对象、税率和征收管理，了解车辆购置税的税收优惠，理解车辆购置税应纳税额的确定。

能力目标与要求：掌握车辆购置税应纳税额的计算，明白车辆购置税纳税申报的实操技能。

思政目标与要求：通过教师介绍车辆购置税从原来的暂行条例上升至法律层面，理解车辆购置税在财税领域立法是建立现代财税金融体制的重要体现，有利于优化我国税制结构，进一步完善税种，稳定税收来源。维持现行税制框架不变，适当简并税目税率、扩大减免税范围，从而减轻税负。理解国家推进全面依法治国的同时把依法保障人民权益放在重要位置。作为未来的"财会人"，要知法、懂法、守法和用法，认真遵守职业道德规范。

案例导入

甲企业购进1辆小轿车（非新能源或节约能源车辆）自用，是已使用5年的旧车（取得原已征车辆购置税完税凭证），不含税成交价为50 000元，同类型新车最低计税价格为180 000元/辆。

思考：该企业需要缴纳车辆购置税吗？如果需要缴纳，应纳税额为多少？

一、车辆购置税概述

（一）车辆购置税的概念

车辆购置税是以在中国境内购置规定的车辆为课税对象、在特定的环节向车辆购置者征收的一种税。就其性质而言，属于直接税的范畴。2018年12月29日，第十三届全国人民

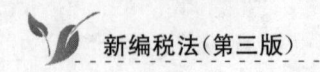

代表大会常务委员会第七次会议通过《中华人民共和国车辆购置税法》,自 2019 年 7 月 1 日起施行。2000 年 10 月 22 日国务院公布的《中华人民共和国车辆购置税暂行条例》同时废止。

(二) 车辆购置税的特点

车辆购置税除了具有税收的共同特点外,还有其自身独立的特点。

1. 征收范围单一

作为财产税的车辆购置税,是以购置的特定车辆为课税对象,而不是对所有的财产或消费财产征税,范围窄,是一种特种财产税。

2. 征收环节单一

车辆购置税实行一次课征制,它不是在生产、经营和消费的每一环节实行道道征收,而只是在退出流通进入消费领域的特定环节征收。

3. 税率单一

车辆购置税只确定一个统一比例税率征收,税率具有不随课税对象数额变动的特点,计征简便、负担稳定,有利于依法治税。

4. 征收方法单一

车辆购置税根据纳税人购置应税车辆的计税价格实行从价计征,以价格为计税标准,课税与价值直接发生关系,价值高者多征税,价值低者少征税。

5. 征税具有特定目的

车辆购置税具有专门用途,由中央财政根据国家交通建设投资计划,统筹安排。这种特定目的的税收,可以保证国家财政支出的需要,既有利于统筹合理地安排资金,又有利于保证特定事业和建设支出的需要。

6. 价外征收,税负不发生转嫁

车辆购置税的计税依据中不包含车辆购置税税额,车辆购置税税额是附加在价格之外的,且纳税人即为负税人,税负不发生转嫁。

二、车辆购置税的征税对象、纳税人和税率

(一) 车辆购置税的征税对象

车辆购置税以列举的车辆作为征税对象。所谓"列举的车辆",即指《中华人民共和国车辆购置税法》的应税车辆。因此,应税车辆是车辆购置税的征税对象,未列举的车辆不纳税。车辆购置税征税范围包括汽车、有轨电车、汽车挂车、排气量超过 150 毫升的摩托车。[①]

地铁、轻轨等城市轨道交通车辆,装载机、平地机、挖掘机、推土机等轮式专用机械车,以及起重机(吊车)、叉车、电动摩托车,不属于应税车辆。

纳税人进口自用应税车辆,是指纳税人直接从境外进口或者委托代理进口自用的应税车辆,不包括在境内购买的进口车辆。

---

① 第十三届全国人民代表大会常务委员会第七次会议:《中华人民共和国车辆购置税法》,中华人民共和国主席令第 19 号。

为了体现税法的统一性、固定性、强制性和法律的严肃性特征,车辆购置税征收范围的调整由国务院决定,其他任何部门、单位和个人无权擅自扩大或缩小车辆购置税的征税范围。

(二)车辆购置税的纳税义务人

车辆购置税的纳税人是指在中华人民共和国境内购置应税车辆的单位和个人。其中,购置是指购买使用行为、进口使用行为、受赠使用行为、自产自用行为、获奖使用行为以及以拍卖、抵债、走私、罚没等方式取得并使用的行为,这些行为都属于车辆购置税的应税行为。具体规定如下:

(1)所称单位,包括国有企业、集体企业、私营企业、股份制企业、外商投资企业、外国企业以及其他企业,事业单位、社会团体、国家机关、部队以及其他单位。

(2)所称个人,包括个体工商户及其他个人,既包括中国公民又包括外国公民。

(三)车辆购置税的税率

车辆购置税实行统一比例税率,税率为10%。

三、车辆购置税的计税依据

计税依据为应税车辆的计税价格,按照下列规定确定:

(1)纳税人购置应税车辆,以发票电子信息中的不含增值税价作为计税价格。纳税人依据相关规定提供其他有效价格凭证的情形除外。

应税车辆存在多条发票电子信息或者没有发票电子信息的,纳税人按照购置应税车辆实际支付给销售方的全部价款(不包括增值税税款)申报纳税。

(2)纳税人进口自用应税车辆的计税价格,为关税完税价格加上关税和消费税。纳税人进口自用应税车辆,是指纳税人直接从境外进口或者委托代理进口自用的应税车辆,不包括在境内购买的进口车辆。

(3)纳税人自产自用应税车辆的计税价格,按照纳税人生产的同类应税车辆(即车辆配置序列号相同的车辆)的销售价格确定,不包括增值税税款;没有同类应税车辆销售价格的,按照组成计税价格确定。组成计税价格计算公式为:

$$组成计税价格 = 成本 \times (1 + 成本利润率)$$

属于应征消费税的应税车辆,其组成计税价格中应加计消费税税额。

上述公式中的成本利润率,由国家税务总局各省、自治区、直辖市和计划单列市税务局确定。

(4)纳税人以受赠、获奖或者其他方式取得自用应税车辆的计税价格,按照购置应税车辆时相关凭证载明的价格确定,不包括增值税税款。

这里所称的购置应税车辆时相关凭证,是指原车辆所有人购置或者以其他方式取得应税车辆时载明价格的凭证。无法提供相关凭证的,参照同类应税车辆市场平均交易价格确定其计税价格。原车辆所有人为车辆生产或者销售企业,未开具机动车销售统一发票的,按照车辆生产或者销售同类应税车辆的销售价格确定应税车辆的计税价格。无同类应税车辆销售价格的,按照组成计税价格确定应税车辆的计税价格。

纳税人以外汇结算应税车辆价款的,按照申报纳税之日的人民币汇率中间价折合成人民币计算缴纳税款。

四、应纳税额的计算

车辆购置税实行从价定率的方法计算应纳税额,计算公式为:

$$应纳税额 = 计税依据 \times 税率$$

由于应税车辆的来源、应税行为的发生以及计税依据组成的不同,因而,车辆购置税应纳税额的计算方法也有区别。

(一)购买自用应税车辆应纳税额的计算

纳税人购买自用的应税车辆,计税价格为纳税人购买应税车辆而实际支付给销售者的全部价款和价外费用,不包括增值税税款。纳税人购买自用的应税车辆应纳税额的计算公式为:

$$应纳税额 = 计税价格 \times 税率$$

价外费用是指销售方价外向购买方收取的基金、集资费、违约金(延期付款利息)和手续费、包装费、储存费、优质费、运输装卸费、保管费以及其他各种性质的价外收费,但不包括销售方代办保险等而向购买方收取的保险费,以及向购买方收取的代购买方缴纳的车辆购置税、车辆牌照费。

【例10-1】 2022年7月,张某从某汽车销售公司(增值税一般纳税人)购买一辆排量为2.5 L轿车供自己使用,支付含增值税的价款220 000元,另支付购置工具件和零配件价款2 500元,车辆装饰费3 500元,代收保险费等4 500元,所支付的各项价款除保险费均由汽车销售公司开具"机动车销售统一发票"和有关票据。请计算张某应纳车辆购置税。

解析:(1)纳税人购买自用的应税车辆,计税价格为纳税人购买应税车辆而实际支付给销售者的全部价款和价外费用,不包括增值税税款。因此,随购买车辆支付的工具件和零配件价款应作为购车价款的一部分,并入计税价格中征收车辆购置税,以防止纳税人采取"化整为零"方式侵蚀税基。

(2)支付的车辆装饰费,应作为价外费用并入计税价格中计税。

(3)销售方代办保险而向购买方收取的保险费,不应作为价外费用。因此,本题中代收保险费无须并入计税价格中一并征税。

(4)该汽车销售单位给张某开具的发票金额中包含增值税税款,计算应纳车辆购置税时,应换算为不含增值税税款的计税价格。

计税价格 = (220 000 + 2 500 + 3 500) ÷ (1 + 13%) = 200 000(元)

应纳税额 = 200 000 × 10% = 20 000(元)

(二)进口自用应税车辆应纳税额的计算

纳税人进口自用的应税车辆的计税价格,为关税完税价格加上关税和消费税。纳税人进口自用的应税车辆应纳税额的计算公式为:

$$应纳税额 = (关税完税价格 + 关税 + 消费税) \times 税率$$

【例 10-2】 某 4S 店本月进口 9 辆商务车(非新能源或节约能源车辆),海关核定的关税完税价格为 44.64 万元/辆,本月已经销售 4 辆,3 辆仍放置在展厅待售,2 辆本店自用。已知商务车使用关税税率为 25%,消费税税率为 10%。

有关本月该 4S 店应缴纳的车辆购置税应为多少?

解析: 虽然 4S 店本月进口商务车 9 辆,但是只对其自用的 2 辆征收车辆购置税。当月销售的由取得商务车自用的一方纳税,展厅待售的 3 辆暂时无须缴纳。因此,

应纳税额=(关税完税价格+关税)÷(1-消费税税率)×税率
=44.64×(1+25%)÷(1-10%)×2×10%=12.4(万元)

(三) 其他自用应税车辆应纳税额的计算

纳税人自产自用应税车辆的计税价格,按照纳税人生产的同类应税车辆的销售价格确定,不包括增值税税款。

纳税人以受赠、获奖或者其他方式取得自用应税车辆的计税价格,按照购置应税车辆时相关凭证载明的价格确定,不包括增值税税款。

$$应纳税额 = 最低计税价格 \times 税率$$

【例 10-3】 某客车制造厂将自产的一辆某型号的客车,用于本厂后勤服务,该厂在办理车辆上牌落籍前,出具该车的发票,注明金额为 90 000 元。计算该车应纳车辆购置税。

解析: 应纳税额=90 000×10%=9 000(元)

已经办理免税、减税手续的车辆因转让、改变用途等原因不再属于免税、减税范围的,纳税人、纳税义务发生时间、应纳税额按以下规定执行:

(1) 发生转让行为的,受让人为车辆购置税纳税人;未发生转让行为的,车辆所有人为车辆购置税纳税人。

(2) 纳税义务发生时间为车辆转让或者用途改变等情形发生之日。

(3) 应纳税额计算公式为:

$$应纳税额 = 初次办理纳税申报时确定的计税价格 \times \left(1 - \frac{使用年限}{年限} \times 10\%\right) \times 10\% - 已纳税额$$

应纳税额不得为负数。

使用年限的计算方法是,自纳税人初次办理纳税申报之日起,至不再属于免税、减税范围的情形发生之日止。使用年限取整计算,不满一年的不计算在内。

五、车辆购置税的税收优惠

(一) 车辆购置税减税、免税的具体规定

我国车辆购置税实行法定减税免税。减税、免税范围的具体规定如下:

(1) 外国驻华使馆、领事馆和国际组织驻华机构及其有关人员自用车辆免税。

(2) 中国人民解放军和中国人民武装警察部队列入装备订货计划的车辆免税。

(3) 悬挂应急救援专用号牌的国家综合性消防救援车辆免税。

(4) 设有固定装置的非运输专用作业车辆免税。

(5) 城市公交企业购置的公共汽电车辆免税。

(6) 回国服务的留学人员用现汇购买1辆个人自用国产小汽车免税。

(7) 防汛部门和森林消防用于指挥、检查、调度、报汛(警)、联络的由指定厂家生产的设有固定装置的指定型号的车辆免征车辆购置税。

(8) 自2021年1月1日至2022年12月31日,对购置的新能源汽车免征车辆购置税。免征车辆购置税的新能源汽车是指纯电动汽车、插电式混合动力(含增程式)汽车、燃料电池汽车①。

(9) 中国妇女发展基金会"母亲健康快车"项目的流动医疗车免征车辆购置税②。

(10) 北京2022年冬奥会和冬残奥会组织委员会新购置车辆免征车辆购置税。

(11) 原公安现役部队和原武警黄金、森林、水电部队改制后换发地方机动车牌证的车辆(公安消防、武警森林部队执行灭火救援任务的车辆除外),一次性免征车辆购置税。

根据国民经济和社会发展的需要,国务院可以规定减征或者其他免征车辆购置税的情形,报全国人民代表大会常务委员会备案。

(二)车辆购置税的退税

纳税人将已征车辆购置税的车辆退回车辆生产或销售企业,可以向主管税务机关申请退还车辆购置税的,应退税额计算公式为:

$$应退税额 = 已纳税额 \times (1 - 使用年限 \times 10\%)$$

应退税额不得为负数。

使用年限的计算方法是,自纳税人缴纳税款之日起,至申请退税之日止。

六、车辆购置税的征收管理

(一)纳税申报

(1) 车辆购置税实行一车一申报制度。

(2) 纳税人办理纳税申报时应如实填写《车辆购置税纳税申报表》(以下简称申报表),同时提供车辆合格证明和车辆相关价格凭证。

(3) 自2020年6月1日起,纳税人办理车辆购置税纳税申报时,提供发票电子信息办理纳税申报。纳税人依据相关规定提供其他有效价格凭证的情形除外。

(4) 纳税人在办理车辆购置税免税、减税时,除按第2条规定提供资料外,还应当根据不同的免税、减税情形,分别提供相关资料的原件、复印件。

(5) 免税、减税车辆因转让、改变用途等原因不再属于免税、减税范围的,纳税人在办理纳税申报时,应当如实填写申报表。发生二手车交易行为的,提供二手车销售统一发票;属于其他情形的,按照相关规定提供申报资料。

(6) 已经缴纳车辆购置税的,纳税人向原征收机关申请退税时,应当如实填报《车辆购置税退税申请表》,提供纳税人身份证明,并区别不同情形提供相关资料。

---

① 财政部 税务总局 工业和信息化部:《关于新能源汽车免征车辆购置税有关政策的公告》,财政部公告2020年第21号,2020年4月16日。

② 第十三届全国人民代表大会常务委员会第七次会议:《中华人民共和国车辆购置税法》,中华人民共和国主席令第19号。

（7）纳税人应当如实申报应税车辆的计税价格，税务机关应当按照纳税人申报的计税价格征收税款。纳税人编造虚假计税依据的，税务机关应当依照《税收征收管理法》及其实施细则的相关规定处理。

（8）前述要求纳税人提供的资料，税务机关能够通过政府信息共享等手段获取相关资料信息的，纳税人不再提交；且前述要求纳税人提供资料的，纳税人应当提供原件和相应的复印件。复印件由主管税务机关留存。

（9）税务机关应当在税款足额入库或者办理免税手续后，将应税车辆完税或者免税电子信息，及时传送给公安机关交通管理部门。

（10）纳税人名称、车辆厂牌型号、发动机号、车辆识别代号（车架号）、证件号码等应税车辆完税或者免税电子信息与原申报资料不一致的，纳税人可以到税务机关办理完税或者免税电子信息更正。

（11）自2021年1月1日起，纳税人在办理设有固定装置的非运输专用作业车辆免税（见本节税收优惠第4条）申报时，申请列入《目录》的车型应当符合《设有固定装置的非运输专用作业车辆技术要求》。

（二）纳税环节

车辆购置税是对应税车辆的购置行为课征，征税环节选择在使用环节（即最终消费环节）。具体而言，纳税人应当在向公安机关等车辆管理机构办理车辆登记注册手续前，缴纳车辆购置税。即车辆购置税是在应税车辆上牌登记注册前的使用环节征收。

（三）纳税地点

自2019年7月1日起，纳税人应到下列地点办理车辆购置税纳税申报：

（1）需要办理车辆登记注册手续的纳税人，向车辆登记注册地的主管税务机关办理纳税申报；

（2）不需要办理车辆登记注册手续的纳税人，单位纳税人向其机构所在地的主管税务机关申报纳税，个人纳税人向其户籍所在地或者经常居住地的主管税务机关申报纳税。

车辆登记注册地是指车辆的上牌落籍地或落户地。

（四）纳税期限

车辆购置税的纳税义务发生时间以纳税人购置应税车辆所取得的车辆相关凭证上注明的时间为准。

购买自用应税车辆的纳税义务发生时间为购买之日，即车辆相关价格凭证的开具日期；进口自用应税车辆的纳税义务发生时间为进口之日，即《海关进口增值税专用缴款书》或者其他有效凭证的开具日期；自产、受赠、获奖或者以其他方式取得并自用应税车辆的纳税义务发生时间为取得之日，即合同、法律文书或者其他有效凭证的生效或者开具日期。

纳税人购买自用的应税车辆，自购买之日起60日内申报纳税；进口自用的应税车辆，应当自进口之日起60日申报纳税；自产、受赠、获奖和以其他方式取得并自用应税车辆的，应当自取得之日起60日内申报纳税。

"案例导入"解析

甲企业购进并自用的新车需要缴纳车辆购置税;购置的二手车,能够证明该车已经依法缴纳车辆购置税的,就不再重复征收车辆购置税。

第二节 印花税法

目标与要求

知识目标与要求:理解印花税的纳税人、征税对象、税率,了解印花税的税收优惠,理解印花税应纳税额的确定。

能力目标与要求:掌握印花税应纳税额的计算,明白印花税的实操技能。

思政目标与要求:通过教师介绍印花税从原来的暂行条例上升至法律层面,理解包括印花税在财税领域立法是建立现代财税体制的重要体现,有利于优化我国税制结构,进一步完善税种,稳定税收来源。理解国家推进全面依法治国的同时把依法保障人民权益放在重要位置,有助于促进中国法制化建设。

案例导入

某电厂与某运输公司签订了两份运输合同:第一份合同载明的金额合计 500 000 元(运费和保管费并未分别记载);第二份合同中注明运费 300 000 元、保管费 100 000 元。

思考:电厂就签订的这两份合同应该缴纳印花税吗?如果需要缴纳,那么需要缴纳多少印花税?

一、印花税概述

印花税,是以经济活动和经济交往中书立、使用、领受应税凭证的行为为征税对象征收的一种税。印花税因其采用在应税凭证上粘贴印花税票的方法缴纳税款而得名。

印花税法,是指国家制定的用以调整印花税征收与缴纳之间权利及义务关系的法律规范。原印花税的基本规范为《中华人民共和国印花税暂行条例》(以下简称印花税暂行条例),该条例 1988 年 8 月 6 日由国务院颁布,同年 10 月 1 日起正式实施。2021 年 6 月 10 日,第十三届全国人民代表大会常务委员会第二十九次会议通过《中华人民共和国印花税法》(以下简称印花税法),自 2022 年 7 月 1 日起施行。1988 年 8 月 6 日国务院发布的《中华人民共和国印花税暂行条例》同时废止。[①]

---

① 第十三届全国人民代表大会常务委员会第二十九次会议:《中华人民共和国印花税法》,中华人民共和国主席令第89号。

二、印花税的征税对象、纳税人和税目税率

(一) 印花税的征税对象

具体征税对象范围包括以下四大类:
(1) 经济合同;
(2) 产权转移书据;
(3) 营业账簿;
(4) 证券交易。

印花税法取消了原《印花税暂行条例》中"权利、许可证件照,每件5元"的规定。

(二) 印花税的纳税义务人

印花税的纳税人,是在中华人民共和国境内书立应税凭证、进行证券交易的单位和个人或在中华人民共和国境外书立在境内使用的应税凭证的单位和个人。

应税凭证,是指印花税法所附《印花税税目税率表》列明的合同、产权转移书据和营业账簿。证券交易,是指转让在依法设立的证券交易所、国务院批准的其他全国性证券交易场所交易的股票和以股票为基础的存托凭证。证券交易印花税对证券交易的出让方征收,不对受让方征收。

所称单位和个人,是指国内各类企业、事业、机关、团体、部队以及中外合资企业、合作企业、外资企业、外国公司和其他经济组织及其在华机构等单位和个人。

(三) 印花税的税目和税率

1. 税目

印花税的税目,指印花税法明确规定的应当纳税的项目,它具体划定了印花税的征税范围。一般地说,列入税目的就要征税,未列入税目的就不征税。印花税共有17个税目。

2. 税率

印花税的税率为比例税率,分为5个档次,分别是0.05‰、0.25‰、0.3‰、0.5‰、1‰。具体税目和税率如表10-1所示。

表10-1 印花税税目、税率[①]

税目		税率	备注
合同 (指书面合同)	借款合同	借款金额的0.05‰	指银行业金融机构、经国务院银行业监督管理机构批准设立的其他金融机构与借款人之间订立的合同(不包括同业拆借的借款合同)
	融资租赁合同	租金的0.5‰	
	买卖合同	价款的0.3‰	指动产买卖合同(不包括个人书立的动产买卖合同)

---

① 第十三届全国人民代表大会常务委员会第二十九次会议:《中华人民共和国印花税法》,中华人民共和国主席令第89号。

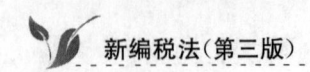

续 表

税 目		税 率	备 注
	承揽合同	报酬的0.3‰	
	建设工程合同	价款的0.3‰	
	运输合同	运输费用的0.3‰	指货运合同或多式联运合同(不包括管道运输合同)
	技术合同	价款、报酬或者使用费的0.3‰	不包括专利权、专有技术使用权转让书据
	租赁合同	租金的1‰	
	保管合同	保管费的1‰	
	仓储合同	仓储费的1‰	
	财产保险合同	保险费的1‰	不包括再保险合同
产权转移书据	土地使用权出让书据	价款的0.5‰	转让包括买卖(出售)、继承、赠与、互换、分割
	土地使用权、房屋等建筑物和构筑物所有权转让书据(不包括土地承包经营权和土地经营权转移)	价款的0.5‰	
	股权转让书据(不包括应缴纳证券交易印花税的)	价款的0.5‰	
	商标专用权、著作权、专利权、专有技术使用权转让书据	价款的0.3‰	
营业账簿		实收资本(股本)、资本公积合计金额的0.25‰	
证券交易		成交金额的1‰	

三、印花税的计算

(一) 计税依据的一般规定

印花税的计税依据为各种应税凭证上所记载的计税金额,不包括列明的增值税税款。

(1) 应税合同的计税依据,为合同所列的金额,不包括列明的增值税税款。具体规定为:

① 同业拆借合同不征收印花税;

② 个人书立的动产买卖合同不征收印花税;

③ 管道运输合同不征收印花税;

④ 再保险合同不征收印花税。

(2) 应税产权转移书据的计税依据,为产权转移书据所列的金额,不包括列明的增值税税款。

土地承包经营权和土地经营权转移不征收印花税。

(3) 应税营业账簿的计税依据,为账簿记载的实收资本(股本)、资本公积合计金额。

① 实收资本(股本),包括现金、实物、无形资产和材料物资。资本公积,包括接受捐赠、法定财产重估增值、资本折算差额、资本溢价等。如果是实物捐赠,则按同类资产的市场价格或有关凭据确定。

② 除记载资金账簿外,其他营业账簿不征收印花税。

(4) 证券交易的计税依据,为成交金额。

(二) 计税依据的特殊规定

(1) 应税合同、产权转移书据未列明金额的,印花税的计税依据按照实际结算的金额确定。

计税依据按照前款规定仍不能确定的,按照书立合同、产权转移书据时的市场价格确定;依法应当执行政府定价或者政府指导价的,按照国家有关规定确定。

(2) 证券交易无转让价格的,按照办理过户登记手续时该证券前一个交易日收盘价计算确定计税依据;无收盘价的,按照证券面值计算确定计税依据。

(3) 同一应税凭证载有两个以上税目事项并分别列明金额的,按照各自适用的税目税率分别计算应纳税额;未分别列明金额的,从高适用税率。

(4) 同一应税凭证由两方以上当事人书立的,按照各自涉及的金额分别计算应纳税额。

(5) 已缴纳印花税的营业账簿,以后年度记载的实收资本(股本)、资本公积合计金额比已缴纳印花税的实收资本(股本)、资本公积合计金额增加的,按照增加部分计算应纳税额。

(三) 应纳税额的计算方法

纳税人的应纳税额,根据应纳税凭证的性质,按照计税依据乘以适用比例税率计算,其计算公式为:

$$应纳税额 = 应税凭证计税金额 \times 适用税率$$

【例 10-5】 某企业 2022 年 8 月份开业,当年发生以下有关业务事项:领受工商营业执照 1 件;与甲企业订立专有技术使用权转移书据 1 份,所载金额 2 000 000 元;与乙企业订立产品买卖合同 1 份,所载金额为 4 000 000 元;与丙银行订立借款合同 1 份,所载金额 3 000 000 元;该企业记载资金的账簿,"实收资本""资本公积"为 7 000 000 元;其他营业账簿 10 本。试计算该企业当年应缴纳的印花税税额。

解析:(1) 计算企业订立产权转移书据应纳税额。

应纳税额 = 2 000 000 × 0.3‰ = 600(元)

(2) 计算企业订立买卖合同应纳税额。

应纳税额 = 4 000 000 × 0.3‰ = 1 200(元)

(3) 计算企业订立借款合同应纳税额。

应纳税额 = 3 000 000 × 0.05‰ = 150(元)

(4) 计算企业记载资金的账簿应纳税额。

应纳税额 = 7 000 000 × 0.25‰ = 1 750(元)

(5) 计算当年企业应纳印花税税额。

600＋1 200＋150＋1 750＝3 700(元)

四、印花税的税收优惠

下列凭证,免征印花税:

(1) 应税凭证的副本或者抄本。

(2) 依照法律规定应当予以免税的外国驻华使馆、领事馆和国际组织驻华代表机构为获得馆舍书立的应税凭证。

(3) 中国人民解放军、中国人民武装警察部队书立的应税凭证。

(4) 农民、家庭农场、农民专业合作社、农村集体经济组织、村民委员会购买农业生产资料或者销售农产品书立的买卖合同和农业保险合同。

(5) 无息或者贴息借款合同、国际金融组织向中国提供优惠贷款书立的借款合同。

无息或贴息借款合同是指我国的各专业银行按照国家金融政策发放的无息贷款以及由各专业银行发放并按有关规定由财政部门或中国人民银行给予贴息的贷款项目所签订的贷款合同。

(6) 财产所有权人将财产赠与政府、学校、社会福利机构、慈善组织书立的产权转移书据。

(7) 非营利性医疗卫生机构采购药品或者卫生材料书立的买卖合同。

(8) 个人与电子商务经营者订立的电子订单。

(9) 根据国民经济和社会发展的需要,国务院对居民住房需求保障、企业改制重组、破产、支持小型微型企业发展等情形可以规定减征或者免征印花税,报全国人民代表大会常务委员会备案。①

① 财税〔2017〕77号,财政部、税务总局关于支持小微企业融资有关税收政策的通知:自2018年1月1日至2020年12月31日,对金融机构与小型企业、微型企业签订的借款合同免征印花税。根据《财政部、税务总局关于延长部分税收优惠政策执行期限的公告》(财政部税务总局公告2021年第6号),该项优惠政策延期至2023年12月31日。②

② 财税〔2022〕8号,财政部、税务总局"对商品储备管理公司及其直属库资金账簿免征印花税"公告;对其承担商品储备业务过程中书立的购销合同免征印花税,该项优惠政策执行期限为自2022年1月1日至2023年12月31日③。

五、印花税的征收管理

(一) 纳税义务发生时间

印花税的纳税义务发生时间为纳税人书立应税凭证的当日。

证券交易印花税扣缴义务发生时间为证券交易完成的当日。

---

① 第十三届全国人民代表大会常务委员会第二十九次会议:《中华人民共和国印花税法》,中华人民共和国主席令第89号。

② 财政部 税务总局:《关于延长部分税收优惠政策执行期限的公告》,2021年第6号,2021年3月15日。

③ 财政部 税务总局:《关于延续执行部分国家商品储备税收优惠政策的公告》,2022年第8号,2022年2月21日。

(二) 纳税地点

纳税人为单位的,应当向其机构所在地的主管税务机关申报缴纳印花税;纳税人为个人的,应当向应税凭证书立地或者纳税人居住地的主管税务机关申报缴纳印花税。不动产产权发生转移的,纳税人应当向不动产所在地的主管税务机关申报缴纳印花税。

纳税人为境外单位或者个人,在境内有代理人的,以其境内代理人为扣缴义务人;在境内没有代理人的,由纳税人自行申报缴纳印花税,具体办法由国务院税务主管部门规定。

证券登记结算机构为证券交易印花税的扣缴义务人,应当向其机构所在地的主管税务机关申报解缴税款以及银行结算的利息。

(三) 纳税申报期限

印花税按季、按年或者按次计征。实行按季、按年计征的,纳税人应当自季度、年度终了之日起 15 日内申报缴纳税款;实行按次计征的,纳税人应当自纳税义务发生之日起 15 日内申报缴纳税款。①

证券交易印花税按周解缴。证券交易印花税扣缴义务人应当自每周终了之日起 5 日内申报解缴税款以及银行结算的利息。

(四) 纳税方法

印花税可以采用粘贴印花税票或者由税务机关依法开具其他完税凭证的方式缴纳。印花税票粘贴在应税凭证上的,由纳税人在每枚税票的骑缝处盖戳注销或者画销。

(五) 违章与处罚

印花税由税务机关依照本法和《中华人民共和国税收征收管理法》的规定征收管理。

纳税人、扣缴义务人和税务机关及其工作人员违反本法规定的,依照《中华人民共和国税收征收管理法》和有关法律、行政法规的规定追究法律责任。

"案例导入"解析

电厂需要缴纳印花税,第一份合同并未分别记载运费和保管费金额,则从高征收印花税,应纳印花税=500 000×1‰=500(元);第二份合同分别记载运费和保管费金额,则分别用不同的税率进行计征,应纳印花税=300 000×0.3‰+100 000×1‰=190(元)。

复习思考题

1. 车辆购置税的征税对象是什么?在什么环节征收?
2. 印花税的税目包括哪些?
3. 印花税的纳税义务人包括哪些?

---

① 第十三届全国人民代表大会常务委员会第二十九次会议:《中华人民共和国印花税法》,中华人民共和国主席令第89号。

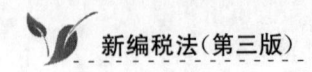

能力训练题

一、单项选择题

1. 按性质而言,车辆购置税属于( )的范畴。
   A. 直接税　　　　　　B. 间接税　　　　　　C. 中央税　　　　　　D. 地方税
2. 甲贸易公司本月购进4辆汽车(非新能源或节约能源车辆)并做下列处置,其中应当由甲公司缴纳车辆购置税的是( )。
   A. 赠送给乙公司1辆　　　　　　　　　B. 自用为通勤车1辆
   C. 作为有奖销售奖品奖励客户1辆　　　D. 加价转让给丙企业1辆
3. 下列各项中,应按"技术合同"税目征收印花税的是( )。
   A. 商品房销售合同　　　　　　　　　B. 土地使用权转让合同
   C. 专利申请转让合同　　　　　　　　D. 专利实施许可合同
4. 根据印花税法律制度的规定,下列凭证中,不需要计算印花税的是( )。
   A. 保险合同　　　　　　　　　　　　B. 产权转移书据
   C. 借款合同　　　　　　　　　　　　D. 权利、许可证照
5. 下列各项属于印花税的纳税义务人的是( )。
   A. 当事人的代理人　　　　　　　　　B. 合同的担保人
   C. 合同的鉴证人　　　　　　　　　　D. 权利许可证照的发放人

二、多项选择题

1. 印花税法的税率为比例税率,包括( )。
   A. 0.5‰　　　　B. 0.3‰　　　　C. 1‰　　　　D. 0.02‰
2. 下列各项中,不属于车辆购置税征税范围的是( )。
   A. 农用运输车　　B. 无轨电车　　C. 汽车　　　　D. 火车
3. 下列车辆中,可以免缴车辆购置税的有( )。
   A. 设有固定装置的非运输专用作业车辆
   B. 领事馆外交人员自用车辆
   C. 城市公交企业购置的公共汽电车辆
   D. 回国服务的留学人员用现汇购买1辆进口小汽车
4. 下列各项中,不属于印花税应税凭证的有( )。
   A. 无息、贴息贷款合同　　　　　　　B. 审计咨询合同
   C. 除"实收资本"和"资本公积"的其他账簿　　D. 经营许可证
5. 根据印花税法律制度的规定,下列合同中,属于印花税征税范围的有( )。
   A. 再保险合同　　　　　　　　　　　B. 借款合同
   C. 买卖合同　　　　　　　　　　　　D. 专利权转让合同

三、判断题

1. 应税凭证的副本或者抄本需要缴纳印花税。　　　　　　　　　　　　　　( )
2. 印花税征税范围包括权利、许可证照。　　　　　　　　　　　　　　　　( )
3. 车辆购置税的纳税地点是纳税人所在地。　　　　　　　　　　　　　　　( )

4. 车辆购置税是对所有新购置车辆的使用行为征税。 (   )

5. 车辆购置税实行一车一申报制度。 (   )

四、计算题

1. 某汽车 4S 店本月从某国内汽车制造厂购进 12 辆小轿车,取得的增值税专用发票上不含税价款为 100 000 元/辆,其中 2 辆本店作为后勤补给自用,3 辆放置在展厅待售,1 辆用来抵偿之前所欠 A 公司 150 000 元债务,本月销售 4 辆,其余 2 辆出口,出口离岸价每辆 140 000 元。该公司应当缴纳的车辆购置税是多少?

2. 某外贸公司于 2022 年 7 月 18 日开业,领受工商营业执照、房产证、商标注册证各一件;注册资本 480 万元,实收资本 300 万元,除记载资金的账簿外,还建有 7 本营业账簿。开业当月签订财产保险合同一份,投保金额 123 万元,收取保险费 2.5 万元;向银行借款签订合同一份,借款金额 50 万元(利率 8%);签订买卖合同一份,合同注明不含增值税价款 150 万元。8 月份该企业与某公司签订技术所有权转让合同一份,金额为 30 万元;与货运公司签订运输合同一份,支付运输费 7 万元,装卸费 0.4 万元。营业账簿册数未变,只是记载资金的实收资本数额增加到 380 万元。试计算该企业 2022 年 7 月和 8 月应纳的印花税。

第十一章 税收征管法

目标与要求

知识目标与要求：了解税收征管法的立法目的，税务检查的形式、方法和职责；了解税收征纳双方法律责任；理解税收征收管理法的适用范围和遵守主体。

能力目标与要求：掌握税务管理的内容和税款征收的方式。

思政目标与要求：通过学习税款的征收管理制度规定，了解纳税人的法律责任，懂得如何利用税收优惠政策，为自己和公司谋求正当的利益，而不是通过偷税漏税为企业谋取利益。努力做到遵守职业道德，诚信纳税，敬畏规则，培养"爱岗敬业"精神。结合上市公司偷、逃税等财务造假的案例，培养今后无论是在企业的税务会计还是在普通纳税人的角色上，都具有高度的社会责任感和依法纳税的意识。

案例导入

某个体餐馆老板王某欠缴 2022 年 8 月份税款 15 000 元，县税务机关责令其在 9 月 18 日前缴纳，但王某在未缴纳税款的情况下，于 9 月 16 日将餐馆转让、财产转移，致使县税务机关无法追缴其欠缴的税款。

思考：王某欠缴税款属于什么行为？税务机关对该案应如何处理？

第一节 税收征管法概述

一、税收征管法的概念

《中华人民共和国税收征收管理法》（以下简称《税收征管法》）是指调整税收征收与管理过程中所发生的社会关系的法律规范的总称，包括税收征收管理法及税收征收管理的有关法律、法规和规章。《税收征管法》是为了加强税收征收管理，规范税收征收和缴纳行为,保障国家税收收入,保护纳税人的合法权益,促进经济和社会发展而制定的法律。

《中华人民共和国税收征收管理法》由第七届全国人民代表大会常务委员会第二十一次会议于1992年9月4日通过,自1993年1月1日起施行。现行版本为2015年4月24日第十二届全国人民代表大会常务委员会第十四次会议修正。

二、税收征管法的立法目的和适用范围

(一)立法目的

1. 加强税收征收管理

税收是国家财政的重要来源,而税收征收管理则是贯彻落实政策、确保国家财政来源的重要保证。通过制定一部统一的税收征收管理法律,真正加强税收征收管理。

2. 规范税收征收和缴纳行为

税务机关、税务人员的税收征收和纳税人的缴纳行为是否标准规范,直接关系到税收收入是否能及时、足额地入库。因此,《税收税管法》要为其提供标准和规范,保障税收工作的顺利完成。

3. 保障国家税收收入

税收是财政收入的主要来源,是经济建设的重要财力支柱。税收征收管理作为国家行政行为,要保障国家的税收收入,维护国家的利益。

4. 保护纳税人的合法利益

税收是国家强制向纳税人征收的,纳税人必须按国家法律、行政法规的规定缴纳税款。税收的征收行为必须合法,任何不符合国家法律、行政法规规定的征税行为,都是侵害了纳税人的合法权益,都是国家法律不允许的,都是违法的行为。

5. 促进经济和社会发展

我国的税收取之于民,用之于民,具有调节经济的杠杆作用。《税收税管法》保证税收政策准确贯彻实施,充分发挥税收经济调控职能,促进社会主义市场经济和社会健康发展的需要。

(二)适用范围

《税收征管法》第二条规定:"凡依法由税务机关征收的各种税收的征收管理,均适用本法。"这就明确界定了《税收征管法》的适用范围。

《税收税管法》适用于凡依法由税务机关征收的各种税收的征收管理,包括对国内企业、事业单位和个人所征收的税种和在中华人民共和国境内的外商投资企业、外国企业以及外籍个人所征收的税种的征收管理。

值得注意的是,目前还有一部分费由税务机关征收,如教育费附加。这些费不适用《税收征管法》,不能采取《税收征管法》规定的措施,其具体管理办法由各种费的条例和规章决定。海关征收和代征的税种也不适用《税收征管法》。

三、税收征管法的遵守主体

（一）税务行政主体

《税收征管法》规定:"国务院税务主管部门主管全国税收征收管理工作。各地税务局应当按照国务院规定的税收征收管理范围分别进行征收管理;税务机关是指各级税务局、税务分局、税务所和省以下税务局的稽查局。稽查局专司偷税、逃避追缴欠税、骗税、抗税案件的查处;国家税务总局应明确划分税务局和稽查局的职责,避免职责交叉。"这些规定既明确了税收征收管理的行政主体(即执法主体),也明确了《税收征管法》的遵守主体。

（二）税务行政管理相对人

税务行政管理相对人,是指纳税人、扣缴义务人和其他有关单位。纳税人、扣缴义务人必须依照法律、行政法规规定缴纳税款、代扣代缴、代收代缴税款;纳税人、扣缴义务人和其他有关单位应当按照国家有关规定如实向税务机关提供与纳税和代扣代缴、代收代缴税款有关的信息。

（三）有关单位和部门

地方各级人民政府应当依法加强对本行政区域内税收征收管理工作的领导或者协调,支持税务机关依法执行职务,依照法定税率计算税额,依法征收税款。各有关部门和单位应当支持、协助税务机关依法执行职务。

第二节 税务管理

一、税务管理的概念

税务管理,是指税收征收管理机关为了贯彻、执行国家税收法律制度,加强税收工作,协调征税关系而对纳税人和扣缴义务人实施的基础性的管理制度和管理行为。

税务管理主要包括税务登记管理、账簿和凭证管理、发票管理和纳税申报管理等。

二、税务登记管理

（一）税务登记的概念和范围

1. 税务登记的概念

税务登记,是税务机关对纳税人的生产、经营活动进行登记并据此对纳税人实施税务管理的一种法定制度。税务登记又称纳税登记,它是税务机关对纳税人实施税收管理的首要环节和基础工作,是整个税收征收管理的起点,其作用在于掌握纳税人的基本情况和税源分布情况。从税务登记开始,纳税人的身份及征纳双方的法律关系即得到确认,纳税人必须依法履行义务。

2. 税务登记的范围

企业,企业在外地设立的分支机构和从事生产、经营的场所,个体工商户和从事生产、经营的事业单位,都应当办理税务登记。上述规定以外的纳税人,除国家机关、个人和无固定生产经营场所的流动性农村小商贩外,也应当办理税务登记。根据税收法律、行政法规的规定,负有扣缴义务的扣缴义务人(国家机关除外),均应当办理扣缴税款登记。

(二)税务登记的内容

1. 设立税务登记

企业,企业在外地设立的分支机构和从事生产、经营的场所,个体工商户和从事生产、经营的事业单位(以下统称从事生产、经营的纳税人),向生产、经营所在地税务机关申报办理税务登记。

根据2014年国家税务总局《关于推进工商营业执照、组织机构代码证和税务登记证"三证合一"改革的若干意见》,税务登记证和工商营业执照、组织机构代码证实行"三证合一",由"三证联办"和"一证三码"逐渐发展为"一证一码"。"三证联办"是指工商、质监、税务部门实现工商营业执照、组织机构代码证和税务登记证"三证"联办同发。"一证三码"是工商、质监、税务部门的工商营业执照、组织机构代码证和税务登记证共同赋码,向市场主体发放包含"三证"功能三个代码的证照,简称"一证三码"。

根据2015年国家税务总局《关于落实"三证合一"登记制度改革的通知》,自2015年10月1日起,新设立企业、农民专业合作社领取由工商行政管理部门核发加载法人和其他组织社会统一社会信用代码的营业执照后,无须再次进行税务登记,不再领取税务登记证。企业办理涉税事宜时,在完成补充信息采集后,凭加载统一代码的营业执照可代替税务登记证使用。工商登记"一个窗口"统一受理申请后,申请材料和登记信息在部门间共享,各部门数据互换、档案互认。

从2016年10月1日起,全国范围内实施"五证合一""一照一码"登记,各地将在原有的工商营业执照、组织机构代码证、税务登记证"三证合一"改革基础上,整合社会保险登记证和统计登记证,推进"五证合一"改革。实行营业执照、组织机构代码证、税务登记证、社会保险登记证和统计登记证"五证合一"登记制度(简称"五证合一")

根据国家税务总局2016年《关于明确社会组织等纳税人使用统一社会信用代码及办理税务登记有关问题的通知》,对于2016年1月1日以后在机构编制、民政部门登记设立并取得统一社会信用代码的纳税人,以18位统一社会信用代码为其纳税人识别号,按照现行规定办理税务登记,发放税务登记证件。

2. 变更税务登记

变更税务登记,是指纳税人税务登记内容发生变化时向税务机关申报办理的税务登记手续。

(1)适用范围。

发生改变名称,改变法人,改变经济性质或经济类型,改变住所和经营地点,增减注册资本,改变隶属关系,改变或增减银行账号等。

(2)时间要求。

纳税人税务登记内容发生变化的,应当自工商行政管理机关或者其他机关办理变更登记之日起30日内,持有关证件、资料向原税务登记机关申报办理变更税务登记。纳税人税务登记内容发生变化,不需要到工商行政管理机关或者其他机关办理变更登记的,应当自发生变化之日起 30 日内，持有关证件、资料向原税务登记机关申报办理变更税务登记。

(3) 税务机关应当于受理当日办理变更税务登记。

3. 注销税务登记

注销税务登记，是指纳税人由于出现法定情形终止纳税义务时，向原税务机关申请办理的取消税务登记的手续。

(1) 适用范围。

纳税人因经营期限届满而自动解散；企业由于改组、分立、合并等原因而被撤销；企业资不抵债而破产；纳税人住所、经营地址迁移而涉及改变原主管税务机关的；等等。

(2) 时间要求。

纳税人发生解散、破产、撤销以及其他情形，依法终止纳税义务的，应当在向工商行政管理机关或者其他机关办理注销登记前，持有关证件向原税务登记机关申报办理注销税务登记；按照规定不需要在工商行政管理机关或者其他机关办理注册登记的，应当自有关机关批准或者宣告终止之日起 15 日内，持有关证件向原税务登记机关申报办理注销税务登记。

纳税人因住所、经营地点变动，涉及改变税务登记机关的，应当在向工商行政管理机关或者其他机关申请办理变更或者注销登记前或者住所、经营地点变动前，向原税务登记机关申报办理注销税务登记，并在 30 日内向迁达地税务机关申报办理税务登记。

纳税人被工商行政管理机关吊销营业执照或者被其他机关予以撤销登记的，应当自营业执照被吊销或者被撤销登记之日起 15 日内，向原税务登记机关申报办理注销税务登记。

境外企业在中国境内承包建筑、安装、装配、勘探工程和提供劳务的，应当在项目完工、离开中国前 15 日内，持有关证件和资料，向原税务登记机关申报办理注销税务登记。

纳税人在办理注销税务登记前，应当向税务机关结清应纳税款、滞纳金、罚款，缴销发票、税务登记证件和其他税务证件。

4. 停业、复业登记

实行定期定额征收方式的纳税人，在营业执照核准的经营期限内需要停业的，应当向税务机关提出停业登记，说明停业的理由、时间，停业前的纳税情况，以及发票的领、用、存情况，并如实填写申请停业登记表。

纳税人的停业期限不得超过一年。

三、账簿和凭证管理

(一) 账簿的设置管理

从事生产、经营的纳税人应当自领取营业执照或者发生纳税义务之日起 15 日内，按照国家有关规定设置账簿。账簿，是指总账、明细账、日记账以及其他辅助性账簿。总账、日记账应当采用订本式。

生产、经营规模小又确无建账能力的纳税人，可以聘请经批准从事会计代理记账业务的专业机构或者经税务机关认可的财会人员代为建账和办理账务；聘请上述机构或者人员有实际困难的，经县以上税务机关批准，可以按照税务机关的规定，建立收支凭证粘贴簿、进货销货登记簿或者使用税控装置。

（二）对纳税人财务会计制度及其处理办法的管理

从事生产、经营的纳税人应当自领取税务登记证件之日起 15 日内，将其财务、会计制度，以及具体的财务、会计处理办法报送主管税务机关备案。

纳税人使用计算机记账的，应当在使用前将会计电算化系统的会计核算软件、使用说明书及有关资料报送主管税务机关备案。纳税人建立的会计电算化系统应当符合国家有关规定，并能正确、完整地核算其收入或者所得。

扣缴义务人应当自税收法律、行政法规规定的扣缴义务发生之日起 10 日内，按照所代扣、代收的税种，分别设置代扣代缴、代收代缴税款账簿。

纳税人、扣缴义务人会计制度健全，能够通过计算机正确、完整地计算其收入和所得或者代扣代缴、代收代缴税款情况的，其计算机输出的完整的书面会计记录，可视同会计账簿。纳税人、扣缴义务人会计制度不健全，不能通过计算机正确、完整地计算其收入和所得或者代扣代缴、代收代缴税款情况的，应当建立总账及与纳税或者代扣代缴、代收代缴税款有关的其他账簿。

账簿、会计凭证和报表，应当使用中文。民族自治地方可以同时使用当地通用的一种民族文字。外商投资企业和外国企业可以同时使用一种外国文字。

从事生产、经营的纳税人、扣缴义务人必须按照国务院财政、税务主管部门规定的保管期限保管账簿、记账凭证、完税凭证及其他有关资料。账簿、记账凭证、报表、完税凭证、发票、出口凭证以及其他有关涉税资料应当保存 10 年；但是，法律、行政法规另有规定的除外。账簿、记账凭证、完税凭证及其他有关资料不得伪造、编造或者擅自毁损。

四、纳税申报管理

纳税申报是纳税人发生纳税义务后依照税法规定的期限和内容，向税务机关提交有关纳税事项书面报告的法律行为，既是纳税人履行纳税义务、界定纳税人法律责任的主要依据，也是税务机关税收管理信息的主要来源和税务管理的重要制度。

（一）纳税申报的内容

纳税人和扣缴义务人的纳税申报和代扣代缴、代收代缴税款报告的主要内容包括税种、税目，应纳税项目或者应代扣代缴、代收代缴税款项目，计税依据，扣除项目及标准，适用税率或者单位税额，应退税项目及税额、应减免税项目及税额，应纳税额或者应代扣代缴、代收代缴税额，以及税款所属期限、延期缴纳税款、欠税、滞纳金等。

（二）纳税申报的方式

经税务机关批准，纳税人、扣缴义务人可以采取直接申报、邮寄申报、数据电文申报等方式办理纳税申报或者报送代扣代缴、代收代缴税款报告表。实行定期定额缴纳税款的纳税人，可以实行简易申报、简并征期等申报纳税方式。

（三）纳税申报的要求

纳税人办理纳税申报时，应当如实填写纳税申报表，并根据不同的情况相应报送下列有关证件、资料：

（1）财务会计报表及其说明材料。

(2) 与纳税有关的合同、协议书及凭证。
(3) 税控装置的电子报税资料。
(4) 外出经营活动税收管理证明和异地完税凭证。
(5) 境内或者境外公证机构出具的有关证明文件。
(6) 税务机关规定应当报送的其他有关证件、资料。
(7) 扣缴义务人办理代扣代缴、代收代缴税款报告时,应当如实填写代扣代缴、代收代缴税款报告表,并报送代扣代缴、代收代缴税款的合法凭证以及税务机关规定的其他有关证件、资料。

第三节 税款征收和税务检查

一、税款征收方式

税款征收是税务机关依照法律、行政法规的规定将纳税人应纳的税款组织入库的一系列活动的总称。税款征收是税收征收管理工作中的中心环节,是全部税收征管工作的目的和归宿,在整个税收工作中占据着极其重要的地位。

税款征收方式,是指税务机关根据各税种的不同特点、征纳双方的具体条件而确定的计算征收税款的方法和方式。税款征收的方式主要有以下几种。

(一) 查账征收

查账征收是指税务机关按照纳税人提供的账表所反映的经营情况,依照使用税率计算缴纳税款的方式。这种方式一般适用于财务会计制度较为健全,能够认真履行纳税义务的纳税单位。

(二) 查定征收

查定征收是指税务机关根据纳税人的从业人员、生产设备、采用原材料等因素,对其生产的应税产品查实核定产量、销售额并据以征收税款的方式。这种方式一般适用于账册不够健全,但是能够控制原材料或进销货的纳税单位。

(三) 查验征收

查验征收是指税务机关通过查验数量,对纳税人应税商品按市场一般销售单价计算其销售收入并据以征税的方式。这种方式一般适用于经营品种比较单一,经营地点、时间和商品来源不固定的纳税单位。

(四) 定期定额征收

定期定额征收是指税务机关通过典型调查,逐户确定营业额和所得额并据以征税的方式。这种方式一般适用于无完整考核依据的小型纳税单位。

(五) 委托代征税款

委托代征税款是指税务机关委托代征人以税务机关的名义征收税款,并将税款缴入国库的方式。这种方式一般适用于小额、零散税源的征收。

（六）邮寄纳税

邮寄纳税这种方式主要适用于那些有能力按期纳税，但采用其他方式纳税又不方便的纳税人。

（七）其他方式

如利用网络申报、用 IC 卡纳税等方式。适用于采用电子方式办理纳税的纳税单位。

二、税务检查

税务检查是税收征收管理的一个重要环节。税务检查是税务机关依法对纳税人履行缴纳税款义务和扣缴义务人履行代扣、代收税款义务的状况所进行的监督检查。纳税人、扣缴义务人必须接受税务机关依法进行的税务检查，如实反映情况，提供有关资料，不得拒绝、隐瞒。税务机关依法进行税务检查时，有关部门和单位应当支持、协助。

（一）税务检查的形式和方法

1. 税务检查的形式

（1）重点检查，是指对公民举报、上级机关交办或有关部门转来的有偷税行为或偷税嫌疑的，纳税申报与实际生产经营情况有明显不符合的纳税人及有普遍逃税行为的行业，依法进行的检查。

（2）分类计划检查，是指根据纳税人历来纳税情况、纳税人的纳税规模及税务检查间隔时间的长短等综合因素，按事先确定的纳税人分类、计划检查时间及检查频率而依法进行的检查。

（3）集中性检查，是指税务机关在一定时间、一定范围内，统一安排、统一组织地依法进行的检查。这种检查一般规模比较大。

（4）临时性检查，是指税务机关根据不同的经济形势、偷逃税趋势、税收任务完成情况等综合因素，在正常检查计划之外的依法进行的检查。

（5）专项检查，是指税务机关根据税收工作实际，对某一税种或税收征收管理某一环节进行的检查。

2. 税务检查的方法

（1）全查法，是指依法对被查纳税人在一定时期内所有会计凭证、账簿、报表及各种存货进行全面、系统检查的一种方法。

（2）抽查法，是指依法对被查纳税人在一定时期内所有的会计凭证、账簿、报表及各种存货抽取一部分进行检查的一种方法。

（3）顺查法，是指依法对被查纳税人按照其会计核算的顺序，依次检查一定时期内的会计凭证、账簿、报表，并将其相互核对的一种方法。

（4）逆查法，与顺查法对称，是指依法对被查纳税人按照逆会计核算的顺序，依次检查一定时期内的会计报表、账簿、凭证，并将其相互核对的一种方法。

（5）现场检查法，与调账检查法对称，指税务机关派人到被查纳税人的机构办公室地点对其账务资料进行检查。

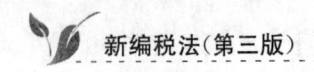

(6) 调账检查法，是指将被查纳税人的纳税资料调到税务机关进行检查。

(7) 比较分析法，是指将被查纳税人检查期有关财务指标的实际完成数进行横向和纵向比较，分析其异常变化情况，从中发现纳税问题的线索。

(8) 控制计算法，也称逻辑推算法，指根据被查纳税人财务数据的相互关系，用可靠或科学测定的数据，验证其检查期账面记录或申报的资料是否正确。

(9) 审阅法，是指对被查纳税人的会计账簿、凭证等账务资料，通过直观的审查阅览，发现在纳税方面存在的问题。

(10) 核对法，是指对被查纳税人的各种相关联的会计凭证、账簿、报表及实物进行相互核对，验证其在纳税方面存在的问题。

(11) 观察法，是指通过在被查纳税人的生产经营场所、仓库、工地等现场实地观察其生产经营及存货等情况，以发现纳税问题或验证账中可疑问题。

(12) 外调法，是指对被查纳税人有怀疑或已掌握一定线索的经济事项，通过向其有经济联系的单位或个人进行调查，予以查证核实。

(13) 盘存法，是指通过对被查纳税人的货币资金、存货、固定资产等实物进行盘点清查，核实其账实是否相符，进而发现纳税问题。

(14) 交叉稽核法，是指国家为加强增值税专用发票管理，应用计算机将开出的增值税专用发票抵扣联与存根联进行交叉稽核，以套出虚开及假开发票行为，避免国家税款流失。

（二）税务检查的职责

(1) 税务机关有权进行下列税务检查：

① 检查纳税人的账簿、记账凭证、报表和有关资料，检查扣缴义务人代扣代缴、代收代缴税款账簿、记账凭证和有关资料；

② 到纳税人的生产、经营场所和货物存放地检查纳税人应纳税的商品、货物或者其他财产，检查扣缴义务人与代扣代缴、代收代缴税款有关的经营情况；

③ 责成纳税人、扣缴义务人提供与纳税或者代扣代缴、代收代缴税款有关的文件、证明材料和有关资料；

④ 询问纳税人、扣缴义务人与纳税或者代扣代缴、代收代缴税款有关的问题和情况；

⑤ 到车站、码头、机场、邮政企业及其分支机构检查纳税人托运、邮寄应纳税商品、货物或者其他财产的有关单据、凭证和有关资料；

⑥ 经县以上税务局（分局）局长批准，凭全国统一格式的检查存款账户许可证明，查询从事生产、经营的纳税人、扣缴义务人在银行或者其他金融机构的存款账户。税务机关在调查税收违法案件时，经设区的市、自治州以上税务局（分局）局长批准，可以查询案件涉嫌人员的储蓄存款。税务机关查询所获得的资料，不得用于税收以外的用途。

(2) 税务机关对纳税人以前纳税期的纳税情况依法进行税务检查时，发现纳税人有逃避纳税义务的行为，并有明显的转移、隐匿其应纳税的商品、货物、其他财产或者应纳税收入的迹象，可以按照批准权限采取税收保全措施或者强制执行措施。

(3) 纳税人、扣缴义务人必须接受税务机关依法进行的税务检查，如实反映情况，提供有关资料，不能拒绝、隐瞒。

(4) 税务机关依法进行税务检查时，有权向有关的单位和个人调查纳税人、扣缴义务人和其他当事人与纳税或者代扣代缴、代收代缴税款有关的情况,有关单位和个人有义务向税务机关如实提供有关资料及证明材料。

(5) 税务机关调查税务违法案件时,对与案件有关的情况和资料,可以记录、录音、录像、照相和复制。

(6) 税务人员进行税务检查时,应当出示税务检查证和税务检查通知书。

(7) 税务机关对纳税人、扣缴义务人及其他当事人处以罚款或者没收违法所得时,应当开付罚没凭证;未开付罚没凭证的,纳税人、扣缴义务人以及其他当事人有权拒绝给付。

(8) 对采用电算化会计系统的纳税人,税务机关有权对其会计电算化系统进行检查,并可复制与纳税有关的电子数据作为证据。

第四节 税收法律责任

一、税收法律责任概述

税收法律责任,是指税收法律关系主体违反税收法律制度的行为所引起的不利法律后果,分为行政责任和刑事责任。

行政责任,是指经济法主体违反经济法律法规依法应承担的行政法律后果,包括行政处分和行政处罚两种。行政处分种类有警告、记过、记大过、降级、撤职和开除。行政处罚种类有警告、罚款、没收违法所得、没收非法财物、责令停产停业、暂扣或者吊销许可证、暂扣或者吊销执照、行政拘留、其他等。

二、征纳双方违反税收法律制度的法律责任

(一) 纳税人的一般法律责任

(1) 纳税人有下列行为之一的,由税务机关责令限期改正,可以处 2 000 元以下的罚款;情节严重的,处 2 000 元以上 10 000 元以下的罚款:

① 未按照规定的期限申报办理税务登记、变更或者注销登记的。

② 未按照规定设置、保管账簿或者保管记账凭证和有关资料的。

③ 未按照规定将财务、会计制度或者财务、会计处理办法和会计核算软件报送税务机关备查的。

④ 未按照规定将其全部银行账号向税务机关报告的。

⑤ 未按照规定安装、使用税控装置,或者损毁或者擅自改动税控装置的。

⑥ 纳税人未按照规定办理税务登记证件验证或者换证手续的。

(2) 纳税人不办理税务登记的,由税务机关责令限期改正;逾期不改正的,经税务机关提请,由工商行政管理机关吊销其营业执照。

(3) 纳税人未按照规定使用税务登记证件,或者转借、涂改、毁损、买卖、伪造税务登记证件的,处 2 000 元以上 10 000 元以下的罚款;情节严重的,处 10 000 元以上 50 000 元以下的罚款。

(4) 纳税人通过提供虚假的证明资料等手段,骗取税务登记证的,处 2 000 元以下的罚

款;情节严重的,处 2 000 元以上 10 000 元以下的罚款。纳税人涉嫌其他违法行为的,按有关法律、行政法规的规定处理。

(二)扣缴义务人的法律责任

(1) 扣缴义务人未按照规定办理扣缴税款登记的,税务机关应当自发现之日起 3 日内责令其期限改正,并可处以 1 000 元以下的罚款。

(2) 扣缴义务人未按照规定设置、保管代扣代缴、代收代缴税款账簿或者保管代扣代缴、代收代缴税款记账凭证及有关资料的,由税务机关责令限期改正,可以处 2 000 元以下的罚款;情节严重的,处 2 000 元以上 5 000 元以下的罚款。

(三)迟延办理纳税申报和报送纳税资料的法律责任

纳税人未按照规定的期限办理纳税申报和报送纳税资料的,或者扣缴义务人未按照规定的期限向税务机关报送代扣代缴、代收代缴税款报告表和有关资料的,由税务机关责令限期改正,可以处 2 000 元以下的罚款;情节严重的,可以处 2 000 元以上 10 000 元以下的罚款。

(四)偷税的法律责任

纳税人伪造、变造、隐匿、擅自销毁账簿、记账凭证,或者在账簿上多列支出或者不列、少列收入,或者经税务机关通知申报而拒不申报或者进行虚假的纳税申报,不缴或者少缴应纳税款的,是偷税。对纳税人偷税的,由税务机关追缴其不缴或者少缴的税款、滞纳金,并处不缴或者少缴的税款 50% 以上 5 倍以下的罚款;构成犯罪的,依法追究刑事责任。扣缴义务人采取前述所列手段,不缴或者少缴已扣、已收税款,由税务机关追缴其不缴或者少缴的税款、滞纳金,并处不缴或者少缴的税款 50% 以上 5 倍以下的罚款;构成犯罪的,依法追究刑事责任。

(五)虚假申报或不进行申报的法律责任

纳税人、扣缴义务人编造虚假计税依据的,由税务机关责令限期改正,并处 50 000 元以下的罚款。纳税人不进行纳税申报,不缴或者少缴应纳税款的,由税务机关追缴其不缴或者少缴的税款、滞纳金,并处不缴或者少缴的税款 50% 以上 5 倍以下的罚款;构成犯罪的,依法追究刑事责任。

(六)逃避追缴欠税的法律责任

纳税人欠缴应纳税款,采取转移或者隐匿财产的手段,妨碍税务机关追缴欠缴的税款的,由税务机关追缴欠缴的税款、滞纳金,并处欠缴税款 50% 以上 5 倍以下的罚款;构成犯罪的,依法追究刑事责任。

扣缴义务人应扣未扣、应收而不收税款的,由税务机关向纳税人追缴税款,对扣缴义务人处应扣未扣、应收未收税款 50% 以上 3 倍以下的罚款。

(七)骗取出口退税的法律责任

以假报出口或者其他欺骗手段,骗取国家出口退税款的,由税务机关追缴其骗取的退税款,并处骗取税款 1 倍以上 5 倍以下的罚款;构成犯罪的,依法追究刑事责任。

(八)抗税的法律责任

以暴力、威胁方法拒不缴纳税款的,是抗税,除由税务机关追缴其拒缴的税款、滞纳金外,依法追究刑事责任。情节轻微,未构成犯罪的,由税务机关追缴其拒缴的税款、滞纳金,并处拒缴税款1倍以上5倍以下的罚款。

(九) 在规定期限内不缴或者少缴税款的法律责任

纳税人、扣缴义务人在规定期限内不缴或者少缴应纳或者应解缴的税款,经税务机关责令限期缴纳,逾期仍未缴纳的,税务机关除依照规定采取强制执行措施追缴其不缴或者少缴的税款外,可以处不缴或者少缴的税款50%以上5倍以下的罚款。

(十) 扣缴义务人不履行扣缴义务的法律责任

扣缴义务人应扣未扣、应收而不收税款的,由税务机关向纳税人追缴税款,对扣缴义务人处应扣未扣、应收未收税款50%以上3倍以下的罚款。

(十一) 不配合税务机关依法检查的法律责任

纳税人、扣缴义务人逃避、拒绝或者以其他方式阻挠税务机关检查的,由税务机关责令改正,可以处1万元以下的罚款;情节严重的,处10 000元以上50 000元以下的罚款。

(十二) 非法印制发票的法律责任

增值税专用发票由国务院税务主管部门指定的企业印制;其他发票,按照国务院税务主管部门的规定,分别由省、自治区、直辖市国家税务局、地方税务局指定企业印制。

非法印制发票的,由税务机关销毁非法印制的发票,没收违法所得和作案工具,并处10 000元以上50 000元以下的罚款;构成犯罪的,依法追究刑事责任。

(十三) 有税收违法行为而拒不接受税务机关处理的法律责任

从事生产、经营的纳税人、扣缴义务人有本法规定的税收违法行为,拒不接受税务机关处理的,税务机关可以收缴其发票或者停止向其发售发票。

(十四) 银行及其他金融机构拒绝配合税务机关依法执行职务的法律责任

(1) 银行和其他金融机构未依照《税收征管法》的规定在从事生产、经营的纳税人的账户中登录税务登记证件号码,或者未按规定在税务登记证件中登录从事生产、经营的纳税人的账户账号的,由税务机关责令其限期改正,处2 000元以上20 000元以下的罚款;情节严重的,处20 000元以上50 000元以下的罚款。

(2) 为纳税人、扣缴义务人非法提供银行账户、发票、证明或者其他方便,导致未缴、少缴税款或者骗取国家出口退税款的,税务机关除没收其违法所得外,可以处未缴、少缴或者骗取的税款1倍以下的罚款。

(3) 纳税人、扣缴义务人的开户银行或者其他金融机构拒绝接受税务机关检查纳税人、扣缴义务人存款账户,或者拒绝执行税务机关做出的冻结存货或者扣缴税款的决定,或者在接到税务机关的书面通知后帮助纳税人、扣缴义务人转移存款,造成税款流失的,由税务机关处100 000元以上500 000元以下的罚款,对直接负责的主管人员和其他直接责任人员处1 000元以上10 000元以下的罚款。

(十五) 擅自改变税收征收管理范围的法律责任

税务机关违反规定擅自改变税收征收管理范围和税款入库预算级次的,责令限期改正,对直接负责的主管人员和其他直接责任人员依法给予降级或者撤职的行政处分。

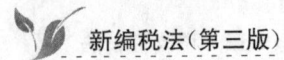

(十六) 不移送的法律责任

纳税人、扣缴义务人有税收征管法规定的第六十三条、第六十五条、第六十六条、第六十七条、第七十一条规定的行为涉嫌犯罪的,税务机关应当依法移送司法机关追究刑事责任。税务人员徇私舞弊,对依法应当移送司法机关追究刑事责任的不移送,情节严重的,依法追究刑事责任。

(十七) 税务人员不依法行政的法律责任

税务人员与纳税人、扣缴义务人勾结,唆使或者协助纳税人、扣缴义务人有本法第六十三条、第六十五条、第六十六条规定的行为,构成犯罪的,按照《刑法》关于共同犯罪的规定处罚;尚不构成犯罪的,依法给予行政处分。税务人员私分扣押、查封的商品、货物或者其他财产,情节严重,构成犯罪的,依法追究刑事责任;尚不构成犯罪的,依法给予行政处分。

(十八) 渎职行为的法律责任

(1) 税务人员利用职务上的便利,收受或者索取纳税人、扣缴义务人财物或者谋取其他不正当利益,构成犯罪的,依法追究刑事责任;尚不构成犯罪的,依法给予行政处分。

(2) 税务人员徇私舞弊或者玩忽职守,不征收或者少征应征税款,致使国家税收遭受重大损失,构成犯罪的,依法追究刑事责任;尚不构成犯罪的,依法给予行政处分。

(3) 税务人员滥用职权,故意刁难纳税人、扣缴义务人的,调离税收工作岗位,并依法给予行政处分。

(4) 税务人员对控告、检举税收违法违纪行为的纳税人、扣缴义务人以及其他检举人进行打击报复,依法给予行政处分;构成犯罪的,依法追究刑事责任。

(十九) 不按规定征收税款的法律责任

(1) 违反法律、行政法规的规定提前征收、延缓征收或者摊派税款的。由其上级机关或者行政监察机关责令改正。对直接负责的主管人员和其他直接责任人员依法给予行政处分。

(2) 违反法律、行政法规的规定,擅自做出税收的开征、停征或者减税、免税、退税、补税以及其他同税收法律、行政法规相抵触的决定的,除依照本法规定撤销其擅自做出的决定外,补征应征未征税款,退还不应征收而征收的税款,并由上级机关追究直接负责的主管人员和其他直接责任人员的行政责任;构成犯罪的,依法追究刑事责任。

(3) 罚款额在2 000元以下的,可以由税务所决定。

(二十) 违反税务代理的法律责任

税务代理人违反税收法律、行政法规,造成纳税人未缴或者少缴税款的,除由纳税人缴纳或者补缴应纳税款、滞纳金外,对税务代理人处纳税人未缴或者少缴税款50%以上3倍以下的罚款。

纳税担保试行办法

"案例导入"解析

本案中根据《税收征管法》第65条规定,纳税人欠缴应纳税款,采取转移或者隐匿财产的手段,妨碍税务机关追缴欠缴的税款属于逃税行为。因此,王某的行为构成偷税。

税务机关应该追缴欠缴的税款、滞纳金,并处欠缴税款的50%以上5倍以下的罚款;构成犯罪的,依法追究刑事责任。

复习思考题

1. "五证合一"的具体内容是什么?
2. 税款征收方式主要有哪些?
3. 简述税收征管法的遵守主体。
4. 简述税务检查的方法。
5. 简述税收法律责任包括的内容。

能力训练题

一、单项选择题

1. ( )是税务机关对纳税人实施税收管理的首要环节和基础工作,是整个税收征收管理的起点。
  A. 税务登记　　　B. 税款征收　　　C. 税务检查　　　D. 法律责任

2. 从事生产、经营的纳税人、扣缴义务人必须按照国务院财政、税务主管部门规定的保管期限保管账簿、记账凭证、完税凭证及其他有关资料( )年。
  A. 2　　　　　　B. 5　　　　　　C. 10　　　　　　D. 15

3. 甲公司伪造、变造账簿、记账凭证,造成少缴应纳税款。对于甲公司偷税行为,税务机关应( )。
  A. 责令期限改正,可以处2 000元以下罚款
  B. 处2 000元以上10 000元以下罚款
  C. 处10 000元以上50 000元以下罚款
  D. 处不缴或者少缴税款的50%以上5倍以下的罚款,构成犯罪的依法追究刑事责任

4. 下列不属于税务管理主要内容的是( )。
  A. 税务登记管理　　　　　　　　B. 发票管理
  C. 企业财务管理　　　　　　　　D. 纳税申报管理

5. 从事生产、经营的纳税人应当自领取营业执照或者发生纳税义务之日起( )日内按照国家有关规定设置账簿。
  A. 10　　　　　　B. 15　　　　　　C. 20　　　　　　D. 30

二、多项选择题

1. 账簿、记账凭证、完税凭证及其有关资料不得( )。
  A. 复印　　　　　B. 伪造　　　　　C. 变造　　　　　D. 擅自销毁

2. 税务行政主体包括( )。
  A. 征纳对象　　　B. 纳税人　　　　C. 海关　　　　　D. 税务机关

3. 根据税收征收管理法律制度的规定,下列各项中属于税款征收方式的有( )。
  A. 查验征收　　　B. 定期定额征收　C. 查账征收　　　D. 查定征收

4. 纳税人办理税务登记后,发生(　　　　)情况,应办理税务变更登记。
   A. 应改变住所　　　B. 增减银行账号　　　C. 改变隶属关系　　　D. 改变法定代表人
5. 现行《税收征管法》规定的逃税手段有(　　　　)。
   A. 欠缴税款,采取转移的手段,妨碍税务机关追缴欠缴的税款
   B. 欠缴税款,采取隐匿财产的手段,妨碍税务机关追缴欠缴的税款
   C. 编造虚假计税依据或不进行纳税申报
   D. 经税务机关通知申报而拒不申报或者进行虚假的纳税申报

三、判断题

1. 税务机关按照一地一证的原则,核发《外管证》,《外管证》有效期限一般为30日,最长不得超过180天。　　　　　　　　　　　　　　　　　　　　　　(　　)
2. 税务机关调查税务违法案件时,对与案件无关的情况和资料,可以记录、录音、录像、照相和复制。　　　　　　　　　　　　　　　　　　　　　　(　　)
3. 税收法律责任分为行政责任和刑事责任两种。　　　　　　　　　　　(　　)
4. 纳税人使用计算机记账的,应当在使用前将会计电算化系统的会计核算软件、使用说明书及有关资料报送主管税务机关备案。　　　　　　　　　　　　(　　)
5. 纳税人在享受减税、免税待遇的,在减税、免税期间可以不办理纳税申报。(　　)

四、案例分析题

1. 甲公司2022年7月份应纳增值税30万元,甲公司迟迟未缴,税务机关责令其缴纳并收滞纳金,甲公司直到10月15日才缴清上述税款。已知甲公司的增值税纳税期限为1个月,不考虑其他因素,则甲公司应该缴纳多少滞纳金?
2. 某县税务局2022年3月17日收到乙公司2021年度所得税纳税申报表,申报的亏损为50万元。2022年5月5日县税务局的两名税务人员对该公司2021年度的纳税情况进行检查,发现该公司多报扣除项目30万元,实际亏损只有20万元。乙公司的行为是什么?税务机关应如何处理?
3. 某外国甲公司2022年为中国乙公司提供内部控制咨询服务,为此在乙公司所在市区租赁一办公场所,具体业务情况如下:
   (1) 1月5日,甲公司与乙公司签订服务合同,确定内部控制咨询服务具体内容,合同约定服务期限为8个月,服务收费为人民币600万元(含增值税),所涉及的税费由税法确定的纳税人一方缴纳。
   (2) 1月12日,甲公司从国外派业务人员抵达乙公司并开始工作,服务全部发生在中国境内。
   (3) 9月1日,乙公司对甲公司的工作成果进行验收,通过后确认项目完工。
   (4) 9月3日,甲公司所派业务人员全部离开中国。
   (5) 9月4日,乙公司向甲公司全额付款。
   (其他相关资料:甲公司系增值税一般纳税人,运用增值税一般计税方法,甲公司为此项目进行的采购均未取得增值税专用发票。)
   根据上述资料,按照下列序号回答问题,如有计算需计算出合计数:
   (1) 说明甲公司申请办理税务登记手续的期限。
   (2) 说明甲公司申报办理注销税务登记的期限。
   (3) 计算甲公司应缴纳的增值税税额。

参考文献

[1] 中国注册会计师协会.税法[M].北京:中国财政经济出版社,2022.

[2] 全国注册税务师执业资格考试教材编写组.税法[M].北京:中国税务出版社,2020.

[3] 王红云.税法[M].第9版.北京:中国人民大学出版社,2019.

[4] 国家税务总局.中华人民共和国税收基本法规[M].北京:中国税务出版社,2019.

[5] 中华人民共和国企业所得税法[M].最新修正版.北京:法律出版社,2019.

[6] 中华人民共和国耕地占用税法、中华人民共和国车辆购置税法(含草案说明)[M].北京:中国法制出版社,2019.

[7] 企业所得税法律法规汇编编写组.企业所得税法律法规汇编[M].北京:中国经济出版社,2021.

[8] 中华人民共和国财政部官网.http://www.mof.gov.cn.

[9] 国家税务总局官网.http://www.chinatax.gov.cn.